Bronni

5 Di die Sterbende am meisten bereuen

Einsichten, die Ihr Leben verändern werden

Aus dem Englischen
von Wibke Kuhn

GOLDMANN

Die englische Originalausgabe erschien 2012
unter dem Titel »The Top Five Regrets of the Dying.
A Life Transformed by the Dearly Departing«
im Verlag Hay House Australia Pty. Ltd.

Dieses Buch ist auch als E-Book erhältlich.

MIX
Papier aus verantwortungsvollen Quellen
FSC® C014496

Verlagsgruppe Random House FSC® N001967

17. Auflage
Taschenbuchausgabe Mai 2015
Wilhelm Goldmann Verlag, München,
in der Verlagsgruppe Random House GmbH

Umschlaggestaltung: UNO Werbeagentur, München,
in Anlehnung an die Gestaltung der HC-Ausgabe
und unter Verwendung von Motiven von FinePic®, München
Lektorat: Gisela Fichtl
DF · Herstellung: Str.
Druck und Einband: GGP Media GmbH, Pößneck
Printed in Germany
ISBN: 978-3-442-15752-5
www.goldmann-verlag.de

Besuchen Sie den Goldmann Verlag im Netz

Inhalt

Vorwort

Eines lauen Sommerabends in einer kleinen Provinzstadt wurde eine Unterhaltung geführt, wie sie sicher in diesem Moment an vielen anderen Orten der Welt auch geführt wurde. Da tauschten sich zwei Leute aus und erzählten von ihren Plänen. Der Unterschied zu anderen Gesprächen lag jedoch darin, dass das Leben der einen Person hinterher eine völlig andere Wendung nahm. Und diese Person war ich.

Cec gibt in Australien eine tolle Zeitschrift für Folkmusik heraus mit dem Titel *Trad and Now*. Man kennt und liebt ihn für die Unterstützung, die er der australischen Folk-Szene zukommen lässt, und für sein breites, fröhliches Grinsen. Wir waren gerade auf einem Folk-Festival und plauderten passenderweise über unsere Liebe zur Musik. Das Gespräch kam auch auf die Herausforderungen, denen ich gerade gegenüberstand, nämlich einen Sponsor zu finden für das Gitarren- und Songwriting-Programm, das ich in einem Frauengefängnis abhalten wollte. »Sobald du die Sache am Laufen hast, gib mir Bescheid, dann bringen wir einen Artikel in unserer Zeitung.« Cec sprach mir Mut zu für mein Projekt.

Tatsächlich brachte ich die Sache ins Laufen, und nach einer Weile schrieb ich für die Zeitschrift eine Geschichte über meine Erfahrungen. Als ich fertig war, fragte ich mich, warum ich nicht mehr Geschichten schrieb. Schließlich hatte ich schon immer geschrieben. Als sommersprossiges kleines Mädchen hatte ich Brieffreunde in der ganzen Welt. Das war zu der Zeit, als die Menschen noch handgeschriebene Briefe schickten – so richtig mit Umschlag und Briefkasten.

Auch als Erwachsene schrieb ich weiter. Freunde bekamen noch immer handgeschriebene Briefe von mir, und ich führte jahrelang Tagebuch. Und jetzt war ich Songwriterin, schrieb also immer noch (obwohl ich jetzt neben dem Stift auch noch eine Gitarre in der Hand hatte). Aber als ich mit einem altmodischen Füller vor einem Blatt Papier am Küchentisch saß, um meine Erfahrungen mit dem Gefängnisprogramm festzuhalten, erwachte der Spaß am Schreiben neu. Ich bedankte mich bei Cec und beschloss wenig später, einen Blog zu beginnen. Was dann passierte, gab meinem Leben eine großartige Wendung.

»Inspiration and Chai« begann in einem gemütlichen kleinen Cottage in den Blue Mountains in Australien, bei einer Tasse Chai, versteht sich. Einer meiner ersten Artikel handelte von den Versäumnissen, die die Sterbenden, die ich gepflegt hatte, am meisten bereut hatten. Vor meinem Gefängnisjob hatte ich als Pflegerin für sterbende Menschen gearbeitet, das war also noch ziemlich frisch. In den folgenden Monaten gewann dieser Artikel eine Eigendynamik, wie sie die Dinge nur im Internet bekommen. Ich bekam Mails von wildfremden Leuten, die mir wegen dieses Artikels schrieben, aber auch wegen anderer Beiträge, die ich seitdem verfasst hatte.

Fast ein Jahr später wohnte ich in einem anderen kleinen Cottage, diesmal in einer ländlichen Gegend. Eines Montagmorgens, als ich schreibend auf der Veranda saß, beschloss ich, mal wieder die neuen Gastkommentare auf meiner Webseite zu checken. Ich war verblüfft, aber auch irgendwie amüsiert. Tags drauf sah ich noch mal nach und am nächsten Tag wieder. Da war tatsächlich etwas so richtig ins Rollen gekommen. Der Artikel mit dem Titel »Die fünf Dinge, die die Leute auf dem Sterbebett am meisten bereuen« hatte sich verselbstständigt.

Aus jedem Winkel der Welt kamen Mails, auch Anfragen von anderen Autoren, die den Artikel in ihren eigenen Blogs zitieren und in diverse Sprachen übersetzen wollten. Die Leute lasen meinen Blog in Zügen in Schweden, an Bushaltestellen in Alaska, in Büros in Indien, beim Frühstück in Irland und so weiter und so fort. Nicht alle stimmten dem Artikel zu, aber er bot genug Diskussionsstoff, um seine Reise um die Welt fortzusetzen. Und den wenigen, die nicht damit einverstanden waren, schrieb ich: »Ich habe mir das nicht selbst ausgedacht – ich gebe nur wieder, was diese Menschen mir anvertraut haben.« Mindestens 95 Prozent des Feedbacks war jedoch wundervoll. Und es unterstrich auch, wie viel wir alle gemeinsam haben, ungeachtet kultureller Unterschiede.

Während der ganzen Zeit wohnte ich in meinem Cottage und freute mich an den Vögeln und Wildtieren, die von dem Bach vor meinem Haus angezogen wurden. Tag für Tag saß ich an dem Tisch auf meiner Veranda, arbeitete weiter und ergriff die Chancen, die sich mir boten. In den folgenden Monaten lasen über eine Million Menschen »Die fünf Dinge, die die Leute auf dem Sterbebett am meisten bereuen«. Innerhalb eines Jahres hatte sich diese Zahl mehr als verdreifacht.

Auf Grund der riesigen Menge von Menschen, die sich von diesem Thema angesprochen fühlten, und der Anfragen, die ich nach dem Artikel erhielt, beschloss ich, das Thema weiter auszuarbeiten. Wie so viele andere hatte ich schon immer ein Buch schreiben wollen. Und wie sich herausstellte, konnte ich erst hier formulieren, was ich bei der Pflege sterbender Menschen gelernt hatte. Jetzt konnte ich endlich das Buch schreiben, das ich schon immer hatte schreiben wollen. Dieses Buch.

Wie Sie beim Lesen merken werden, habe ich mich nie sonderlich an traditionelle Lebensentwürfe gehalten, wenn es so etwas denn gibt. Ich lebe, wie das Leben mich führt, und schreibe dieses Buch einfach als eine Frau, die eine Geschichte zu erzählen hat.

Um die Privatsphäre von Verwandten und Freunden zu schützen, habe ich fast alle Namen im Buch geändert. Nur mein erster Yogalehrer, meine Chefin im Zentrum für Pränataldiagnostik, der Besitzer des Campingplatzes, meine Mentorin im Gefängnis und einige Songwriter werden mit ihrem richtigen Namen genannt. Die chronologische Reihenfolge ist im Hinblick auf thematische Überschneidungen ebenfalls leicht verändert worden.

Spuren im Sand, Spuren im Schnee

»Ich kann meine Zähne nicht finden. Ich kann meine Zähne nicht finden.« Der vertraute Hilferuf drang bis in mein Zimmer, wo ich gerade versuchte, meinen planmäßigen freien Nachmittag zu genießen. Ich legte das Buch, in dem ich gerade las, aufs Bett und ging ins Wohnzimmer.

Wie erwartet, stand Agnes im Zimmer und grinste ihr zahnloses Grinsen, mit dem sie ebenso verwirrt wie unschuldig aussah. Wir mussten beide lachen. Inzwischen hatte der Witz ja wirklich schon einen Bart, aber alle paar Tage schaffte sie es doch wieder, ihre Prothese zu verlegen. Und es war tatsächlich immer wieder witzig.

»Ich bin sicher, du machst das bloß, damit ich wieder zu dir komme«, lachte ich, während ich an den üblichen Stellen zu suchen begann. Draußen hatte es angefangen zu schneien, was die kuschelige Wärme des Cottages noch erhöhte. Doch Agnes schüttelte energisch den Kopf. »Nein, ganz bestimmt nicht, meine Liebe! Ich hab sie vor meinem Nickerchen rausgenommen, aber als ich aufwachte, konnte ich sie nicht mehr finden.« Abgesehen von ihrem Gedächtnisverlust war sie noch sehr klar im Kopf.

Agnes und ich lebten seit vier Monaten zusammen. Ich hatte mich damals auf eine Anzeige gemeldet, in der eine Person gesucht wurde, die bereit war, bei der alten Dame einzuziehen. Als Australierin in England hatte ich zuvor schon in der Kneipe, in der ich arbeitete, gleichzeitig gewohnt, um ein Dach über dem Kopf zu haben. Es war richtig lustig gewesen, und einige der Angestellten und ein paar Einheimische wurden Freunde. Jobs an der Bar waren leicht zu kriegen, und so hatte ich gleich nach meiner Ankunft im Land Arbeit gefunden. Dafür war ich auch dankbar, doch irgendwann wurde es Zeit, etwas anderes zu machen.

Die zwei Jahre, bevor ich Australien verließ, hatte ich auf einer tropischen Insel gelebt, die so malerisch aussah wie die klischeehafteste Postkarte. Nach über einem Jahrzehnt als Bankangestellte wuchs das Bedürfnis, eine Daseinsform auszuprobieren, in der ich mich nicht Montag bis Freitag von neun bis fünf abrackern musste.

Ich war mit einer meiner Schwestern auf eine Insel in North Queensland gereist. Wir wollten im Urlaub unseren Tauchschein machen. Während sie sich unseren Tauchlehrer aufriss – was im Hinblick auf unsere Prüfung recht nützlich war –, kletterte ich auf einen Berg auf der Insel. Als ich dort oben direkt unter dem Himmel auf einem Felsblock saß und vor mich hin lächelte, kam mir die Erleuchtung: Ich wollte auf einer Insel leben.

Vier Wochen später gab es meinen Bankjob nicht mehr, und meine Habe hatte ich entweder verkauft oder zu meinen Eltern verfrachtet, die sie in einer Scheune auf ihrem Bauernhof unterstellten. Dann suchte ich mir auf einer Landkarte zwei Inseln aus, die mir einfach von ihrer geografischen Lage her geeignet schienen. Ich wusste sonst gar nichts über diese Inseln, nur, dass mir ihre Lage gefiel und dass es auf jeder ein Urlaubsresort gab. Das war vor der Internet-Ära, in der man im Handumdrehen buchstäblich alles herausfinden kann. Nachdem ich ein paar Bewerbungen in die Post gesteckt hatte, brach ich auf Richtung Norden, Bestimmungsort unbekannt. Man schrieb das Jahr 1991, ein paar Jahre bevor Handys in Australien ihren Einzug feierten.

Unterwegs bekam meine Sorglosigkeit einen frühen Dämpfer, als ich nämlich beim Trampen eine so unangenehme Erfahrung machte, dass ich von dieser Fortbewegungsart wieder Abstand nahm. Irgendwo im Nirgendwo auf einer unbefestigten Straße, weit weg von meinem Ziel läuteten meine Alarmglocken laut genug, dass ich nie wieder am Straßenrand den Daumen hochhielt. Der Typ hatte behauptet, er wolle mir zeigen, wo er wohnte, und die Besiedelung wurde immer dünner und der Busch immer dichter. Gott sei Dank blieb ich stark und resolut, und es gelang mir, mich durch Reden aus der Situation herauszumanövrieren. Er versuchte dann nur noch ein paar sabbernde Küsse, bevor ich *sehr* schnell in der richtigen Stadt aus dem Auto stieg. Danach fuhr ich nie wieder per Anhalter.

Von nun an benutzte ich öffentliche Verkehrsmittel. Abgesehen von diesem einen unschönen Erlebnis war es ein tolles Abenteuer, nicht zu wissen, wo ich demnächst landen würde. In den diversen Bussen und Zügen lernte ich auf dem Weg in wärmere Gefilde viele tolle Leute kennen. Als ich schon ein paar Wochen unterwegs war, rief ich meine Mutter an, die tatsächlich einen Brief bekommen hatte, in dem man mir einen Job auf einer der Inseln in Aussicht stellte. Ich war so erpicht darauf gewesen, meine Tretmühle in der Bank hinter mir zu lassen, dass ich dumm genug war zu schreiben, ich würde jeden Job annehmen. Wenige Tage später lebte ich also auf einer wunderschönen Insel und steckte bis zum Ellbogen in dreckigen Töpfen und Pfannen.

Das Leben auf der Insel war jedoch ein großartiges Erlebnis, denn ich war nicht nur meinem aufreibenden Montag-bis-Freitag-Trott entkommen, sondern verlor langsam, aber sicher sogar das Gefühl dafür, welcher Wochentag gerade war. Das gefiel mir unglaublich gut. Nach einem Jahr auf meiner Stelle als Spülerin arbeitete ich mich in die Bar hoch. Die Zeit in der Küche hatte mir tatsächlich auch viel

Spaß gemacht, und ich hatte wahnsinnig viel über kreatives Kochen gelernt. Trotzdem, es war eine schweißtreibende, schwere Arbeit in einer tropischen Küche ohne Klimaanlage. Meine freien Tage konnte ich immerhin mit Wanderungen durch den großartigen Regenwald verbringen, ich konnte mir ein Boot mieten und zu den Nachbarinseln fahren, tauchen gehen oder einfach nur im Paradies relaxen.

Nachdem ich ein paar Mal freiwillig Dienst an der Bar geleistet hatte, durfte ich irgendwann in diese begehrte Stellung aufrücken. Für den Blick auf das ruhige blaue Meer, den weißen Sand und die sanft schwingenden Palmwedel hätten andere eine Stange Geld gezahlt, deshalb fand ich es nicht besonders hart, hier zu arbeiten. Ich bediente fröhliche Kunden, die den Traumurlaub ihres Lebens machten, und lernte mit der Zeit, Cocktails zu mixen, die man auf Reiseprospekten hätte abbilden können. Das alles war Lichtjahre von meinem Leben in der Bank entfernt.

An der Bar lernte ich eines Tages einen Europäer kennen, der mir einen Job in seiner Druckerei anbot. Ich hatte schon immer große Reiselust verspürt, und nach über zwei Jahren auf der Insel sehnte ich mich langsam nach ein bisschen Veränderung und hätte ganz gern auch wieder ein etwas anonymeres Dasein geführt. Wenn man Tag für Tag in derselben kleinen Siedlung lebt und arbeitet, kann einem ein bisschen Privatsphäre im Alltag plötzlich heilig werden.

Nach ein paar Jahren Inselleben musste man bei der Rückkehr aufs Festland mit einem gewissen Kulturschock rechnen. Aber sich gleich noch in ein fremdes Land zu begeben, dessen Sprache ich nicht einmal verstand, war schon eine Herausforderung, um es milde auszudrücken. Im Laufe der Monate lernte ich dort einige nette Leute kennen, und ich bin froh, dass ich auch diese Erfahrung gemacht habe. Aber ich brauchte doch wieder ein paar gleichgesinnte Freunde, also machte ich mich irgendwann auf nach England. Bei meiner

Ankunft hatte ich gerade noch genug Geld, um das Ticket zu lösen, mit dem ich zu meinem einzigen Bekannten dort fahren konnte. Ich hatte noch 1 Pfund 66 in der Tasche, als ich ein neues Kapitel aufschlug.

Nev hatte ein wunderbares, breites Lächeln und spärliche weiße Locken auf dem Kopf. Außerdem war er Weinexperte und -aficionado und arbeitete passenderweise in der Weinabteilung bei Harrod's. Am ersten Tag des Sommerschlussverkaufs marschierte ich in das gut besuchte Nobelkaufhaus – ich kam direkt von der Nachtfähre und sah wahrscheinlich so obdachlos aus, wie ich war. »Hallo, Nev. Ich bin's, Bronnie. Wir haben uns vor ein paar Jahren mal kennengelernt, ich bin eine Freundin von Fiona. Du hast damals eine Nacht auf meinem Sitzsack gepennt«, eröffnete ich ihm mit einem strahlenden Lächeln.

»Ja, klar, Bronnie«, kam es zu meiner Erleichterung zurück. »Na, was ist mit dir los?«

»Ich bräuchte einen Schlafplatz für ein paar Nächte«, begann ich hoffnungsvoll.

Nev zog seinen Wohnungsschlüssel aus der Tasche. »Klar, kein Problem. Hier.« Er gab mir noch eine Wegbeschreibung zu seiner Wohnung, und damit hatte ich ein Dach über dem Kopf und ein Sofa zum Schlafen.

»Könntest du mir vielleicht auch noch zehn Pfund leihen?«, fragte ich optimistisch. Ohne zu zögern, zog er zehn Pfund aus der Tasche. Ich bedankte mich, strahlte ihn an und war endgültig aus dem Schneider. Jetzt hatte ich ein Bett und Essen.

Die Traveller-Zeitschrift, auf deren Jobteil ich meine Hoffnungen setzte, kam genau an diesem Tag heraus, also kaufte ich mir das Heft, ging in Nevs Wohnung und führte drei Telefonate. Am nächsten Morgen hatte ich ein Vorstellungsgespräch für einen Job in einem Pub in Surrey, in dem ich gleichzeitig auch wohnen sollte. Und am nächsten Nachmittag wohnte ich auch schon dort. Perfekt.

Ein paar Jahre lang lief mein Leben so dahin, mal fand ich neue Freunde, mal verliebte ich mich. Ich hatte viel Spaß damals. Das Dorfleben gefiel mir gut, manchmal erinnerte es mich an das Dasein auf der Insel, und ich war umgeben von Menschen, die mir ans Herz gewachsen waren. Außerdem waren wir nicht allzu weit entfernt von London, so dass ich problemlos öfters in die Stadt fahren konnte, was ich absolut genoss.

Aber dann meldete sich die Reiselust wieder. Ich wollte mal ein bisschen in den Nahen Osten hineinschnuppern. Die langen englischen Winter waren toll, und ich war auch froh, ein paar davon erlebt zu haben. Es war der totale Kontrast zu den langen, heißen Sommern in Australien. Doch ich beschloss, nur noch einen Winter zu bleiben. Ich wollte Geld zusammensparen, um dann weiterzuziehen. Dazu musste ich den Pub verlassen und der Versuchung widerstehen, jeden Abend mit Freunden auszugehen. Besonders viel getrunken hatte ich nie (und inzwischen trinke ich überhaupt keinen Alkohol mehr), aber wenn man jede Nacht um die Häuser zieht, kostet das doch Geld. Und mit diesem Geld wollte ich lieber verreisen.

Kaum hatte ich diese Entscheidung getroffen, fiel mir die Jobanzeige bei Agnes ins Auge, gleich in der nächsten Grafschaft. Schon beim ersten Bewerbungsgespräch wurde mir die Stelle angeboten, weil der Bauer Bill dahinterkam, dass ich selbst auf einem Bauernhof groß geworden war. Seine Mutter Agnes war Ende achtzig, hatte schulterlanges graues Haar, eine fröhliche Stimme und einen riesigen, kugelrunden Bauch, über den sich fast jeden Tag dieselbe rot-graue Strickjacke spannte. Ihr Hof war nur ungefähr eine halbe Stunde Fahrzeit entfernt, so dass es für mich leicht einzurichten war, an meinen freien Tagen meine Freunde zu treffen. Aber solange ich dort war, fühlte ich mich wie in einer anderen Welt. Ich war sehr isoliert, da ich rund um die Uhr bei Agnes sein musste, von Sonntagabend bis Freitagabend. Meine zwei freien Stunden am Nachmittag gestatteten mir kein großes Sozialleben, obwohl ich diese Zeit doch manchmal nutzte, mich mit meinem englischen Freund zu treffen.

Dean war ein wundervoller Mensch. Von Anfang an hatte uns unser Humor verbunden, gleich in den ersten Momenten unserer Bekanntschaft. Dazu kam unsere Liebe zur Musik. Wir hatten uns einen Tag nach meiner Ankunft in England kennengelernt, direkt nach meinem Bewerbungsgespräch im Pub, und bald merkten wir, dass unser Leben schöner und lustiger war, seit wir einander kannten. Doch leider war ich von nun an die meiste Zeit nicht mit Dean, sondern mit Agnes zusammen, und half ihr, ihre Zähne zu suchen. Es war schon ein Wunder, wie man in einem so kleinen Haus so viele Plätze finden konnte, an denen sich eine Prothese verstecken ließ.

Sie hatte eine zehn Jahre alte Deutsche Schäferhündin namens Princess, die überall Haare ließ. Sie war ein ganz lieber Hund, nur leider verlor sie durch die Arthritis jede Kraft in den Hinterbeinen, was bei dieser Rasse offenbar nicht ungewöhnlich ist. Nachdem ich schon mehrfach unter Princess fündig geworden war, hob ich auch jetzt ihr Hinterteil hoch und sah nach. Leider hatte ich heute kein Glück, aber es war die Mühe wert. Princess wedelte mit ihrem großen Schwanz, kehrte wieder zu ihren Träumen am Feuer zurück und vergaß die kurze Störung sofort wieder. Ab und zu kreuzten sich Agnes' und meine Wege, während wir das Haus absuchten. »Hier sind sie nicht«, rief sie aus dem Badezimmer.

»Hier auch nicht«, antwortete ich aus der Küche. Irgendwann suchte ich im Schlafzimmer und Agnes in der Küche. Es gibt nicht so viele Räume, die man in so einem kleinen Haus durchsuchen kann, also sah jeder überall nach, um wirklich ganz sicherzugehen. An diesem Tag waren ihre

Dritten in ihren Handarbeitsbeutel neben dem Wohnzimmersessel gerutscht.

»Ach, du bist einfach ein Schatz«, sagte sie und setzte die Prothese wieder ein. »Komm, schau ein bisschen Fernsehen mit mir, jetzt wo du schon mal hier bist.« Diese Strategie wendete sie oft an, und ich folgte ihrem Wunsch lächelnd. Sie war eine alte Dame, die lange allein gelebt hatte, und jetzt genoss sie die Gesellschaft. Mein Buch konnte warten. Mein Job war nicht unbedingt der anstrengendste – ich musste ihr einfach nur Gesellschaft leisten, und wenn sie außerhalb meiner Arbeitsstunden den Wunsch danach verspürte, war das für mich auch in Ordnung.

Ihre Zähne hatten wir im Laufe der Zeit schon unter dem Sofakissen gefunden, im Badezimmer am Waschbecken, in einer Teetasse im Küchenschrank, in ihrer Handtasche und an diversen anderen, fast schon unglaublichen Orten. Auch hinter dem Fernseher, im Kamin, im Mülleimer, auf dem Kühlschrank oder in einem ihrer Schuhe. Und natürlich unter dem Hintern von Princess, der großen Deutschen Schäferhündin.

Viele Leute kommen mit Routine gut zurecht. Ich persönlich habe es lieber abwechslungsreich. Aber Routine ist nicht ganz unberechtigt, und sie hilft vor allem, wenn die Menschen älter werden. Bei Agnes gab es Dinge, die jede Woche gemacht wurden, und solche, die jeden Monat einmal drankamen. Jeden Montag gingen wir zu den Ärzten, denn Agnes musste sich regelmäßigen Bluttests unterziehen. Der Termin war jede Woche genau um dieselbe Zeit. Eine Sache am Tag reichte jedoch, sonst wäre ihre nachmittägliche Gewohnheit, zu stricken und ein Nickerchen zu halten, gestört worden.

Und ob es regnete oder stürmte, Princess begleitete uns überall hin. Dazu wurde zuerst die Klappe hinten an der Ladefläche des Pick-ups heruntergelassen. Die alte Hündin wartete geduldig und schwanzwedelnd. Sie war einfach großartig. Dann hob ich ihre Vorderpfoten auf die Ladefläche, fasste rasch ihr Hinterteil und hob sie ganz hinauf, bevor ihre Hinterbeine unter ihr nachgeben konnten und wir von vorne anfangen mussten. Danach war ich zur Erinnerung mit sandfarbenen Hundehaaren bedeckt.

Rausspringen war einfacher, obwohl sie auch dabei Hilfe benötigte. Princess schaffte es zwar, die Vorderpfoten auf den Boden zu bringen, wartete dann aber, bis ich ihre Hinterbeine hinterherholte. Wenn Agnes mich in der Zwischenzeit aus irgendeinem Grund brauchte, blieb die Hündin in ihrer Position, mit dem Hinterteil in der Höhe, bis ich zu ihr kam. Sobald ich ihr geholfen hatte, trottete sie glücklich und schmerzfrei davon, wobei sie unablässig mit dem Schwanz wedelte.

Dienstags fuhren wir zum Einkaufen ins Nachbardorf. Viele ältere Leute, für die ich gearbeitet habe, lebten sehr bescheiden. Nicht so Agnes. Sie versuchte ständig, mir irgendetwas zu kaufen, vorzugsweise Sachen, die ich weder brauchte noch wollte. In jedem Gang blieben wir stehen und stritten uns. Wir lächelten, manchmal lachten wir auch richtig, aber wir waren beide stur. Am Ende schenkte mir Agnes die Hälfte der Dinge, die sie für mich ausgesucht hatte. Irgendwelche vegetarischen Köstlichkeiten, Importmangos, eine neue Haarbürste, ein Unterhemd oder irgendeine schrecklich schmeckende Zahnpasta.

Mittwochs war Bingoabend im Dorf. Da sie immer schlechter sah, ersetzte ich Agnes die Augen. Die Zahlen konnte sie zwar einigermaßen sehen und hören, aber sie vergewisserte sich vorsichtshalber immer noch einmal bei mir, bevor sie ihre Zahlen durchstrich. Ich liebte die alten Leute, die dort spielten. Ich war die einzige junge Teilnehmerin, so dass Agnes sich als etwas ganz Besonderes fühlte. Vor den anderen bezeichnete sie mich als »meine Freundin«.

»Meine Freundin und ich waren gestern einkaufen, und ich hab ihr eine neue Unterhose gekauft«, verkündete sie ernst und stolz ihren älteren Bingofreundinnen.

Dann nickten alle und lächelten mich an, während ich nur dasaß und mir dachte: »Oh Mann!«

Und sie machte munter weiter: »Diese Woche hat ihr ihre Mutter aus Australien geschrieben. Da ist es im Moment sehr heiß. Außerdem hat sie noch einen kleinen Neffen bekommen.« Abermals Nicken und Lächeln.

Nach einer Weile fing ich an zu zensieren, was ich ihr über mich erzählte. Sonst hätten die anderen noch sehr viel mehr über mein Leben erfahren, vor allem wenn meine Mutter mir hübsche Unterwäsche oder andere Geschenke schickte, um mich aus der Ferne zu verwöhnen. Aber mein Verhältnis zu Agnes war unschuldig und liebevoll, deswegen ertrug ich es auch, dass ich mich manchmal innerlich krümmte oder rot wurde, wenn sie vor anderen über mich sprach.

Donnerstag war der einzige Tag, an dem wir über Mittag wegblieben. Ein großer Tag für uns drei (Princess mitgezählt). Dann fuhren wir nämlich immer in eine Stadt in Kent, wo wir mit Agnes' Tochter zu Mittag aßen. An englischen Maßstäben gemessen sind fünfzig Kilometer eine ganz schöne Entfernung, während es für einen Australier so gut wie um die Ecke ist. Unsere Sicht auf Distanzen ist definitiv ein kultureller Unterschied.

In England kann man drei Kilometer fahren und in einem ganz anderen Dorf landen. Der Akzent kann völlig anders sein als im vorherigen Dorf, und selbst wenn man sein ganzes Leben im Nachbarort verbracht hat, kennt man hier nicht jeden. In Australien kann es einem passieren, dass man schon für einen Laib Brot achtzig Kilometer fahren muss. Die nächsten Nachbarn können so weit weg wohnen, dass sie einen anrufen oder anfunken müssen, um Hallo zu sagen, aber sie betrachten sich immer noch als Nachbarn. Ich habe einmal in einem Gebiet im Northern Territory gearbeitet, das derart abgelegen war, dass Flugzeuge zum nächsten Pub verkehrten. Auf der kleinen Landebahn standen am frühen Abend Ein- und Zweisitzer-Maschinen, und am nächsten Morgen war sie leer, wenn alle – immer noch halb abgefüllt – zu ihren riesigen Viehfarmen zurückgeflogen waren.

Der große Ausflug am Donnerstag war also wirklich ein großer Ausflug für Agnes, während ich ihn als kleine Fahrt empfand. Ihre Tochter war eine freundliche Frau, und unsere Treffen waren jedes Mal richtig nett. Die beiden aßen immer den Ploughman's Lunch: Rindfleisch, Käse und Eingelegtes. Die englische Vorliebe für Eingelegtes hat mich immer wieder erstaunt. Aber es war schon ein ganz gutes Land für Vegetarier, ich hatte immer genügend Auswahl. Da es so kalt war, gönnte ich mir meistens eine wärmende Suppe oder ein herzhaftes Nudelgericht.

Am Freitag blieben wir immer in der Gegend. Wir lebten auf einer Rinderfarm mit einem eigenen Metzgerladen. Den Hof betrieben zwei Söhne von Agnes. Am Freitagmorgen ging ich mit ihr immer zum Metzger. Obwohl sie darauf bestand, alles ganz genau und in aller Ruhe in Augenschein zu nehmen, kaufte sie jede Woche haargenau das Gleiche. Der Metzger bot ihr sogar an, ihr den Einkauf nach Hause zu liefern, aber nein. »Das ist sehr nett von Ihnen, aber ich muss herkommen und mir das Fleisch selbst aussuchen«, erwiderte sie jedes Mal höflich.

Damals war ich Vegetarierin, heute bin ich Veganerin. Trotzdem wohnte ich auf einer Rinderfarm, fast so wie der Hof, auf dem ich groß geworden bin. Obwohl ich von Fleischverzehr nichts hielt, verstand ich doch das Geschäft und die Lebensweise, weil sie mir vertraut waren.

Auf dem Rückweg vom Metzger nahmen wir grundsätzlich den Weg durch den Stall, wo wir mit den Landarbeitern und den Kühen redeten. Agnes mit ihrem Stock ging dicht neben mir, Princess trottete hinter uns her. Dabei war es ganz egal, wie kalt es war, wir zogen einfach ein paar Schichten mehr an. Und so verbrachten wir den Freitag: mit einem Besuch im Metzgerladen und hinterher bei den Kühen.

Ich staunte, wie anders die englischen Kühe behandelt wurden als unsere australischen – hier hatten sie warme Ställe, und man schenkte jedem einzelnen Tier Aufmerksamkeit. Andererseits mussten die australischen Tiere ja auch keine englischen Winter aushalten. Es machte mich immer noch schrecklich traurig, nachdem ich ja nun jede Kuh einzeln kannte, zu wissen, dass wir irgendwann ihr Fleisch im Metzgerladen kaufen würden. Das Ganze fiel mir furchtbar schwer, und irgendwie wollte es mir nie recht gelingen, den Gedanken zu unterdrücken.

Das Vegetarierthema wurde zu Hause viel diskutiert, obwohl ich schwieg und den Lebensstil meiner Familie respektierte. Ich gehörte nie zu den Vegetariern oder Veganern, die ein besonderes Bedürfnis haben, über ihre Lebensform zu sprechen. Da ich jedoch in meiner Kindheit das eine oder andere zu sehen bekommen hatte und zu guter Letzt noch einen Schaden fürs Leben davontrug, als wir auf einem Schulausflug ein Schlachthaus besuchten, verstehe ich durchaus, warum Vegetarier und Co. bei diesem Thema so leidenschaftlich werden können. Es kann einem schier das Herz zerreißen, wenn man sich einmal genau ansieht, was hinter den Kulissen dieser ganzen Fleischindustrie abläuft.

Mir war es jedoch lieber, mein Ding in aller Stille durchzuziehen und das Recht meiner Mitmenschen zu respektieren, sich eine Lebensform auszusuchen, die für sie sinnvoll ist. Nur wenn man mich darauf ansprach, wenn mein Gegenüber also wirklich Interesse bekundete, redete ich über meine Entscheidung. Nichtsdestoweniger ist es interessant, wie mich zum Teil wildfremde Menschen von der Fleischverzehrerfraktion ohne jede Provokation angingen, einfach nur, weil ich mich dafür entschieden hatte, *keine* Tiere zu essen. Vielleicht ist das einer der Gründe, warum ich über mein Vegetariertum lieber schwieg – ich wollte einfach nur meine Ruhe.

Als Agnes also anfing, mir Fragen zu stellen, warum ich Vegetarierin sei, zögerte ich. Ihre eigene Existenz hing von den Einkünften aus der Rinderzucht ab. Meine irgendwie ja auch, obwohl ich mir das wohl nicht so bewusst gemacht hatte. Ich hatte diesen Job einfach angenommen, weil ich Geld brauchte und gerne ein bisschen Freude in das Leben einer alten Dame bringen wollte.

Doch sie fragte beharrlich weiter. Also erzählte ich ihr, wie ich mich als Kind gefühlt hatte, wenn ich bei der Schlachtung von Schafen und Rindern zusah, wie mir das unter die Haut gegangen war, wie sehr ich Tiere liebte und wie ich bemerkt hatte, dass Kühe anders muhen, wenn sie wissen, dass sie gleich sterben müssen. Dieses angsterfüllte, panische Brüllen klingt mir heute noch in den Ohren.

Und das reichte. Agnes erklärte sich auf der Stelle zur Vegetarierin. »Puh«, dachte ich. »Wie soll ich das ihrer Familie beibringen?« Ihr Sohn wollte natürlich, dass sie weiter Fleisch aß, und nach langem Hin und Her willigte sie ein, zumindest einmal die Woche rotes Fleisch zu essen, einmal Fisch und einmal Geflügel. Wenn ich einen freien Tag hatte, aß sie bei ihrer Familie, dann bekam sie auch Fleisch.

Im Laufe der Zeit haben sich meine Ansichten zum Fleischverzehr nur gefestigt. Heute würde ich nicht im Traum daran denken, eine Arbeit anzunehmen, bei der ich Fleischgerichte kochen muss. Damals habe ich es noch gemacht, doch dieser Teil meines Jobs ging mir ganz schön gegen den Strich. Ich konnte nie Fleisch zubereiten, ohne traurig daran zu denken, dass das mal ein schönes Lebewesen gewesen war, das Gefühle und ein Recht auf Leben gehabt hatte. Also gefiel mir das neue Arrangement mit Agnes, obwohl meiner Meinung nach auch Fische und Geflügel Tiere waren.

Wie sich jedoch herausstellte, hatte Agnes nur eingewilligt, um ihre Ruhe zu haben. Sie hatte nämlich gar nicht vor, unter der Woche Fleisch zu essen. Also kochte ich uns die restlichen Winter- und Frühjahrsmonate köstliche vegetarische Leckereien wie deftige Nussstollen, göttliche Suppen, bunte Gemüsepfannen und Gourmetpizzas. Ich glaube, ansonsten hätte Agnes sich auch jederzeit gern von gekochten Eiern und Baked Beans ernährt. Immerhin war sie Engländerin, und die Engländer lieben ihre Bohnen.

Der Schnee schmolz, und die Märzenbecher begannen zu blühen. Die Tage wurden länger, der Himmel war wieder blau. Als der Bauernhof aus seinem Winterschlaf erwachte, liefen die neugeborenen Kälbchen auf ihren wackligen dünnen Beinen herum. Die Vögel waren wieder da und begrüßten uns jeden Tag mit ihren Liedern. Princess haarte noch mehr als sonst. Agnes und ich packten unsere Wintermäntel und Mützen weg, genossen die Frühlingssonne und führten unser gewohntes Leben noch ein paar Monate so weiter. Wir gehörten zwei grundverschiedenen Generationen an, gingen aber Tag für Tag untergehakt spazieren, erzählten uns Geschichten und hatten viel zu lachen.

Doch für mich wurde es Zeit für die Abreise. Wir hatten beide von Anfang an gewusst, dass ich wieder weiterziehen würde. Außerdem fehlte mir Dean. Unsere Wochenenden reichten mir nicht, und wir wollten unbedingt zusammen reisen. Also wurde meine Stelle neu ausgeschrieben, und unsere gemeinsame Zeit lief ab. Die Monate mit Agnes waren ein wunderbares, ganz besonderes Erlebnis für mich. Obwohl ich diese Arbeit vor allem angenommen hatte, um meine Reiselust befriedigen zu können, war es doch eine schöne Arbeit, jemandem Gesellschaft zu leisten.

Ich genoss es jedenfalls sehr viel mehr, als Bier zu zapfen. Lieber stütze ich einen alten Menschen, der gebrechlich ist, als einen jungen, der zu betrunken ist. Oder einen alten betrunkenen. Beide hatte ich in meiner Stelle auf der Insel und in dem englischen Pub zur Genüge gehabt. Ich suchte viel lieber die Prothese einer alten Dame, als schmutzige Aschenbecher und leere Biergläser einzusammeln.

Dean und ich reisten in den Nahen Osten, wo wir völlig andere, aber faszinierende Kulturen bestaunten (und jede Menge Köstliches aßen). Nach einem wunderbaren Jahr im Ausland fuhr ich zurück, um Agnes zu besuchen. Meine Nachfolgerin war auch Australierin, und wir plauderten angeregt, nachdem die alte Dame in ihrem Lehnstuhl weggedöst war. Wir erzählten uns so einiges, und irgendwann gestand mir das Mädchen, dass sie doch etwas überrascht gewesen war von Bills erster Frage bei ihrem Vorstellungsgespräch. Ich wollte wissen, was das denn für eine Frage gewesen sei, und musste losprusten, als sie es mir verriet.

Seine erste Frage war gewesen: »Du bist doch keine Vegetarierin, *oder?*«

Unerwartete Karriere

Nach den Jahren in England und im Nahen Osten kam ich schließlich nach Hause in mein geliebtes Australien. Ich war ein völlig anderer Mensch geworden, wie es eben so ist nach langen Reisen. Ich begann wieder in der Bankbranche zu arbeiten, doch mir wurde bald klar, dass mich diese Arbeit nie wieder würde ausfüllen können. Der Kundenkontakt war das einzige Highlight, und auch wenn es einfach war, an jedem beliebigen Ort eine Stelle zu finden, fühlte ich mich rastlos und war schrecklich unglücklich mit meiner Jobsituation.

Immer häufiger versuchte ich, meiner Kreativität Ausdruck zu verleihen. Eines Tages saß ich am Swan River in Perth – damals lebte ich in Western Australia – und stellte zwei Listen auf. Die eine umfasste alles, was ich gut konnte. Auf der anderen stand, was ich am liebsten machte. Dabei wurde mir klar, dass in mir irgendwie eine Künstlerin steckte, denn das Einzige, was in beiden Listen auftauchte, waren meine kreativen Talente.

»Würde ich mich überhaupt trauen, mich als Künstlerin auch nur vorzustellen?«, dachte ich mir. Obwohl ich in einem musikalischen Umfeld aufgewachsen war, hatte man mir von Anfang an eingetrichtert, dass man sich einen soliden »guten Beruf« zulegen muss. Niemand konnte verstehen, warum ich hibbelig wurde, wenn ich jeden Tag von neun bis fünf in der Bank arbeitete. Ein »solider Beruf«. Ein solider Beruf, der mich langsam, aber sicher umbrachte.

Es folgte eine Phase intensiver Selbsterforschung, und ich versuchte etwas zu finden, was ich gut konnte und mir

Freude machte. Es war eine harte Zeit für mich, als sich damals alles in mir veränderte. Irgendwann wurde mir klar, dass bei meiner Arbeit auch das Herz eine Rolle spielen musste, denn meine bisherige Arbeit, die nur mit dem Intellekt zu tun gehabt hatte, erfüllte und befriedigte mich nicht. Also begann ich meine kreativen Talente durch Schreiben und Fotografieren zu entwickeln, und landete nach einer geraumen Weile (auf ziemlich verschlungenen Pfaden) beim Songwriting und bei gelegentlichen Auftritten. Dabei arbeitete ich die ganze Zeit weiter in der Bank, allerdings nur noch in Teilzeit. Die Einschränkungen, die einem ein Vollzeitjob auferlegt, hielt ich einfach nicht mehr aus.

Perth war jedoch ziemlich weitab vom Schuss, und obwohl mir das Leben dort sehr gefiel, zog mich der Wunsch, meine Lieben ab und zu sehen zu können, wieder Richtung Osten. Also ab über die Nullarbor Plains, durch die Flinders Ranges, über die Great Ocean Road und den New England Highway bis nach Queensland, wo ich vorläufig meine Zelte aufschlug. Eine Weile arbeitete ich in einem Callcenter und rief Leute an, um ihnen ein Abo für einen Pornokanal zu verkaufen. Das war um Längen interessanter als die Bankbranche.

»Ähm.«

Schweigen.

»Ich rufe für meinen Mann an.«

»Sie würden sich also gerne für ›Night Moves‹ registrieren lassen?«, antwortete ich mit freundlicher, urteilsfreier Stimme, woraufhin die Frauen gleich immer viel entspannter wurden.

Oder die Typen fragten mich: »Wie ist das denn da? Ich meine ... sieht man da *alles?*«

»Tut mir leid, Sir, ich habe selbst nie reingeschaut. Aber ich könnte Ihnen einen einmaligen Probeabend für 6,95 Dollar anbieten, und wenn es Ihnen dann gefallen hat, können Sie wieder anrufen und monatsweise abonnieren.«

Schließlich waren da natürlich noch die unvermeidlichen Anrufe à la »Welche Farbe hat dein Slip?«. Da hängte Bronnie dann aber gleich auf. Doch wenn man fertiggekichert hatte, war es ein Bürojob wie jeder andere. Man schließt Freundschaften mit anderen Angestellten, weil es dann einfach lustiger ist. Aber meine Rastlosigkeit piesackte mich weiter.

Wir zogen wieder in meine Heimat, New South Wales. Dean, der Mann, mit dem ich in England und dem Nahen Osten zusammen gewesen war, war mit mir nach Australien gezogen. Kurz nachdem wir uns in New South Wales eine Bleibe gesucht hatten, zerbrach unsere Beziehung. Wir hatten einander mehrere Jahre sehr geliebt und waren die meiste Zeit die besten Freunde gewesen. Es tat weh zu sehen, wie diese Freundschaft in die Brüche ging. Aber wir konnten die vielen Unterschiede in unseren Auffassungen vom Leben nicht mehr unter den Teppich kehren oder drüber lachen, wie wir es früher immer gemacht hatten.

Ich war Vegetarierin. Er war Fleischesser. Ich arbeitete während der Woche in geschlossenen Räumen und sehnte mich am Wochenende nach Ausflügen. Er arbeitete die Woche über nur draußen und wollte am Wochenende zu Hause bleiben. Und so ließ sich die Liste unendlich fortsetzen, und von Woche zu Woche schien mehr hinzuzukommen. Was den einen freute, machte dem anderen überhaupt keinen Spaß. Unsere Liebe zur Musik verband uns immer noch und hielt uns wohl auch noch eine Weile zusammen. Doch am Ende brach die Kommunikation völlig zusammen, und wir mussten zusehen, wie sich unsere gemeinsamen Träume vor unseren Augen in Luft auflösten – ein Verlust, über den wir beide irgendwie hinwegkommen mussten.

Es war bitter, als unsere Beziehung zu Ende ging und die Trauer einsetzte. Ich kauerte mich schluchzend in die Ecke und wünschte mir, wir hätten unsere Beziehung doch irgendwie fortsetzen können. In meinem tiefsten Inneren wusste ich jedoch, dass das nicht gegangen wäre. Das Leben lockte uns in verschiedene Richtungen, und unsere Beziehung stand meinem und seinem Lebensplan im Weg, statt sie zu fördern.

Die Bemühungen, meinem Leben mehr Sinn zu geben, wurden immer intensiver, und eine Folge davon war, dass der Aspekt des Geldverdienens stärker in den Vordergrund rückte. Irgendwann wurde mir schmerzlich bewusst, dass man als Künstler nur sehr schwer sein Auskommen findet, bis die Arbeit Eigendynamik gewonnen und man sich einen gewissen Ruf erarbeitet hat. Ich musste mich also erstmal neu orientieren. Irgendwann würde ich mich bestimmt auch als Künstlerin ernähren können. Wenn ich davon träumen konnte, konnte ich es auch in die Tat umsetzen.

Aber ich musste irgendwie wieder Geld verdienen, und das am besten auf einem Gebiet, wo ich mit dem Herzen bei der Arbeit und ganz ich selbst sein konnte. Der Druck in der Bankbranche, Produkte zu verkaufen, war größer geworden, und ich hatte mich zu sehr verändert. Ich passte nicht mehr in diese Welt, wenn ich denn überhaupt jemals hineingepasst hatte. Da ich entschlossen war, meinen kreativen Weg fortzusetzen, entschied ich mich, wieder eine Tätigkeit als Pflegerin und Gesellschafterin anzunehmen, bei der ich mit im Hause wohnte. Zumindest blieb es mir so erspart, auch noch für meine Miete arbeiten zu müssen, und außerdem bedeutete es ein Leben jenseits der Routine.

Nachdem es Jahre der Selbsterforschung gebraucht hatte, bis ich an diesen Punkt kam, fiel meine Entscheidung letztlich ganz nebenbei, fast gedankenlos. Ich nahm die Stelle als Gesellschafterin an, um meinen kreativen Weg weitergehen zu können, eine Arbeit zu tun, hinter der ich stand, und obendrein mietfrei zu leben. Ich hatte keine Ahnung, dass meine Sehnsucht nach einer Arbeit, die mich von Herzen befriedigte, so klar erfüllt und die folgenden Jahre ein so wichtiger Teil meines Lebens und meines Lebenswerks werden würden.

Keine zwei Wochen später war ich schon in ein Haus in Hafennähe eingezogen, in einem von Sydneys exklusivsten Vororten. Meine Patientin Ruth war von ihrem älteren Bruder bewusstlos auf dem Küchenboden gefunden worden. Nach einem guten Monat entließ man sie aus dem Krankenhaus mit der Auflage, dass sie rund um die Uhr betreut wurde.

Meine einzige pflegerische Erfahrung war meine Stelle bei Agnes gewesen. Ich hatte mich noch nie um Kranke gekümmert und gab das auch ehrlich zu, als ich bei der Agentur vorsprach, die mich einstellte. Aber das war kein Hinderungsgrund. Pfleger, die bereit waren, bei ihrem Schützling einzuziehen, waren wertvoll, und das wollte man sich nicht entgehen lassen. »Tun Sie einfach so, als wüssten Sie, was Sie tun, und wenn Sie Hilfe brauchen, rufen Sie uns an.« Du liebe Zeit. Willkommen in der Pflegeindustrie, Bronnie.

Meine natürliche Fähigkeit zur Empathie half mir, meine Arbeit einigermaßen zufriedenstellend zu erledigen, obwohl ich ganz neu war. Ich behandelte Ruth einfach so, wie ich meine eigene Großmutter behandelt hätte, die ich sehr gern gehabt hatte. Ich versorgte sie, indem ich auf ihre jeweiligen Bedürfnisse einging, und lernte Schritt für Schritt, was zu tun war. Die Gemeindeschwester kam alle paar Tage vorbei und fragte mich Dinge, von denen ich nicht die geringste Ahnung hatte. Aber da ich ihr gegenüber ganz ehrlich war, brachte sie mir alles Mögliche über Medikamente, Pflege und Fachausdrücke bei und half mir letztlich enorm.

Auch die Leute von der Agentur kamen ab und zu mal vorbei. Sie waren glücklich, dass die Kundin glücklich war, und das war's auch schon, auf Wiedersehen. Sie ahnten nicht, dass ich innerhalb kürzester Zeit emotional und körperlich restlos erschöpft war. Ich bin nicht mal sicher, ob mir das selbst überhaupt schon klar war.

Ruths Familie war froh, weil ich die alte Dame so verwöhnte. Fußmassagen, Maniküre, Gesichtsmasken und jede Menge netter Gespräche an ihrem Bett bei einer Tasse Tee. Wie gesagt, ich behandelte sie, wie ich meine eigene Großmutter behandelt hätte. Eine andere Art kam mir gar nicht in den Sinn.

Auch in der Nacht klingelte Ruth mit ihrer Glocke, und sofort kam ich die Treppe heruntergelaufen, um ihr auf den Toilettenstuhl zu helfen. »Oh, Sie sehen einfach glamourös aus«, sagte sie dann immer, wenn ich zur Tür hereinkam. Ihre Auffassung von Glamour bestand darin, dass ich meine Haare nachts manchmal zu einem Knoten zusammensteckte, weil ich vorm Schlafengehen einfach zu müde war, um die Kletten rauszubürsten. Und mein »glamouröses« Nachthemd trug ich nur deswegen, weil meine Mutter es mir aufgedrängt hatte.

»Du kannst doch nicht im Haus von so einer Dame wohnen und nackt oder in einem alten Fetzen schlafen«, bat meine Mutter. »Bitte, nimm das hier, und versprich mir, dass du es auch wirklich anziehst.« Ich respektierte den Wunsch meiner lieben Mutter und zog das Satinnachthemd an. So glamourös kam ich also vier- bis fünfmal pro Nacht halb schlafwandelnd in ihr Schlafzimmer, versuchte die Augen offenzuhalten und sehnte mich danach, der Erschöpfung zu entkommen. Doch auch am nächsten Tag brauchte Ruth mich von morgens bis abends, und ich hatte kaum Gelegenheit, mal ein paar Stündchen Schlaf nachzuholen. Obendrein nutzte ich die Zeit, in der Ruth ein Nickerchen machte, um die Hausarbeit zu erledigen.

Sogar wenn sie auf ihrem Toilettenstuhl saß, wollte sie sich unterhalten. Nachdem sie jahrelang ganz allein gewesen war, genoss sie diese hundertprozentige Aufmerksamkeit. Im Grunde war ich ja auch froh über unsere Freundschaft, aber ich hatte wenig Lust, mir um drei Uhr morgens anzuhören, welche Tassen und Untertassen sie vor dreißig Jahren zu dieser oder jener Dinnerparty benutzt hatte, während sie in ihren Toilettenstuhl pinkelte und mein ganzer Körper nach Schlaf schrie.

Im Laufe der Wochen erzählte mir Ruth von den Jahren an der Bucht, von den Kindern, dic unten am Hafen spielten. Milch und Brot wurde von Pferdefuhrwerken geliefert, die durch die stillen Straßen zockelten. Und am Sonntag zogen alle Leute ihre besten Kleider für den Kirchgang an. Ruth erzählte von ihren Kindern und von ihrem lange verstorbenen Mann. Ihre Tochter Heather, die ich ganz reizend fand, kam jeden oder jeden zweiten Tag vorbei und war wie eine frische Brise. Ruths Sohn und seine Familie lebten auf dem Land, und hätte Heather ihren Bruder nicht erwähnt, hätte man seine Existenz nur zu leicht vergessen können. Im Leben seiner Mutter spielte er keine aktive Rolle.

Heather war für Ruth in den Jahrzehnten ihrer Witwenschaft der Fels in der Brandung. Ruths älterer Bruder James half ebenfalls aus. Er kam jeden Tag zu Fuß von seinem Haus, das ungefähr eine Meile entfernt war. Nach ihm konnte man die Uhr stellen. Und tagein, tagaus trug er denselben Pulli. Er war schon achtundachtzig und war nie verheiratet gewesen. Aber im Kopf war er noch vollkommen klar, er hatte einen großartigen Charakter, und es war ein Vergnügen, ihn und seinen schlichten Lebensstil kennenzulernen.

Ruth erholte sich jedoch nicht von ihrer Krankheit. Nach einem Monat war sie noch immer bettlägerig. Man stellte weitere Untersuchungen an, und dann teilte man mir mit, dass sie sterben würde.

Mit Tränen in den Augen wanderte ich zum Hafen hinunter. Alles fühlte sich auf einmal so surreal an. Die Kinder spielten im seichten Wasser. Die Fußgängerbrücke über die Bucht schwang leicht hin und her, als glückliche Menschen darüber gingen. Fähren auf ihrem Weg zum Circular Quay im Stadtzentrum dampften vorbei. Ich ging weiter wie im Traum, während das Gelächter einer Picknickgesellschaft zu mir herüberdrang.

Ich setzte mich hin, lehnte mich an eine Sandsteinklippe und blickte zum schönen Himmel empor. Das Wasser wurde fast bis an meine Füße gespült. Es war einer dieser perfekten Wintertage, wenn sich die Wärme der Sonne wie Balsam anfühlt. In Sydney ist es im Winter nie so kalt wie in Europa. Es war ein herrlicher Tag, an dem ein leichter Mantel völlig ausreichte. Da Ruth mir inzwischen ans Herz gewachsen war, kamen mir beim Gedanken an ihren Tod die Tränen. Meine erste Reaktion auf die Aussicht, sie bald zu verlieren, war ein Schock. Eine Yacht voll fröhlicher, gesunder Leute segelte vorbei, und mir strömten die Tränen übers Gesicht. In diesem Augenblick wurde mir bewusst, dass ich sie weiter betreuen würde, dass ich sie bis zum Tod pflegen würde.

Da ich auf einer Rinder- und später Schaffarm groß geworden war, hatte ich eine Menge sterbende oder tote Tiere gesehen. Der Tod war mir also nichts Neues, wenngleich ich immer noch schrecklich empfindlich darauf reagierte. Doch in der Gesellschaft, in der ich lebte, in der modernen Gesellschaft westlicher Prägung, war es nicht üblich, dass die Menschen regelmäßig Sterbende zu sehen bekamen. Nicht wie in manchen anderen Kulturen, in denen der Tod eines Menschen ganz offen erlebt wird, als sichtbarer Teil des täglichen Lebens.

Unsere Gesellschaft hat den Tod ausgesperrt, fast als könnte sie damit seine Existenz leugnen. Dieses Leugnen hat zur Folge, dass sowohl der Sterbende als auch seine Familie oder Freunde gänzlich unvorbereitet diesem unvermeidlichen Ereignis gegenüberstehen. Wir alle müssen einmal sterben. Doch statt die Existenz des Todes anzuerkennen, versuchen wir ihn zu verbergen. Als wollten wir uns selbst weismachen, dass die Taktik »aus den Augen, aus dem Sinn«

funktioniert. Aber das tut sie nicht. Stattdessen versuchen wir, uns durch unser materielles Leben zu bestätigen, und benehmen uns entsprechend ängstlich, sowie wir mit dem Tod konfrontiert werden.

Doch wenn wir fähig sind, unseren unvermeidlichen Tod aufrichtig anzunehmen, bevor unsere Zeit gekommen ist, können wir unsere Prioritäten verlagern, bevor es zu spät ist. Das gibt uns die Chance, unsere Energien auf Dinge zu verwenden, die die Mühe wirklich wert sind. Sobald wir uns klargemacht haben, wie begrenzt die Zeit ist, die uns noch zur Verfügung steht – auch wenn wir nicht wissen, ob es Jahre, Wochen oder Stunden sind –, werden wir nicht mehr so stark von unserem Ego angetrieben oder von der Meinung anderer Leute über uns. Stattdessen steuern wir auf das zu, was unser Herz wirklich will. Dieses Anerkennen unseres unvermeidlichen, immer näher rückenden Todes gibt uns die Chance, viel mehr Sinn und Befriedigung in der Zeit zu finden, die uns noch bleibt.

Irgendwann wurde mir klar, wie schädlich es für unsere Gesellschaft ist, den Tod so zu leugnen. Doch damals, an jenem sonnigen Wintertag, hatte ich auf Grund dieser Vermeidungshaltung keine Ahnung, was mir mit Ruth und ihrer Pflege bevorstand. Ich lehnte meinen Kopf gegen die Mauer und betete um Kraft. Nachdem ich schon alle möglichen Herausforderungen in meiner Jugend und meinem Erwachsenenleben gemeistert hatte, glaubte ich fest daran, dass ich nicht hierhergekommen wäre, wenn ich nicht fähig wäre, diese Aufgabe auch zu bewältigen. Auch wenn das meine persönliche Traurigkeit und den Schmerz nicht wirklich linderte.

Doch als ich an jenem Tag die Wärme der Sonne spürte und stumm die Tränen laufen ließ, wusste ich, dass ich eine Aufgabe zu erfüllen hatte und Ruth bis zu ihrem Tod alle Freude und allen Trost schenken wollte, die ich ihr nur geben konnte. Eine ganze Weile blieb ich so sitzen, dachte über das

Leben nach und wie mich dieses Ereignis so vollkommen unvorbereitet getroffen hatte. Trotzdem akzeptierte ich, dass ich hier etwas zu geben hatte und dass jetzt genau das von mir gefordert war. Auf dem Rückweg kam ich zu einem festen Entschluss. Ich würde in dieser Situation mein Allerbestes geben, und den verlorenen Schlaf würde ich mir später zurückholen.

Meine Arbeitgeberin kam am selben Tag vorbei und wehrte meine Erklärungen, ich hätte noch nie einen Toten gesehen, geschweige denn einen Menschen beim Sterben begleitet, mit den Worten ab: »Die Familie liebt Sie. Sie kriegen das schon hin.«

»Sie kriegen das schon hin« ist so eine geläufige Redensart bei uns, dass ich das so akzeptierte. Ruths Zustand verschlechterte sich ab diesem Zeitpunkt rapide. An meinen freien Tagen lösten mich andere Pflegerinnen ab, und als sie immer mehr auf Hilfe angewiesen war, musste ich auch die Nachtschicht nicht mehr mitmachen. Die anderen riefen mich dazu, und ich beaufsichtigte sozusagen die ganze Pflege. Doch jetzt konnte ich immerhin richtig schlafen.

Die Tage waren immer noch etwas Besonderes, und in den meisten Fällen waren Ruth und ich allein. Wir wohnten in einem ruhigen Viertel, in dem man nur ab und zu Gelächter vom hafennahen Park hörte. Heather besuchte uns regelmäßig, ebenso James und eine Reihe von Spezialisten. Hier gab es für mich enorm viel zu lernen, und ich wuchs an meiner Rolle, ohne dass mir damals das Ausmaß bewusst wurde. Ich tat einfach, was getan werden musste, und stellte den Leuten jede Menge Fragen.

Eines Morgens wollte ich gerade aus dem Haus gehen – ich hatte zwei Tage frei und freute mich schon, die Stadt zu verlassen, meinen Cousin zu besuchen und mal wieder ein wenig Leichtigkeit in mein Leben zu lassen. Da stieg mir der Geruch aus dem Schlafzimmer in die Nase.

Die Nachtschwester hatte es entweder nicht bemerkt oder nicht bemerken wollen, in der Hoffnung, die Bescherung der Tagespflegerin überlassen zu können, die jeden Moment eintreffen musste. Dinge dieser Art bekam ich in den nächsten Jahren noch oft genug zu sehen.

Ich brachte es nicht über mich, meine wunderbare Freundin auch nur eine Sekunde länger in ihren Exkrementen liegen zu lassen. Ihre Blase und ihr Darm hatten sich komplett entleert. Ruth lag ganz schlaff da und konnte mir nur mit leisen ächzenden Lauten antworten. Ihre wichtigsten Organe brachen zusammen. Widerwillig riss sich die Nachtschwester von ihrem Klatschblatt los und half mir, die liebe alte Dame umzuziehen und das Bett mit einem neuen Laken zu beziehen. Es war eine Erleichterung, als die andere Pflegerin eintraf und sofort mit Bestlaune ins Geschehen eingriff. Innerhalb kürzester Zeit war Ruth sauber und fiel in einen tiefen, erschöpften Schlaf.

Als ich gegen Abend bei meinem Cousin auf dem Land saß, war ich mit dem Herzen immer noch bei Ruth. Ich war froh, meine freie Zeit mit ihm verbringen zu können, seine lockere, humorvolle Gesellschaft tat mir gut. Ich schaffte es trotzdem nicht, die vollen zwei Nächte bei ihm zu bleiben. Ruth ging mir einfach nicht aus dem Kopf, und ich war sicher, dass ihr nicht mehr viel Zeit blieb. Ich war gerade erst ein paar Stunden bei meinem Cousin, als mich meine Arbeitgeberin anrief, mir mitteilte, dass Ruth in den letzten Zügen lag, und mich bat zurückzukommen.

Bei Einbruch der Dunkelheit war ich wieder in Sydney. Die düstere Stimmung im Haus war spürbar, noch bevor man eintrat. Heather war mit ihrem Mann da, außerdem die neue Nachtschwester, die gerade eingetroffen war, ein sehr nettes irisches Mädchen.

Heather fragte mich, ob es mir etwas ausmachen würde, wenn sie jetzt ging. Freundlich erwiderte ich, sie solle tun, wonach ihr zumute sei. Also ging sie. Ich muss zugeben, dass es mir im ersten Moment ein bisschen schwerfiel, sie dafür nicht zu verurteilen. Ich stellte mir vor, wie es wäre, wenn meine eigene Mutter im Sterben läge – ich würde Himmel und Erde in Bewegung setzen, um bei ihrem Tod bei ihr zu sein.

Man sagt, dass alles letztendlich auf Liebe oder Angst zurückzuführen ist: jedes Gefühl, jede Tat, jeder Gedanke. Ich nahm an, dass Heather sich bei ihrer Entscheidung von Angst hatte leiten lassen, und prompt fühlte ich eine Anwandlung von Mitgefühl und Liebe für sie. Von Anfang an hatte ich sie als eine sehr pragmatische Frau kennengelernt, manchmal vielleicht sogar arg sachlich, doch diese Situation befremdete mich. Trotzdem wollte ich nicht, dass meine eigenen Grundsätze und Konditionierungen mir im Weg standen, bloß weil Heather die Dinge anders handhabte, als ich es getan hätte. Ich war gekommen, um mich um Ruth zu kümmern, und das würde ich auch tun.

Während ich mit Erin, der anderen Pflegerin, im dunklen Zimmer saß, begann ich Heathers Handlungsweise zu akzeptieren und zu respektieren. Sie tat, was sie tun musste, weil sie alles unternommen hatte, was in ihrer Macht stand. Jahrzehntelang hatte sie nicht nur für ihre eigene Familie gesorgt, sondern sich auch darum gekümmert, dass das Leben ihrer Mutter reibungslos verlief. Sie war inzwischen völlig erschöpft, physisch wie emotional. Sie hatte alles gegeben, was sie nur geben konnte, und wollte ihre Mutter einfach friedlich schlafend in Erinnerung behalten, so wie sie war, als Heather ging. Ich lächelte respektvoll und glaubte zu verstehen.

In den folgenden Tagen jedoch erfuhr ich im Gespräch mit Heather, dass Ruth ihrer Tochter zu verstehen gegeben hatte, es sei ihr lieber, wenn sie gehe. Heather kannte ihre Mutter gut genug, um ihre Wünsche erspüren zu können.

Sie war aus Liebe gegangen – und nicht aus Furcht. In den folgenden Jahren erlebte ich solche Situationen noch öfter. Nicht jeder Sterbende will, dass seine Familie anwesend ist. Manche nehmen Abschied, während sie noch bei Bewusstsein sind, und ziehen es vor, sich ganz am Ende von Pflegern begleiten zu lassen, so dass ihre Familien sie in anderer Erinnerung behalten können.

Erin und ich unterhielten uns leise. Die Anwesenheit des Todes in diesem Zimmer war bereits zu spüren. Erin erzählte, in ihrer Familie wäre in so einem Moment der ganze Raum voll. Tanten, Onkel, Cousinen, Nachbarn und Kinder – jeder würde kommen und sich verabschieden, damit der Sterbende in Frieden gehen kann.

Wir verfielen immer wieder in Schweigen, sahen Ruth an, beobachteten sie und warteten. Die Nacht war unglaublich still, während ich Ruth in Gedanken meine ganze Liebe sandte. Erin und ich plauderten wieder ein wenig, dann verstummten wir. Das Mädchen war genau die Art Mensch, mit dem man so ein Erlebnis teilen kann – sie fühlte mit, weil es in ihrer Natur lag.

Plötzlich fuhr sie hoch. »Sie hat die Augen aufgemacht«, sagte sie. Ruth war die ganze Schicht über halb im Koma gewesen. »Sie sieht dich an.«

Ich rückte näher ans Bett und hielt Ruths Hand. »Ich bin hier, meine Liebe. Alles in Ordnung.«

Sie sah mir direkt in die Augen, und einen Moment später begann ihr Geist den Körper zu verlassen. Sie bebte kurz. Dann war es ganz still.

Im nächsten Augenblick rollten mir Tränen über die Wangen. Ich bedankte mich im Stillen bei Ruth für das, was wir geteilt hatten, sagte ihr, dass ich sie liebte, und wünschte ihr alles Gute für ihre Reise. Es war ein andächtiger Moment, voller Stille und Liebe. Während ich mit hellwachen Sinnen in diesem dunklen Zimmer stand, hielt ich mir vor Augen, was für Segnungen ich aus dieser Zeit geschöpft hatte, die ich mit Ruth hatte verbringen dürfen.

Da holte Ruths Körper plötzlich noch einmal tief Luft. Ich machte einen Satz nach hinten, fluchte und spürte, wie mir das Herz aus der Brust springen wollte. »Scheiße, Mann!«, sagte ich zu Erin.

Sie lachte. »Das ist ganz normal, Bronnie. So was kommt oft vor.«

»Na gut, danke für die Warnung«, erwiderte ich lächelnd, obwohl ich noch immer unter Schock stand. Mein Herz hämmerte wie wild, und die ganze Feierlichkeit des Augenblicks war dahin. Zögernd trat ich wieder ans Bett. »Passiert das jetzt noch mal?«, flüsterte ich.

»Kann schon sein.«

Wir warteten schweigend noch eine Minute und wagten selbst kaum zu atmen. »Sie ist fort, Erin. Ich fühle, dass sie fort ist«, sagte ich schließlich.

»Gott segne sie«, kam es von uns beiden wie aus einem Munde. Wir zogen unsere Stühle näher ans Bett und blieben eine Weile in ehrfürchtigem Schweigen und liebevollem Respekt neben Ruth sitzen. Ich musste mich auch noch ein bisschen beruhigen nach dem Riesenschrecken von eben.

Heather und meine Arbeitgeberin hatten mich um einen Anruf gebeten, wenn es so weit war, also griff ich zum Telefon. Es war ungefähr halb drei Uhr morgens. Keiner von ihnen konnte jetzt etwas unternehmen. Vorab war ich schon instruiert worden, wie ich weiter verfahren musste. Ich rief den Arzt an, der vorbeikommen und die Todesurkunde ausstellen sollte, und verständigte danach das Bestattungsinstitut.

Erin und ich saßen in der Küche, bis Ruths Leiche gegen Sonnenaufgang abgeholt wurde. In diesen Stunden gingen wir beide ab und zu noch einmal zu Ruth – als würden wir einem inneren Impuls gehorchen, uns immer noch um ihren

Körper zu sorgen, obwohl sie ihn bereits verlassen hatte. Außerdem gefiel es mir nicht, dass sie so allein dort lag. Diese seltsame, dunkle Zeit war einerseits etwas Besonderes, aber in dieser Nacht nach ihrem Tod lag auch eine spürbare Leere über dem Haus.

Am nächsten Tag bot man mir an, Ruths Haus zu hüten. Heather meinte, es würde Monate dauern, bis es sich verkaufen ließ, und die Familie würde sich sicherer fühlen, wenn es nicht leer stand, sondern in der Zwischenzeit bewohnt blieb. So blieb ich noch eine Weile in Ruths Haus, was in meiner Situation ein echter Segen für mich war. Außerdem tat es mir gut, an einem Ort zu leben, der mir einigermaßen vertraut war.

Allerdings war mir eines klar geworden: Eine 24-Stunden-Betreuung, bei der man mit dem Patienten im gleichen Haus lebt, erschöpft einen zu sehr. Bei meinen zukünftigen Patienten würde ich jede Nacht nach Hause gehen, sonst kam ich zu gar nichts anderem mehr. Diese Art von Pflege verlangte mir wesentlich mehr ab, als einfach nur einem Menschen Gesellschaft zu leisten.

In den nächsten Monaten half ich Heather, Ruths Habseligkeiten anderweitig unterzubringen. Ihre materielle Umgebung wurde Stück für Stück aufgelöst, wie es jedem einmal passieren wird. Ich hatte so lange nomadisch gelebt, dass ich immer noch eine Abneigung dagegen hegte, zu viel zu besitzen. Daher lehnte ich viele Dinge ab, die Heather mir netterweise anbot. Es waren ja doch nur Sachen, und auch wenn sie meiner Freundin Ruth gehört hatten, wusste ich, dass ihre Erinnerung am besten in meinem Herzen bewahrt bleiben würde, und so ist es auch.

Allerdings verliebte ich mich in ein paar alte Lampen, die ich bis heute noch habe. Ruths Haus wurde von den neuen Besitzern abgerissen und durch einen modernen Betonbau ersetzt. Der alte Frangipani-Baum, dessen Sommerduft jahrzehntelang das Haus durchdrungen hatte, wurde im Bruchteil einer Sekunde plattgemacht und durch einen Pool ersetzt. Ich bekam eine Einladung zur Housewarming-Party im neuen Haus.

Den Leuten, die Ruths Heim gekauft hatten, hatten die Spinnen und ihre Netze im Garten gar nicht zugesagt. Ruth und ich hatten immer im Wintergarten gesessen und zugesehen, wie die Radnetzspinne ihr Netz webte, das so stabil ist, dass man es anheben kann, um darunter hindurchzugehen. Ein Wunderwerk, das wir geliebt und geteilt hatten. Als ich neben dem Pool stand und die ganzen neuen, modischen Pflanzen betrachtete, die einen alten, über Jahre hinweg liebevoll kultivierten Garten ersetzt hatten, freute ich mich, eine Radnetzspinne zu entdecken, die ihr Netz hoch über einer der neuen Pflanzen webte.

Lächelnd sandte ich Ruth meine ganze Liebe und wusste, dass sie mich auf ihre Art an diesem Tag dort besuchte. Ihr Haus mochte fort sein, aber ihr Geist war noch bei mir. Ich dankte dem neuen Besitzer für die Einladung, plauderte ein wenig und ging dann hinunter zum Hafen. Dort suchte ich den Platz auf, an den ich mich gesetzt hatte, als ich von Ruths unheilbarer Krankheit erfahren hatte. Ich war dankbar für alles, was wir geteilt hatten und was ich aus dieser Freundschaft gelernt hatte.

An jenem Sommertag musste ich lächeln, als mir klar wurde, wie viel mehr ich bekommen hatte, viel mehr als einfach nur eine mietfreie Unterkunft. Und indem sie meinen Blick auf diese Radnetzspinne lenkte, hatte Ruth zurückgelächelt.

Das Glück des Loslassens

Nach Ruths Tod arbeitete ich hie und da eine Schicht als Pflegerin, und bei der Ablöse lernte ich andere Pflegerinnen kennen. Diese wenigen Minuten waren die einzige Zeit, in der man Kontakt mit Kollegen hatte. Während der langen Zwölf-Stunden-Schichten gab es kein Geplänkel oder Gelächter im Team, man sah sich ja immer nur zur Übergabe. Der Patient, seine Familie und das medizinische Personal, das während meiner Schicht vorbeikam, waren die einzigen Kontakte.

Das machte die Beziehungen zu den Patienten noch persönlicher. Außerdem gab es mir Zeit, gelegentlich zu lesen, zu schreiben, meine Meditationssitzungen fortzusetzen oder ein bisschen Yoga zu machen. Viele Pflegerinnen wurden wahnsinnig, weil sie so viel Zeit allein verbringen mussten, und es war nichts Ungewöhnliches, morgens irgendwo anzukommen und schon vor dem Frühstück den Fernseher laufen zu sehen. Ich war froh, dass ich so problemlos allein sein konnte. Mir kamen die langen Stunden der Stille sogar sehr zupass. Es waren zwar Leute da, aber normalerweise ist das Haus eines sterbenden Menschen ein sehr friedlicher Ort.

Zumindest war das der Fall, als ich Stellas Haus in der alleengesäumten Vorstadtstraße betrat. Nicht nur, weil sie im Sterben lag – hier lebten überhaupt friedliche, sanfte Menschen. Stella hatte langes, glattes weißes Haar. Anmutig war das erste Wort, das mir in den Sinn kam, als wir uns kennenlernten, obwohl sie da ja schon krank im Bett lag. Ihr

Ehemann George, der mich ganz ungezwungen willkommen hieß, war ein wunderbarer Mann.

Wenn man akzeptieren muss, dass ein Familienmitglied stirbt, bedeutet allein das schon eine enorme Umwälzung im Leben. Doch wenn diese Person in das Stadium kommt, in dem sie vierundzwanzig Stunden am Tag betreut werden muss, ist es mit dem gewohnten Leben der Familie völlig vorbei. Ihre Privatsphäre und die besonderen Momente, die zwei Menschen in ihren vier Wänden geteilt haben, sind für immer verloren.

Die Pfleger kamen und gingen, ein Schichtwechsel am Morgen und einer am Abend. Manche kamen regelmäßig, andere nur einmal, zwischen ihren eigenen regelmäßigen Patienten. Ich musste mich also auf neue Gesichter einstellen, neue Persönlichkeiten und unterschiedliche Auffassungen von Berufsethos. Innerhalb relativ kurzer Zeit wurde ich Stellas ständige Tagespflegerin. Ab und zu kam eine Gemeindeschwester vorbei und auch der Arzt, der uns Schmerzmittel brachte. Ihn sah ich im Laufe der folgenden Jahre bei vielen Kunden, ein ganz besonderer, reizender, warmherziger Mensch.

Nach der Erfahrung mit Ruth meinte meine Arbeitgeberin, ich hätte meine Sache großartig gemacht, und bot mir Spezialkurse zur Weiterbildung in Palliativpflege an, falls ich weiter auf diesem Gebiet arbeiten wollte. Ich nahm das Angebot an, weil ich spürte, dass das Leben mich vorerst in diese Richtung zog. Die Zeit und die Lernprozesse mit Ruth hatten tiefe Spuren in mir hinterlassen und den Wunsch, auf diesem Gebiet weiter zu wachsen und Erfahrungen zu sammeln.

Meine Fortbildung beinhaltete zwei Workshops. Bei einem wurde mir und den anderen Pflegern gezeigt, wie man sich die Hände richtig wusch. Der andere war eine sehr kurze Einführung ins richtige Heben. Und das war's auch schon so ziemlich mit meiner offiziellen Ausbildung. Dann schickte mich meine Arbeitgeberin zu Stella, schärfte mir aber ein, nicht zu sagen, dass ich erst eine einzige Sterbebegleitung gemacht hatte. Sie glaubte, dass ich diesem Job gewachsen sein würde, und das glaubte ich auch.

Aufrichtigkeit war immer schon ein wichtiger Teil meines Charakters. Doch als die Familie mich nach meinen Erfahrungen fragte, log ich tatsächlich, weil ich die Stelle brauchte. Außerdem gab es neue Gesetze zu bestimmten Qualifikationen, die ich leider nicht besaß. Obwohl ich meine Fähigkeiten nicht unter Beweis stellen konnte, indem ich von früheren Fällen erzählte, wollte ich, dass Stellas Familie mir vertraute. In meinem Innersten wusste ich ja, dass ich diese Arbeit gut machen konnte, denn mehr als alles andere waren hier Behutsamkeit und Intuition gefragt. Also behauptete ich auf ihre Fragen, dass ich schon mehrere Leute gepflegt hätte. Das Lügen ging mir jedoch so gegen den Strich, dass ich danach nie wieder bei einem Patienten gelogen habe.

Stella achtete sehr auf Hygiene und wollte jeden Tag ein frisch bezogenes Bett. Aber sie war auch eine Dame mit Stil, die das Nachthemd passend zu Farbe und Muster des Bettbezugs aussuchte. George erzählte mir einmal lachend, wie er Ärger bekommen hatte, weil er die falsche Bettwäsche zu ihrem Nachthemd ausgesucht hatte. Ich lachte mit und sagte, was ich zu fast all den Familien meiner zukünftiger Patienten sagen würde: »Wenn es sie glücklich macht, dann soll sie es so haben.«

Und so stellte mir eine große, anmutige Frau, die sterbend in ihrem Nachthemd und dem dazu passenden Bettzeug lag, Fragen über mein Leben.

»Meditieren Sie?«, wollte sie wissen.

»Ja«, antwortete ich begeistert. Diese Frage hatte ich nicht erwartet.

Stella fuhr fort: »Und nach welcher Schule?« Ich sagte es ihr, und sie nickte wissend.

»Machen Sie auch Yoga?«, forschte sie weiter.

»Ja, das tu ich«, erwiderte ich, »aber leider nicht so oft, wie ich gern möchte.«

»Meditieren Sie täglich?«

»Ja, zweimal am Tag.«

Ich musste einfach lächeln, als sie kurz darauf mit ihrer sanften Stimme sagte: »Gott sei Dank. Ich habe eine Ewigkeit auf Sie gewartet. Jetzt kann ich endlich sterben.«

Stella war vierzig Jahre lang Yoga-Lehrerin gewesen, lange bevor Yoga in westlichen Kulturen alltäglich wurde. Damals war es noch eine Kuriosität aus dem Osten. Sie war mehrfach in Indien gewesen und hatte sich ihrem Weg voll und ganz verschrieben.

Früher hatte Stella auf Anfrage immer angegeben, sie sei Gymnastiklehrerin, weil Yoga für die Welt, in der sie lebte, zu abwegig war. Aber im Laufe der Zeit entwickelte sich die Gesellschaft glücklicherweise weiter, so dass sie sich nicht mehr verstecken musste und vielen Schülern die Kunst und Weisheit ihres Weges näherbringen konnte.

Ihr Mann war zwar schon Rentner, arbeitete aber immer noch ein bisschen von zu Hause aus. Er töpferte friedlich vor sich hin, und ich genoss seine Anwesenheit. Die Hausbibliothek war voller spiritueller Klassiker. Viele hatte ich schon gelesen, aber eine ganze Menge stand auch noch auf meiner Liste. Diese Bibliothek war der wahrgewordene Traum für einen jeden Leser, vor allem für einen, der sich für Philosophie, Psychologie und Spiritualität interessierte. Ich verschlang so viel wie möglich davon. Manchmal wachte Stella auf, fragte mich, was für ein Buch ich gerade las und wo ich gerade war, und dann kommentierte sie meine Lektüre. Sie kannte diese Bücher alle. Wenn sie munter genug für lange Unterhaltungen war – was leider nicht allzu oft der Fall war –, drehte sich unser Gespräch immer um Philosophie. Wir teilten viele Theorien und stellten fest, dass sich unsere Denkweise nicht sehr voneinander unterschied.

Auch bei meinen Yogaübungen machte ich riesige Fortschritte. Ich hatte nicht das Gefühl, verstecken zu müssen, was ich tat, oder in ein anderes Zimmer gehen zu müssen. Die Tür zu Stellas Schlafzimmer war nie geschlossen, so dass jederzeit ein frischer Luftzug hindurchwehte. Dieses Haus war ein wunderbarer Arbeitsplatz. Stellas friedliche weiße Katze namens Yogi lag am Fußende des Bettes und sah mir zu. Da die Nachmittage in dieser Gegend so besonders ruhig waren, nutzte ich diese Zeit meistens für Dehn- und Atemübungen. Es war immer eine angenehme Überraschung, wenn ich dachte, dass Stella schlief, sie mir aber plötzlich einen Kommentar zu meiner Position zurief, wie ich meine Haltung verbessern oder eine ähnliche ausprobieren könnte, die vielleicht etwas dynamischer und anspruchsvoller war. Dann döste sie wieder ein.

Damals machte ich seit fünf Jahren Yoga. Angefangen hatte es in Fremantle, einem Vorort von Perth, während der Zeit, als ich in Western Australia lebte. Zweimal die Woche sprang ich auf mein Rad und fuhr durch ein paar Vororte nach Fremantle. Der Lehrer hieß Kale und führte mich ganz wunderbar ins Yoga ein. Er hatte erst sehr spät im Leben seinen eigenen Weg gefunden und war über Rückenschmerzen zum Yoga gekommen. Doch das Leben hatte offensichtlich große Pläne mit ihm, und so fand er seine Berufung, sehr zum Wohle seiner vielen eifrigen Schüler.

Als wir Perth verlassen hatten, war mein Leben eine Weile sehr rastlos, doch Yoga zog mich weiterhin an. An jedem Wohnort suchte ich mir einen Kurs. Bei manchen machte ich nur kurz mit. Ich entdeckte keinen Kurs, der mich so ansprach wie der von Kale, es war vergebliche Liebesmüh. So etwas würde ich nie wieder finden.

In Stellas Schlafzimmer wurde mir klar, warum mich meine Übungen nie ganz zufriedenstellten, ich suchte immer noch nach einem Lehrer, statt mich nach mir selbst zu richten. Dank Stellas Anleitung veränderte sich diese Haltung für immer. Ich habe seitdem noch andere Kurse besucht, weil ich dabei immer noch ein Stückchen weiter komme, als ich es mit meinen Sitzungen allein zu Hause schaffen könnte. Außerdem lernt man dort auch prima Leute kennen, die auf derselben Wellenlänge liegen. Doch meine häuslichen Yogastunden stehen jetzt auf sicherem Boden, denn die Praxis selbst ist der Lehrer. Stella hat in mir ihre letzte Schülerin geprägt.

Am meisten frustrierte es sie, dass sie bereit war zu sterben, der Tod aber nicht kommen wollte. Wenn ich morgens eintrat und sie fragte, wie es ihr ging, antwortete sie oft: »Na, wie soll's mir schon gehen? Ich bin immer noch hier, obwohl ich gar nicht will.«

Sie selbst konnte nicht mehr meditieren. Nach all den Jahren geistiger Disziplin und der Verbindung mit sich selbst, die sie durch die Meditation erlebt hatte, war sie davon ausgegangen, es wäre jetzt, wo sie heimgehen würde, eine ganz natürliche Sache. Sie hatte sogar erwartet, ihre Sitzungen würden nur noch intensiver. Doch stattdessen wurden nur meine Sitzungen intensiver. Jeden Nachmittag, wenn sie wegdämmerte, meditierte ich. »Hast du ein Glück«, sagte sie hinterher immer. »Ich bin so frustriert, ich kann nicht meditieren, und sterben kann ich auch nicht.«

»Vielleicht bist du wegen mir noch hier. Vielleicht gibt es noch ein paar Dinge, die ich von dir lernen muss, und deswegen ist deine Zeit noch nicht gekommen«, schlug ich vor.

Sie nickte. »Das kann ich akzeptieren.«

Aber wie immer, wenn zwei Leute in engeren Kontakt miteinander kommen, konnten beide Beteiligten voneinander lernen. Als ich das Thema Loslassen anschnitt, begann Stella mehr inneren Frieden zu finden. Während ich an ihrem Bett saß und erzählte, wie ich in der Vergangenheit gelernt hatte loszulassen, hörte sie mir aufmerksam zu.

Im Laufe der Jahre hatte ich immer darauf vertraut, dass die Dinge schon gut gehen würden. Ich erzählte ihr, wie ich mich vor ein paar Jahren einfach auf den Weg gemacht hatte, um irgendwohin zu ziehen, wo es ein bisschen kühler war – und beim Aufbruch hatte ich nur einen vollen Tank und fünfzig Dollar. Mir schwebte eine Stadt an der Südküste von New South Wales vor, also schlug ich ungefähr diese Richtung ein. Unterwegs besuchte ich Freunde, fand tageweise Arbeit, die es mir erlaubte, meine Reise fortzusetzen. Da ich schon immer nomadisch veranlagt gewesen war, hatte ich Freunde an allen möglichen Ecken und Enden, und es war herrlich, sie alle mal wiederzusehen. Manche von ihnen hatte ich fast ein Jahrzehnt nicht mehr getroffen. Irgendwann kam ich in der Stadt an, die ich mir ausgesucht hatte, wenn auch mit sehr wenig Geld in der Tasche.

Den schönsten Blick der Stadt bot ein Campingplatz auf einer Landzunge, von dort oben sah man auf den mächtigen Pazifik. Ich blieb dort, um zu übernachten. Der Rücksitz meines alten Jeeps war ausgebaut und durch eine Matratze ersetzt worden, und wenn ich weiterfahren wollte, zog ich einfach die Vorhänge hoch. Voilà, so einfach war Mobilsein. Ich sondierte die Jobs in der Stadt, und zunächst sah es ein bisschen schwierig aus. Es war Herbst, meine liebste Jahreszeit. Also genoss ich einfach ein paar Tage das herrliche Wetter und ging viel spazieren.

Allerdings konnte ich mir so die Miete für den Wohnwagenplatz dauerhaft nicht leisten. Mir ging das Geld aus, und ich war nur noch dort, um zu duschen und damit ich eine Basis hatte, während ich mir die ersten Kontakte in der Stadt aufbaute. Also kaufte ich mir ein paar Essensvorräte und fuhr aufs Land. Ich folgte den Schildern zu einem nicht allzu weit entfernten Fluss ins Binnenland. Da ich bislang immer schon darauf vertraut hatte, dass alles gut gehen würde, wusste ich, dass ich mich meinen Ängsten frontal stellen musste. Wenn ich etwas durch bloße Zuversicht erzwingen wollte, musste ich zuerst mein Hirn ausschalten, und das war immer der schwierigste Part.

Ungesunde Denkmuster meldeten sich zurück, Folgen meiner alten Konditionierungen und den Behauptungen der Gesellschaft, man könne nicht so leben. Die alten Ängste rührten sich wieder, und ich überlegte krampfhaft, wie um alles in der Welt ich die Dinge auf die Reihe kriegen sollte. Das Einzige, was mich in der Vergangenheit in so einem Moment immer gerettet hatte (und mich auch jetzt wieder retten würde), war die Konzentration aufs Hier und Jetzt. Um sich seinen Ängsten zu stellen, gibt es keinen besseren Ort als die Natur, wo man in den normalen Rhythmus des Lebens zurückfinden kann.

Nachdem ich meine Ängste zum Schweigen gebracht hatte, genoss ich wunderbare Tage, an denen ich einfache, vollwertige Nahrung verzehrte, im kristallklaren, reinigenden Flusswasser schwamm, die seltsamsten Formen von Flora und Fauna beobachtete, den zahllosen Varianten des Vogelgesangs lauschte und las. Es war eine andächtige, wunderschöne Zeit, in der ich Weite atmete.

Es vergingen knapp zwei Wochen, bis ich zum ersten Mal Menschen sah. Der Tag war sehr schön. Es handelte sich um eine Familie - drei Generationen -, die ein Picknick am Fluss machten. Daraus schloss ich, dass wohl gerade Wochenende sein musste. Ich ließ meinen Jeep unversperrt zurück und brach zu einem großen Spaziergang durch den Busch auf, damit die Leute den Ort allein genießen konnten. Am Spätnachmittag lag ich in meinem Auto, Türen und Heckklappe standen offen, und las. Die Dämmerung warf ein magisches Licht durch die Bäume.

Als die Familie aufbrach, trennte sich die Mutter der beiden Kinder, eine Frau in meinem Alter, kurz von der Gruppe. Ihr Mann, ihre Eltern und die Kinder gingen schon zum Auto. Sie kam zu mir herüber und beugte sich in meinen Jeep. Ich blickte überrascht auf und lächelte sie an. Sie flüsterte mir einfach nur zu: »Ich beneide Sie um Ihre Freiheit.« Wir mussten beide lachen, und sie ging, ohne noch ein Wort zu sagen oder eine Antwort abzuwarten.

Als ich in der Nacht bei offenen Vorhängen in meinem Jeep lag, die Frösche am Fluss quakten und eine Million Sterne mir Gesellschaft leistete, lachte ich noch einmal, als ich an die Frau dachte. Sie hatte recht. Ich war so frei, wie irgend möglich. Mein Geld und meine Essensvorräte reichten gerade mal für die nächsten Tage, aber in diesem Moment war ich so frei, wie ein Mensch nur sein kann.

Die Leute haben mich oft gefragt, ob ich bei meinen ganzen Reisen in den Busch oder an andere Orte Australiens keine Angst gehabt hätte. Die Antwort lautet Nein. Nur ganz selten hatte ich dazu mal Grund. Es gab ein paar Situationen, die vielleicht ungut hätten ausgehen können, zum Beispiel mein Erlebnis beim Autostop. Aber ich hatte es ja heil überstanden, und schließlich lernt man ja gerade aus solchen unschönen Erfahrungen. Da ich jeden Schritt intuitiv tat, versuchte ich immer, so zuversichtlich wie möglich voranzugehen, denn ich wusste ja, dass ich am Ende zurechtkommen würde.

Alles in allem sind wir aber doch soziale Wesen, also machte ich mich irgendwann wieder auf den Weg zurück in die Stadt. Ich rief meine Mutter an, zu der ich eine gesunde, liebevolle Beziehung habe. Da sie meine Mutter ist, machte sie sich natürlich immer ein wenig Sorgen um mein Wohlergehen. Aber sie spürte auch, dass dieses Nomadenleben zu mir gehörte. Sie verurteilte meine Entscheidungen nie, war aber jedes Mal erleichtert, wenn ich mich wieder bei ihr meldete. Am Vortag hatte sie für zwei Dollar ein Los gekauft, sie wollte mir im Falle eines Gewinns das Geld schenken. Sie ist von Natur aus ein so freigebiger Mensch, dass das Leben sie im Gegenzug auch reich beschenkt – und prompt gewann ihr Los.

»Du gibst mir auf so viele andere Arten etwas«, sagte sie. »Ich bestehe darauf, dass du das Geld nimmst. Es ist sowieso nur zu mir gekommen, weil ich dir damit helfen wollte.« So kam ich also zu Geld, von dem ich wieder ein paar Wochen bestreiten konnte.

Als ich am nächsten Morgen in meinem Jeep auf dem Campingplatz aufwachte, stand ich auf und machte mich auf den Weg nach unten zu den Klippen, um den Sonnenaufgang über dem Meer zu beobachten. Ich liebe diesen ersten Lichtschimmer, der aufsteigt, wenn die Sterne noch am Himmel stehen, und gleichzeitig ein neuer Tag beginnt. Während sich der Himmel von Rosa zu Orange verfärbte, saß ich auf den Klippen und sah einer Schule von Delfinen zu, die dort unten schwammen und aus purer Lebensfreude aus dem Wasser schossen. In diesem Augenblick wusste ich einfach, dass alles gut werden würde.

Nachdem ich mit dem Besitzer des Campingplatzes ein langes, anregendes Gespräch über das Leben und das Reisen geführt hatte, kam er zu meinem Jeep und hielt mir einen Schlüssel hin. »Hier. Van Nummer acht brauche ich die nächsten zehn Tage nicht. Nimm ihn, und komm bloß nicht auf die Idee, mir einen Cent dafür zu bezahlen. Wenn meine Tochter in ihrem Jeep schlafen würde, würde ich auch hoffen, dass jemand so etwas für sie tut.«

»Danke, Ted«, sagte ich und musste vor lauter Dankbarkeit ein paar Tränen unterdrücken.

Also hatte ich für die nächsten zehn Tage ein Dach über dem Kopf und konnte mir sogar etwas kochen. Allerdings begannen mich in dieser Zeit wieder Ängste wegen meiner

Situation zu quälen. Ich musste Geld verdienen. Meine Lebensmittelvorräte schwanden auch dahin. Jeden Tag klapperte ich sämtliche Läden in der Stadt ab und lernte dabei auch jede Menge prima Leute kennen, doch ein Job sprang dabei nicht heraus. Als ich die Landzunge hochging, zurück zu Campingplatz und Van, atmete ich tief durch, versuchte, meine Gedanken nur in der Gegenwart zu belassen, aber trotzdem eine Lösung für die Zukunft zu finden.

Diesen Teil meines Lebens hasste ich. Diesen Zwang, immer wieder jede Vorsicht in den Wind zu schlagen und mich regelmäßig in solche schwierigen Situationen zu bringen. Andererseits war es eine Art Sucht. Ich stellte mich jedes Mal von Neuem meinen Ängsten, und irgendwie fiel ich stets wieder auf die Füße. In gewisser Hinsicht wurde es von Mal zu Mal schwerer, mich mit so viel Zuversicht in die Situation zu stürzen, weil immer schlimmere Ängste in mir aufstiegen. Zugleich wurde es auch einfacher. Ich hatte meine Zuversicht schon mehr als einmal bis an die äußerste Grenze strapaziert und war hinterher nicht nur klüger, sondern glaubte auch fester an mich selbst. Das Leben schien mir sinnvoller, so wie ich es lebte, ganz egal, wie hart es manchmal war. Ich passte damit nur einfach nicht in eine konventionelle Gesellschaft.

An diesem Punkt befand ich mich also, als ich der beginnenden Ebbe zusah, und mir vor Augen hielt, wie wichtig es ist, sich dem Lauf der Dinge hinzugeben, loszulassen und der Natur zu gestatten, ihre Magie zu entfalten. Dieselbe Kraft, die die Gezeiten lenkt, die Kraft, die die Jahreszeiten kommen und gehen lässt und Leben schafft, würde sicher auch in der Lage sein, mir die Chance in die Hände zu spielen, die ich brauchte. Aber erst musste ich loslassen. Es war eine schreckliche Verschwendung meiner Energie, wenn ich versuchte, Zeitpunkt und Ergebnis selbst zu bestimmen. Ich hatte meine Pläne gemacht und alles Nötige unternommen.

Jetzt war es an der Zeit, dass ich einen Schritt zurücktrat und das Leben machen ließ.

Ich musste leise über mich selbst lachen, als es mir wieder einfiel. Dabei hatte ich diese Lektion schon früher gelernt. Wenn ich am äußersten Ende eines dünnen Zweiges angekommen war, konnte ich mich nur noch meinem Schicksal überlassen und abwarten, wo ich landete. Es war höchste Zeit loszulassen.

Loslassen ist nicht dasselbe wie Aufgeben, ganz im Gegenteil. Loslassen erfordert eine gehörige Portion Mut. Oft gelingt es uns nur, wenn es zu schmerzhaft wird, um irgendein bestimmtes Ergebnis zu kämpfen. Tatsächlich ist es wie eine Befreiung, an diesen Punkt zu kommen, auch wenn es nicht gerade Spaß macht. Sobald man akzeptieren kann, dass man selbst nichts mehr tun kann und die Dinge einer höheren Macht in die Hände geben muss, wirkt diese innere Haltung wie ein Katalysator, und alles kommt ins Rollen.

Auch am nächsten Morgen ging ich hinunter zu den Klippen ans Wasser, wo mich bei Sonnenaufgang wieder die spielenden Delfine begrüßten. Ich fühlte mich völlig leer und ausgelaugt nach diesen ganzen Attacken von Angst, Schmerz und Widerstand, die letztlich zum Loslassen geführt hatten. Die emotionale Erschöpfung hatte mich enorm viel Kraft gekostet. Doch während ich den Delfinen zusah und die Morgendämmerung auf mich wirken ließ, gestattete ich mir langsam, aber sicher, wieder Hoffnung zu schöpfen.

Als ich wenige Tage später mit ein paar Urlaubern auf dem Campingplatz ein ganz harmloses Gespräch führte, bot man mir einen Job in Melbourne an, ungefähr sieben Stunden Fahrt Richtung Süden. »Warum nicht?«, dachte ich. Ich konnte gehen, wohin ich wollte, und ich hatte sowieso vor, in eine etwas kühlere Klimazone zu ziehen. Melbourne wurde bald meine Lieblingsstadt in Australien, und das ist sie bis heute. Aber damals hatte ich sie noch nicht in Betracht gezogen, und ich ahnte nicht, wie sehr ich vom Leben in dieser kreativen Stadt profitieren würde. Erst als ich losließ und gedanklich ganz in der Gegenwart blieb, konnte mir diese Chance über den Weg laufen.

Nachdem ich Stella meine Geschichte zu Ende erzählt hatte, lächelten wir beide. Sie aß ihre halbe Erdbeere und stimmte mir zu, ohne sich dabei von ihrem Ego leiten zu lassen. Sie hatte versucht, den Zeitpunkt ihres Todes selbst zu bestimmen. Es wurde Zeit, dass sie die Zügel aus der Hand gab, und auch wenn ihr der Gedanke nicht sonderlich gefiel, fand sie sich damit ab, dass es vielleicht noch ein bisschen dauern würde, bis ihre Zeit kam. Der menschliche Körper wird in neun Monaten gebildet. Manchmal braucht es auch eine Weile, bis er seine Funktionen einstellen kann.

Allerdings war sie inzwischen sehr schwach und aß kaum noch etwas. Ihr fehlte die Energie zum Essen, doch immerhin nahm sie ab und zu ein kleines Stückchen Obst zu sich, einfach um etwas zu schmecken. Am Vortag waren es zwei Trauben gewesen. Heute war es eine halbe Erdbeere.

Ihre Krankheit hätte ihr eigentlich viele Schmerzen verursachen müssen, vor allem weil sie erst in so fortgeschrittenem Stadium diagnostiziert worden war. Aber sie hatte sehr wenig Schmerzen, was ihren Arzt in Erstaunen versetzte. Im Verlauf der Krankheit spürte Stella im Grunde in erster Linie Erschöpfung. Durch die Arbeit, die sie auf ihrer spirituellen Reise getan hatte, hatte sie eine sehr starke Verbindung zu ihrem Körper aufgebaut, das half ihr jetzt, so dass sie fast schmerzfrei war. Aus demselben Grund kam auch ihr Tod sehr sanft.

Zwei, drei Tage vorher hatte ich bemerkt, dass ihre Finger stark angeschwollen waren. Nun schnitt ihr Ehering tief ins Fleisch und schien die Durchblutung dort zu stören. Als ich bei meiner Agentur anrief, erklärte mir die Krankenschwester, dass der Ring entfernt werden musste. George legte sich neben seine Frau auf das Bett, und ich bearbeitete ihren Finger mit Wasser und Seife, um den Ring behutsam abnehmen zu können. Es dauerte eine ganze Weile, und am Ende weinten sowohl Stella als auch George. Ich kam mir vor wie ein Monster, doch als es mir schließlich gelungen war, dieses Symbol ihrer Liebe zu entfernen, das sie ein halbes Jahrhundert an ihrem Finger getragen hatte, kamen auch mir die Tränen.

George, der ein unglaublich lieber Mann war, gab ihr zärtliche Kosenamen, wie so oft während ihres langen Ehelebens. Ich verließ das Zimmer, damit die beiden diesen kostbaren Moment teilen konnten, in dem sie sich ganz nahe waren, vielleicht sogar das letzte Mal in ihrem Leben einander im Arm hielten. Weinend stand ich im Badezimmer, und trotzdem empfand ich es als Segen, dass ich Zeuge dieser tiefen Liebe hatte werden dürfen. So etwas hatte ich noch nie gesehen. Es verband sie eine tiefe Freundschaft, beide waren sanft und überlegt im Umgang mit anderen Menschen, aber vor allem miteinander. Die beiden weinen zu sehen, als der Ehering für immer von Stellas Finger gezogen wurde, tat mir sehr weh.

Ihr Sohn und ihre Töchter kamen regelmäßig zu Besuch, und jetzt, wo es aufs Ende zuging, kamen sie noch öfter. Ich mochte sie alle. Sie waren sehr unterschiedlich, aber alles anständige, freundliche Menschen. Zu einer der Töchter hatte ich jedoch ein besonders enges Verhältnis.

Eines Tages schlug das Wetter unerwartet um, und ich fror, weil ich nicht genug angezogen hatte. George bestand darauf, dass ich eine von Stellas Strickjacken überzog. Beide fanden, dass mir die Jacke ausgezeichnet stand. Es war so ein Kleidungsstück, das einem im Laden niemals ins Auge fallen würde, weil es einfach nicht zum eigenen Stil passt. Aber wenn man es anzieht, verliebt man sich sofort. Die Familie,

Stella inklusive, schenkte mir die Strickjacke. Heute, Jahre später, trage ich sie noch immer. Stella hatte wirklich einen ganz schön guten Geschmack.

In derselben Nacht, ich war zu Hause und schlief, fiel sie ins Koma. Als ich am nächsten Morgen kam, herrschte im ganzen Haus andächtige Stille. George und David, der Sohn, waren dort. Während eine sanfte Brise durch die Schlafzimmertür hereinzog, lag George neben seiner schönen Frau auf dem Bett. Er hielt ihre Hand, die langsam kalt wurde. Stella war noch am Leben, aber in solchen Fällen, wenn der Tod bald eintritt, wird die Durchblutung in den Gliedmaßen immer schlechter. Auch ihre Füße waren schon kalt. David saß auf einem Stuhl neben dem Bett und hielt ihre andere Hand. Ich setzte mich auf einen zweiten Stuhl und legte ihr die Hand auf den Fuß. Es war mir wohl ein Bedürfnis, sie ebenfalls zu berühren.

Nach über zwölf Stunden in tiefem Koma schlug Stella die Augen auf, blickte zur Decke und lächelte. George setzte sich auf. »Sie lächelt«, stellte er verblüfft fest. »Sie lächelt irgendetwas an.«

Stella war sich unserer überhaupt nicht mehr bewusst. Doch wem oder was ihr Lächeln auch gegolten haben mochte, es befestigte einen Glauben in mir, der seitdem nie mehr ins Wanken gekommen ist. Nachdem ich selbst schon durch Meditation herrliche Orte gesehen hatte, die weit jenseits des normalen, menschlichen Erfahrungsbereiches lagen, hatte ich nie bezweifelt, dass es ein Leben nach dem Tod gibt. Aber als ich jetzt sah, wie verblüffend glücklich Stella aussah, als sie mit offenen Augen zur Decke blickte und lächelte, war ich endgültig überzeugt, dass mich nichts mehr von dieser Annahme abbringen würde. Es gibt einen Ort, an den wir nach unserem Tod gehen oder zurückgehen.

Nach diesem Lächeln stieß Stella einen kleinen Seufzer aus, ihre Augen rollten nach oben, und es war still. George und David sahen mich an, als erwarteten sie eine Bestätigung von mir. Nachdem ich zuvor nur Ruth hatte sterben sehen, wartete ich auf den letzten großen Atemzug, doch er kam nicht. »Ist sie tot? Ist sie jetzt tot?«, fragten sie mich. Aus ihren Stimmen sprachen Verzweiflung und herzzerreißender Kummer.

Als ich an ihrem Hals nach dem Puls tastete, spürte ich nur den Rhythmus meines eigenen heftigen Herzschlags. Ich stand unter enormem Druck und hatte keine Ahnung, was ich tun sollte. Verzweifelt sahen mich die beiden an. Ich wollte nicht Stellas Tod verkünden, wenn sie am Ende noch mal zwei Tage weiterlebte oder auch nur noch einen letzten tiefen Atemzug tat. Ich betete stumm um Hilfe.

Da kam auf einmal eine große Ruhe über mich, und ich wusste, dass sie von uns gegangen war. Es war so ein leichter, anmutiger und sanfter Tod gewesen, dass ich nicht hätte sagen können, ob sie wirklich gestorben war. Doch diese Welle von Liebe, die mich jetzt durchflutete, bestätigte mir, dass sie gegangen war. Ich nickte, und George und David verließen sofort das Zimmer. Das herzzerreißendste Schluchzen hallte durchs Haus, als George klar wurde, dass seine geliebte Frau nun für immer fort war. Ich blieb stumm bei Stella sitzen und ließ ebenfalls die Tränen fließen.

Ein paar Stunden später, als die restliche Familie da war und man sich mit den praktischen Details auseinandersetzte, verabschiedeten wir uns voneinander. Aus dem Morgen war ein sehr heißer Tag geworden, und ich überlegte, was ich mit mir anfangen sollte. Ich wünschte mir irgendeine oberflächliche Art von Ablenkung. Noch immer besaß ich den Jeep, mit dem ich schon meine ganzen langen Fahrten gemacht hatte. Die Fahrertür musste man – schon seit einer ganzen Weile – kräftig zuknallen, damit sie richtig schloss. Heute jedoch zerbrach das Fenster der Fahrertür dabei in tausend Scherben, die in das Kartenfach an der Türinnenseite fielen.

Ich starrte die Tür an. Die Ereignisse dieses Morgens hatten mich schon genug durcheinandergebracht, und dieser Riesenlärm verstörte mich zusätzlich. Ich sah aus dem Fenster, das jetzt bis auf ein paar Scherben nicht mehr verglast war, und akzeptierte, dass es wahrscheinlich das Beste für mich sein würde, einfach nach Hause zu fahren.

Es dauerte drei Tage, bis das Ersatzfenster eintraf. Also verbrachte ich diese Tage zu Hause und unten am Hafen. Währenddessen dankte ich Stella die ganze Zeit dafür, dass sie mich nach Hause geschickt hatte. Es war das Beste für mich, denn hier konnte ich einfach ich sein. Ein paar Monate später bekam ich einen Brief von Therese, Stellas Tochter, mit der ich mich am meisten angefreundet hatte. Am Tag nach Stellas Tod war Therese die Straße entlanggegangen und hatte dabei natürlich an ihre Mutter gedacht. Da flog auf einmal ein riesiger weißer Kakadu vor ihr herab, so nah, dass sie den Luftzug von seinen Flügeln spürte. Stella war genau die Art Frau, die dazu fähig war, uns solche Zeichen zu schicken, und Thereses Brief freute mich ungeheuer.

Nachdem ungefähr ein Jahr vergangen war, besuchte ich die Familie. Sie hatten mich zum Essen eingeladen, und ich freute mich sehr auf den Abend, vor allem auf ein Wiedersehen mit dem lieben George. Ich wollte wissen, wie er jetzt zurechtkam. Therese und ihr Mann waren ebenfalls da. Der Abend begann sehr nett, und ich freute mich zu hören, dass George sich viel mit anderen Menschen umgab, indem er zum Beispiel zum Bridgespielen ging. Dann kam die Unterhaltung auf das Thema, das mich mit meiner »Lüge« konfrontierte. Therese fragte mich, inwiefern der Tod ihrer Mutter anders gewesen sei im Vergleich mit meinen anderen Schützlingen, oder irgendetwas in der Richtung. Das war meine große Chance, um reinen Tisch zu machen und ihnen zu gestehen, wie unerfahren ich gewesen war, als ich Stella betreute.

Ich glaube wirklich nicht, dass sie mir in diesem Moment böse gewesen wären, denn sie waren alle sehr froh darüber, was für gute Dienste ich geleistet hatte. Trotzdem konnte ich die Wahrheit nicht über die Lippen bringen, denn George freute sich so sehr, mich zu Gast zu haben, und machte immer wieder Bemerkungen, wie schön es war, dass wir alle mal wieder zusammen waren. Ich bin sicher, das brachte ihm Stella irgendwie ein bisschen zurück. Eigentlich hätte ich Therese an diesem Abend noch einmal beiseitenehmen wollen und ihr die ganze Geschichte erzählen, doch es ergab sich keine Gelegenheit.

Da jeder von uns sein Leben weiterlebte, verloren wir uns danach recht bald aus den Augen. Aber ein paar Jahre später, als wir uns alle noch einmal trafen, bekam ich die Gelegenheit, der Familie zu sagen, wie unerfahren ich damals gewesen war und wie ich es bedauert hatte, nicht gleich ehrlich zu ihnen gewesen zu sein. Sie reagierten sehr verständnisvoll und verziehen mir sofort. Sie meinten, ich hätte es mehr als wettgemacht mit meinem Einfühlungsvermögen und meinem Mitgefühl. Genau wie ich hatten sie von Anfang an gespürt, dass ich die richtige Pflegerin für ihre Mutter war. Es war wunderschön, sich wieder zu treffen und Erinnerungen auszutauschen. Im Winter trage ich heute noch Stellas Strickjacke und denke ab und zu an sie. Letzten Winter hatte ich die Jacke an, als ich ein Buch las, das sie mir gegeben hatte, und ich hielt einen Moment inne und lächelte, während ich meine Erinnerungen Revue passieren ließ. Diese Arbeit brachte einen auf jeden Fall mit wundervollen Menschen zusammen.

Aber so oder so war mir die Geschichte mit meiner Lüge eine Lehre. Nach Stella beschloss ich, dass ich nie wieder einen Schützling oder seine Familie belügen würde. Das Wichtigste war, dass ich etwas daraus gelernt hatte. Ich war ein aufrichtiger Mensch, und egal, wie schwer einem diese

Aufrichtigkeit manches Mal fallen mochte, sie war der einzig mögliche Weg für mich, wenn ich mich in meiner Haut wohlfühlen wollte.

Weil ich meine Lehre daraus zog, konnte ich mir selbst verzeihen, und das ist die größtmögliche Vergebung, die ein Mensch erreichen kann.

Versäumnis Nummer 1:

Ich wünschte, ich hätte den Mut gehabt, mir selbst treu zu bleiben, statt so zu leben, wie andere es von mir erwarteten.

Kaum hatte ich Grace kennengelernt, da war sie auch schon eine meiner liebsten Palliativpatienten. Sie war eine winzige Frau mit einem riesigen Herzen. Das hatte sie ihren Kindern weitergegeben, die alle ebenso wunderbare Menschen waren wie ihre Mutter und inzwischen selbst Eltern.

Grace lebte in einem ganz anderen Stadtteil als die meisten unserer Patienten. Eine Straße in einem Vorort ohne Wohnblöcke rechts und links. Mein erster Eindruck war, dass man hier hervorragend Fernsehserien drehen könnte, denn dieser Ort vibrierte nur so von Familienenergie. Was ich an Grace und ihrer Familie am meisten mochte, war ihre bodenständige Art und wie herzlich sie mich aufnahmen.

Am Anfang lief es wie mit allen anderen Patienten: Wir erzählten uns Geschichten, um uns gegenseitig kennenzulernen. Im Badezimmer und auf der Toilette kamen die üblichen Kommentare, wie würdelos Grace es fand, dass jemand anders ihr den Hintern abwischen musste und dass so ein nettes, junges Ding wie ich doch keine so grässliche Arbeit tun sollte. Doch ich gewöhnte mich an diesen Teil meiner Arbeit und versuchte, Grace und all meinen anderen Schützlingen die Situation leichter zu machen, indem ich kein großes Aufhebens davon machte. Krankheit ist zweifellos ein

Weg, der das Ego auflöst. Und wenn man unheilbar krank ist, gehört Würde endgültig der Vergangenheit an. Diese Situation muss man akzeptieren, ob man will oder nicht, ebenso wie die Tatsache, dass einem ein Fremder den Hintern abwischt, denn irgendwann werden die Patienten einfach zu krank, um sich darüber noch Gedanken zu machen.

Grace war über fünfzig Jahre verheiratet gewesen und hatte ein Leben geführt, wie man es von ihr erwartete. Sie hatte wunderbare Kinder großgezogen und freute sich nun an ihren Enkeln, die inzwischen auch schon zu Teenagern herangewachsen waren. Offenbar war ihr Mann aber eine Art Tyrann gewesen, der Grace das Eheleben jahrzehntelang sauer gemacht hatte. Es war eine Erleichterung für alle Beteiligten, als er vor wenigen Monaten dauerhaft in einem Pflegeheim untergebracht worden war.

Ihr gesamtes Eheleben lang hatte Grace davon geträumt, unabhängig von ihrem Mann zu leben, zu reisen, nicht mehr unter seiner diktatorischen Fuchtel zu stehen, vor allem anderen aber einfach ein schlichtes, glückliches Leben zu führen. Obwohl sie schon über achtzig war, war sie immer noch sehr fit und gesund gewesen für ihr Alter. Solange man gesund ist, ist man auch mobil, und das war Grace, als ihr Mann ins Heim kam.

Doch kurz nachdem die neu gefundene, lang ersehnte Freiheit angebrochen war, fühlte Grace sich sehr krank. Wenige Tage später bekam sie die Diagnose, dass sie an einer unheilbaren Krankheit litt, und zwar bereits in fortgeschrittenem Stadium. Das Ganze wurde noch bitterer dadurch, dass sie ihre Krankheit ihrem Mann zu verdanken hatte, der jahrzehntelang im Haus geraucht hatte. Die Krankheit war aggressiv, und innerhalb eines Monats war Grace völlig entkräftet und bettlägerig. Sie konnte nur noch langsam mit einer Gehhilfe ins Bad schlurfen, wenn ihr jemand dabei half. Die Träume, die sie ein Leben lang aufgeschoben hatte, würde sie nicht mehr ausleben können. Es war zu spät. Der Kummer darüber ließ ihr keine Ruhe und quälte sie sehr.

»Warum habe ich nicht einfach getan, was ich wollte? Warum habe ich ihm erlaubt, mir ständig Vorschriften zu machen? Warum war ich nicht stark genug?« Diese Fragen hörte ich immer wieder. Sie war wütend auf sich selbst, weil sie nie den nötigen Mut gefunden hatte. Ihre Kinder bestätigten, was für ein hartes Leben sie gehabt hatte, und ihre Mutter tat ihnen ebenso leid wie mir.

»Lassen Sie niemals zu, dass irgendjemand Sie von dem abhält, was Sie wollen, Bronnie«, sagte sie. »Bitte versprechen Sie das einer sterbenden Frau.« Ich versprach es und erklärte ihr, dass ich das Glück hatte, Tochter einer großartigen Mutter zu sein, die mir als lebendes Beispiel Unabhängigkeit beigebracht hatte.

»Schauen Sie mich an«, fuhr Grace fort. »Ich sterbe. Ich sterbe! Wie konnte ich nur jahrelang darauf warten, frei und unabhängig zu sein ... und jetzt ist es zu spät?!« Es war zweifellos eine tragische Situation, die mich in den folgenden Jahren immer wieder daran erinnerte, so zu leben, wie ich es mir wünschte.

In ihrem Schlafzimmer, das mit Erinnerungsgegenständen und Fotos ihrer Familie geschmückt war, unterhielten wir uns in den ersten Wochen stundenlang. Doch es ging rapide bergab mit ihr. Grace erklärte, sie sei überhaupt nicht gegen die Ehe. Ihrer Meinung nach konnte sie etwas Wunderschönes sein, eine großartige Chance, durch gemeinsames Lernen zu wachsen. Sie war allerdings gegen die Doktrin ihrer Generation, die verlangte, dass man auf Gedeih und Verderb in seiner Ehe ausharren musste. Sie selbst hatte es so gemacht und dabei ihr eigenes Glück verpasst. Sie hatte ihr Leben ihrem Mann gewidmet, der ihre Liebe für selbstverständlich nahm.

Jetzt, wo sie starb, war es ihr egal, was die Leute von ihr dachten, und sie ärgerte sich darüber, dass sie nicht früher an diesen Punkt gekommen war. Grace hatte den Schein gewahrt und gelebt, wie andere es von ihr erwarteten, und erst jetzt wurde ihr klar, dass sie sich selbst so entschieden hatte und dass ihre Entscheidung auf Angst basierte. Obwohl ich alles tat, um ihr zu helfen, und ihr klarzumachen versuchte, wie wichtig es war, sich selbst zu vergeben, machte sie die Erkenntnis, dass es zu spät war, völlig fertig.

Die meisten meiner Aufträge waren dieser Art: die längerfristige Betreuung eines einzelnen Patienten, bei dem ich bis zu seinem Tod blieb. Zwischen diesen Aufträgen pflegte ich im Laufe der Jahre noch andere Sterbende, die ich nur ein paar Mal sah. Und Graces kummervolle, verzweifelte, frustrierte Worte bekam ich von vielen zu hören. Von allem, was ich an den Sterbebetten hörte und lernte, von allem, was die Sterbenden rückblickend am meisten bereuten – dies war die häufigste Aussage: *Sie bedauerten, sich bei der Gestaltung ihres Lebens nicht selbst treu gewesen zu sein.* Und diese Erkenntnis war gleichzeitig die, die am meisten Schmerz verursachte, weil es für die Patienten zu spät war.

»Ich hätte ja gar kein besonders großartiges Leben führen wollen«, erklärte Grace in ihrem Bett bei einer unserer zahlreichen Unterhaltungen. »Ich bin ein guter Mensch, ich wollte nie jemandem wehtun.« Grace war einer der nettesten Menschen, die ich je getroffen hatte, sie wäre sowieso nicht fähig gewesen, irgendjemandem wehzutun. »Aber ich hätte mir auch ein paar Sachen für mich gewünscht, und dazu hatte ich einfach nicht genug Mut.«

Jetzt begriff Grace, dass es für alle besser gewesen wäre, wenn sie solchen Wünschen nachgegeben hätte. »Na ja, für alle außer meinen Mann«, fügte sie hinzu, und man sah ihr an, wie sehr sie sich über sich selbst ärgerte. »Ich wäre glücklicher gewesen, und in unserer Familie hätte nicht jahrzehntelang Trübsal herrschen müssen. Warum hab ich mir das alles von ihm gefallen lassen? Warum, Bronnie? Warum?« Sie brach in herzzerreißendes Schluchzen aus, und ich hielt die liebe alte Dame in den Armen, solange die Tränen flossen.

Als ihre Tränen versiegt waren, sah sie mich fest entschlossen an. »Ich meine es ernst. Versprechen Sie dieser sterbenden Frau, dass Sie sich selbst immer treu bleiben, dass Sie mutig genug sein werden, so zu leben, wie Sie es sich wünschen, egal, was andere dazu sagen.« Die Spitzengardinen bewegten sich leicht im Wind. Wir sahen uns in die Augen voller Liebe, Klarheit und Entschlossenheit.

»Ich verspreche es Ihnen, Grace. Ich versuche es jetzt schon. Aber ich verspreche Ihnen hiermit, dass ich auf jeden Fall so weitermachen werde«, erwiderte ich aufrichtig und aus tiefstem Herzen. Sie hielt meine Hand fest und lächelte, weil sie wusste, dass ihre bittere Lektion nicht vollkommen umsonst gewesen war. Als ich Grace erzählte, dass ich über zehn Jahre meines Erwachsenenlebens mit unbefriedigenden Tätigkeiten in Bankverwaltung und -Management zugebracht hatte, begann sie mich besser zu verstehen und hörte mir mit großem Interesse zu. Als ich aus Übersee zurückgekommen war, hatte ich noch ein paar weitere Jahre in der Bank draufgelegt – aber diese Zeit nannte ich meine »Entwöhnung«, in der ich mich endgültig von dieser Branche abnabelte.

Die ersten paar Jahre nach der Schule machten ja noch Spaß. Es gab viele Auszubildende, und in erster Linie ging es bei der Arbeit darum, mit anderen Leuten zusammen zu sein. Die Azubis waren alle siebzehn, achtzehn Jahre alt, und so lief es darauf hinaus, dass wir in der Arbeit unsere Freunde trafen und dabei das Geld verdienten, das wir am Wochenende auf den Kopf hauen konnten. Die Arbeit selbst fiel mir am Anfang sehr leicht, und wenn ich mit dem Herzen bei diesem Job gewesen wäre, hätte das vielleicht auch so bleiben können. Aber das war ich eben nie. Nach ein paar Jahren wurde ich ruhelos und begann, mein Leben zu hinterfragen. Trotzdem führte ich das Leben, das man von mir erwartete, noch zehn Jahre so weiter, obwohl ich die ganze Zeit wusste, dass irgendwo noch mehr auf mich wartete. Aber ich hatte nie den Mut gehabt, danach zu suchen.

Was mich am meisten davon abhielt, aus dem Muster auszubrechen, war die Angst vor dem Spott mancher Familienmitglieder. Doch ich lebte das Leben von jemand anderem, und das konnte nicht funktionieren. Trotzdem machte ich weiter und wechselte regelmäßig Arbeitgeber, Uniform und Wohnort. Irgendwann war ich mit Vollgas auf dem Karriereweg, weil ich für die meisten Banken gearbeitet hatte und auf so vielen verschiedenen Posten wie kaum jemand anders in meinem Alter. Ohne es wirklich darauf angelegt zu haben, war ich plötzlich erfolgreich.

Ich opferte meine Arbeitswoche weiterhin einer Branche, die nichts für meine Seele tat, und war schrecklich unglücklich. Es gibt jede Menge Menschen, die ihren Bankjob lieben, und das freut mich für sie. Die Banken brauchen solche Leute. Heute gibt es auch Gelegenheiten, auf Gebieten zu arbeiten, in denen man der Allgemeinheit etwas zurückgeben kann. Aber genau wie Grace hatte ich mit meinem Bankjob ein Leben geführt, wie es andere von mir erwartet hatten, aber nicht das Leben, das ich selbst gewollt hatte.

Da ich es manchen in meiner Familie nicht recht machen konnte und Mühe hatte, die zu sein, die ich ihrer Meinung nach sein sollte, konnte ich sie zumindest in puncto Beruf ruhig stellen, indem ich meinen »guten Job« behielt. Die Angst und die Aussicht, mich noch viel stärker dem Urteil meiner Familie auszusetzen als bisher, hatten mich fest im Griff und schienen mir keine andere Wahl zu lassen.

Das schwarze Schaf der Familie zu sein ist niemals eine einfache Aufgabe. Schwarze Schafe spielen verschiedene

Rollen in der Familiendynamik. Aber das ist nicht immer leicht. Wenn die wichtigsten Spieler in der Gruppe ihre Kraft daraus ziehen, dass sie andere kleiner machen, ist der Weg nach oben ziemlich schwierig. Aber ich stellte bei meiner jetzigen Arbeit, wo ich es mit so vielen Familien zu tun hatte, fest, dass es keine Familie ohne Konflikte gibt. Jede Familie hat ihre Aufgabe, jede einzelne. Bei meiner war das nicht anders, obwohl diese Erkenntnis meinen Schmerz damals nicht unbedingt linderte.

Seit ich mich erinnern kann, macht meine Familie Witze über mich. Ich war die Schwimmerin in einer Familie von Reitern, Vegetarierin auf einer Schaffarm, Nomadin in einer Familie von Siedlern und so weiter. Oft sagte jemand etwas aus Spaß, ohne zu merken, dass er mir damit wehtat. Aber wenn man sich einen Witz jahrzehntelang anhören muss, ist er irgendwann nicht mehr witzig. Bei anderer Gelegenheit – viel zu oft – fielen hingegen absichtlich kränkende Worte. So etwas würde einen über die Jahre selbst dann noch kleinkriegen, wenn man die Kraft von tausend Menschen hätte. Vor allem, wenn man sich kaum an eine Zeit in seinem Leben erinnern kann, in der man nicht verspottet, angeschrien oder als absolut hoffnungsloser Fall bezeichnet worden war.

Folglich hatte ich Familiendynamik bis dahin nie besonders geschätzt. Und die einfachste Art, damit klarzukommen, bestand darin, das Leben zu führen, das man von mir erwartete. Doch irgendwann begann ich mich zurückzuziehen und abzukapseln. Das war meine Überlebenstaktik.

Künstler werden auf der ganzen Welt missverstanden, und ich war Künstlerin, auch wenn mir das damals noch nicht klar war. Ich wusste nur, dass es nicht wirklich mein Fall war, Bankkunden eine Versicherung aufzuschwatzen, wenn sie einfach nur ihren Gehaltsscheck aufs Konto einzahlen wollten. Die monatlichen Umsätze waren mir völlig egal. Ich wollte den Kunden einfach nur einen freundlichen Service bieten, und das machte ich sehr gut. Aber das reichte natürlich nicht in der sich wandelnden Welt des Bankgeschäfts. Jetzt hieß es nur noch verkaufen, verkaufen, verkaufen.

Angeblich tun wir viel mehr, um Schmerz zu vermeiden, als um uns Vergnügen zu bereiten. Deswegen finden wir den Mut, Veränderungen vorzunehmen, erst, wenn der Schmerz zu groß wird. Bis dahin fraß sich der Schmerz immer tiefer in mich hinein, bis er den kritischen Punkt erreicht hatte.

Als ich wieder mal einen »guten Job« kündigte und mich plötzlich aufmachte, auf einer Insel zu leben, brach die große Verwirrung aus. »Warum macht sie denn so was? Wo will sie denn diesmal hin?« Ich selbst dachte voller Vorfreude nur das eine: »Ich werde auf einer Insel leben!« Je weiter weg, umso glücklicher war ich. Mein Leben dort gehörte ganz mir, und es war ein gutes Leben. Der einzige Kontakt, den ich zum Festland hatte, war der zu meiner Mutter, die mein Fels in der Brandung und meine über alles geschätzte Freundin blieb.

In diesen Jahren auf der Insel begann ich, mich nebenbei ein wenig mit Meditation zu beschäftigen. Später fand ich ganz zu diesem Weg, der mir die Chance bot, eine Verbindung zum Guten in mir zu knüpfen, wie kein anderer. Meditation half mir, die schöne und mächtige Kraft, die man Mitgefühl nennt, zu verstehen und zu erfahren.

Der Schmerz, den andere mir zugefügt hatten, war nur die Projektion ihres eigenen Leidens auf mich. Glückliche Menschen behandeln andere nicht so. Sie verurteilen niemanden, weil er versucht, sich in seiner Lebensführung selbst treu zu bleiben. Wenn sie überhaupt Stellung nehmen, dann in Form von Respekt. Als ich begriff, dass der Schmerz früherer Generationen in meine hineingetragen wurde, konnte ich mich in meinem eigenen Leben endlich davon freimachen. Ich würde niemals einen anderen beherrschen können, und ich hatte auch gar nicht das Verlangen danach. Die Menschen verändern sich, weil sie es wollen, und zwar zu dem Zeitpunkt, an dem sie bereit sind.

Es war befreiend, das Leben so mitfühlend zu betrachten und zu akzeptieren, dass ich vielleicht niemals die verständnisvolle, liebevolle Beziehung haben würde, nach der ich mich früher gesehnt hatte. Dieser Schritt veränderte mein Leben in vielerlei Hinsicht. Da ich den ständigen Schmerz meines eigenen Heilungsprozesses kannte, konnte ich auch verstehen, warum nicht jeder den Mut hat, sich seiner eigenen Vergangenheit zu stellen, zumindest nicht, bevor es absolut unerträglich wird.

Bis zu einem gewissen Grad bestand die beschriebene Dynamik noch mehrere Jahre hindurch, aber sie berührte mich immer weniger. Es kostete mich Kraft und Zeit, aber ich hatte verstanden, dass es nicht wirklich um mich ging. Es ging immer nur um die Person, die versuchte, mich zu kritisieren oder zu verurteilen.

Es gibt da eine buddhistische Legende: Buddha wird von einem wütenden Mann angeschrien, bleibt aber völlig ungerührt. Als ihn andere fragen, wie er es schafft, so ruhig und unbeeindruckt zu bleiben, antwortet Buddha mit einer Frage: »Wenn dir jemand ein Geschenk gibt und du entscheidest, dass du es nicht annimmst, wem gehört dieses Geschenk dann?« Natürlich bleibt es beim Gebenden. Genauso war es mit den Worten, die man mir manchmal immer noch ungerechtfertigt um die Ohren schlug. Ich hörte einfach auf, sie anzunehmen, und fühlte stattdessen Mitleid, denn diese Worte kamen ja definitiv nicht von einem glücklichen Menschen.

Doch das Wichtigste, was ich jemals im Leben gelernt habe, das Allerallerwichtigste, ist die Tatsache, dass *Mitgefühl bei dir selbst anfängt.* Als ich Mitgefühl mit anderen entwickelte, konnte auch in mir der Heilungsprozess beginnen und sich fortsetzen. Diese Erkenntnis half mir immer wieder, wenn die alten Verhaltensmuster wieder das Ruder übernehmen wollten. Ich konnte das Leiden erkennen und mir klarmachen, dass es überhaupt nicht um mich ging. Da stieg der Schmerz eines anderen hoch und suchte sein Ventil. Das galt natürlich nicht nur für Beziehungen innerhalb der Familie, es ließ sich auf alle Beziehungen anwenden: persönliche, öffentliche und professionelle. Wir alle leiden irgendwann einmal. Wir alle haben unseren Schmerz.

Wesentlich schwerer war es jedoch, Selbstmitgefühl zu entwickeln, und dieser Prozess sollte Jahre in Anspruch nehmen, auch wenn ich das damals noch nicht wusste. Wir sind alle so streng mit uns selbst, und das ganz ohne Grund. Es war ein schwieriger Lernprozess, mir selbst mit Liebe und Freundlichkeit zu begegnen und anzuerkennen, wie sehr ich gelitten hatte. Da war es fast noch einfacher, sich die unfairen Meinungen anderer anzuhören und anzunehmen, weil man es schließlich so gewohnt war. Vielleicht hat es mich nicht glücklich gemacht, aber zu lernen, nett zu mir zu sein und mir selbst Mitgefühl entgegenzubringen war ein Prozess, in den ich hineinwachsen musste. Immerhin hatte der Heilungsprozess jetzt begonnen.

Mit diesem neuen Ansatz von Selbstliebe, Selbstrespekt und Selbstmitgefühl verlor die alte Familiendynamik langsam, aber sicher ihre Macht. Ich fand die Kraft zu widersprechen und verschaffte mir endlich Gehör, statt mich immer nur zurückzuziehen. Natürlich drückte auch ich damit meinen eigenen Schmerz aus und nicht so sehr den über die anderen, gegen die ich mich richtete. Wir alle interpretieren das, was uns geschieht, auf unsere eigene Art. Ich sprach also über mein eigenes Leid und ließ es heraus. Es erforderte viel Mut, die jahrzehntealten Muster zu durchbrechen. Aber ich hatte nichts mehr zu verlieren, und ich war an einem Punkt, an dem ich den Schmerz zu schweigen nicht mehr ertragen konnte.

In Wirklichkeit steht hinter all unserem Schmerz aber nur der Wunsch, geliebt, akzeptiert und verstanden zu werden. Mitgefühl war also der einzige Weg nach vorn: Mitgefühl und Geduld. Trotz allem bestand zwischen uns immer noch Liebe, wenn auch in recht brüchigem Gewand.

Es kam mir vor, als wäre ich immer und immer wieder denselben Fluss hinabgeschwommen und wäre dabei jedes Mal auf einen riesigen Felsblock gestoßen, der mir den Weg versperrte, wenn ich einfach der Strömung folgte. Er war immer da, doch eines Tages wurde mir klar, dass er ewig dort sein würde. Statt also immer wieder demselben Felsen, derselben Blockade, gegenüberzustehen, suchte ich mir eine andere Schwimmstrecke, wo ich frei war und natürlich vorwärtskam. Ich musste mich nicht immer wieder diesem Hindernis ausliefern, das mein natürliches Vorankommen störte und jedes Mal unweigerlich zu Blockaden und Schmerz führte.

Es wurde Zeit, die Dinge anders anzugehen. Es wurde Zeit, einen anderen Weg zu finden, den Mund aufzumachen und zu sagen: »Es reicht.« Ich war nicht bereit, dieselben Muster weiter zu ertragen. Selbst wenn ich am Ende einsamer sein sollte, hätte ich zumindest Frieden. Der andere Weg war jedenfalls nicht friedlich.

Nachdem ich den Mund aufgemacht hatte, änderten sich die Dinge zunächst in mir selbst. Ich hatte mehr Selbstachtung und konnte mich klarer ausdrücken. Endlich war da eine neue, gesündere Saat in mir aufgegangen. Ich wusste zwar noch nicht, wie ich die Pflänzchen hegen sollte, aber immerhin waren sie da. Es wurde langsam Zeit, als der Mensch zu leben, der ich sein wollte, ein kleiner Schritt nach dem anderen.

Nachdem ich Grace das alles erzählt hatte, wurde unsere Beziehung ganz von selbst enger. Sie gab mir recht, dass jede Familie ihre Aufgabe zu bewältigen hat. Sie konnte sich an keine Familie erinnern, die nicht ihre Schwierigkeiten gehabt hätte, und auch sie glaubte, dass die meisten Menschen durch ihre Familien am meisten lernen können. Wir sprachen darüber, dass man Menschen nur lieben kann, indem man sie genau so akzeptiert, wie sie sind, und keine Erwartungen an sie stellt. Das ist zwar einfacher gesagt als getan, aber das ist der liebevollste Weg, den es gibt.

Grace erzählte mir noch viel mehr Geschichten: von ihrem Leben, von ihren heranwachsenden Kindern, über die Veränderungen im Viertel, und immer wieder kam sie darauf zurück, wie sehr sie es auf dem Sterbebett bereute, nicht das Leben gelebt zu haben, dass sie sich gewünscht hätte, sondern das Leben, das andere von ihr erwarteten. Wenn man nur noch wenig Zeit hat, hat man durch schonungslose Ehrlichkeit nicht mehr viel zu verlieren. Was wir jetzt miteinander teilten, gehörte zu den allerwichtigsten Dingen. Alle Themen, über die wir sprachen, waren zutiefst persönlich – leeres Geplauder gab es nicht mehr. Unerwarteterweise hatte es eine heilende Wirkung auf mich, mich Grace so zu öffnen, und mein offenes Ohr hatte heilende Wirkung auf sie.

Irgendwann kamen wir auch auf das Thema, wo ich im Leben gerade stand, auf meine musikalischen Ambitionen, dass ich angefangen hatte, Songs zu schreiben und damit aufzutreten. Beim Teetrinken bat sie mich, am nächsten Tag meine Gitarre mitzubringen und ihr etwas vorzuspielen, was mir ein absolutes Vergnügen war. Freudestrahlend sang ich Grace etwas vor. Lächelnd und summend lag sie im Bett. Sie war von jedem Lied, das ich ihr vorspielte, so begeistert, als wäre es das Beste, was sie jemals gehört hatte. Ihre Familie kam ebenfalls dazu und hörte sich ein paar Songs an, auch sie reagierten nett und voll ermutigender Worte. Ein Song gefiel Grace ganz besonders, weil sie doch immer so gern gereist wäre. Er hieß »Unter dem Himmel Australiens«.

Von da an bat sie mich immer wieder, ihr etwas vorzusingen. Die Gitarre sei dazu gar nicht nötig, meinte Grace.

Also saß ich in ihrem Schlafzimmer und sang dieser lieben alten Dame vor. Lächelnd schloss sie die Augen und schien alles in sich aufzusaugen. Sie bat mich immer und immer wieder um bestimmte Songs, und ich wurde nie müde, sie ihr vorzusingen.

Graces Gesundheitszustand verschlechterte sich von Tag zu Tag. Obwohl sie sowieso schon so klein war, schwand sie immer noch mehr dahin. Alte Freunde kamen vorbei, um sich von ihr zu verabschieden. Die Verwandten, die an ihrem Bett saßen und mit ihr plauderten, mussten sich bemühen, die Tränen zurückzuhalten. Ihre Familie bestand aus lauter Tatmenschen, die sich sehr um sie kümmerten und regelmäßig besuchten. Das gefiel mir. Sie hatten eine Sanftheit an sich, die mich sehr anzog. Doch wenn sie alle weg waren, waren Grace und ich wieder allein, dann bat sie mich meist, ihr noch vorzusingen. Das waren ganz besondere Momente.

Sie konnte mittlerweile fast keinen Schritt mehr machen, doch obwohl sie einen Toilettenstuhl neben dem Bett akzeptiert hatte, weigerte sie sich, dort auch ihren Darm zu entleeren. Sie wollte eine richtige Toilette besuchen, damit ich den Toilettenstuhl nicht sauber machen musste. Da ließ sie sich nicht umstimmen, obwohl ich ihr versicherte, dass mir das nichts ausmachte. Also verbrachten wir Ewigkeiten damit, ins Badezimmer zu gelangen, das glücklicherweise direkt neben dem Schlafzimmer lag. Sie war sehr schwach. Wenn alles erledigt und sie gesäubert war, half ich ihr beim Aufstehen und zog ihr die Unterhose wieder hoch. Das musste mit einer einzigen geschmeidigen Bewegung erfolgen, damit sie in diesem Moment nicht das Gleichgewicht verlor.

Als wir unsere Wanderung zurück ins Schlafzimmer antraten, lehnte Grace sich auf ihre Gehhilfe, und ich ging hinter ihr her und stützte sie an den Hüften. Da merkte ich, dass ich in der Eile ein Stück von ihrem Nachthemd mit in die Unterhose gesteckt hatte. Ich lächelte über diese goldige kleine

Frau in ihren letzten Lebenstagen, die zu ihrem Bett zurückwankte. Als sie dann auf einmal anfing »Unter dem Himmel Australiens« zu singen, überwältigte mich die Freude geradezu. Sie verdrehte ein paar Worte im Text, aber das machte die Angelegenheit nur noch rührender.

Da wusste ich, dass ich gerade den Höhepunkt meiner musikalischen Karriere erreicht hatte. Nichts konnte jemals die Freude übertreffen, die ich in diesem Moment empfand. Wenn ich nie mehr einen weiteren Song geschrieben hätte, hätte es mir auch nichts ausgemacht. Diesem lieben Menschen durch meine Musik so viel Freude bereiten zu können und diese Freude dann auch noch zurückzubekommen, indem ich hörte, wie sie in ihren letzten Lebenstagen mein Lied sang, öffnete mir das Herz mehr als alles, was ich mir musikalisch je erhofft hatte.

Als ich ein paar Tage später zur Arbeit kam, spürte ich sofort, dass dies Graces letzter Tag sein würde. Ich sagte ihr, dass ich ihre Familie anrufen wollte, doch sie schüttelte zuerst den Kopf. Schwach und erschöpft, wie sie war, streckte sie die Arme nach mir aus und umarmte mich. Um ihren schwachen Armen die Anstrengung zu ersparen, legte ich mich neben sie aufs Bett und nahm sie ebenfalls in den Arm. Das tat ihr gut. Eine Weile blieben wir so liegen, redeten leise miteinander, und sie streichelte mit den Fingern meinen Arm. Als ich sie fragte, warum sie ihre Familie nicht hier haben wollte, erklärte sie, sie wolle ihnen nicht noch mehr Schmerz bereiten. Sie liebte sie zu sehr.

Aber sie mussten sich doch von ihr verabschieden, wandte ich ein, und wenn sie ihnen diese Chance nicht gab, würde sie ihnen nicht nur Schmerz zufügen, sondern zusätzlich noch Schuldgefühle verursachen, mit denen sie dann leben müssten. Das leuchtete ihr ein, und sie wollte keinesfalls, dass ihre Familie sich schuldig fühlte, weil sie nicht da gewesen war. Also erledigte ich die Anrufe, und wenig später trafen ihre Familienmitglieder ein. Doch kurz vorher wandte sich Grace trotz ihrer Erschöpfung noch einmal an mich: »Sie erinnern sich doch noch an unser Versprechen, oder, Bronnie?«

Ich nickte unter Tränen. »Ja.«

»Bleiben Sie Ihrem Herzen treu. Machen Sie sich nie Gedanken darüber, was andere Leute denken. Versprechen Sie mir das, Bronnie.« Ihre Stimme war ein kaum noch hörbares Flüstern.

»Versprochen, Grace«, erwiderte ich sanft. Sie drückte meine Hand und nickte ein. Sie wachte nur noch für wenige Augenblicke auf, in denen sie ihre Familie wahrnahm, die bis zum Ende an ihrem Bett blieb. Innerhalb weniger Stunden dämmerte Grace fort. Ihre Zeit war gekommen. Als ich hinterher schweigend in der Küche saß, hatte ich mein Versprechen immer noch im Ohr. Aber ich hatte es nicht nur Grace versprochen. Sondern auch mir selbst.

Als ich ein paar Monate später auf der Bühne stand und mein Album promotete, widmete ich ihr diesen Song. Graces Familie war auch im Publikum. Durch die Beleuchtung lagen die meisten Gesichter im Dunkeln, aber ich musste sie gar nicht sehen. Ich konnte die Liebe spüren, die uns verband, als ich an diese liebe, kleine Frau erinnerte, die nicht so gelebt hatte, wie sie es sich gewünscht hätte – aber dafür gesorgt hatte, dass ich es tat.

Der Einfluss der Umwelt

Anthony war gerade mal Ende dreißig, als wir uns an einem Samstagnachmittag kennenlernten. Er hatte dunkelblondes, lockiges Haar, und obwohl er krank war, strahlte er etwas Schelmisches aus. Für mich bedeutete es eine große Veränderung, mich um jemand Jüngeres zu kümmern. Im Nu hatten wir uns angefreundet, und trotz der Umstände wussten wir von Anfang an unseren Humor zu schätzen.

Er hatte einen jüngeren Bruder und vier jüngere Schwestern, und da seine Familie aus äußerst erfolgreichen Geschäftsleuten bestand, war er sein Leben lang verhätschelt worden. Was immer Anthony haben wollte, bekam er, und als er jünger war, spielte er das zu seinem Vorteil aus. Aber in Anbetracht der Erfolge, die die anderen Familienmitglieder vorzuweisen hatten, sah er sich auch mit hohen Erwartungen konfrontiert. Dieser Druck bewirkte bei ihm genau das Gegenteil, und trotz seiner Intelligenz und seiner Möglichkeiten hatte er ein mangelhaftes Selbstwertgefühl. Das verbarg er sehr gut unter seinem Humor und seinen Lausbübereien. Anthony konnte nicht sein, wie seine Familie ihn haben wollte, und da er der älteste Sohn war, spürte er deswegen enormen inneren Druck.

Seine Jahre als junger Erwachsener verbrachte er damit, schnelle Autos zu fahren, sich von der Polizei jagen zu lassen, die teuersten Nutten zu buchen und jedem, der seinen Weg kreuzte, Probleme zu verursachen. So weit nicht ganz unüblich für einen jungen Mann aus wohlhabenden Kreisen. Manche von den Dingen, die Anthony in seiner Vergangenheit angestellt hatte, waren alles andere als bezaubernd. Sein geringes Selbstwertgefühl führte dazu, dass er sehr riskant lebte, und er forderte sein Schicksal manches Mal auf dreiste Art heraus. Diesmal landete er hinterher mit Verletzungen der inneren Organe und Extremitäten im Krankenhaus. Er schwebte in Gefahr, nicht wieder gesund zu werden und damit auch die Freiheit zu verlieren, die ganz von der Gesundheit abhängt.

Die Ärzte taten, was sie konnten, um ihm seine Freiheit wiederzugeben, aber es sah nicht besonders hoffnungsvoll aus. Anthony hatte sich in sein Schicksal gefügt. Ihm war schon klar, dass er sich wahrscheinlich Dauerschäden zugezogen hatte, und er bat die Ärzte, die anstehenden Operationen immer so bald wie möglich durchzuführen, damit er umso schneller wusste, woran er war. Man nahm mehrere chirurgische Eingriffe vor. Dann schlief er mit Hilfe von Schmerzmitteln die erste Woche durch, und in dieser Zeit saß ich im Krankenhaus neben seinem Bett. Danach musste man abwarten, ob er sich nicht vielleicht doch schrittweise wieder erholte.

Mit der Zeit spielte es sich ein, dass ich ihm vorlas. Es fing an einem Abend an, als er mich fragte, was ich gerade las. Nachdem ich ja schon eine Weile im Mittleren Osten gelebt hatte, wollte ich gerne noch einmal dorthin zurück. Nun las ich ein Buch, das sich intelligent und unvoreingenommen mit der Lebensweise und Geschichte der Region auseinandersetzte. Mir war durchaus bewusst, dass in einigen Ländern dort die Frauen unterdrückt wurden oder dass manche Extremisten aus diesen Nationen im Namen ihrer Religion handeln (so wie Extremisten jeder Religion die Lehren der Nächstenliebe aus den Augen verlieren, die allen Religionen gemein ist). Doch ich hatte auch eine Seite dieser Kultur gesehen, die leider nie in den Medien gezeigt wird.

Die Menschen dort sind sehr warmherzig und familienorientiert und gehören zu den großzügigsten Gastgebern, die mir jemals begegnet sind. Sie öffneten sich vorbehaltlos und hießen mich, ohne zu zögern, willkommen. Genauso ging es mir mit Menschen aus diesen Regionen, die ich seitdem in Australien kennengelernt hatte. Wir im Westen haben so viel von unseren familiären Bindungen verloren, vor allem, was die ältere Generation angeht. Das sah ich mit eigenen Augen an der Zahl der einsamen Menschen in den Pflegeheimen, wo ich immer mal wieder für eine Schicht hingeschickt wurde.

Andere Kulturen und verschiedene Lebensstile faszinieren mich. Ebenso die kulinarischen Freuden, die es in anderen Kulturen zu entdecken gibt. Andererseits gleichen wir uns auch in vielerlei Hinsicht. Rassismus werde ich nie begreifen. Die meisten von uns ähneln sich schon darin, dass sie einfach nur glücklich sein wollen. Und wir alle haben ein Herz, das leiden kann.

Anthony war ganz versessen darauf, mehr über meine Lektüre zu erfahren. Nachdem ich uns eine Kanne Kräutertee gemacht hatte, dessen Aroma sanft durchs Zimmer zog, erzählte ich ihm also, was ich bis jetzt gelesen hatte. Und dann las ich weiter, allerdings laut. So verbrachten wir jeden Tag ein, zwei Stunden, die wir beide sehr genossen. Da wir mehrere Wochen vor uns hatten, konnte ich Anthony mit Büchern bekannt machen, die ihm sonst nie in die Finger geraten wären. Ich bot ihm zwar immer mehrere Themen zur Auswahl an, aber er wollte am liebsten hören, was ich las.

Also stellte ich ihm einige spirituelle Klassiker vor. Bücher über das Leben, Philosophie und Denken außerhalb der gängigen Bahnen. Hinterher entwickelte sich eine Diskussion darüber, während ich meinen pflegerischen Pflichten nachging: Ich hob einen Arm, den er nicht mehr bewegen konnte (der andere lag in Gips), verband die Wunde an einem Bein, das er nicht mehr bewegen konnte, fütterte ihn, kämmte ihn oder kümmerte mich jeweils um andere Bedürfnisse seiner persönlichen Hygiene.

Leider stellte sich heraus, dass die Verletzungen, die er sich bei seinem Unfall zugezogen hatte, zu groß waren und die Operationen nicht zum Erfolg führten. Manches ließ sich wieder heilen. Anderes blieb auf Lebenszeit geschädigt. Er konnte also nicht wieder nach Hause, da er lebenslang Hilfe und permanente persönliche Betreuung brauchte. Daraufhin wurde beschlossen, dass er in ein Pflegeheim gehen sollte, eines der besten der Stadt, wenn man nach der Broschüre und dem Preis gehen wollte.

Anthony, ein junger Mann, war jetzt umgeben von graubraunen Wänden und sterbenden alten Leuten. Es war eine grässliche Umgebung, und ich verspürte die größte Lust, die Wände in einer helleren, kräftigeren Farbe zu streichen. Doch am Anfang war er relativ glücklich dort. Es beruhigte ihn, dass seine Familie sich keine Sorgen machen musste, weil sie ihn in guten Händen wusste. Außerdem konnte er die älteren Heimbewohner aufmuntern, und sie liebten ihn. Im Laufe der Zeit nahm seine Energie jedoch ab, und der Mangel an äußeren Stimuli stumpfte seine Intelligenz ab. Er wurde ein Produkt seiner Umwelt.

Im Grunde genommen sind wir nämlich alle sehr formbare Wesen. Wir haben zwar die Wahl, für uns selbst zu denken, und den freien Willen, ganz nach unserem Herzen zu leben, aber unsere Umwelt hat großen Einfluss auf uns, vor allem solange wir das Leben noch nicht aus einer bewussteren Perspektive betrachten.

Ein anderes Beispiel für den Einfluss der Umgebung kann man bei Beförderungen beobachten. Da fangen ganz bodenständige und eigentlich zufriedene Menschen plötzlich an, wie wild in ihrem Hamsterrad zu galoppieren, weil sie immer noch mehr und mehr und mehr wollen. Der Wunsch, mit neuen Freunden auf dem neuen Einkommensniveau mithalten zu können, verändert die Leute oft, weil sie sich ihrer Umgebung anpassen. Die Gegend, in der sie vorher ganz glücklich gelebt haben, ist auf einmal nicht mehr gut genug, also ziehen sie in ein Viertel, das ihnen passender vorkommt. Manchmal macht das zwar glücklich, aber nicht immer.

Viele Menschen vom Land passen sich ans Stadtleben an und lassen sich von städtischen Moden und der geschäftigen Lebensweise anstecken. Nicht, dass es auf dem Land keine Mode gäbe, die gibt es definitiv. Vielmehr geht es darum, wie man von seinem Lebensraum beeinflusst wird. Manche Leute, die in Städten aufgewachsen sind, passen sich auch ans Landleben an, verlangsamen ihre Lebensweise, werfen die teuren Marken über Bord und finden ihr Glück in Jeans und Gummistiefeln, in denen sie über ihr Grundstück stapfen. Egal wo wir sind, solange wir nur lange genug dort sind, beeinflusst uns unsere Umgebung enorm.

Als ich Mitte zwanzig war, amüsierte ich mich prächtig. Der Beginn meiner Zwanziger war hart gewesen. Mit neunzehn war ich verlobt und führte ein ernsthaftes Leben inklusive Hypothek. Eine ungesunde Beziehung im Großen und Ganzen. Doch irgendwie überlebte ich diese Zeit, wenngleich ich rückblickend nicht weiß, wie mir das gelang. Ein Übermaß an psychischer Misshandlung, Psychospielchen und Wutanfällen verschiedenen Grades von Seiten meines Partners fraßen langsam, aber sicher mein Selbstvertrauen.

Damals wurde mir alles zu viel. Zur gleichen Zeit fand ich einen neuen Job – in einer Bank natürlich. Das Team war fantastisch, und ich merkte, dass ich das Leben wieder genoss. Ein fester Arbeitsplatz gestattete mir auch, wieder von einem Leben jenseits meiner damaligen Situation zu träumen, und ich zog aus. Wenig später siedelte ich mit meiner Arbeit an die Nordküste um und begann noch einmal neu.

Im Handumdrehen ließ ich die Zügel schießen, ging tanzen und lebte leichtsinnig, eine glückliche, sorglose Zeit.

Dabei waren auch eine Menge Drogen im Spiel. Inzwischen wusste ich, dass Alkohol nichts für mich war, und auch wenn ich noch nicht an dem Punkt angekommen war, wo ich ihn gänzlich aufgab, spielte Trinken keine große Rolle in meinem Leben. Doch es war noch jede Menge anderes Zeug im Angebot, und innerhalb eines Jahres hatte ich das meiste davon ausprobiert. Das waren noch die Zeiten vor den synthetischen Drogen wie Kristallen – also Metamphetaminen – und anderen, von denen ich noch nicht mal die gängigen Szenenamen kenne. Gras aus eigenem Anbau war in meinem Freundeskreis gang und gäbe, und als mir ein anderer Freund anbot, Opium auszuprobieren, griff ich auch zu.

Ich bewegte mich in einem Raum, in dem ich merkte, dass ich neue Dinge ausprobieren konnte, war aber klar genug im Kopf, um das meiste davon nach einmaligem Ausprobieren wieder sein zu lassen. Gott sei Dank habe ich diese Theorie nie auf Heroin angewendet. Es blieb bei jeweils einem Experiment mit Opium, Pilzen, LSD und Kokain – all das probierte ich innerhalb dieser zwölf Monate aus, dann aber nie wieder. Irgendwie hatte ich wohl das Bedürfnis nach Draufgängertum, aus Rebellion gegen die Beschränkungen, die meine Erziehung und meine Beziehung für mich bedeutet hatten. Aber darunter, auf einer unbewussten Ebene, war es der totale Mangel an Selbstwertgefühl, der inzwischen fest zu mir gehörte und den ich weiter förderte.

Ein Leben mit exzessivem Drogenkonsum war jedoch nicht mein Ding. Das wusste ich sofort, und obwohl ich froh war, manches ausprobieren zu können, sagte ich mir selbst, dass ich es mehr aus dem Wunsch heraus tat, das Leben zu erfahren, und nicht, um mich »wegzuschießen«. Es dauerte nicht lange, bis mir klar war, dass ich lieber ein gesundes Leben führte. Unbewusst aber lauerten noch immer viele Probleme, nachdem ich anderen jahrzehntelang gestattet hatte, mein Wertesystem mit ihren Meinungen zu dominieren. Glück hing immer noch sehr stark von externen Faktoren ab.

Ein paar Jahre später, nach meiner Inselepisode, lebte ich in England und zapfte Bier im Dorfpub. Speed war damals viel im Umlauf. Nachdem die Jungs am Ort sich ein paar Linien gezogen hatten, kamen sie mit ihren riesigen Pupillen in den Pub und knirschten die ganze Nacht mit den Zähnen. Jahrein, jahraus lebten sie dasselbe gleichförmige Leben – mit Speed sah die Realität natürlich ganz anders aus, es erlaubte ihnen eine völlig andere Sicht auf dieselbe Kulisse. Sie versuchten einfach nur ihrer Langeweile zu entkommen, aber wenn ich sie am Tag danach sah, melancholisch und erschöpft, fragte ich mich immer, ob dieses Erlebnis den Preis wert gewesen war.

Bei ein paar Gelegenheiten beschlossen mein Freund und ich mitzumachen. Aber wir merkten bald, dass das nicht unser Ding war. Der Kater nach Speed war grässlich, und ich fand es ganz fürchterlich, meinem Körper so etwas anzutun. Ungefähr einen Monat später befand ich mich plötzlich in einer Lage, in der sich mein Leben grundlegend änderte, wiederum beeinflusst durch meine Umwelt, den Mangel an Willen und die Unfähigkeit zu der bewussten Entscheidung, ein besseres Leben zu leben.

Dean arbeitete das ganze Wochenende, also schloss ich mich den Dorfjungs an und nahm am Abend den Zug nach London. Ich hatte noch nie einen Rave mitgemacht, weil man dort einfach nicht meine Art von Musik spielte. Aber die Jungs wollten nicht, dass ich allein zu Hause hockte, also überredeten sie mich mitzukommen und versprachen mir, dass ich mich hervorragend amüsieren würde. Da ich mit ihnen befreundet war, ließ ich mich darauf ein und fuhr mit.

Ich hatte zuvor erst einmal Ecstasy genommen, und das war gut gegangen. Nach einer albernen Nacht überstand ich den Kater, auch wenn der Tag danach nicht allzu angenehm war. Mein Magen stand Kopf, und ich hatte tagelang null Energie. Ich fand, dass ich damit ausreichend Erfahrung gesammelt hatte, also hatte ich jedes angebotene Ecstasy danach abgelehnt. Außerdem hatte ich im Anschluss auch mit dem Selbsthass leben müssen, und davon brauchte ich in meinem Leben weiß Gott nicht noch mehr. Trotzdem saß ich nun in einem Zug nach London mit acht Jungs, die mich überredeten, eine Ecstasy-Pille zu nehmen.

Die Leute in der Londoner Szene warfen sich jede Woche mehrere Pillen ein, also konnte es ja wohl nicht so tragisch sein, wenn ich eine kleine nahm, oder? Den Jungs gebe ich im Nachhinein überhaupt keine Schuld, nicht im Geringsten. Sie amüsierten sich und wollten mich an ihrem Spaß teilhaben zu lassen. Letztlich hatte ich die Entscheidung ganz allein getroffen, und als der Zug in der Victoria Station einfuhr, glitt die Tablette meine Kehle hinunter. Es war mitten im Winter, und es war klirrend kalt, wie immer in London um diese Zeit.

Als wir den Club betraten, war mir die Musik sofort zuwider, und ich hätte gewünscht, die Nacht wäre schon vorüber. Ich war eben ganz auf akustische Musik eingeschossen, viel mehr als auf digitale, aber jedem das Seine. Die Technomusik dröhnte aus den Lautsprechern. Ich entschied mich bewusst, die Situation nicht weiter zu bewerten, sondern zu akzeptieren, dass ich nun mal bis Sonnenaufgang hierbleiben musste. Ich entspannte mich und gesellte mich zu den Jungs auf der Tanzfläche. Während sie sofort abgingen, ließ ich das Ganze nur über mich ergehen.

Dann begann auf einen Schlag die Pille zu wirken, und ich wusste, dass ich aus der Menge rausmusste. Der Schweiß brach mir aus. Jedes Mal, wenn mich jemand auf der Tanzfläche anrempelte, bekam ich klaustrophobische Gefühle. Ich stolperte herum, um irgendwo ein bisschen mehr Platz zu finden. Die Bässe ließen den Boden vibrieren und wummerten durch meinen Körper. Die grinsenden Gesichter der Jungs, die in der Nähe tanzten, verschwammen. Ich verlor gerade ganz rapide die Kontrolle und musste mich schleunigst an einen sicheren Ort begeben.

Immer verzerrter nahm ich den Lärm, die lachenden Gesichter und die Lichter wahr. Verzweifelt stolperte ich durch die Nebel meiner Benommenheit zur Damentoilette. Aber so sehr ich es mir auch gewünscht hätte, ich konnte schlecht die ganze Nacht eine Toilettenkabine besetzen. Nachdem ich eine ganze Weile darüber nachgedacht hatte, gab ich mein bisschen Privatraum widerwillig auf. Ein paar Mädchen hatten immer energischer gegen die Tür gehämmert, um zu checken, ob jemand in der Kabine war.

Draußen war es zu kalt, und der erste Zug nach Hause fuhr nicht vor sechs Uhr morgens. Vom Geräusch der Toiletten und dem Lachen der kommenden und gehenden Personen wurde mir ganz schwindlig. Da entdeckte ich einen Fenstervorsprung, den ich mir zu meinem sicheren Hafen erkor. Ich kletterte über das Waschbecken auf den Vorsprung, der breit genug war, dass ich darauf sitzen konnte, ohne einen Absturz zu riskieren. Ich rutschte ein wenig zur Seite, bis ich einen etwas abgelegeneren Winkel gefunden hatte, von dem aus ich die Waschbecken überblicken konnte. Unten nur geschäftiges Treiben und Chaos. Aber jetzt konnte ich Rücken und Kopf ans Fenster lehnen und ein bisschen Ruhe finden.

Die ganze Zeit lief mir der Schweiß weiter in Strömen herunter. Die eiskalte Fensterscheibe, an der ich lehnte, verschaffte mir die ersehnte Erleichterung. Ich war jetzt in meiner eigenen Welt und kam hoffentlich besser klar. Doch mein armes Herz schlug schneller, als ein menschliches Herz schlagen sollte, und ich betete darum, diese Nacht zu überleben. Mein Puls verlangsamte sich nicht. Aber es kam mir auch nicht in den Sinn, um medizinische Hilfe zu bitten. Vielleicht war es unbewusste Angst vor dem Gesetz in Verbindung mit illegalen Drogen. Ich weiß es nicht. Aber ich hatte das Gefühl, dass ich nichts nötiger hatte, als meinen Kopf an ein eiskaltes Fenster zu lehnen.

»Alles in Ordnung, Schätzchen?«, fragte mich ein englisches Mädchen und zupfte an meinem Jeanssaum, der auf ihrer Augenhöhe war.

Ich konnte sie vage hören, blieb aber mit zurückgelehntem Kopf und offenem Mund sitzen und starrte nur an die Decke. Es war einfach zu anstrengend zu antworten. Mein Herzschlag war völlig außer Kontrolle, und ich konnte mich nicht bewegen.

»Schätzchen, alles in Ordnung mit dir?« Sie war hartnäckig. Unter Aufbietung des letzten Funkens Kraft sah ich sie an und nickte.

»Hast du Wasser?«, fragte sie. Ich zuckte mit den Schultern, woraufhin sie verschwand und mit einer Flasche Wasser für mich zurückkam. »Trink das«, verlangte sie. Ich gehorchte und sah zu, wie sie die Flasche am Wasserhahn wieder für mich auffüllte.

»Danke«, brachte ich heraus und rang mir ein Lächeln ab. So schwierig es war, aber diese Unterhaltung tat mir gut. Ich musste mich konzentrieren, damit ich mich nicht auf dem Trip verirrte, auf dem mein Geist und Körper sich befanden. Wir brachten eine kleine Plauderei zustande. Sie war ein Engel.

Die ganze Nacht blieb ich auf diesem Fenstervorsprung. Ich war unfähig, mich zu bewegen, mein Herz hämmerte immer noch, als wollte es mir gleich aus der Brust springen, und die eisige Nachtluft vom Fenster in meinem Rücken glich meine Überhitzung aus. Diese wunderbare Frau kam regelmäßig zurück, um nach mir zu sehen, füllte meine Wasserflasche auf und unterhielt sich ein wenig mit mir. Bis heute weiß ich nicht, wer sie war, aber ich möchte mir gar nicht ausmalen, was mit mir passiert wäre, wenn sie nicht gewesen wäre.

Ungefähr eine halbe Stunde, bevor der Club schloss, half sie mir herunter. Ich war immer noch völlig neben der Spur, an diesem Trip gab es absolut nichts zu genießen, aber ich konnte jetzt schon deutlicher sprechen. Ich schaffte es, sie anzulächeln und ein wenig zu reden. Aber obwohl wir das Ganze ein bisschen ins Lächerliche zogen, wussten wir beide, dass ich da gerade eine ernste Sache durchgestanden hatte, und ich umarmte sie zum Dank. Dann führte sie mich wieder in den Club, wo ich meine Freunde fand. Sie hatten mich schon die halbe Nacht gesucht und waren furchtbar erleichtert, als sie mich sahen. »Passt auf sie auf«, bat die Frau, drückte einem von ihnen meine Hand in die Hand und verabschiedete sich mit einem Kuss und einem Lächeln von mir.

Im Zug zurück konnten sich die Jungs kaum einkriegen vor Lachen. Sie redeten die ganze Zeit darüber, was für eine großartige Nacht das gewesen war. Am liebsten wären sie noch im Club, und es tat ihnen leid, dass die Wirkung der Drogen schon wieder nachließ. Ich lehnte meinen Kopf ans Fenster und tat, als würde ich schlafen, aber ich wusste, dass es noch eine Weile dauern würde, bis ich das wirklich konnte. Mein Herz klopfte immer noch wie verrückt, und ich wünschte mir nichts sehnlicher, als dass die Wirkung der Pille endlich nachließ.

Von diesem Tag an hörte ich auf, meinen kostbaren Körper mit toxischen Chemikalien zu zerstören. Nach zwei vollen Tagen Schlaf wachte ich als neue Frau wieder auf und war dankbar für die Lektion, die ich gelernt hatte. Als ich dalag und an die Decke blickte, immer noch erschöpft von der wilden Fahrt, die mein Körper hinter sich hatte, war ich einfach nur wahnsinnig erleichtert, dass ich es überlebt hatte. Es wurde Zeit, dass ich mich selbst mit mehr Respekt behandelte und besser auf das Geschenk eines gesunden Körpers achtete.

Mehrere Jahre später bot man mir bei einem Auftritt Ecstasy an, aber ich lehnte höflich und ohne zu zögern, ab. Da war so etwas schon völlig fremd für meine Welt. Ich merkte, dass ich auch jetzt ein Produkt meiner Umgebung war, aber glücklicherweise meiner neuen Umgebung. Mein Lebensstil war jetzt ein gesunder. Wenn ich mich mit Freunden traf, aßen wir gesundes Essen, tranken Tee am Kamin, unternahmen ausgedehnte Spaziergänge und schwammen im Fluss. Es war ein Umfeld, das mir viel besser gefiel, und es machte mir überhaupt nichts aus, ein Produkt dieser Umgebung zu sein.

Anthony war auch ein Produkt seiner Umwelt geworden, aber im denkbar schlimmsten Sinne. Als ich ihn in seinem ersten Jahr im Heim besuchte, diskutierte er gern über aktuelle Ereignisse, die er über Radio oder Fernsehen mitbekommen hatte. Er forderte mich auch immer auf, ihm zu erzählen, was in meinem Leben vorging, und war aufrichtig interessiert.

Im Laufe der Zeit wurde er aber so stumpf, dass er nicht mal mehr Lust hatte, mit mir nach draußen zu gehen. Vorher hatten wir dabei immer viel Spaß gehabt, hatten Sonne getankt und uns mit Passanten unterhalten. Manchmal saßen wir einfach nur im Garten des Heims, beobachteten die Vögel und erzählten uns etwas. So oder so hatten wir uns immer bestens amüsiert und viel geredet.

Wenn einer seiner Freunde oder ein Verwandter vorschlug, er solle versuchen, etwas Neues zu lernen und seine Lebensqualität damit zu heben, machte er einfach zu. »Ich wüsste nicht, wozu das gut sein sollte«, sagte er immer wieder zu mir. »Es ist doch okay hier. Ich habe mein Schicksal angenommen.« Anthony hatte das Gefühl, er verdiente, was ihm passiert war, weil er in der Vergangenheit so vielen Menschen geschadet hatte.

»Du hast deine Schuld doch weiß Gott bezahlt, Anthony«, sagte ich dann. »Du hast daraus gelernt, und darauf kommt es doch an.« Aber er konnte sich einfach nicht vergeben. Außerdem war es ihm zu viel Mühe, sich sein Leben schöner zu machen. Er hatte sich dem Tempo und dem Tagesplan des Pflegeheims angepasst und hegte keinen Ehrgeiz, noch einmal ein normales Leben in der Gesellschaft zu führen. Seine Behinderungen verschafften ihm in gewisser Hinsicht die Erleichterung, sich gar nicht mehr anstrengen zu müssen. Dabei führen viele Leute mit diversen Behinderungen ein ausgefülltes und anregendes Leben. Aber in erster Linie dienten seine Ausreden dazu, sich eventuelle Misserfolge zu ersparen. Wenn ich in ihn drang, gab er zu, dass er nicht mehr den Mut hatte, etwas auszuprobieren. Wenn er nichts versuchte, konnte er nicht scheitern. Er hatte keinen Funken Motivation mehr im Leib, und Anthony entschied sich dafür, sein Leben zu verschlafen.

So bedrückend seine Umgebung war, besuchte ich ihn noch ungefähr ein Jahr lang ab und zu. Aber einseitige Freundschaften sind ermüdend, und unsere Beziehung verwandelte sich in eine solche. Anthony hatte keine Motivation mehr, irgendjemand anzurufen, und eines Tages bekam auch ich zwischen zwei Besuchen keine Anrufe mehr von ihm. Wenn ich bei ihm war, drehte sich unsere Unterhaltung um seine Darmtätigkeit und die Unhöflichkeit der Angestellten. Außerdem war nicht zu übersehen, dass er sich überhaupt nicht mehr für seine äußere Erscheinung interessierte.

Anthony war vorzeitig gealtert, und obwohl er immer noch mindestens dreißig Jahre jünger war als die meisten anderen Heimbewohner, passte er jetzt hierher. Er war ein Produkt seiner Umgebung. Als ich zusah, wie das Licht dieses wunderbaren Mannes langsam schwächer wurde, fühlte ich mich wieder einmal deutlich daran erinnert, wie wichtig es ist, Mut zu haben, damit man ein Leben führen kann, wie es den eigenen Herzenswünschen entspricht. Leider war sein Leben ein Beispiel dafür, wie ich es nicht wollte.

Wenige Jahre später rief mich sein jüngerer Bruder an, um mir Anthonys Tod mitzuteilen. Sein Leben hatte sich bis zum Schluss nicht geändert, und er hatte sich weiterhin hartnäckig geweigert, das Heim zu irgendeinem Anlass zu verlassen, nicht mal zu Familienfesten kam er. Anthony war alles zu viel, wie mir sein Bruder erzählte. Ich fragte mich, wie seine letzten Gedanken wohl ausgesehen hatten, als er auf dem Sterbebett auf sein Leben zurückblickte.

Anthonys Angst vor dem Scheitern gab mir einen umso stärkeren Impuls. Er hatte sich dadurch, dass er sich überhaupt nicht mehr angestrengt hatte, jede Chance genommen, irgendetwas zu verbessern oder zu verändern. Scheitern hatte ja überhaupt nichts damit zu tun, ob ihm etwas gelungen oder misslungen wäre. Allein der Versuch, einmal etwas anderes zu machen, wäre ein Erfolg gewesen. Anthonys größtes Versagen lag darin, dass er ein absolutes Produkt seiner Umwelt geworden war, überhaupt keinen Wunsch mehr hatte, sich Herausforderungen zu stellen und damit sein Leben zu verbessern. Was für eine Verschwendung – er war so ein guter, intelligenter Mensch, geboren mit so vielen Talenten.

Ich dachte mir also, wenn wir alle, ich eingeschlossen, das Produkt unserer Umgebung werden, dann sollte ich mir von nun an mein Umfeld sorgfältig aussuchen. Es musste eines sein, das der Richtung entsprach, in der ich mein Leben führen wollte. Es erforderte immer noch genug Mut, so zu leben, wie ich wollte. Aber dieses neue Bewusstsein der potenziellen Effekte der Umwelt würde meinen Weg einfacher machen.

Und so achtete ich wieder viel mehr – ganz bewusst und mit neuem Mut – darauf, wie ich mir mein Leben einrichtete, und auf die Kraft, die in der freien Willensentscheidung liegt.

Selbst gemachte Fesseln

Nicht alle Beziehungen zu meinen Patienten begannen positiv. Während ich zum Großteil mit sterbenden Menschen arbeitete, pflegte ich auch solche mit psychischen Krankheiten. Da ich einen positiven, beruhigenden Effekt auf ein paar andere Kurzzeitpatienten gehabt hatte, gab man mir nun auch ein paar schwerere Fälle. Man macht keine Erfahrung im Leben umsonst. In meiner Vergangenheit hatte ich es mehr als einmal mit irrationalem Verhalten zu tun gehabt, und das schien mir jetzt beim Umgang mit schwierigen Menschen zu helfen.

Die meiste Zeit brachten mich solche anspruchsvollen Patienten nicht allzu sehr aus der Fassung. Ich sage »die meiste Zeit« – aber nicht immer. Manche Patienten konnte meine Ruhe überhaupt nicht beschwichtigen, egal, was ich versuchte. Eines Tages kam ich vor einem prächtigen Anwesen an, sicherlich eines der schönsten der ganzen Stadt, und mir kamen all die Warnungen vor der Dame in den Sinn, die hier wohnte. Florence wollte um nichts in der Welt zugeben, dass sie Pflege brauchte. Das war an sich nichts Neues. Viele ältere Menschen sträuben sich zu akzeptieren, dass sie nicht mehr so unabhängig sind wie früher. Es fällt ihnen nicht immer leicht zuzugeben, dass es so weit ist.

Auf die Verrückte, die mich laut kreischend mit einem Besen die Auffahrt wieder hinunterjagte, war ich allerdings nicht gefasst. Ihr Haar war seit wer weiß wie langer Zeit nicht mehr gepflegt worden. Die Fingernägel waren voller Dreck oder wahrscheinlich noch Schlimmerem. Sie trug zwar nur einen Pantoffel, aber mit einem Aschenputtel hatte sie wirklich nichts gemeinsam. Außerdem sah es so aus, als hätte sie seit mindestens einem Jahr ihr Kleid nicht mehr gewechselt.

»Raus hier! Runter von meinem Grundstück!«, schrie sie. »Sonst bring ich Sie um. Runter von meinem Grundstück. Sie sind doch genau wie die anderen. Raus, oder ich bring Sie um.«

Der Besen zischte durch die Luft und verfehlte mich nur knapp. Tja, ich kann ja so einiges aushalten im Leben, aber ich bin nicht dumm. Und ein Märtyrer auch nicht. Ich versuchte, Florence zu beschwichtigen, aber meine Worte stießen auf taube Ohren, und da sie drohte, mit dem Besen meine Windschutzscheibe zu zertrümmern, gab ich jeden Versuch auf, sie zu überzeugen. »Okay, okay«, sagte ich. »Ich gehe schon, Florence. Ist okay.« Sie stand am Ende ihrer Auffahrt und sah mir mit wilden Blicken nach, den Besen immer noch fest umklammert, um ihr Territorium zu verteidigen.

Im Davonfahren sah ich dieses Bild noch eine ganze Weile im Rückspiegel. Die Frau rührte sich keinen Zentimeter. Wenngleich die Szene für einen Außenstehenden sicher lustig ausgesehen hätte, empfand ich doch auch Mitleid für sie. Ich fragte mich, wer sie einmal gewesen war, was sie für ein Leben geführt hatte und was sie zu dem gemacht hatte, was sie heute war.

Einen Monat später wurden meine Fragen beantwortet, als man mich nämlich wieder zur selben Adresse schickte. Seit dem letzten Mal war Florence offenbar unter Zwang sediert worden. Ich mochte es mir gar nicht vorstellen, was für eine Angst sie gehabt haben muss. Aber nach vier Wochen in einem Kurzzeitheim für psychisch Kranke ging es ihr jetzt viel besser. Die Ärzte waren sehr zufrieden damit, wie sie auf ihre Medikamente ansprach, und entließen sie mit dem Rat, sie rund um die Uhr betreuen zu lassen.

Die Gemeindeschwester wartete schon, als ich kam. »Sie schläft gerade, aber sie wird bald aufwachen. Ich warte so lange mit Ihnen«, sagte sie. Als die Doppeltür aufging, sah ich eine gigantische Marmortreppe, Kronleuchter und ein Haus voll schöner antiker Möbel. Es schlug mir ein entsetzlich fauliger Gestank entgegen.

»Mit der Eingangshalle sind wir fertig. Ich zeig Ihnen den Rest des Hauses«, sagte die Schwester. Sie bezog sich auf den Putztrupp, dem wir im nächsten Raum begegneten. Florence hatte über zehn Jahre in einem Müllhaufen gelebt, ohne dass es jemand merkte, bis vor Kurzem ein Nachbar der Gemeindeschwester gegenüber eine Bemerkung über Florences ungewöhnliches Benehmen fallen ließ. Als sie die alte Dame besuchte, kam das Ausmaß der erbärmlichen Umstände ans Licht. Natürlich nicht mit Florences Einverständnis, denn sie ließ weiterhin niemanden an sich heran, aber die Schwester hatte durchs Fenster gespäht und den Zustand des Hauses entdeckt.

Florence ernährte sich von Dosenkonserven und hatte in ihrer Küche ungefähr einen Jahresvorrat eingelagert. Ich sah keine Spur von irgendwelchen anderen Lebensmitteln, ganz sicher nichts Frisches oder irgendetwas, was man hätte kochen können. Es war fast ein Ding der Unmöglichkeit, den Küchenboden zu sehen, so viel Müll lag herum. Das bisschen Boden, das zu erkennen war, lag unter einer zentimeterdicken schwarzen Dreckschicht. Um Florences Badezimmer stand es nicht viel besser. Es war eine ungesunde Höhle aus schmutzigen Handtüchern, getrockneten Seifenresten und offensichtlichen Anzeichen, dass hier schon sehr lange niemand mehr geduscht oder gebadet hatte.

Die Schwester führte mich nach unten, wo sich weitere sechs Zimmer und mehrere Badezimmer in ähnlich verwahrlostem Zustand befanden. Das Putzteam hatte den Auftrag, das gesamte Haus zu reinigen, und man rechnete mit ein paar

Wochen. Vom Untergeschoss aus konnte man zu einem völlig verdreckten Pool gelangen, in dem nicht mal ein Frosch hätte leben können, da bin ich ganz sicher. Als ich dort unten am Becken stand und zum Erdgeschoss des ehemals prunkvollen Hauses hinaufblickte, überlegte ich, was diese Wände wohl erzählen würden, wenn sie sprechen könnten.

Florence selbst hatte im Krankenhaus eine hygienische Wandlung erfahren und trug ein hübsches, sauberes Nachthemd. Ihr verfilztes Haar war entwirrt, gewaschen und geschnitten worden, und ihre Fingernägel waren sauber. Es war, als hätte man eine andere Frau vor sich.

Ihr Originalbett hatte einem Krankenhausbett Platz machen müssen. Man hatte mich deutlich instruiert, dass sie bei hochgeklappten Seitengittern im Bett bleiben musste, wenn ich allein mit ihr war. Morgens und nachmittags sollte jeweils noch ein zweiter Pfleger dazukommen, um mir zu helfen. Am Morgen sollte sie geduscht und für den Tag fertig gemacht werden und frühstücken. Am Nachmittag ging es vor allem darum, Florence in den Garten oder auf den Balkon zu führen, damit sie ein bisschen frische Luft genießen konnte. Zu Florences Betreuung gehörte phasenweise eine starke Sedierung. Den Rest der Zeit wurde sie aber nur mit schwächeren Medikamenten behandelt. Durch diesen Pflegeplan wurde sie viel zugänglicher.

Nach einem Monat erstrahlte das Anwesen wieder in altem Glanz. Der Putztrupp war endlich fertig geworden, sollte aber in Zukunft weiter einmal die Woche vorbeikommen. Mittlerweile hatte Florence manchmal überraschend klare Momente und konnte mir aus ihrem Leben erzählen, das früher einmal grandios und aufregend gewesen war. Sie war auf den luxuriösesten Kreuzfahrtschiffen um die Welt gesegelt und hatte viele herrliche Flecken der Erde gesehen. Manchmal zeigte sie auf irgendeine Schublade, und ich gab ihr die Fotos, damit sie mir zu jedem etwas erzählen konnte. Es fiel mir schwer, mir vorzustellen, dass die Frau auf den Bildern dieselbe Person sein sollte. Nur manchmal erkannte ich sie in der schönen, jungen Dame, die mir von den Fotos entgegenlachte.

Ich würde nicht behaupten, dass wir ein enges Verhältnis entwickelten, aber wir konnten uns irgendwann so gut leiden, dass wir unsere Gesellschaft akzeptierten. Manchmal gab es auch noch Momente, in denen ich die verrückte Wilde in ihr sah. Ohne einen zweiten Pfleger konnte man sie definitiv nicht aus dem Bett holen. Während sie ganz bereitwillig ihre Medikamente schluckte, machte sie immer noch jeden Tag einen riesigen Aufstand, wenn man sie duschen wollte, und mir graute jedes Mal ganz schrecklich vor dem Haarwaschtag. Doch sobald sie aus der Dusche trat, war sie wieder die Liebenswürdigkeit in Person und stand lachend vor dem Spiegel, wie die beeindruckende Frau, die sie in vergangenen Tagen einmal gewesen war.

Die Familie war schon immer sehr vermögend gewesen. Uraltes Geld, wie sie es nannte. Ihr Mann war auch reich gewesen, aber nicht annähernd ihre Liga. Nach ein paar krummen Geschäften wanderte er für mehrere Jahre ins Gefängnis. Die einzige Verwandte, die Florence in ihrem Leben noch zuließ, vertraute mir an, dass die alte Frau damals begonnen hatte, gegen alles und jeden paranoiden Verdacht zu schöpfen.

Ihr Mann starb ein Jahr nach seiner Entlassung aus dem Gefängnis. Es ergab sich also keine Gelegenheit, ihre Paranoia zu heilen oder zu lindern, und sie wurde psychisch immer labiler. Sie hatte ihm immer völlig vertraut und glaubte, dass die anderen Leute nur ihr Geld wollten und an seiner Gefängnisstrafe schuld waren. Da es für unsere Beziehung keinen Unterschied machte, ob ihr Mann schuldig gewesen war oder nicht, dachte ich keine Sekunde über diese Frage nach.

Meistens akzeptierte Florence, dass sie in ihrem Krankenhausbett leben musste. Sie war einfach glücklich, dass sie in ihrem eigenen Zuhause wohnen konnte, und manchmal gab sie sogar zu, dass sie die Gesellschaft von uns Pflegern genoss. Doch jeden Nachmittag, ein paar Stunden bevor die zweite Pflegerin dazukam, glitt Florence in ihren alten Zustand ab und wurde wieder eine völlig andere Frau. Ich hätte fast die Uhr danach stellen können.

»Lassen Sie mich raus. Lassen Sie mich aus diesem verdammten Bett raus. Hilfe. Hilfe. Hilfe. HILFE!«, schrie sie, dass es durchs ganze Haus schallte und von den Marmorböden widerhallte. Wenn ich in ihr Zimmer kam, gelang es mir zuweilen, sie für ein paar Sekunden zu beruhigen, aber nur ein paar. Damit meine ich, maximal drei Sekunden. Dann ging es wieder los. »Hilfe. Hilfe. Hilfe. HIIIILFEEEE!«

Wären wir nicht in dieser luxuriösen Riesenvilla gewesen, mit ihren dicken Wänden und dem bequemen Abstand zu den Nachbarn, hätten die Leute garantiert jeden Tag einmal die Polizei gerufen. Im Grunde war es egal, ob ich im Zimmer war oder nicht. Sie schrie um Hilfe und forderte, dass man sie aus dem Bett ließ, bis die zweite Pflegerin eintraf und wir sie herauslassen konnten.

In diesen Momenten hatte man keine Chance, an sie heranzukommen. Einerseits tat sie mir leid, und ich war versucht, sie aus dem Bett zu lassen, aber ich kannte ja auch ihre andere Seite. Ich hatte keine Lust, dafür meine Sicherheit aufs Spiel zu setzen. Das Bild, wie sie mich mit grimmiger Entschlossenheit mit dem Besen vom Grundstück jagte, stand mir immer noch lebhaft vor Augen. Während ihrer nachmittäglichen Schreikrämpfe erhaschte ich immer wieder einen Blick auf diese kriegerische Persönlichkeit, daher vertraute ich auf die professionellen Pfleger, die den Pflegeplan so und nicht anders festgesetzt hatten. Trotzdem tat sie mir leid. Es muss doch schrecklich sein, wenn man ein Gefangener im eigenen Haus ist.

Die Seitengitter an ihrem Bett und juristische sowie professionelle Entscheidungen waren die Faktoren, die

Florence momentan gefangen hielten. Davor war sie jedoch Gefangene ihrer Paranoia gewesen. Ihre Krankheit hatte ihr die Freiheit geraubt, ihr eigenes Heim zu verlassen. Dazu kam ihr krankhaftes Misstrauen gegen die Leute, die ihr ja etwas stehlen könnten, wenn sie das Haus doch einmal verließ. Zwar sind die meisten Leute nicht in ihrem Bett gefangen, aber man kann auch so ein Leben führen, in dem man sich von selbst gemachten Fesseln gefangen halten lässt.

Eine meiner frühesten Erinnerungen ist die, wie ich in einer Kiste gefangen war. Doch ich fühlte mich gar nicht gefangen. Es war eine große Holzkiste an einer Außenwand unseres Hauses. Eines meiner älteren Geschwister überredete mich hineinzuklettern und schloss dann den Deckel. Ich weiß noch, wie ich in der Dunkelheit saß, mich dabei aber ganz sicher und glücklich fühlte. Obwohl ich erst zwei, drei Jahre alt war, konnte ich gut mit mir selbst alleine sein und genoss den Frieden. Wenig später hörte ich die panische Stimme meiner Mutter meinen Namen rufen, ich meldete mich, und alles war gut. Man ließ mich hinaus, und ich kehrte zurück ins Chaos unseres Familienlebens.

In meinem Erwachsenenleben schränkten mich freilich ganz andere Fesseln ein. Ich versuchte, Schritt für Schritt den Mut für eine Lebensführung nach meinen eigenen Ideen aufzubringen, doch oft standen mir meine alten Denkmuster im Weg. Nach und nach befreite ich mich von solchen selbst gemachten Fesseln, aber es fiel mir schon sehr schwer, über mein grässliches Lampenfieber hinwegzukommen.

Wenn mir jemand gesagt hätte, dass meine Hobbys Fotografieren und Schreiben mich irgendwann dazu führen würden, dass ich auf einer Bühne auftrete, hätte ich wahrscheinlich über die Absurdität dieses Gedankens gelacht. Es fing damit an, dass ich meine Fotos auf Märkten verkaufte, später dann in Galerien. Ich verkaufte zwar nicht genug, um ein nennenswertes Einkommen damit zu erzielen, aber es ermutigte mich, langsam, aber sicher auf diesem Weg weiterzugehen.

Ich beschloss also, in der Fotobranche weiterzuarbeiten, und ergatterte einen Job in einem professionellen Fotolabor in Melbourne. Leider war es ein Bürojob, und nach einem Jahr Langeweile, Neonlichter und Fensterlosigkeit musste ich mir eingestehen, dass das nicht befriedigender war als meine Arbeitsplätze in der Bank. Ich hatte keine Chance gehabt, zur kreativen Seite vorzudringen, und da ich überhaupt kein Interesse für meine Tätigkeit aufbringen konnte, begann ich irgendwann gedankenlose Fehler zu machen. Ich weiß noch, dass ich in der Arbeit immer viel vor mich hinseufzte: Ellbogen aufstützen, Kinn auf die Hand, Suche nach einer Lösung für meinen Wunsch nach Befriedigung im Job – nächster Seufzer.

Immerhin hatte ich begriffen, dass ich mich nicht in diese Branche begeben musste, um schöne Fotos zu machen. Mit Hilfe einiger neuer, digital versierter Freunde kreierte ich ein kleines Buch mit Fotos und inspirierenden Texten. Wieder bekam ich viel gutes Feedback zur Qualität meiner Arbeit, aber nicht genug, um dem Buch zur Veröffentlichung zu verhelfen. Die Kosten farbigen Buchdrucks waren ein wichtiger Faktor, wie ich den Briefen der angeschriebenen Verleger entnehmen konnte, wobei manche aber bemerkten, es sei wirklich ein schönes Buch.

Ein paar Jahre steckte ich jedes Quäntchen Energie und Aufmerksamkeit in dieses Projekt. Aber die Ablehnungsbriefe stapelten sich immer höher, auch wenn manche mich aufrichtig ermutigten. Ich weinte Tränen aus Frust über meine vergeblichen Bemühungen, zum Trost griff ich zur Gitarre. Ich konnte kaum spielen, aber ich schrieb die Hälfte meines ersten Songs. Damals war mir die Wichtigkeit dieses Moments gar nicht bewusst.

Ich hatte inzwischen genug über die Kraft des Loslassens gelernt und so akzeptierte ich, dass es letztlich nicht wichtig war, ob mein Fotobuch veröffentlicht wurde oder nicht. In meinen Augen war es allein deswegen schon ein Erfolg gewesen, weil ich den Mut gehabt hatte, es zu versuchen. Erfolg hängt nicht davon ab, ob jemand sagt, ja, wir werden Ihr Buch veröffentlichen, oder nein, wir bringen es nicht heraus. Es geht vielmehr um den Mut, unabhängig von solchen Dingen man selbst zu sein. Das Buchprojekt war insofern erfolgreich gewesen, als ich eine wertvolle Lektion dadurch gelernt hatte, und so war ich schließlich fähig, es auch wieder loszulassen. Vielleicht war dieses Buch einfach nur zu mir gekommen, weil ich etwas lernen sollte. Oder vielleicht würde dieses Projekt auch erst später richtig in die Gänge kommen, wenn ich wirklich dafür bereit war.

So oder so – ich musste loslassen. Meine Bemühungen hatten mich völlig erschöpft, und ich hatte viel zu viel Energie hineingesteckt, dieses Buch unbedingt zu veröffentlichen. Es war an der Zeit, wieder zu leben und nicht ständig zu versuchen, die Resultate zu kontrollieren. Der Song, den ich zur Hälfte geschrieben hatte, blieb halb vergessen liegen. Jetzt suchte ich nach Antworten und verwendete immer mehr Zeit auf Meditation und meine Heilung. Nach einer meiner vielen Meditations- und Schweigeübungen verspürte ich den starken Drang, diesen halb fertigen Song zu vollenden. Von jenem Tag an wusste ich, dass Songwriting ein Teil meines Lebenswerks sein würde. Denn ich schrieb nicht nur diesen einen Song fertig, sondern gleich noch einen neuen. Ich konnte nicht genug bekommen, nachdem ich erst mal angefangen hatte, sie flossen geradezu aus mir heraus.

Als Kinder hatten wir Konzerte für Verwandte und Freunde abgehalten. Musik lag mir in den Genen. Obwohl meine Eltern ihre »vernünftigen« Berufe hatten, war mein Vater Gitarrist und Songwriter, als er meine Mutter kennenlernte, die damals Sängerin war. Aber ich hatte mich nie bewusst danach gesehnt, auf der Bühne zu stehen. Und das tat ich auch jetzt nicht. Tatsächlich jagte mir der Gedanke sogar Angst ein. Nicht nur der Gedanke, auf der Bühne zu stehen, sondern die Tatsache, dass meine Arbeit mich ins Licht der Öffentlichkeit zog. Ich war ganz glücklich mit meinem anonymen Dasein. Viele Songwriter treten gar nicht selbst auf, und am liebsten wollte ich so einer werden. Aber wenn ich meine Arbeit überhaupt erst mal zu Gehör bringen wollte, musste ich meine eigenen Songs selbst auf einer Bühne vorstellen.

Davor graute mir ganz schrecklich, es wühlte mich innerlich richtig auf. Es war schon so schmerzhaft für mich gewesen, eine Arbeit zu suchen, die ich liebte, und irgendwie schien diese Suche nie recht enden zu wollen. Jetzt konnte ich nicht akzeptieren, dass die Arbeit, zu der es mich so deutlich hinzog, mich vor ein Publikum stellen würde, wo ich doch meine Privatsphäre immer so geliebt und gehütet hatte. Das Leben, das ich da vor meinem inneren Auge sah, war definitiv nicht das Leben, das ich führen wollte.

Aber wir bekommen unsere Lektionen, damit wir in unserem Heilungsprozess vorankommen, und nicht, damit wir Spaß haben. Diese Zeit war eine unheimliche Herausforderung für mich. Dabei war es auch nicht sonderlich hilfreich, dass ich mir von bestimmten Leuten jede Menge negative Kommentare anhören durfte zu meinen neuen Lebensplänen. Am liebsten hätte ich es gehabt, dass das Leben mich einfach wieder schluckt und unauffällig weiterwursteln lässt.

Ich verbrachte viel Zeit ganz allein an einem meiner Lieblingsflüsse. Wochenlang ging ich dort schwimmen und versuchte zu akzeptieren, dass das Leben mich eben jetzt in diese Richtung führte. Das frische Wasser reinigte mich mit jedem Schwimmzug, den ich tat. Wenn ich untertauchte, glitt die andere Welt davon. Abgesehen vom Vogelgesang und dem sanften Wind, der leise durch die Bäume am Ufer strich, gab es überhaupt keine Geräusche am Fluss. Die friedliche Ruhe war heilsam, und ich sog sie so oft wie möglich in mich ein. Einmal sah ich ein Schnabeltier, das dafür bekannt ist, dass es sehr scheu ist und sich nur selten zeigt, wenn Menschen in der Nähe sind. Solche Geschenke bauten mich unheimlich auf.

Als ich am Ufer saß, mir der Wind sanft über das Gesicht strich und ich der Natur gestattete, ihre Wunder an meiner müden Seele zu wirken, musste ich aufrichtig mit mir sein. Wenn ich alle Erfahrungen meines Lebens zusammennahm, konnte ich erkennen, dass ein Teil von mir in meinem tiefsten Inneren schon immer gewusst hatte, dass ich einmal auf welche Weise auch immer ans Licht der Öffentlichkeit treten würde. Die Entscheidung, einen Teil meines Lebens für mich zu behalten, lag ganz bei mir, und ich konnte das auch schaffen. Schließlich war es mein Leben, und ich entschied, wie ich mit den Entwicklungen umging.

Am Ende akzeptierte ich also, dass ich – hoffentlich – irgendwie in meine Rolle hineinwachsen würde, wenn es denn wirklich zu meinem Lebensweg gehörte und ich anderen damit helfen konnte. Es fiel mir noch leichter, es zuzulassen, weil ich darauf vertraute, dass ich selbst an diesen Lernprozessen wachsen würde, ganz egal, wer meine Musik sonst noch zu Ohren bekommen würde. Die Unterstützung von ein paar Freunden, die selbst Musik machten, war damals jedoch lebensrettend für mich.

Wenn ich daran denke, wie ich mit meinen Auftritten anfing, tut mir das Publikum genauso leid wie ich. Obwohl die Musik durchaus erträglich war, sah man mir lange an, dass ich Auftritte ganz grässlich fand. Meine Hände zitterten, die Gitarre wackelte, ich griff neben die Saiten, und meine Stimme versagte. Ich hasste es aus ganzem Herzen und musste mich manchmal sogar übergeben vor lauter Nervosität. Meditation half mir in dieser Hinsicht sehr. Und Üben auch. Wie bei allen Dingen gilt auch hier: Wenn man hartnäckig dranbleibt, wird man irgendwann besser. Und trotz meiner ganzen Nervosität und Angst gab es etwas, was mich doch weitertrieb. Nämlich die Einsicht, dass dies Teil meines Lebenswerks war, und mein Anliegen, etwas Wertvolles zu geben. Es war auch der Wunsch, gehört zu werden. Hier hatte sich ein Weg aufgetan, Gedanken mitzuteilen, die ich allzu lange unterdrückt hatte.

Ich war schon gut über dreißig, als ich meinen ersten Song fertigschrieb, und dann vergingen noch einmal ein, zwei Jahre, bis ich anfing aufzutreten. Da ich mittlerweile überhaupt keinen Alkohol mehr trank, musste ich mich meinen Ängsten aussetzen, ohne künstliche Hilfe. Das Auftreten half mir aber auch, mich zu öffnen. Es brachte viele gute Seiten mit sich. In der Zeit, als ich Florence betreute, machte ich zusammen mit anderen Songwritern meine Runde durch die Pubs der Stadt. Das meiste ging mir schrecklich gegen den Strich. Ich war damals sehr einsam, weil ich mich nach so vielen emotionalen Verletzungen ganz in mich selbst zurückgezogen hatte. Ich konnte zwar auf die Bühne gehen und meine Songs singen, aber sehr lange machte mir das überhaupt keinen Spaß.

Doch es half mir zu wachsen. Wenn man seine persönlichen Gedanken mit einem Raum voll Fremder teilt, muss man sich zwangsweise wieder öffnen. Die konstant positiven Reaktionen auf meine Songs und das, was ich zu sagen hatte, ermutigten mich auch als Songwriter.

Später wurde mir klar, dass ich bei Veranstaltungen auftrat, die nicht zu meinem Stil und meinem Charakter passten. Nachdem ich über Jahre hinweg allzu viele laute Gigs gespielt hatte, verabschiedete ich mich für immer von Pub-Auftritten. Ich hatte meine Lehrzeit hinter mir. Das mochte zwar auch bedeuten, dass ich jetzt generell weniger Auftrittsmöglichkeiten hatte, aber da ich nicht so viel Wert darauf legte, live in Pubs aufzutreten und auf diese Art bekannt zu werden, störte mich das nicht weiter. Zu diesem Zeitpunkt bekam ich die ersten Auftritte auf Folkfestivals und hatte das Glücksgefühl kennengelernt, das es für den Auftretenden bedeutet, ein respektvolles Publikum zu haben, das die Songs nicht nur anhört, sondern sie wirklich versteht. Diese Verbindung zu Gleichgesinnten ist einfach ein großartiges Gefühl. Von nun an spielte ich nur noch auf schönen Veranstaltungen und passenden Festivals.

Wenn ich daran zurückdenke, wer ich war, als ich anfing aufzutreten, kann ich mich in diesem zerbrechlichen Wesen von damals kaum wiedererkennen. Wenn ich heute live spiele, bin ich selbstbewusst, weil ich auf den richtigen Veranstaltungen, vor dem richtigen Publikum spiele. Meine Songs haben eine Botschaft und schlagen eher sanfte Töne an. Das können sie. Das dürfen sie. Ich muss mich nicht mehr gegen die Tomboladurchsagen durchsetzen, die gleichzeitig mit meinem Auftritt übers Mikro ausgerufen werden, und verliere nicht die Verbindung zum Publikum, weil auf den Wandfernsehern ein Boxkampf übertragen wird. Wenn ich einen Fehler mache, lache ich leise über mich selbst und mache weiter. Schließlich sind Künstler auch nur Menschen.

Es ist auch erfrischend, dass ich nicht mehr von Mister Unschlagbar angegafft werde. Sie wissen schon, der Typ, der im ganzen Pub die meisten Drinks gekippt hat und auf einmal überzeugt ist, Johnny Depps Zwillingsbruder zu sein. Dann stellt er sich direkt vor die Bühne. Grinst einen an, wiegt sich dabei vor und zurück, bringt auch noch das Kunststück fertig, keinen Tropfen von seinem achtzehnten Bier zu verschütten. Er ist absolut überzeugt davon, dass er Gottes Geschenk an die Frauen ist, und widmet dir sein Nicken und Zwinkern, dabei lässt er seine Hüften nur für die Dame auf der Bühne kreisen. Und wenn man wirklich gut war, dann wartet er hinterher seitlich neben der Bühne, um alle Gebete zu erhören, die man jemals über Männer und tolle Liebhaber gen Himmel geschickt hat. Ja, ich kenne diese Typen. Gott segne sie.

So überwand ich also nicht nur mein anfängliches Grauen vor Bühnenauftritten, sondern ging dabei mutig meinen kreativen Weg weiter. Außerdem hatte ich vor Kurzem ein einjähriges Musikstudium absolviert. Da ich mehr über die Musikindustrie wissen wollte, hatte ich mir ein paar musiktheoretische Grundlagen angeeignet, zumindest genug, um meine Aufnahmeprüfung zu bestehen. Zu dieser Prüfung gehörte auch eine zittrige Darbietung eines meiner eigenen Songs. Aber ich wurde aufgenommen. Ich war über dreißig, absolvierte eine Ausbildung und genoss jede Minute davon.

Allerdings musste ich bei Auftritten verschiedene Techniken anwenden, um meine Nervosität in den Griff zu kriegen. Üben gehörte ganz bestimmt dazu. Indem ich mich einfach immer wieder auf die Bühne stellte, wuchs im Laufe der Zeit mein Selbstbewusstsein, aber ich sang und spielte auch besser. Die zwei Dinge, die mir jedoch am meisten halfen, waren die Techniken, mit denen ich mich von meinen rationalen Überlegungen losmachte. Diese Techniken lassen sich auf alles anwenden, nicht nur auf Auftritte, und haben mir seitdem auch in anderen Zusammenhängen geholfen.

Wenn meine Nerven sich meldeten oder negative Gedanken nach oben kamen, im Stile von »Was zum Teufel hab ich mir dabei gedacht, mich auf diese Bühne zu stellen?«, begann ich mitten im Song zu meditieren. Das heißt nicht, dass ich plötzlich aufhörte zu singen oder mich im Lotussitz auf die Bühne setzte. Ich sang weiter, und ich spielte auch weiter Gitarre. Doch ich verlagerte meine Konzentration ganz aufs Atmen und beobachtete, wie ich einatmete, ausatmete, einatmete, ausatmete. Währenddessen verließ ich mich völlig auf mein motorisches Gedächtnis, das meine Finger auf die richtigen Saiten legen würde, und vertraute darauf, dass die Wörter weiter aus mir herausfließen würden. In diesem Moment musste ich mich ganz aufs Atmen konzentrieren. Das funktionierte unglaublich gut, weil ich auf diese Weise wieder ruhig wurde und mit verbessertem Ausdruck und größerer Präsenz zu meinem Song zurückkehren konnte.

Die andere Technik, die meine Denkweise änderte und meinem Lampenfieber ein Ende setzte, bestand darin, dass ich meine Person gedanklich aus der Gleichung nahm und mir vorstellte, dass es einfach nur darum ging, den Menschen im Publikum etwas zu schenken. Vor meinem Auftritt sprach ich ein schlichtes stummes Gebet und dankte der Musik, die durch mich strömen und diesen Menschen Freude schenken würde. Dann trat ich quasi einen Schritt beiseite und genoss die Musik genauso wie das Publikum.

Durch Bühnenauftritte habe ich viele tolle Dinge gelernt. Ich bin sehr dankbar, dass mich das Leben zu einem Zeitpunkt auf Trab gehalten hat, als mir eigentlich gar nicht nach Trab zumute war. Wie könnten wir jemals herausfinden, welche Geschenke hinter unseren Herausforderungen warten, wenn wir diese Herausforderungen erst gar nicht annehmen? Das erfahren wir erst, wenn wir unsere Lektionen lernen. Ob ich in Zukunft weiter auftrete oder nicht, ist für mich wirklich nicht mehr wichtig. Wenn ja, werde ich es in vollen Zügen genießen. Und wenn nicht, dann werde ich in vollen Zügen genießen, was ich stattdessen tue. Ob so oder so, es ist mir egal. Ich werde einfach meinem Weg folgen.

Indem ich meine flatterigen Nerven in den Griff bekam, bekam ich meinen Geist auch in anderer Hinsicht in den Griff. Ich machte mich frei von den Fesseln, die ich mir mit schädlichen Denkmustern ein Leben lang selbst angelegt hatte. Wir alle haben solche Fesseln, von denen wir uns frei machen müssen. Die meisten davon sind keine körperlichen Einschränkungen, und wenn sie es sind, ist es sehr wahrscheinlich, dass sie von nicht körperlichen Einschränkungen herstammen, also schädlichen Denkmustern und negativen Überzeugungen.

Leider war auch die liebe Florence an ihr Bett gefesselt, bis die zweite Pflegerin eintraf. Da meine Anwesenheit ihr Geschrei nicht dämpfte, fand ich es netter von mir, wenn ich den Raum verließ. Ab und zu schaute ich wieder ins Zimmer. Dann machte sie zwei Sekunden Pause, sah mich an, sah wieder weg und schrie weiter »Hilfe!«. Sie hätte Sängerin werden sollen. Bei den Lungen.

Im Hafen von Sydney segelten die Yachten vorbei. Ich dachte an die Zeiten zurück, in denen ich mit ein paar Seglern befreundet gewesen war. Ich lächelte, als ich überlegte, was wohl aus ihnen geworden sein mochte. Da riss mich die Klingel aus meinen Überlegungen.

Sowie wir die Seitengitter an ihrem Bett herunterließen, endete das Geschrei sofort. Einfach so. Florence lächelte uns an. »Hallo, meine Lieben! Na, hatten Sie einen schönen Tag bis jetzt?«, fragte sie. Die andere Pflegerin und ich tauschten grinsend einen Blick, während wir der alten Dame aus dem Bett halfen. Obwohl die andere Schwester nicht jeden Tag stundenlang Florences Gebrüll aushalten musste, bekam sie es doch jeden Nachmittag bei ihrem Eintreffen mit.

»Danke, ganz wunderbar, Florence. Und selbst?«, fragte ich.

»Ach, es war ganz nett, Schätzchen. Ich hab gerade die Boote im Hafen beobachtet. Mittwochs ist immer Regatta, wissen Sie?«

»Oh ja«, stimmte ich zu.

Wenn wir zusammen durch den Garten gingen, bestaunten wir alle drei die Farben. Der Garten war ebenfalls jahrelang vernachlässigt worden. Aber der Verwandte, der vor Kurzem die Vollmacht über Florences Konten erhalten hatte, hatte darauf bestanden, den Garten hübsch herrichten zu lassen, damit Florence in ihren wenigen lichten Momenten etwas zum Freuen hatte. Also waren Gärtner gekommen, um ein paar Wunder zu wirken, und auch das Wasser im Pool war wieder sauber und klar.

»Sehen Sie sich nur meinen schönen Garten an«, sagte sie. »Wie großartig er um diese Jahreszeit immer aussieht.« Wir stimmten ihr beide aus ganzem Herzen zu. Unter der ganzen Verwahrlosung hatte sich doch ein wunderschöner Garten gehalten, der jetzt wieder in vollem Glanz erstrahlen konnte.

»Ich war vorgestern hier draußen, um diese Blumen zu pflanzen, wissen Sie? Wenn man einen Garten hat, muss man immer dranbleiben, vor allem bei diesen ganzen Kriechpflanzen.« Wieder gaben wir ihr lächelnd recht. Wenn man sich vor Augen hielt, dass dieser Garten noch vor ein, zwei Monaten ein schäbiger, zugewucherter Dschungel gewesen war, war es amüsant, sich Florences Sicht der Dinge anzuhören.

Sie zupfte ein paar Kletterpflanzen von den Blumen weg und fuhr fort: »Wer einen Garten hat, darf nicht faul sein. So etwas verlangt eine Menge Liebe und Zeit.« Wir fragten sie nach einigen Blumen, und sie antwortete mit überraschender Klarheit und Fachwissen. »Diese Ranke würde die Blumen abwürgen«, erklärte Florence, während sie noch mehr von den Kletterpflanzen von ihren Blumen wegzog. »Ich würde nie zulassen, dass mich jemand so fesselt, und ich möchte auch nicht, dass irgendetwas meine Pflanzen fesselt.«

Und während Florence weiter die Schlingpflanzen in ihrem schönen Garten abriss, sprach ich im Stillen ein Dankgebet, weil ich den Mut gefunden hatte, mich von meinen eigenen Fesseln zu befreien. Wie die Blumen durfte auch ich jetzt endlich frei wachsen und blühen.

Versäumnis Nummer 2:

Ich wünschte, ich hätte nicht so viel gearbeitet.

Während ich das Geschirr abtrocknete, hörte ich meinen Patienten John in seinem Arbeitszimmer kichern wie ein Lausbub. »Ja, das richtige Alter hat sie auch«, gackerte er, und beschrieb mich weiter seinem Freund am anderen Ende der Leitung. John war fast neunzig. Ich war Mitte dreißig. Ich musste daran denken, was mir ein Siebzigjähriger einmal gesagt hatte: »Alle Männer sind Jungs.« Lächelnd schüttelte ich den Kopf.

Als er später aus seinem Arbeitszimmer kam, war John wieder ganz der diplomatische Gentleman, nichts Spitzbübisches war mehr zu sehen. Doch er wollte mich gern zum Essen ausführen und fragte, ob ich ein rosa Kleid hätte. Und wenn nicht, dürfte er mir dann wohl eines kaufen? Ich lachte und lehnte sein Angebot, mir ein rosa Kleid zu kaufen, höflich ab, weil ich tatsächlich schon eines hatte. Es gehörte zwar nicht zu meiner Pflegeuniform, aber ich teilte ihm mit, dass es mir eine Freude sein würde, einem alten sterbenden Mann diesen Gefallen zu tun. Seine Begeisterung kannte keine Grenzen.

Dann reservierte er einen Tisch in einem sehr teuren Restaurant. Es war der beste Tisch, von dem aus man über einen Park bis zum Hafen sehen konnte. John sah sehr elegant aus in seinem Marinejackett mit den goldenen Besätzen. In der

Luft lag ein Hauch von Aftershave. Er legte mir die Hand auf den Rücken und führte mich zu unserem Tisch. Nachdem ich die Aussicht bewundert hatte, wandte ich den Blick wieder zu ihm und ertappte ihn dabei, wie er vier Männern an einem Nebentisch zuzwinkerte. Sie musterten mich kichernd, machten aber schlagartig ernste Gesichter, als sie merkten, dass ich ihnen auf die Schliche gekommen war.

»Sind das Freunde von dir, John?«, fragte ich lächelnd. Stotternd gestand er, dass er seinen Freunden zeigen wollte, was für ein Glück er mit mir hatte, einer Pflegerin mit so beeindruckenden körperlichen Qualitäten. Ich prustete los. »In einem Raum voller Neunundachtzigjähriger hat jede Frau beeindruckende körperliche Qualitäten.« Doch ich muss zugeben, sein Benehmen war tadellos, und ich wünschte, mehr Männer meiner Generation würden über die Tischmanieren und diesen Charme verfügen, die er mir gegenüber an den Tag legte. Wir hatten ein wunderbares Mittagessen. John hatte vorher angerufen und angekündigt, dass er eine Veganerin mitbrachte, und das Restaurant hatte extra für mich einen köstlichen Gemüsestrudel gebacken.

Wie sich herausstellte, durften seine Freunde unsere Mahlzeit nicht stören oder zu uns an den Tisch kommen. Er wollte mich ihnen hinterher vorstellen. Obwohl sie schon lange zu Ende gegessen hatten, blieben sie also alle geduldig sitzen, bis John und ich auch fertig gegessen und geredet hatten. Dann legte er mir wieder die Hand auf den Rücken und führte mich zu ihrem Tisch, wo ich die perfekte Freundin spielte – ich war ganz bezaubernd zu allen, widmete John aber die größte Aufmerksamkeit. Er erinnerte mich an einen Gockel mit stolz gesträubtem Prachtgefieder. Wir hatten wirklich Spaß.

Darunter steckte allerdings ein sterbender Mann. Was schadete es schon, wenn ich bei so einem harmlosen Spiel mitmachte, wahrscheinlich einem seiner allerletzten Ausflüge in die Welt? Sobald ich zu Hause war, vertauschte ich mein rosa Kleid gegen praktischere Arbeitskleidung – sehr zu Johns Enttäuschung – und half ihm ins Bett. So sehr ihn unser Ausflug beflügelt hatte, nun war er doch erschöpft.

Die Energie sterbender Menschen ist so gering, dass sich schon ein kleiner Ausflug für sie anfühlt, als hätten sie eine 80-Stunden-Woche im Steinbruch hinter sich. Es laugt sie völlig aus. Familie und Freunde machen sich oft nicht klar, wie sehr ihre gut gemeinten Besuche kranke Menschen erschöpfen können. In der letzten Lebenswoche können Besuche von mehr als fünf oder zehn Minuten harte Arbeit für die Patienten bedeuten, und gerade in dieser Zeit werden sie mit Besuchen bombardiert.

An diesem Nachmittag waren John und ich jedoch allein, und er schlief tief und fest. Ich legte mein rosa Kleid zusammen und packte es wieder in meine Tasche. Es gefiel mir, ihm mit dem Mittagessen so eine Freude bereitet zu haben. Mir selbst hatte es ja auch Freude gemacht.

Auch in anderer Hinsicht profitierte John von meinem jungen Alter. Da ich mehr von Computern verstand als er, machte ich mich wieder an die Arbeit in seinem Büro, die ich im Monat zuvor angefangen hatte. Für einen Mann seines Alters ging er bewundernswert geschickt mit Computern um, er gab sich wirklich Mühe, mit der Technologie unseres Zeitalters Schritt zu halten. Doch seine Dateien waren das reinste Chaos, denn er hatte das Ordnungsprinzip mit Ordnern und übergeordneten Ordnern nicht begriffen. Während er schlief, dachte ich mir also Kategorien aus, in die ich Hunderte von Dokumenten einsortierte, während ich gleichzeitig einen Index anlegte, damit er die aufgeräumten Dateien wiederfinden konnte. Doch wie gesagt, für einen Mann seines Alters war sein Umgang mit Computern bemerkenswert.

Als ich in der folgenden Woche sah, wie sich Johns Zustand verschlechterte, war ich froh, dass wir schon zum Mittagessen ausgegangen waren. Er würde das Haus nicht noch einmal verlassen. Vielleicht hatte er noch ein paar Wochen, vielleicht auch nicht, auf jeden Fall schwanden seine Kräfte sehr schnell dahin. Eines Spätnachmittags saßen wir auf seinem Balkon und beobachteten den Sonnenuntergang über Harbour Bridge und der Oper. John trug Bademantel und Pantoffeln und kämpfte mit seinem Essen. »Kein Problem, John, iss einfach, so viel du kannst oder magst«, sagte ich. Wir wussten beide, welche unausgesprochenen Worte dahinter steckten. John würde sterben, und zwar in naher Zukunft. Nickend legte er die Gabel auf den Teller und reichte ihn mir. Ich stellte das Tablett beiseite, und wir betrachteten weiter den Sonnenuntergang.

In diesen Frieden hinein sagte John auf einmal: »Ich wünschte, ich hätte nicht so viel gearbeitet, Bronnie. Was für ein Trottel ich gewesen bin.« Ich saß ihm gegenüber und sah ihn an. Er brauchte keine Ermunterung, um fortzufahren. »Verdammt, ich hab viel zu hart gearbeitet, und jetzt bin ich ein einsamer, alter Mann und liege im Sterben. Das Schlimmste daran ist, dass ich als Rentner die ganze Zeit allein war, obwohl es gar nicht nötig gewesen wäre.« Ich hörte mir seine ganze Geschichte an.

John und Margaret hatten fünf Kinder großgezogen, von denen vier inzwischen eigene Kinder hatten. Das fünfte war mit Anfang dreißig verstorben. Als alle Kinder erwachsen waren und das Haus verlassen hatten, bat Margaret ihren Mann, in Ruhestand zu gehen. Beide waren fit und gesund und hatten genug Geld beiseitegelegt, um ihren Lebensabend bequem genießen zu können. Aber er meinte immer, es würde vielleicht doch nicht ganz reichen. Margaret antwortete jedes Mal, sie könnten doch ihr riesiges, jetzt fast leeres Haus verkaufen und etwas Passenderes kaufen, dann würde auch noch etwas Kapital frei werden. Dieser Kampf zog sich über fünfzehn Jahre hin, doch er arbeitete immer weiter.

Margaret war einsam und hätte gern ihre Ehe neu entdeckt, jetzt wo Kinder und Arbeit eigentlich abgehakt waren. Jahrelang verschlang sie alle möglichen Reiseprospekte und schlug verschiedene Länder und Regionen vor, die sie zusammen bereisen könnten. Auch John wäre gern mehr gereist, und so stimmte er Margarets Vorschlägen immer zu. Doch leider genoss er auch den Status, den seine Arbeit ihm verlieh. Dabei mochte er die Arbeit an sich gar nicht so sehr, wie er mir gestand, sondern nur die Rolle, die er dadurch in der Gesellschaft und bei seinen Freunden spielte. Die Jagd nach dem nächsten großen Deal war eine Art Sucht für ihn geworden.

Eines Abends, als Margaret ihn mit Tränen in den Augen bat, sich endlich zur Ruhe zu setzen, sah er seine wundervolle Frau an und begriff, dass sie nicht nur einsam war und sich nach seiner Gesellschaft sehnte, sondern dass sie inzwischen beide alt geworden waren. Diese wunderbare Frau hatte mit unglaublicher Geduld darauf gewartet, dass er in Rente ging. Als er sie so betrachtete, war sie für ihn immer noch so schön wie an dem Tag, an dem er sie kennengelernt hatte. Aber John begriff zum ersten Mal in seinem Leben, dass sie nicht ewig leben würden.

Obwohl er aus unerklärlichen Gründen wie versteinert war, willigte er an jenem Abend ein. Margaret war aufgesprungen und ihm um den Hals gefallen, und aus ihren kummervollen Tränen waren Freudentränen geworden. Doch ihr Lächeln hielt nicht lange an, denn im nächsten Moment fügte er hinzu: »In einem Jahr.« Damals hatte seine Firma gerade einen neuen Deal an der Angel, den er aushandelte, und er wollte die Sache unbedingt noch zu einem guten Abschluss bringen. Seine Frau hatte fünfzehn Jahre lang darauf gewartet, dass er in Rente ging. Da konnte sie es doch sicher noch ein Jahr länger aushalten. Es war ein Kompromiss, aber sie stimmte nur widerwillig zu. Während die Sonne am Horizont versank, gestand mir John, dass er sich schon damals selbstsüchtig vorgekommen war, aber er konnte sich einfach nicht aus dem Berufsleben zurückziehen, bevor er nicht diesen einen Deal noch abgeschlossen hatte.

Nachdem seine geliebte Frau jahrelang davon geträumt hatte, wurden ihre Träume schließlich doch Wirklichkeit. Sie machte konkrete Pläne und telefonierte regelmäßig mit einem Reisebüro. Wenn er von der Arbeit nach Hause kam, wartete sie jedes Mal mit einem schönen Abendessen auf ihn. Und während sie an dem Tisch aßen, um den sich einmal ihre ganze Familie geschart hatte, teilte sie begeistert all ihre Gedanken und Ideen mit ihm. John konnte sich jetzt langsam auch mit dem Gedanken an den Ruhestand anfreunden, obwohl er immer noch darauf bestand, seine zwölf Monate zu Ende zu bringen.

Vier Monate nach seinem Versprechen, acht Monate, bevor er es einlösen sollte, klagte Margaret plötzlich, ihr sei so flau im Magen. Zuerst war ihr nur ein bisschen schlecht, aber als sich ihr Zustand nach einer Woche nicht geändert hatte, teilte sie ihm eines Abends mit, dass sie einen Termin beim Arzt gemacht habe. Es war schon dunkel. In der Ferne hörte man den Verkehr der anderen heimkehrenden Arbeiter. »Aber ich bin sicher, es ist nichts«, fügte sie mit erzwungener Fröhlichkeit hinzu.

John machte sich zwar Sorgen, weil sie sich nicht gut fühlte, aber es kam ihm gar nicht in den Sinn, dass mehr dahinterstecken könnte. Bis ihm Margaret am nächsten Tag eröffnete, der Arzt habe ein paar Labortests vorgeschlagen. Selbst wenn die Testergebnisse in der nächsten Woche nicht gewesen wären, hätten beide gemerkt, dass etwas im Argen lag, denn sie fühlte sich immer unwohler und hatte Schmerzen. Doch wie schlimm es stand, hatten sie beide nicht erwartet. Margaret würde sterben.

Wir verbringen so viel Zeit damit, Pläne für die Zukunft zu

schmieden, machen uns abhängig von irgendwelchen Ereignissen, die erst noch eintreffen müssen, damit wir glücklich sein können, und tun so, als hätten wir alle Zeit der Welt – dabei haben wir nichts anderes als das Leben heute. Es war nachvollziehbar, dass John seine Entscheidung schwer bereute. Ich verstehe durchaus, dass man seine Arbeit lieben kann, und dafür muss sich auch niemand schuldig fühlen. Ich liebte meine Tätigkeit zu diesem Zeitpunkt ja auch, trotz der Traurigkeit, die so oft mit ihr verbunden war.

Aber als ich ihn fragte, ob er seine Arbeit genauso genossen hätte, wenn er von zu Hause nicht so viel Rückhalt gehabt hätte, schüttelte John den Kopf. »Natürlich mochte ich meine Arbeit. Und ich mochte definitiv den Status, den sie mir verschaffte, aber was habe ich jetzt davon? Ich habe weniger Zeit auf das verwendet, was mich im Leben aufrecht hielt: Margaret und meine Familie, meine liebe Margaret. Sie hat mich immer geliebt und unterstützt. Aber ich war nicht für sie da. Außerdem war sie so lustig. Wir hätten auf Reisen so viel Spaß haben können.«

Margaret war drei Monate vor Johns geplantem Rentenbeginn gestorben. Auf Grund ihrer Krankheit war er zu diesem Zeitpunkt freilich schon in Rente gegangen. John erzählte mir, dass ihn in seinem Ruhestand seitdem die Schuldgefühle geplagt hatten. Bis zu einem gewissen Grad konnte er akzeptieren, dass er diesen »Fehler« gemacht hatte, doch er sehnte sich jetzt so sehr danach, mit Margaret zu reisen und zu lachen.

»Ich glaube, ich hatte Angst. Ja, das war es. Ich hatte eine Todesangst. Meine Rolle definierte mich irgendwie. Jetzt, wo ich selbst im Sterben liege, ist mir natürlich klar, dass man im Leben mehr als genug erreicht hat, wenn man ein guter Mensch war. Warum lassen wir uns unseren Wert bloß so gern durch materielle Güter definieren?« Er dachte laut, und in dem, was er sagte, lag Traurigkeit für vergangene und zukünftige Generationen, die alles wollten, ihre Bedeutung danach bemaßen, was sie besaßen und was sie taten, statt danach zu gehen, wer sie im Herzen waren.

»Versteh mich nicht falsch – es ist nichts Verkehrtes daran, wenn man sich ein besseres Leben wünscht«, sagte er. »Das Problem ist nur, dass die Jagd nach mehr und das Bedürfnis, durch unsere Erfolge und Eigentümer Anerkennung zu finden, uns von den wirklich wichtigen Dingen abhalten können. Zeit mit Menschen zu verbringen, die wir lieben, Zeit mit Dingen zu verbringen, die wir lieben, und Ausgeglichenheit. Wahrscheinlich geht es überhaupt um Ausgeglichenheit, oder?«

Ich nickte stumm. Inzwischen waren über uns ein paar Sterne aufgegangen, und die bunten Lichter der Stadt wurden von der Wasseroberfläche reflektiert. Ausgeglichenheit hatte für mich auch immer eine gewisse Herausforderung dargestellt. Sogar in meiner momentanen Rolle schien es immer alles oder nichts zu heißen. Zwölfstündige Schichten waren an der Tagesordnung, und wenn das Ende der Patienten näher rückte, wollten sie und ihre Familien so viel Beständigkeit wie möglich beim Pflegepersonal. Es war also nicht außergewöhnlich, in ihrem letzten Monat sechs Tage pro Woche zu arbeiten, manchmal sogar dort zu übernachten, so dass ich am Ende 36 Stunden am Stück dort war. Eine 84-Stunden-Woche ist für niemand gesund, selbst wenn man seine Arbeit liebt.

Manchmal schliefen die Patienten zwar, aber dann musste ich trotzdem da sein. Dabei riefen mich jede Menge anderer Pflichten. Es kam mir vor, als hätte in meinem eigenen Leben jemand auf die Pausentaste gedrückt, obwohl ich rückblickend natürlich weiß, dass dem nicht so war, denn dieser Job war ein Teil davon. Wenn der Patient verstorben war, war ich völlig erschöpft. Normalerweise kam nach so einer anstrengenden Phase nicht gleich wieder der nächste regelmäßige

Patient. Dann begrüßte ich die Atempause, traf mich wieder mit Freunden und wandte mich meiner Musik und dem Schreiben zu, bis alles wieder von vorne losging. Die Pausen waren wunderbar, besonders wenn es längere Blöcke waren, in denen ich nur ein, zwei verstreute Schichten hie und da absolvieren musste. Allerdings brachte mich diese Unregelmäßigkeit wirtschaftlich in eine ungute Lage. Wenn ich nicht arbeitete, verdiente ich auch kein Geld.

Ungefähr um diese Zeit bot man mir eine Stelle als Büroleiterin in einem Pränatalzentrum an, in der ich nur einen Arbeitstag pro Woche leisten musste. Ich liebte diese feste Stelle. In diesem Zentrum wurden Kurse für Schwangere sowie Müttertreffs veranstaltet. Manchmal kam ich von einem Patienten, der schon bereit zum Sterben war, zu meiner Arbeit ins Zentrum, wo die Kleinkinder auf mir herumkrabbelten und mir nasse Küsse auf die Wange drückten.

Es tat mir gut, dass ich so an die Freuden und den vollständigen Kreislauf des Lebens erinnert wurde. Wenn ein Patient starb, kam im Zentrum ein neues Baby dazu. Die Kleinen waren so unglaublich zerbrechlich und wunderbar. Meine Chefin, Marie, war einer der großartigsten Menschen, den ich je kennengelernt habe. Sie hatte so ein großes Herz. Ich liebte sie und liebe sie heute noch. Zu meinen Aufgaben gehörte es unter anderem, das Kursmaterial auf den neuesten Stand zu bringen. Das bedeutete, dass ich einen Großteil meiner Zeit damit zubrachte nachzulesen, wie Frauen verschiedener Kulturen auf der ganzen Welt mit Schwangerschaft und Geburt umgingen. Wenn ich las, wie natürlich viele Kulturen die Sache angingen und wie manche den Geburtsschmerz zu reduzieren verstanden, wurde mir wieder einmal klar, wie wir Bewohner der westlichen Welt auf Angst konditioniert werden. Anderswo wurde die Geburt von Anfang bis Ende als freudiges, schönes Fest begangen.

Es richtete mich auf, mit Geburt und Leben zu tun zu haben. Manchmal machte es mich einfach fertig, immer nur neben Sterbenden zu sitzen und den Patienten und ihren Familien so viel Empathie entgegenzubringen. Überall auf der Welt gibt es Menschen, die ihr ganzes Leben der Arbeit mit Sterbenden widmen. Vielleicht gelingt es ihnen besser, sich innerlich auch wieder davon zu distanzieren. Oder vielleicht machen sie es auf eine ausgeglichenere Art und Weise. Ich weiß es nicht. So oder so haben sie meinen ganzen Respekt. Ich weiß nur eines: Dadurch, dass es einen Tag pro Woche nur um den Anfang des Lebenszyklus statt um sein Ende ging, kam wieder eine Leichtigkeit in mein Leben, von der ich gar nicht mehr gewusst hatte, dass sie mir in diesen Jahren so gefehlt hatte. Die Energie hier war frisch und lebendig, als hätte mir jemand die Fenster aufgemacht und frische Luft durchziehen lassen.

Diese Kontraste jede Woche führten dazu, dass ich mir meine Patienten auch wieder als Babys vorstellen konnte. Und wenn mir frischgebackene Mütter stolz ihre geliebten Neugeborenen vorstellten, dachte ich mir, dass diese Babys hoffentlich auch älter werden und ein erfülltes Leben führen würden. Und eines Tages würden auch sie den letzten Tag ihres Lebens erreichen, wie meine Patienten. Es war eine ziemlich interessante Zeit, in der ich so eng mit beiden Polen dieses Spektrums zu tun hatte. Es war ein Segen.

Von da an konnte ich auch mehr Mitgefühl für andere Menschen in meinem Leben empfinden, weil mir klar wurde, dass sie irgendwann einmal auch zerbrechliche kleine Babys gewesen waren und irgendwann einmal sterben müssen, so wie ich auch. Ich begann meine Eltern, Geschwister, Freunde und Fremde als Babys und kleine Kinder zu sehen, die irgendwann einmal mit aller Unschuld und Hoffnung aufs Leben vertraut hatten. Ich dachte darüber nach, wer sie waren, bevor die Verletzungen anderer – seien es Verwandte,

Freunde oder die Gesellschaft – auf sie abgeladen wurden, so dass das natürliche Vertrauen und ihre angeborene Offenheit darunter litten. Auf einmal wurde mir klar, dass alle Menschen im Herzen gut sind, und ich begann sie alle mit dem Beschützerinstinkt einer fürsorglichen Mutter zu lieben.

Ich sah es nicht mehr so, als wären die verletzenden Dinge, die man im Laufe der Jahre zu mir gesagt hatte, wirklich von diesen Menschen gekommen. Diese Worte kamen von ihren eigenen Verletzungen, nicht von den wundervollen, reinen Wesen, als die sie geboren worden waren. Das kostbare Baby, als das sie vor Jahrzehnten auf die Welt gekommen waren, war immer noch ein Teil von ihnen. Ein liebes, kleines, unschuldiges Kind lebte immer noch in ihnen. Und eines Tages würden sie, wie viele andere Leute auf dem Sterbebett auch, rückblickend Weisheit erlangen.

Es mochte Zeiten gegeben haben, in denen ich dachte, ich würde bestimmte Menschen in meinem Leben nicht lieben. Aber nun sah ich, dass es nur ihr Benehmen und ihre Äußerungen waren, die ich nicht liebte. Jetzt liebte ich ihre unschuldigen Herzen, Herzen, die irgendwann einmal darauf vertraut hatten, dass die Welt sie gut behandeln und glücklich machen würde. Wenn das nicht geschah, begann das Leiden, und ihr Schmerz und ihre Enttäuschung brachte sie manchmal zu Reaktionen, die wenig förderlich waren. Ich war nicht anders. Auch ich hatte anderen Schmerzen verursacht auf Grund meines eigenen Leides, meiner eigenen Enttäuschung darüber, dass mein Leben sich nicht so entwickelt hatte, wie ich es mir gewünscht hätte. Das kleine Mädchen, dessen Vertrauen bei der Konfrontation mit dem Schmerz anderer gebrochen worden war, hatte mit seinem eigenen Schmerz reagiert.

In den Herzen meiner lieben Familie und aller anderen Menschen lebte noch diese ursprüngliche Reinheit. Sie war nur vom Schmerz und vom Leben überschattet. Ob ich das

Glück und die Freundschaft, die ich mir einmal von bestimmten Leuten erhofft hatte, finden würde, musste sich erst noch herausstellen. Aber im Grunde war es nicht mehr wichtig. Ich erkannte jetzt, dass sie alle einmal wunderbare kleine Babys gewesen waren, mit all dem Vertrauen und der Unschuld, die ein Baby hat. Alle Unfreundlichkeiten, die anderen gesagt wurden, waren nur die Manifestation des Leidens eines verirrten Kindes. So wie bei mir. Und allein dafür konnte ich sie schon weiterlieben.

Als ich neben John auf dem Balkon saß, sah ich auch in ihm das zerbrechliche Kind. Ein kostbarer kleiner Junge, der irgendeinem Einfluss ausgesetzt war, der in ihm den Glauben weckte, dass er glücklicher sein würde, wenn er sich durch seine Arbeit bewies, als wenn er mit seiner Frau auf Reisen ging. Jetzt war er zwar ein alter Mann, aber das kleine unschuldige Kind in ihm war immer noch unübersehbar. Langsam rannen ihm die Tränen über die Wangen, und er seufzte tief. Ich wollte ihn in seinen Gedanken nicht stören, räumte die Teller ab und ging nach drinnen. Als ich zurückkam, legte ich ihm eine Decke über die Beine und gab ihm einen Kuss auf die Wange, bevor ich mich wieder setzte.

»Wenn ich dir eines über das Leben sagen kann, Bronnie, dann ist es das: Richte dir das Leben nicht so ein, dass du am Ende bereuen musst, so viel gearbeitet zu haben. Ich kann jetzt sagen, dass ich nicht geahnt habe, wie ich es bereuen würde. Erst jetzt, wo mein Ende direkt bevorsteht. Aber irgendwo in meinem tiefsten Inneren habe ich doch gewusst, dass ich zu viel arbeite. Nicht nur für Margaret, sondern auch für mich. Ich wünschte von ganzem Herzen, es wäre mir damals schon so egal gewesen wie heute, was die anderen über mich denken. Ich frage mich, warum wir bis zu unserem Sterbebett warten müssen, bis wir solche Dinge rausfinden.« Er schüttelte den Kopf. »Es ist kein Fehler, wenn man seine Arbeit liebt und sich richtig engagieren will. Aber das Leben hat noch so viel mehr zu bieten. Ausgeglichenheit ist wichtig, man muss immer ausgeglichen leben.«

»Ja, John, das glaube ich auch. Ich arbeite daran, keine Sorge«, sagte ich ehrlich. Er wusste, was ich meinte. Wir hatten uns gegenseitig genug Geschichten aus unserem Leben erzählt, so dass er mich verstehen konnte. Dann begann er auf einmal in sich hineinzulachen. Ich bohrte nach, weil ich gerne mitlachen wollte.

»Na ja, ich hab doch gesagt, wenn ich dir eines sagen soll, dann das, dass du nicht zu viel arbeiten sollst. Aber mir ist gerade noch was eingefallen, das ist fast genauso wichtig.«

»Na los, sag schon«, lächelte ich.

Er sah mich mit einem schelmischen Glitzern in den Auge an und meinte: »Schmeiß bloß nie dieses rosa Kleid weg!«

Lachend bedeutete mir John, dass ich meinen Stuhl ganz nah neben seinen ziehen sollte, und so saßen wir ein paar Stunden Seite an Seite, jeder mit einer Decke über den Beinen, und blickten über den Hafen. Ab und zu wurde die Unterhaltung durch behagliches Schweigen unterbrochen, dann redeten wir wieder weiter. Dann wieder wurde die Stille nur von Johns tiefem Seufzen unterbrochen. Da ergriff ich seine Hand, und er drückte sie leicht.

Er sah mich mit einem traurigen Lächeln an. »Wenn ich irgendetwas Gutes in dieser Welt hinterlassen kann, abgesehen von meiner Familie, dann sind es diese Worte: Arbeite nicht zu viel. Bemüh dich immer um Ausgeglichenheit. Lass die Arbeit nicht dein ganzes Leben werden.« Ich lächelte sanft zurück, hob seine Hand und küsste ihm den Handrücken.

Nicht lange nach dieser Nacht starb John. Damals wusste ich es noch nicht, aber ich sollte seine Worte noch oft aus dem Munde anderer Patienten hören. Doch er hatte seine Botschaft klar formuliert, und ich würde sie niemals vergessen.

Gute Absichten und das richtige Ziel

Durch Mundpropaganda verbesserte sich irgendwann auch meine Wohnsituation. Meine Zeit in Ruths Haus war längst vorbei, aber ein ganzes Netzwerk toller Leute hatte erkannt, wie nützlich es für beide Seiten war, wenn ich in ihrer Abwesenheit auf ihre Häuser aufpasste. Ab und zu ging es mir zwar auch gründlich auf die Nerven, alle paar Wochen oder Monate umzuziehen, aber ich bekam auf diese Art auch viele schöne Häuser zu sehen. Eines davon grenzte sogar an das Grundstück des reichsten Mannes im ganzen Land. Da lebte ich weiß Gott in wohlhabenden Vierteln.

Neben mir als Housesitter gab es meistens noch eine Putzfrau und einen Gärtner, manchmal sogar noch einen eigenen Fensterputzer. Meine einzige Aufgabe bestand darin, in dem Haus zu wohnen, als wäre es mein eigenes, und es zu genießen. Es erübrigt sich zu sagen, dass mir das nicht sonderlich schwerfiel. Das Netzwerk bestand aus sehr wohlhabenden Leuten, aber manche von ihnen waren noch dazu unglaublich kreativ. Dann waren auch die Häuser hell, bunt und gemütlich.

Über einen meiner Housesitting-Kunden kam ich zu meiner Patientin Pearl. Ihr Haus war so fröhlich wie sie selbst, sofern das bei einem sterbenden Menschen möglich ist. Wir waren uns auf Anhieb sympathisch. Außerdem hatte sie drei Hunde, von denen einer normalerweise Fremden gegenüber sehr scheu war, aber innerhalb weniger Minuten saß er auf meinem Schoß. (Tiere erkennen einen Tierliebhaber sofort.) Die Reaktion des kleinen schwarzen Hundes half Pearl und mir, sofort eine Verbindung zueinander aufzubauen.

Ein paar Monate zuvor, kurz vor ihrem dreiundsechzigsten Geburtstag, hatte man bei Pearl eine unheilbare Krankheit diagnostiziert. Weil sie ihre Hunde und ihr Heim so liebte, war sie entschlossen, zu Hause zu sterben. Eine Freundin hatte sich bereits erboten, die drei Tiere zu adoptieren, wenn die Zeit gekommen war, so dass Pearl sich keine Sorgen machen musste, ob die Hunde zusammenbleiben konnten. Sie hatte sich auch schon so ziemlich damit abgefunden, dass sie bald sterben würde.

Viele meiner Patienten versuchten anfänglich noch, ihre Situation zu leugnen. Sie durchliefen ein ganzes Spektrum von Emotionen, bevor sie sich schließlich in das unvermeidliche Ende schickten. Andere befanden sich in einer Art Schockzustand, wenn man ihnen die Nachricht auf eine Art übermittelt hatte, die sie einfach überfuhr. Die Überbringer solcher Nachrichten drückten sich manchmal viel zu sachlich aus, weil sie nicht begriffen, was für eine Auswirkung ihre Worte hatten. Manchmal waren das Verwandte, manchmal professionelles medizinisches Personal. Dabei erfordern solche Anlässe wirklich Fingerspitzengefühl.

Pearl jedoch hatte mehr oder weniger schon akzeptiert, dass ihre Zeit gekommen war. Wie sie mir anvertraute, fiel ihr das Sterben deswegen nicht ganz so schwer, weil sie vor über dreißig Jahren im Abstand von nur einem Jahr ihren Mann und ihr einziges Kind, ein kleines Mädchen, verloren hatte. In ihrem Herzen wusste sie, dass sie die beiden bald wiedersehen würde.

Ihr Mann war ganz unerwartet bei einem Arbeitsunfall ums Leben gekommen, obwohl sie es nicht gerne als Unfall bezeichnete, denn sie glaubte nicht an Unfälle. »Es sollte so sein«, sagte sie. »Es hat mir schrecklich wehgetan, aber nachdem ich mehr als dreißig Jahre allein weitergelebt habe, habe ich eingesehen, dass dieser Verlust mir geholfen hat, der Mensch zu werden, der ich heute bin, und anderen zu helfen. Wenn mein Mann nicht gestorben wäre, wäre ich heute nicht, wer ich bin.«

Den Verlust ihrer kleinen Tochter sah sie auch philosophisch. Tonia war im Alter von acht Jahren an Leukämie gestorben. »Ein Kind zu verlieren ist genauso schlimm, wie alle sagen. So etwas sollten Eltern nicht durchmachen müssen. Aber wissen Sie, sie machen es eben trotzdem durch, überall auf der Welt, Tag für Tag. Ich bin nur eine von vielen.« Ich hörte zu und schätzte den Frieden, den sie ausstrahlte, als sie über ihre Tochter sprach. »Ich bin froh, dass sie nicht zu lange leiden musste. Ich glaube, sie ist in mein Leben gekommen, um mich die Freuden der bedingungslosen Liebe zu lehren. Seitdem konnte ich sie auch anderen schenken, auch wenn sie gar nicht mit mir verwandt waren. Die liebe Tonia, mein lieber kleiner Engel.«

Die einstmals glasklaren Bilder ihrer Erinnerungen waren heute etwas unscharf, aber sie hatte sie doch alle im Herzen bewahrt. Pearls Liebe zu ihrer Tochter war so stark wie eh und je. Die Liebe stirbt nicht, erklärte sie mir fröhlich. Dann erzählte sie, wie ihr Leben nach Tonias Tod eine Weile recht schwer gewesen war, bis sie nach ein paar Jahren wieder richtig Fuß fasste. Aber sie betrachtete sich nie als Opfer. Obwohl sie wusste, wie schmerzhaft es ist, ein Kind zu verlieren, und es niemand anderem wünschen würde, hatte sie immerhin erfahren, was für eine Freude es ist, ein Kind zu haben, ein Glück, das nicht jeder hat, wie sie betonte.

Wir waren uns einig, dass in jeder Herausforderung ein Geschenk liegt. »Die Leute spielen ewig das Opfer«, fuhr sie fort. »Aber wen wollen sie damit eigentlich täuschen? Im Grunde bestehlen sie doch nur sich selbst. Das Leben schuldet einem überhaupt nichts. Und andere Leute schulden einem auch nichts. Man ist sich nur *selbst* etwas schuldig. Wenn man also das Beste aus seinem Leben machen will, dann sollte man zu schätzen lernen, was es für ein Geschenk ist. Und sich auf keinen Fall als Opfer sehen.«

Ich erklärte Pearl, dass ich in meinem Leben schon so einige Opfer kennengelernt hatte, aber den größten Aha-Effekt erlebt hatte, als ich diese Einstellung auch an mir selbst entdeckte. Bestürzt musste ich feststellen, dass ich mich ausschließlich um die Aufarbeitung meiner Verletzungen gekümmert hatte und nur noch im Blick hatte, wie hart mein Leben gewesen war.

Ohne mich irgendwie zu verurteilen, stimmte sie mir zu. »Irgendwann machen wir alle mal diesen Fehler. Es gibt eine feine Trennlinie zwischen Mitgefühl und Opfermentalität. Mitgefühl ist eine heilende Kraft, die man sich entgegenbringt, wenn man gut zu sich selbst ist. Aber das Opfer spielen ist eine hochgiftige Zeitverschwendung, die nicht nur andere Menschen abstößt, sondern dem Opfer auch die Chance nimmt, jemals wirklich glücklich zu werden. Niemand ist uns irgendetwas schuldig«, wiederholte sie. »Wir sind es nur uns selbst schuldig, unseren Hintern hochzukriegen, uns über das zu freuen, was wir haben, und uns unseren Herausforderungen zu stellen. Wenn man das Leben aus dieser Perspektive angeht, dann wird man reich beschenkt.« Ich liebte diese Frau.

Sie sprach weiter darüber, was für ein hartes Leben viele Leute haben und welch schrecklichen Schwierigkeiten sich manche gegenübersehen, wie sie es dann aber doch schaffen, sich durchzukämpfen und unterwegs zumindest hie und da in kleinen Dingen ein wenig Glück zu finden. Andere hingegen beklagen sich pausenlos über ihr Leben und haben keine Ahnung, wie gut es ihnen im Vergleich zu so manch anderem geht. Es fiel mir leicht, Pearl zuzustimmen, denn obwohl ich manchmal meinen Schmerz noch in mir fühlte, verlor ich nie aus den Augen, was für Geschenke mir zuteil wurden. Und es gab immer jemand, dem es noch schlechter ging als mir.

Nachdem Pearl es nach Verlust von Ehemann und Tochter geschafft hatte, ihr Leben wieder auf Kurs zu bringen, warf sie sich mehrere Jahre ganz auf ihre Arbeit. Eine Arbeit, die ihr gefiel. Sie liebte ihre Kollegen und die Kunden und hatte das Gefühl, sie konnte sie alle inspirieren und glücklich machen, und das gelang ihr auch. Doch irgendwie blieb in ihr immer eine Leere. Über zwei Jahrzehnte schrieb sie das dem Verlust ihrer Familie zu.

Doch eines Tages erfuhr sie in einer beiläufigen Bemerkung von einem Projekt, das ihr Leben veränderte. Sie begann außerhalb ihrer Arbeitszeit einem Kunden zu helfen, der ein neues gemeinnütziges Programm auf die Beine stellte. Ohne es selbst richtig zu merken, engagierte sich Pearl immer stärker dafür, weil sie das Projekt und die Ziele dieser Leute einfach begeisterten. »Zum ersten Mal nach über zwanzig Jahren spürte ich wieder Leidenschaft. Und wissen Sie, warum?«, fragte sie. »Ich sah einen Sinn, einen echten Sinn in dem, was ich tat. Deswegen war mir meine andere Arbeit leer vorgekommen. Für mich lag einfach nicht genug Sinn darin.«

Damit konnte ich mich leicht identifizieren. Ich erzählte Pearl von meiner bisherigen Karriere, mitsamt den inneren Kämpfen, die ich durchstand, bis ich irgendwann Sterbende pflegte und mich mit Musik beschäftigte – beides Tätigkeiten, die mich immer mehr befriedigten. Sie stimmte mir zu, dass meine Arbeit wirklich einen Sinn hatte, vor allem im Vergleich zu den anderen Jobs, die ich gehabt hatte. Aber wie ich glaubte auch sie, dass jeder Mensch wahren Sinn in seiner Arbeit finden kann, wenn er auf einem Gebiet arbeitet, das für ihn genau das Richtige ist. Es war alles eine Frage der Perspektive.

Pearls Haus hatte einen schönen Wintergarten, durch dessen Glasdach die Wintersonne auf uns schien. Er war hell und wunderschön. Jeden Morgen schob ich sie mit ihrem Rollstuhl hier hinaus, normalerweise mit mindestens einem ihrer Hunde auf dem Schoß, manchmal allen dreien. Dann tranken wir literweise frischen Kräutertee und genossen das Geschenk des neuen Tages. Als ich ihr sagte, dass es sich für mich überhaupt nicht wie Arbeit anfühlte, bei ihr zu sein, hellte sich ihre Miene auf, und sie meinte: »Natürlich, so sollte es ja auch sein. Wenn wir eine Arbeit machen, die wir lieben, fühlt es sich nicht wie Arbeit an. Es ist einfach nur eine natürliche Verlängerung unserer selbst.«

Das gemeinnützige Projekt führte dazu, dass Pearl die Arbeit ihres Lebens fand. Innerhalb eines Jahres hatte sie ihren alten Job gekündigt und ging ganz in ihrer neuen Rolle auf. Die Bezahlung war anfangs niedriger, aber das war ihr egal. Im Laufe der Zeit stieg ihr Gehalt. »Manchmal muss man ein paar Schritte zurückgehen, damit man Anlauf für seinen Sprung nehmen kann«, lachte sie. »Geld wird so missverstanden. Es hält die Leute ewig in den falschen Jobs, weil sie glauben, dass sie kein Geld machen können, wenn sie tun, was sie lieben. Dabei kann es genau andersrum sein. Wenn man absolut liebt, was man tut, kann man sich dem Fluss des Geldes besser öffnen, denn man ist viel stärker von seiner Arbeit absorbiert und viel glücklicher als Mensch. Es dauert natürlich ein wenig, die Haltung zu ändern und nicht immer nur daran zu denken, wie wohl das nächste Geld reinkommt.«

Eine Freundin von mir hatte das einmal ganz gut formuliert, und ich erzählte Pearl davon. Wir legen zu viel Gewicht aufs Geld. Stattdessen müssten wir herausfinden, was wir tun wollen, und dann mit Konzentration, Entschlossenheit und Zuversicht darauf zuarbeiten. Es sollte dabei nicht ums Geld gehen. Denn das Geld kommt von selbst, oft aus ganz unerwarteten Quellen.

Ich hatte das auch schon gelernt. Wenn kein Geld mehr kam, lag es normalerweise daran, dass ich mich gedanklich zu sehr mit der Angst vor Geldmangel aufhielt, und prompt wurde der Mangel größer. Wenn ich mich auf die Schönheit des Tages konzentrierte, mich über die Dinge freute, die ich hatte, und auf das hinarbeitete, wozu ich mich hingezogen fühlte, kam das Geld, das ich brauchte, grundsätzlich meines Weges.

Eine der größten Belohnungen für den Mut, weiter auf das hinzuarbeiten, was ich wollte, erhielt ich, als ich mein erstes Album aufnahm. Das Timing war perfekt, denn ich war gerade mal wieder zum Housesitting in einem meiner liebsten Häuser, wo wir auch die Aufnahmen machen konnten. Es war ein wunderschönes, dunkelrosa Haus, von dem aus man einen Streifen Regenwald sehen konnte. Alle Beteiligten konnten sich problemlos auf ein Zeitfenster für die Produktion einigen, sogar mein Produzent, der sonst eigentlich immer sehr beschäftigt war. Die anderen Musiker waren auch glücklich mit unserem Zeitplan. Nur eines fehlte: Geld! Ein bisschen hatte ich, aber nicht genug.

Doch alles in mir trieb mich, die Vorbereitungen trotzdem fortzusetzen, also tat ich es. Die Musiker wurden gebucht. Ich verwandte viel Zeit darauf, zu üben und meinen Songs den letzten Schliff zu verleihen. Aber als die Tage näher kamen, begann die Zuversicht, die mich bis jetzt getragen hatte, langsam zu schwinden. Irgendwo tief in mir wusste ich, dass ich nicht bis hierher geführt worden wäre, wenn die Realisierung dieses Projekts nicht möglich wäre. In meinen stärkeren Momenten hatte ich den felsenfesten Glauben, dass alles gut gehen würde. Schließlich hatte ich in der Vergangenheit schon an viel größere, unmöglich scheinende Dinge geglaubt. Ich vertraute mir und meiner Fähigkeit, das, was ich brauchte, auch anzuziehen. Aber nun kam die Angst doch an die Oberfläche, und meine Zuversicht reichte nicht mehr aus, um sie abzuwehren.

Wir sollten am Montag mit den Aufnahmen beginnen. Es war Freitagnachmittag, und das Geld war immer noch nicht aufgetaucht. Die Angst tobte in mir. Der Produzent konnte sich keine unbezahlte Arbeitszeit leisten. Die anderen Musiker hatten auch nur begrenzt Zeit. Als ich in Panik zu geraten drohte, ging ich zu meinem Meditationskissen und setzte mich. Die Tränen liefen mir herunter. Sie hatten sich über Monate hinweg aufgestaut, als ich noch versucht hatte, konzentriert und stark zu bleiben. Jetzt strömten sie alle heraus. Schluchzend ließ ich meine ganze Frustration heraus und gestand mir ein, dass ich nicht mehr konnte. Ich hatte keine Kraft mehr. Ich hatte getan, wohin mich das Leben geführt hatte, aber jetzt kam ich nicht mehr weiter. Es war zu hart. Ich *konnte* nicht mehr.

Und dann »Ahhh!«. Der wunderschöne Moment des Loslassens! Da war er mal wieder. Es gab nichts mehr, was ich tun konnte. Ich musste die Dinge jetzt einfach höheren Mächten überlassen. Ich fühlte mich so verzagt und ausgelaugt, dass ich beschloss, auszugehen und zur Zerstreuung auf irgendein Konzert zu gehen. Genau in diesem Moment rief eine Freundin an, die nichts von meiner Situation wusste, und lud mich ein, mit ihr und einer anderen Freundin auszugehen. Sie wollten in ein Literaturcafé. Das fand ich attraktiver, als allein auf ein Konzert zu gehen, so nahm ich die Einladung an. Ich versprach mir, die Nacht zu genießen und meine Situation zu vergessen, und ging fröhlich aus dem Haus. Morgen war ein neuer Tag, und dann würde ich mich mit den Dingen auseinandersetzen. Aber heute Abend musste ich alles einfach mal vergessen.

Während meine Freundin Gabriela sich bei den Büchern umsah, saß ich in der Cafélounge und plauderte mit ihrer Freundin. Leanne und ich hatten uns erst einmal ganz kurz vor ein paar Jahren getroffen, seitdem hatten sich unsere Wege nicht mehr gekreuzt. Sie fragte mich, wo ich wohnte, und ich erzählte ihr von meinem Leben als Housesitter. Das faszinierte sie. Zugleich konnte ich ihr damit helfen, denn sie wollte ins Immobiliengeschäft gehen und hörte sich meine Meinung zu den verschiedenen Vororten an, in denen ich bis jetzt gewohnt hatte. Sie fragte weiter, und ich erzählte ihr, dass ich diese Lebensweise gewählt hatte, weil ich mietfrei leben wollte, um mich leichter meinen kreativen Projekten, vor allem der Musik, widmen zu können.

Leanne machte gerade eine sehr unangenehme Scheidung durch, und sie genoss die Ablenkung genauso wie ich. So floss unsere Unterhaltung ganz entspannt und mühelos dahin. Schließlich fragte sie mich nach meinem Album, und auf einmal war ich wieder in meiner gegenwärtigen Situation und bedauerte, dass ich dieses Thema zugelassen hatte. Aber ich erzählte ihr einfach ganz aufrichtig, wie die Dinge lagen, und dass ich gerade nur noch auf ein Wunder wartete, das mich rettete.

Sie fragte mich mehr, nach meinem Album, nach den Leuten, die daran mit mir arbeiteten, nach der geplanten Instrumentierung, woher meine Beziehung zur Musik kam und was mich zum Auftreten bewog. Ich stand ihr Rede und Antwort. Dann erklärte sie ohne weitere Umschweife, dass sie schon immer die Kunst hatte unterstützen wollen, aber nicht wusste, wen sie sponsern sollte. Jetzt machte sie eine ungute Phase im Leben durch, wollte etwas Positives tun, und deswegen würde sie am Montagmorgen mit dem benötigten Bargeld bei meinem Haus sein.

Ich brach in Tränen der Erleichterung und der Freude aus. Ich konnte es nicht glauben. Ohne groß zu überlegen, umarmte ich sie aus ganzem Herzen und musste dabei den Drang unterdrücken, in hemmungsloses Schluchzen auszubrechen. Es war überstanden. Ich hatte es geschafft. Das Album würde produziert werden. Das Geld hatte sich eingestellt.

Leanne kam auch ein paar Mal während der Aufnahmen vorbei. Ich fand es schön, dass sie da war. Sie lag auf dem

Teppich und hörte uns über Kopfhörer beim Singen und Spielen zu. Andererseits war sie aber auch ganz unparteiisch. Es reichte ihr zu wissen, dass das Album mit ihrer Hilfe produziert werden konnte. Was für eine wunderbare, großzügige Frau sie war! Dieser Vorfall verlieh mir später immer wieder Kraft, wenn ich an das Unmögliche glauben musste. Die Hilfe kommt. Wir müssen ihr nur Platz machen.

Pearl war begeistert von meiner Geschichte, weil sie alles bestätigte, woran sie glaubte. »Das stimmt haargenau. Angst blockiert uns. Geld ist nur eine andere Art von Energie, eine Energie, die uns allen Gutes und Glück bringen will. Aber wir setzen es falsch ein. Wir geben ihm Macht, jagen ihm hinterher, fürchten es, bringen unser Leben durchs Streben nach Geld aus dem Gleichgewicht und sind ganz besessen davon«, stellte sie fest. »Dabei ist es so einfach zu haben wie die Luft, die wir atmen. Wir verschwenden unsere Zeit ja auch nicht damit, uns Sorgen zu machen, ob wir genug Luft kriegen. Daher sollten wir unsere Zeit auch nicht damit verschwenden, uns Sorgen zu machen, ob wir genug Geld haben werden. Genau solche Gedanken blockieren den natürlichen Fluss dieser liebenden, kreativen Energie zu uns.« Ich verstand sie und stimmte zu.

Als Pearl zu dem gemeinnützigen Projekt dazustieß, war die Finanzierung eine beständige Sorge der Leute, die schon dort arbeiteten. Ihre ganze Energie ging dafür drauf, sich darum zu kümmern, wie man das Geld auftreiben könnte, nicht mehr für den Grund, warum sie es brauchten. Gott sei Dank waren die Leute empfänglich für Pearls Philosophie. Zwar hatten sie anfangs nicht genug Zuversicht, um zu glauben, dass sie die Mittel für jeden Bereich des Projekts bekommen könnten, aber sie vertrauten in Pearls Zuversicht. Also erklärten sie sich einverstanden, auf den Erfolg des Projekts hinzuarbeiten, in der Hoffnung, dass das Geld schon kommen würde. Wo sich die Gelegenheit bot, unternahmen sie auch aktive Schritte, um die Finanzierung zu ermöglichen. Aber sie lernten auch loszulassen, wenn sie nichts mehr tun konnten, und gleichzeitig weiterzuarbeiten, als wäre das Geld schon unterwegs. Pearls Zuversicht wankte nicht eine Sekunde, und sie beflügelte damit das ganze Team.

Schon bald begann dem Projekt aus diversen unerwarteten Quellen Geld zuzufließen, was für große Freude unter den Mitarbeitern sorgte. Das Programm konnte auf eine weitere Vorstadt ausgedehnt werden, so dass noch mehr Menschen geholfen werden konnte. Nach ein paar Jahren verdienten Pearl und die anderen ein anständiges Gehalt, konnten das Programm noch einmal erweitern, immer mehr Menschen in Not helfen – und nicht eine Sekunde fühlte es sich für sie an wie Arbeit.

Die Sonne war inzwischen über Pearls Haus hinweggegangen, und wir verzogen uns wieder ins Wohnzimmer, wo ich kurz zuvor im Kamin eingeschürt hatte. Pearl war erschöpft, aber sie wollte nicht ins Bett, bevor es Abend wurde, wenn es sich irgend vermeiden ließ. Tagsüber machte sie ihre Nickerchen auf dem Sofa neben dem Kamin. Ich machte es ihr gemütlich, schüttelte die Kissen auf und breitete eine schöne, große Decke über sie. Sie war bunt, wie Pearl und ihr gesamtes Haus. Das Feuer gab ein schönes Licht und verbreitete Gemütlichkeit. Als Pearl bequem lag, sprangen die Hunde aufs Sofa und kuschelten sich dazu. Es war ein schöner Anblick: Pearl, die Hunde, das Feuer, die Farben im Haus – noch heute, Jahre später, habe ich es deutlich vor Augen.

»Die Sache mit dem Geld hängt aber auch von den Absichten ab«, erklärte sie. Ich holte mir einen Stuhl und setzte mich zu ihr. Solche Gespräche mit ihr genoss ich sehr. »Das Geld fließt am besten, wenn die Absichten gut sind. Wir konnten die Mittel für unser Projekt auftun, weil wir anderen damit Gutes taten. Natürlich profitierten wir selbst auch davon, wir taten etwas, das uns gefiel, und verdienten damit Geld, und außerdem verlieh es unserem Leben einen Sinn.«

Das sei so, meinte Pearl, weil der Sinn hinter unserem Tun so wichtig ist. Wenn wir einen Sinn darin sehen, gehen wir die Dinge automatisch mit den richtigen Absichten an. Jede sinnvolle Arbeit kommt irgendwie irgendjemand zugute. Das Geld stellt sich dann ganz von selbst ein, um unser Ziel zu unterstützen, vorausgesetzt, wir tun dafür, was wir können, und blockieren den Geldfluss nicht durch Angst. Gerade Menschen mittleren Alters stellen sich plötzlich ganz neue Fragen, und sie spüren den Wunsch, durch ihre Arbeit Kontakt zur Welt herzustellen. Das ist die natürliche Sehnsucht nach dem Sinn, von dem Pearl sprach.

Sie war eine intelligente, weise Frau und teilte ihre Gedanken großzügig mit mir. Ich denke, wir hätten uns auch dann so mühelos verstanden, wenn sie nicht im Sterben gelegen wäre. Pearl stellte fest, dass zum Beispiel Eltern nicht immer an ihren eigenen Wert glauben und daran, dass ihre Absicht, glückliche Kinder großzuziehen, einer der größten Beiträge zur Gesellschaft ist: Sie bringen gute Erwachsene hervor. Pearl hasste es, wenn eine Frau sagte, sie sei *nur* Mutter, dabei war das doch das Wichtigste überhaupt, eine Arbeit mit wahrem Sinn. Dasselbe galt für gärtnernde Menschen, die mit ihrer Arbeit die Schönheit der Erde feierten.

Mir fiel die nette Dame ein, die ich in Perth kennengelernt hatte, und ich erzählte Pearl, wie ihr Garten mich jeden Morgen auf dem Weg zum Bahnhof glücklich gemacht hatte. Er machte mir mit seinen blühenden Blumen und bunten Bäumen so viel Freude, dass ich der Frau irgendwann eine Karte in den Briefkasten warf, um ihr dafür zu danken. Der Garten verschönerte mir tatsächlich jeden Tag. Bunte Blumen und exotische Pflanzen ergänzten sich so wunderbar, und jeden Tag bot sich ein neuer Anblick, hatte sich wieder irgendetwas verändert. Eines Tages sah ich die Gärtnerin selbst, eine achtzigjährige Dame, und sagte ihr, wie sehr mir ihr Garten gefiel. Yvonne kam sofort darauf, dass ich ihr die Karte geschrieben haben musste, und damit begann eine neue Freundschaft.

»Ja, das war ihr Sinn – der Garten. Den Sinn in seinem Leben zu finden ist fast das Wichtigste überhaupt«, fuhr Pearl fort. »In gewisser Hinsicht wünschte ich, ich hätte nicht so viele Jahre mit einer Arbeit verbracht, die angenehm war, aber wenig Bedeutung für mein echtes Lebenswerk hatte, nämlich die Arbeit, die ich durch das Projekt fand. Aber mein Job führte mich meiner Bestimmung zu, denn es war ja ein Kunde von dort, der mir half, meinen Weg zu dieser Veränderung zu finden. Es kann Jahre dauern, bis man herausgefunden hat, was man tun will, und ich brauchte tatsächlich Jahre. Aber die Befriedigung, die einen dann erwartet, ist die Mühen der Suche wert.«

Ich dachte an die Mühen, die es mich gekostet hatte, um eine Arbeit zu finden, die mich befriedigte, und stimmte ihr zu. Während ich mit dieser wunderbaren Frau und ihren drei freundlichen Hunden am Kamin saß, war ich sehr dankbar dafür, dass ich das alles als meine Arbeit bezeichnen konnte. Ich sagte es Pearl, und sie lächelte zustimmend.

»Wenn ich überhaupt irgendetwas bedauern wollte, Bronnie, dann wäre es, dass ich so viele Jahre in einem Nullachtfünfzehn-Job gearbeitet habe. Das Leben geht so schnell vorbei. Ich weiß das, weil ich meine Familie verloren habe. Aber manchmal passiert es, dass uns gewisse Dinge klar sind, lange bevor wir in der Lage sind, entsprechend zu handeln. Also könnte ich das zwar bereuen, aber das tu ich nicht. Stattdessen bin ich lieber nachsichtig mit mir und verzeihe mir, dass ich nicht fähig war, meine alte Stelle früher aufzugeben und die vielen Zeichen zu sehen.« Auch ich war der Meinung, dass es viel gesünder ist, sich zu vergeben, als

Dinge zu bereuen. Ich erzählte Pearl, wie viel ich von meinen Patienten lernte.

Sie lachte. »Stimmt. Sie haben keine Ausreden mehr. Sie können später nicht auf dem Sterbebett sagen, Sie hätten es gern früher gewusst. Stattdessen können Sie aus all unseren Fehlern lernen.« Ich gab ihr recht. Aber ich sah auch, dass das Reden Pearl sehr erschöpfte. Also sorgte ich dafür, dass sie es bequem hatte, zog die Vorhänge zu und ließ sie im Schein des Kaminfeuers ausruhen. Als ich noch einen Moment an der Tür stehen blieb und sie und ihre drei Hunde betrachtete, lief mir eine Träne über die Wange.

Obwohl ich immer noch lernen musste, meinen wahren Wert zu erkennen, war ich vor Freude überwältigt, dass ich jetzt immerhin einen Job fürs Herz hatte. Lächelnd ging ich in die Küche. Nachdem ich mir eine Tasse Chai gekocht hatte, machte ich es mir in einem anderen wunderschönen Zimmer gemütlich, solange Pearl schlief. Es war ein ruhiger Nachmittag im Viertel, obwohl das in diesem Haus auch keinen Unterschied mehr gemacht hätte, denn Pearls Haus war immer friedlich, nicht nur im Sinne von still, auch die Atmosphäre.

Ich verbrachte noch ein paar Wochen mit ihr, aber sie wurde von Tag zu Tag schwächer, bis sie schließlich akzeptieren musste, dass es einfach zu kräftezehrend war, das Bett zu verlassen. Sie hatte ihr Zuhause bis zum letzten Moment zu schätzen gewusst und genossen, jetzt sollte ich es – stellvertretend für sie – genauso genießen, solange ich bei ihr war. Ich lächelte und versicherte ihr, sie müsse sich keine Sorgen machen. Noch viel mehr als ihr wunderbares Zuhause genoss ich jedoch die Begegnung mit Pearl.

Freunde kamen, um Abschied von ihr zu nehmen, darunter auch die, mit denen sie für die gemeinnützigen Projekte gearbeitet hatte. Sie sprachen davon, wie Pearl ihr Leben verändert hatte und ihre Arbeit eine dauerhafte Spur hinterlassen hatte, weil sie so vielen geholfen hatte. Doch um etwas Sinnvolles zu tun, muss man nichts Großartiges in Angriff nehmen. Manche Menschen können Tausenden helfen. Manche helfen vielleicht nur einem oder zweien. Das ist egal, ihre Arbeit ist gleich wichtig. Wir alle haben eine bestimmte Aufgabe, und indem wir darauf hinarbeiten, diese Aufgabe zu finden, tun wir allen Menschen Gutes. Natürlich hilft es uns auch selbst. Denn unsere Arbeit ist dann keine Arbeit mehr, wie Pearl sagte, sondern eine befriedigende Verlängerung unser selbst.

Als ich am Tag von Pearls Tod die Tür hinter mir zuzog, trat ich in die wunderschöne Wintersonne hinaus. Ich blieb stehen, atmete tief durch und begrüßte die Sonne, die auf mein Gesicht herunterschien. In all meinen Jahren im Bankwesen hatte ich immer nur die Absicht gehabt, eine Arbeit zu finden, die ich liebte.

Jetzt, im Wintersonnenschein, dachte ich lächelnd an Pearl und was für ein wunderbarer Mensch sie gewesen war. Tatsächlich hatte ich eine Arbeit gefunden, die ich liebte und durch die ich mich gesegnet fühlte. Ich brauchte eine Weile, um mich von ihrem Vorgarten loszureißen, verloren in meine Gedanken und in meine Dankbarkeit, und sandte Pearl all meine Liebe. Aber es war nicht mehr wichtig. Ich lächelte, und das hatte ich meiner Arbeit zu verdanken.

Der Segen der Einfachheit

Verständlicherweise litten während der letzten Wochen meiner Patienten auch die Familien der Sterbenden enorm. Die meisten Familienmitglieder waren zwischen Anfang vierzig und Ende fünfzig, und die Mehrheit hatte selbst Kinder.

Die Angst, einen Elternteil zu verlieren, vielleicht auch die Angst vor dem eigenen Schmerz, führt oft zu sehr heftigem Verhalten. Das machte mir immer wieder bewusst, wie schädlich es ist, in einer Gesellschaft zu leben, die den Tod auszuklammern versucht. Die Menschen sind überhaupt nicht vorbereitet auf die Heftigkeit der Gefühle, die diese Situation mit sich bringt, und reagieren zudem schrecklich ängstlich und verletzlich. Die Familie trifft es oft noch mehr. Meine Patienten fanden ihren Frieden, bevor sie starben, doch die Gefühle der Kinder gerieten völlig außer Kontrolle, nur noch beherrscht von Angst und Panik.

Da ich in Privathäusern arbeitete, erlebte ich den Lebensstil und die Dynamik zahlloser Familien hautnah mit. So erfuhr ich, dass fast alle Familien mit gewissen Herausforderungen zu kämpfen haben, dass sie Heilungsprozesse durchmachen und voneinander lernen müssen. Manchen war gar nicht wirklich bewusst, welche Mechanismen bei den einzelnen Familienmitgliedern zum Auslöser wurden. Aber solche Mechanismen gab es immer. Wenn ich hörte, wie Geschwister miteinander stritten, hielt ich mich respektvoll heraus und versuchte, die Situation mit so viel Mitgefühl wie möglich zu betrachten.

Ein wichtiges Thema in dieser Phase ist Kontrolle. Oft

gab es einen unter den Geschwistern, der alles kontrollieren wollte: die Art, wie das Haus geführt wurde, den Einkaufszettel, die Pfleger, die bevorstehende Beerdigung, alles. Wenn andere Geschwister versuchten, etwas beizutragen oder ihre Ansicht zu äußern, führte das zu Streit. Jeder hat das Recht, etwas beizutragen, und weil die verbliebene Zeit so kurz ist, hat auch jeder ein gesteigertes Bedürfnis danach. Doch bei der dominierenden Person in der Familie verstärkt sich in dieser Zeit der Wunsch, alles selbst zu steuern, oft noch. Es war herzzerreißend, diese Demonstrationen von Macht beziehungsweise vermeintlicher Macht mit anzusehen, weil sie so sehr von Angst befeuert waren.

Für mich jedoch stand das Wohlbefinden meines Patienten an erster Stelle, vor absolut allem anderen. Wenn ich hörte, wie sich an Charlies Bett ein Schreiduell anbahnte, war ich im Handumdrehen im Zimmer. Mein lieber Patient lag im Bett, rechts und links davon standen seine erwachsenen Kinder, Greg und Maryanne. Sie schrien sich verzweifelt an und hatten jede Beherrschung verloren. »Bitte, das reicht jetzt«, sagte ich fest, aber freundlich. »Wenn Sie das austragen müssen, dann bitte im Nebenzimmer. Schauen Sie sich Ihren Vater an. Er liegt hier im Sterben, machen Sie sich das doch bitte mal klar.«

Maryanne brach in Tränen aus und entschuldigte sich bei ihrem Vater. Charlie war ein friedlicher Mann, und anscheinend war er das schon immer gewesen. »Er schikaniert mich die ganze Zeit«, sagte sie über ihren Bruder. Maryanne hatte schöne blaue Augen und langes schwarzes Haar. Sie hätte einem Künstler Modell sitzen können, dachte ich mir. Aber jetzt waren ihre Augen vom Weinen gerötet und schauten furchtbar traurig.

Greg konterte sofort: »Tja, ich sehe einfach nicht ein, warum du genauso viel erben solltest wie ich. Du bist weggezogen. Du hast dich weniger gekümmert. Ich habe hart gearbeitet und war am meisten für Dad da, seit Mum gestorben ist.« Mir tat das Herz weh, wenn ich Greg und seine Argumente hörte. Hinter diesen Worten steckte ein zerbrechlicher, verletzter kleiner Junge. In beiden konnte ich ihren Vater erkennen, aber ich glaube, Greg muss auch seiner Mutter ähnlich gesehen haben. Sein Haar war braun, sein Teint heller als der seiner Schwester. Doch er weinte nicht. Er rauchte vor Wut.

Er sah Charlie an, um ihm eine Stellungnahme zu entlocken, doch dann zuckte er nur mit den Schultern und sah mich mit seinen traurigen großen, blauen Augen an. Ich führte die beiden hinaus und meinte: »Vielleicht wäre es am besten, wenn Sie beide jetzt das Zimmer verlassen. Das hilft hier niemandem, am allerwenigsten Ihrem Vater.« Wir machten Tee, setzten uns in die Küche, und ich hörte ihrer Unterhaltung zu. Maryanne hatte nicht viel zu sagen, und als ich sie nach dem Grund fragte, sagte sie, es sei die Aufregung nicht wert. Doch unter den verletzenden Worten, die sie sich an den Kopf warfen, konnte ich immer noch die Liebe erkennen. Ich dachte daran, wie Aufrichtigkeit begonnen hatte, meine familiäre Situation zu heilen, und ermutigte die beiden zum Reden.

Meine Beziehung zu meinem Vater zum Beispiel war früher sehr stürmisch und schmerzhaft für mich gewesen. Aber Aufrichtigkeit, Mitgefühl und Zeit hatten die Verletzungen wunderbar geheilt. Jetzt genossen wir eine sehr respektvolle, heitere, zärtliche Freundschaft. Es gab eine Zeit, in der ich das nie für möglich gehalten hätte, aber jede familiäre Beziehung kann heilen, wenn die Liebe bleibt und beide Parteien dazu bereit sind, wie es bei uns der Fall war. Es war offensichtlich, dass zwischen Greg und Maryanne immer noch Liebe übrig war und auch die Sehnsucht, vom anderen verstanden zu werden. Es war eben alles verzerrt durch den Schmerz.

Nachdem die beiden ihren Kummer formuliert hatten, fragte ich, was sie aneinander mochten. »Nichts«, antwortete Greg schroff. Ich lockerte die Situation mit Humor auf, und nach einer Weile rückte er plötzlich mit ein paar Sachen heraus. Maryanne nannte ebenfalls ein paar Eigenschaften. Beide hatten mit ihrem Ego zu kämpfen, vor allem Greg, denn er wollte seine Schwester unbedingt hassen. Aber ich hatte diese Anregung gebracht, weil es bei mir damals funktioniert hatte, wenn ich an meine eigenen Familienmitglieder dachte. In den Jahren, als meine Beziehung zu ihnen am schmerzhaftesten war, versuchte ich auf Dinge zurückzugreifen, die ich an ihnen mochte oder sogar liebte. Zuerst ging es mir wie Greg, und mir wollte kaum etwas einfallen. Aber das war nur mein Schmerz, der da aus mir sprach und mich blind machte für ihre guten Seiten. Als ich mich davon befreit hatte, wurde mir klar, dass sie alle anständige, gutherzige Menschen waren, auch wenn die Unterschiede in unserer Lebensweise vielleicht verhindern, dass wir jemals ein besonders enges Verhältnis haben werden.

Ich konnte mich an Dinge aus der Vergangenheit erinnern, die sie mit den besten Absichten getan hatten. Auch wenn manche davon später leider gegen mich verwendet wurden, waren sie zunächst nett gemeint gewesen. Inzwischen erkannte ich auch, dass es Gelegenheiten gegeben hatte, bei denen sie versucht hatten, mir ihre Liebe zu zeigen. Aber ich war so verletzt gewesen, dass ich alles zurückgewiesen und weggestoßen hatte. Hinter all diesen Missverständnissen verbargen sich jedoch wunderbare Menschen – wie es jeder ist unter der Schicht, die das beste Selbst überschatten kann. Heute waren also Greg und Maryanne dran, ein paar von ihren Missstimmigkeiten zu bereinigen.

Wie sich herausstellte, hatte Greg jahrzehntelang eine Abneigung gegen seine Schwester gehegt, weil sie den Mut besessen hatte, das Leben zu leben, zu dem sie sich berufen fühlte, das Leben, das sie sich wünschte. Doch Maryanne war nicht daran schuld, dass Greg nie dasselbe getan hatte. Vielmehr hatte er sich selbst im Weg gestanden. An diesem Nachmittag kamen viele Gefühle an die Oberfläche, und auch wenn sie am Ende nicht gerade als beste Freunde auseinandergingen, waren sie doch ein gutes Stück weiter als zu Anfang. Jeder von ihnen verbrachte noch ein Weilchen allein mit Charlie, dann fuhren sie, und mein Patient und ich waren wieder allein.

Nachdem seine Kinder gegangen waren und ich in sein Zimmer trat, sah er mich nur kopfschüttelnd an und lachte leise. »Tja, mein Mädchen. Das baut sich jetzt schon seit zwanzig Jahren auf. Ich hab mich schon immer gefragt, wann der Vulkan wohl ausbricht«, kicherte er. »Ich bin froh, dass es passiert ist, bevor ich gehe. Vielleicht darf ich ja doch noch erleben, wie die beiden Freunde werden.«

Die Vögel sangen in den Bäumen, und ein oranger Schmetterling flog vorbei. Wir sahen lächelnd zu und plauderten weiter. Charlie erzählte, dass die beiden als Kinder durchweg sehr enge Freunde gewesen waren. Greg passte immer auf seine kleine Schwester auf, und sie vergötterte ihn. Als sie jedoch ein unabhängig denkender Teenager wurde, hatten sie angefangen zu streiten und nie wieder zur alten Nähe zurückgefunden.

»Aber wissen Sie, Bronnie, ich mache mir gar keine Sorgen um Maryanne. Die ist relativ glücklich. Es geht mir um Greg. Er hat nie aufgehört, sich beweisen zu wollen. Wenn er sagt, dass er immer mehr für mich getan hat als Maryanne, hat er in gewisser Hinsicht recht. Andererseits hat sie mir in weniger sichtbarer Weise auch sehr geholfen. Aber es hat ihn ja niemand gezwungen. Meistens hat er Sachen gemacht, die ich noch gut selbst hätte erledigen können – und eigentlich auch gern selbst erledigt hätte.« Er seufzte. »Er macht Überstunden ohne Ende in einem Job, den er hasst, und hat

Kinder, die er nie zu sehen kriegt, und im Grunde weiß ich nicht wirklich, warum er das tut.«

»Weiß er, dass Sie ihn lieben, Charlie?«, fragte ich kühn. Er sah mich verdattert an.

»Na, ich denke doch. Ich sage immer was, wenn er das hier im Haus gut gemacht hat. Er weiß, dass ich stolz auf ihn bin.«

»Woher? Haben Sie ihm schon mal auf den Kopf zugesagt, dass Sie stolz darauf sind, was er für ein Mensch ist? Statt davon zu reden, was er hier im Haus gemacht hat?«

Er hielt kurz inne. »Nicht direkt, nein. Aber er weiß es«, antwortete Charlie.

»Woher?« Ich blieb hartnäckig.

Charlie lachte. »Ihr verdammten Frauen. Ihr müsst aber auch immer bis in die tiefsten Tiefen gehen, oder?« Ich musste auch lachen und erzählte ihm, was ich dachte. Er hörte respektvoll und offen zu. Ich fragte mich, ob seine Bemerkung, dass Greg immer versuchte, sich selbst zu beweisen, am Ende damit zu tun hatte, dass der Sohn die Liebe und Anerkennung seines Vaters suchte. Diese Unterhaltung setzte sich fort, während ich Charlie duschte und mit dem Rollstuhl wieder ans Bett fuhr. Er duschte am liebsten nachmittags, aber langsam wurde es zu beschwerlich für ihn, und sicher würde es nicht mehr lange dauern, bis er nur noch im Bett liegend gewaschen werden konnte. Er bekam kaum Luft, und wenn er nach seiner Dusche wieder im Bett war, dauerte es eine ganze Weile, bis er gleichmäßig weiteratmen konnte. Von Tag zu Tag wurde er ein wenig zerbrechlicher. Also ließ ich ihn im Bett ausruhen.

Als ich nach ein paar Stunden wieder den Kopf in sein Zimmer streckte, wandte er sich mir zu und lächelte. Ich setzte mich ans Bett, half ihm beim Trinken und fragte, ob er noch etwas brauchte. Er schüttelte den Kopf, dann erzählte er weiter von seinen Kindern. »Ich möchte nur, dass die beiden glücklich sind. Mehr sollten Eltern sich nicht von ihren

Kindern wünschen. Ich wünschte, Greg würde sein Leben einfacher gestalten und nicht mehr so viel arbeiten. Er ist ein guter Mann, aber in seinem Innersten ist er nicht glücklich«, vertraute er mir an. »Das einfache Leben ist das gute Leben. So haben meine Frau und ich immer gelebt. Nicht, dass wir eine andere Wahl gehabt hätten. Damals war es wirklich hart. Aber Einfachheit ist auch heute noch möglich. Und es ist eine gute Entscheidung, so zu leben.«

Ein Foto, das Charlie als umwerfend gutaussehenden jungen Mann neben seiner Braut zeigte, stand in der Mitte des Kaminsimses in seinem Zimmer. Ich stellte mir vor, wie seine Frau und er die kleinen Kinder Greg und Maryanne großzogen. Charlie war sehr direkt, und das mochte ich an ihm. Seine Aufrichtigkeit hatte etwas Altmodisches. Auch jetzt sprach er alles aus, wie es ihm in den Sinn kam. »Wissen Sie, ich glaube nicht, dass er wirklich weiß, dass ich ihn liebe. Ich habe diese Worte nie ausgesprochen.«

»Wir sind alle verschieden, Charlie«, sagte ich. »Manche Leute erkennen es an den Taten, aber die meisten müssen es ausdrücklich hören. Vielleicht gehört Greg zu diesen Leuten. Was kann es schon schaden, wenn Sie es ihm sagen?«

Er nickte. »Ich muss es ihm sagen. In was für einer schrecklichen Welt leben wir, dass ein siebzigjähriger Mann nervös wird bei dem Gedanken, seinem Sohn zu sagen, dass er ihn liebt. Wissen Sie, ich habe keine Übung in so was«, lachte er, doch dann wurde sein Gesicht wieder ernst. Sein Blick verriet Entschlossenheit. »Glauben Sie, ich könnte ihn davon überzeugen, ein einfacheres Leben zu leben, wenn er nicht immer um meine Anerkennung ringen müsste, wenn er weiß, dass ich ihn liebe? Ich liebe ihn nämlich wirklich.«

Ich meinte, niemand könne voraussagen, wie eine andere Person reagieren wird. Es gebe also keine Garantie, dass dieses Gespräch Gregs Lebensweise ändern würde. Wichtig sei aber, dass es ihm höchstwahrscheinlich mehr Frieden schenken würde, wenn er wusste, dass er die Liebe und Wertschätzung seines Vaters genoss.

Das Thema, ein einfaches Leben zu führen, wurde für Charlie immer wichtiger, je näher sein Tod rückte. Die Leute arbeiteten seiner Meinung nach aus allen möglichen Gründen zu viel. Oft denken sie, sie hätten keine Wahl, weil sie nicht aus ihrem Hamsterrad aus Rechnungenzahlen und Familieernähren aussteigen können. Charlie hatte auch Verständnis dafür. Er räumte ein, dass es für viele Leute wirklich schwierig ist, ihren Lebensunterhalt zu verdienen, doch er beharrte darauf, dass man immer auch Alternativen habe. »Man muss nur die Perspektive ändern. Müssen wir wirklich in so einem großen Haus wohnen? Brauchen wir so ein protziges Auto?« Manchmal müsse man eben die Denkweise ändern und neue Lösungen finden, sagte Charlie, man müsse darüber nachdenken, was man wirklich liebe, und als Familie auf größere Ausgeglichenheit hinarbeiten.

Gemeinschaft sei auch ein Weg zur Einfachheit, erklärte Charlie. Wenn wir mehr zusammenarbeiten würden, würden wir auch nicht so viele Ressourcen brauchen. Es gäbe weniger Verschwendung, und wir würden wieder lernen, einander zu helfen. Egoismus und Stolz verhindern oft, dass eine Gemeinschaft entsteht oder weiterentwickelt wird, meinte er. Aber wenn wir nachhaltiger und einfacher leben wollen, müssen wir begreifen, wie ungeheuer wichtig Gemeinschaft für uns ist. Es stimmte ihn traurig, dass wir das in unserer schnelllebigen und unausgeglichenen Zeit vergessen hätten.

Ihm war durchaus bewusst, dass es heutzutage finanziell sehr schwierig werden kann. Die Gesellschaft hatte ihre wahren Prioritäten aus den Augen verloren, meinte er, und sie brauchte dringend eine Lektion in Sachen Einfachheit. Aber das wird nur geschehen, wenn einzelne Individuen vorangehen, einer nach dem anderen. Dann wird die Gesellschaft irgendwann so denken und leben, wie die Mehrheit denkt und lebt, wie immer. Er glaubte auch, dass die momentanen Machthaber einen tüchtigen Tritt in den Hintern bräuchten. Hie und da gab es ein paar gute Leute in den politischen Systemen der Welt. Aber oft wurden ihnen von der Bürokratie Steine in den Weg gelegt oder von Menschen, die mehr Geld und Macht hatten. Um also eine wirkliche Veränderung herbeizuführen, musste jeder Einzelne von uns eine Aufgabe erfüllen. Unser Leben wieder einfacher zu gestalten war schon mal ein sehr guter Anfang.

Charlie hatte selbst Kinder großgezogen, daher verstand er sehr wohl, was für einen Druck es bedeutete zu überleben und eine Familie zu ernähren. Aber jetzt, da er im Sterben lag und die Dinge aus einer anderen Perspektive sah, wünschte er sich, das alles wäre ihm schon früher so klar gewesen, dann hätte er auch Greg anders anleiten können. »Kinder sind glücklicher, wenn sie mehr Zeit mit ihren Eltern verbringen können, nicht, wenn sie mehr Spielzeug haben. Vielleicht beschweren sie sich zu Anfang. Aber die glücklichsten Kinder sind trotzdem die, die wirklich Zeit mit ihren Eltern verbringen. Am besten mit beiden. Außerdem brauchen kleine Jungen mehr männlichen Einfluss. Wie können Gregs Söhne den bekommen, wenn ihr Vater die ganze Zeit arbeitet, um sich selbst zu beweisen?« Charlie dachte nach, und ich sah, wie er zu neuen Einsichten gelangte. »Ich liebe meinen Sohn. Und ich muss es ihm sagen, stimmt's?«

Ich nickte froh. Dann fragte er mich aus heiterem Himmel: »Ist Ihr Leben einfach?« Ich lachte leise.

»Ja, mein materielles Leben ist ziemlich einfach, Charlie. Und ich arbeite auch daran, Schritt für Schritt mein emotionales Leben zu vereinfachen«, antwortete ich ehrlich. Ich musste ein bisschen lachen, als ich an die Komplikationen meines Gefühlslebens in den letzten Jahren dachte – das war alles andere als einfach gewesen. »Meditation hat mir enorm geholfen, mein Denken zu vereinfachen. Mein ganzes Leben profitiert davon in der einen oder anderen Hinsicht. Das hat mich wirklich verändert, und ich kann jetzt so einige Dinge überwinden, die mich früher immer behindert haben. Mein Denken ist heute schon viel, viel einfacher als früher. Und mein materielles Leben ist auch ziemlich schlicht.«

Charlie entstammte einer anderen Generation mit einem ganz anderen Lebensstil, daher wusste er nichts über Meditation. Er stellte sich irgendwelche Leute in Übersee vor, die in orangen Kutten mit geschlossenen Augen dasaßen. Er fragte genauer nach, und ich erklärte es ihm so einfach wie möglich: Indem wir lernen, unseren Geist zu konzentrieren, können wir plötzlich unser eigenes Denken beobachten. Dadurch wird uns klar, wie viel von unserem Leben durch einen Geist gestaltet wird, den wir selbst gar nicht mehr unter Kontrolle haben und der uns unnötiges Leid und Ängste verursacht. Wenn solche ungesunden Denkmuster wachsen und sich verstärken, identifizieren wir uns damit, als wäre das unsere Persönlichkeit, und passen unser ganzes Leben daran an. Dabei sind wir das gar nicht, und in uns würde noch so viel mehr stecken.

Wir sind weise, intuitive Geschöpfe, aber geblendet von den Ängsten und Fehlinterpretationen unseres Geistes, mit denen er im Laufe der Jahre auf das Leben reagiert hat, positiv wie negativ. Wenn wir lernen, unseren Geist in der Meditation zu konzentrieren – etwa indem wir unseren Atem beobachten, um ein einfaches Beispiel zu nennen –, holen wir uns den Einfluss auf unser eigenes Denken zurück und haben die Chance, bewusst bessere Gedanken zu denken. Und dadurch ein glücklicheres Leben zu führen.

Charlie starrte mich sprachlos an. Lächelnd wartete ich ab. »Wow«, sagte er schließlich. »Warum hab ich Sie nicht schon vor fünfzig Jahren getroffen?« Ich sprang lachend auf und gab ihm noch einen Schluck zu trinken.

»Warum habe *ich* mich nicht schon vor Jahren getroffen,

Charlie?«, lachte ich. »Das hätte mir eine Menge Schmerz erspart.«

Irgendwann kam unsere Unterhaltung auf die Einfachheit meines materiellen Lebens und was ich damit gemeint hätte. Nachdem ich jahrelang ständig umgezogen war, erzählte ich ihm, hatte ich angefangen, die Wichtigkeit von Besitz zu hinterfragen. Bei manchen Umzügen nahm ich meine Möbel mit. Bei anderen lagerte ich die Sachen entweder kostenlos auf einem Bauernhof ein oder in einem Schuppen, für den ich etwas bezahlen musste. Und jedes Mal, wenn ich eine Weile ohne diese Besitztümer gelebt hatte, wurde mir klar, wie wenig ich das alles brauchte, um glücklich zu sein. Daher stellte ich mir irgendwann die Frage, warum ich es überhaupt behielt.

Also hatte ich meine Möbel verkauft. Mein Besitz bestand nur noch aus Haushaltswaren, so dass ich mich zu einem gegebenen Zeitpunkt irgendwo anders neu einrichten konnte. Und diese Zeit würde sicher einmal wieder kommen, denn ich habe es schon immer geliebt, eine eigene Küche zu haben. Mein Nomadentum gefiel mir. Es lag eine große Freiheit darin. Aber selbst Freiheit hat ihren Preis. Alles hat seinen Preis. Meistens war es der Wunsch nach einer eigenen Küche, der in mir das Verlangen weckte, mich mal wieder fest niederzulassen.

Sobald ich jedoch ein bis anderthalb Jahre wieder einen festen Wohnsitz gehabt hatte, vermisste ich die Abwechslung, und ich wollte wieder ins kalte Wasser springen. Besitz belastete mich, ich fühlte mich gefesselt davon. Und nachdem ich dieses Muster an mir erkannt hatte, akzeptierte ich, dass es in meiner jetzigen Lebensphase wohl besser war, erst gar nicht so viel zu besitzen. Jedes Mal, wenn ich irgendwo neu angefangen hatte, war ich auch ganz leicht wieder an Möbel gekommen, durch Mundpropaganda, in Secondhandläden und auf Flohmärkten. Das fand ich super. Gebrauchtes zu kaufen passte auch besser zu meiner Liebe zu dieser Erde, denn so wurde ihr nichts von ihren schwindenden Rohstoffen genommen. Unsere Wegwerfgesellschaft scheint zu vergessen, dass alles Neue irgendwoher kommen und alles Alte irgendwohin gehen muss. In den meisten Fällen muss die Erde die Last von beidem tragen. Das bedeutet einen hohen Preis für das Überleben unseres Planeten und all seiner Geschöpfe, wir Menschen eingeschlossen.

Wenn ich mir ein neues Heim einrichtete, kam ich immer wieder zu faszinierenden Sachen. Ich hätte mir niemals Sorgen gemacht, dass die Möbel ausbleiben könnten. Deshalb hatte es jedes Mal geklappt, und das auch noch problemlos. Im Laufe der Jahre habe ich richtig tolle Stücke besessen. Und wenn sich schon die Möbel jedes Mal so leicht einstellten, dann würde alles andere sicher auch nicht auf sich warten lassen.

Nachdem ich zwölf Monate lang Lagerkosten für meine Habseligkeiten bezahlt hatte, beschloss ich, dass das reine Geldverschwendung war, eine Belastung, die gar nicht erforderlich war. Mit Hilfe eines wunderbaren, zuverlässigen Freundes veranstaltete ich einen Garagenflohmarkt. Besteck, Bücher, Teppiche, Bettwäsche, Schmuck, Bilder, alles wurde verkauft. Es machte Spaß, die Begeisterung der Leute zu beobachten, als meine Sachen ihre neuen Besitztümer und Schnäppchen wurden. Was übrig blieb, wanderte noch am selben Nachmittag zur Wohlfahrt.

Mittlerweile fuhr ich ein Auto von der Größe eines Schuhkartons. Mein Jeep war im Jahr zuvor auf einer sechsspurigen Autobahn auf spektakuläre Art aus dem Leben geschieden. Mein jetziges Auto war zwar unglaublich sparsam und spritzig in der Stadt, dafür aber winzigklein. Ich nannte es liebevoll »Reiskörnchen«. Ziel des Garagenflohmarkts war es nämlich, hinterher nur noch so viel zu besitzen, wie in mein Reiskörnchen passte.

Es blieben insgesamt fünf Umzugskisten übrig, darunter zwei Kisten mit meinen Lieblingsbüchern. Ich behielt nur die, von denen ich wusste, dass ich sie wieder lesen würde, oder inspirierende Bücher, die ich anderen leihen oder schenken wollte. Der Rest meiner Bücher wanderte in andere Hände und bereitete jemand anders Vergnügen. Die übrigen Kisten enthielten CDs, Tagebücher, Fotoalben, ein paar kleine Erinnerungsstücke, den Patchwork-Quilt, den meine Mutter einmal für mich gemacht hatte, und meine Kleidung. Mit meinem bis obenhin vollgestopften Reiskörnchen und voll aufgedrehtem Radio brach ich auf in eine neue Phase meines Lebens.

Zur Musik, die mich begleitete, gehörten Songs von Guy Clark, The Waifs, Ben Lee, David Hosking, Cyndi Boste, Shawn Mullins, Mary Chapin Carpenter, Fred Eaglesmith, Abba, The Waterboys, JJ Cale, Sara Tindley, Karl Broadie, John Prine, Heather Nova, David Francey, Lucinda Williams, Yusuf und The Ozark Mountain Daredevils. Alles fantastische Musik, und jeder Song ein toller Reisebegleiter. Glücklich und frei sang ich mit, während die Kilometer unter mir hindurchglitten und ich wusste, dass ich all meine weltlichen Besitztümer bei mir im Auto hatte. Nach ungefähr tausend Kilometern machte ich Halt bei meiner Familie und lud die Kisten aus. Danach hatte ich nur noch meine Kleider.

Charlie hörte begeistert zu und rieb sich die alten, wettergegerbten Hände, weil ihm meine Geschichte so gefiel. Dann erzählte ich, dass ich nach dieser Reise damals noch eine Weile ziellos herumgezogen war. Jetzt war ich in Sydney und lebte als Housesitterin Deluxe, und mein Leben war tatsächlich ziemlich schlicht. Charlie wusste jetzt, dass ich verstand, was er über die zentrale Bedeutung von Einfachheit hatte sagen wollen. Wir waren uns einig, dass den Leuten nicht immer einleuchtet, dass übermäßig großer Besitz belasten kann, selbst wenn sie gar nicht die Absicht haben umzuziehen. Wenn man Dinge aussortiert und weggibt, fühlt man sich hinterher auch innerlich viel freier.

Greg kam am nächsten Tag und verbrachte die ganze Zeit bei seinem Vater. Auf Charlies Bitte hin hatte ich Maryanne angerufen und sie gebeten, heute nicht vorbeizuschauen. Am nächsten Tag sollte es andersrum laufen – Maryanne würde ihren Vater ganz für sich allein haben und Greg nicht kommen. Charlie hatte mich gebeten, ab und zu diskret ins Zimmer zu kommen und mit meiner Anwesenheit die Situation zu entspannen, für den Fall, dass Greg und er irgendwie verkrampfte Momente hätten. Doch das war gar nicht nötig. Die paar Male, die ich hineinging, um eine Kanne Tee zu bringen oder eine Nachricht auszurichten, war es offensichtlich, dass die beiden gerade sehr wichtige persönliche Dinge miteinander besprachen.

Kurz bevor Greg aufbrechen sollte, damit sein Vater sich wieder ausruhen konnte, riefen sie mich herein. Gregs Augen waren vom Weinen gerötet, und die beiden hielten einander die Hand. »Bronnie, ich wollte, dass auch Sie das wissen«, verkündete Charlie, »ich liebe diesen Mann von ganzem Herzen. Er ist ein guter Sohn und ein toller Mensch.«

Als ich das hörte, musste ich natürlich fast weinen. »Mein Sohn genügt mir, wie er ist«, fuhr Charlie fort. »Es gibt nichts, was er beweisen müsste. Es gibt nichts, was er tun oder haben müsste, um ein besserer Mensch zu werden. Ich liebe diesen Mann, so wie er hier neben mir sitzt, von Kopf bis Fuß. Und es hat mir im Leben viel Freude bereitet, dass ich sein Vater sein konnte.«

Lächelnd sagte ich, dass Greg auch glücklich sein konnte, Charlie zum Vater zu haben. Greg stimmte zu und wischte sich mit dem Ärmel die Tränen ab. »Und Dad meinte, in Sachen Einfachheit könnte ich ein, zwei Dinge von Ihnen lernen.«

Lachend meinte ich, dass sein Vater noch genug Zeit hatte, Greg in dieser Hinsicht selbst auf den Weg zu bringen, dazu brauchte er mich nicht. Aber als ich ging, sagte ich noch einmal mit einem Lächeln: »Das Einzige, was ich Ihnen dazu ans Herz legen will, ist der Satz – *lebe einfach.*«

Maryanne kam am nächsten Tag. Ich hörte, wie auch sie mit ihrem Vater lachte und weinte. In diesem Haushalt wurde eine Menge Liebe geteilt, und ich spürte, wie mich das positiv beeinflusste. In den nächsten paar Wochen verbrachten die drei viel Zeit miteinander und kamen sich dabei viel näher. Ich hörte Charlie nie wieder sich verabschieden, ohne den beiden gesagt zu haben, dass er sie liebte und dass sie dasselbe erwiderten. Die Kommunikationswege waren rechtzeitig wieder geöffnet worden, so dass die Wunden heilen konnten, solange Charlie noch am Leben war.

Am Tag seines Todes saßen Greg und Maryanne rechts und links von ihrem Vater und hielten seine Hände. Auf ihre Bitte setzte ich mich mit ins Zimmer. Er schlief friedlich ein. Seine Atemzüge wurden immer langsamer, bis sie ganz ausblieben. Es war ein heller Morgen, und wie immer sangen die Vögel vor seinem Fenster, was dem Moment eine gewisse Schönheit verlieh. Sie gaben ihm singend das Geleit.

Ich ließ Greg und Maryanne allein und setzte mich eine Weile auf die Veranda, wo ich meine eigenen Erinnerungen an Charlie Revue passieren ließ und ihm meine Gebete und guten Wünsche mit auf den Weg gab, wo auch immer er jetzt sein mochte. Als ich wieder hereinkam, saßen die Geschwister auf derselben Seite des Bettes, hielten sich bei der Hand und betrachteten ihren Vater. Sie lächelten unter Tränen und sprachen mit Freude von ihm.

Ungefähr ein Jahr später bekam ich eine Mail von Greg. Seine Familie und er hatten ihr großes Haus verkauft. Er hatte sich von seiner Firma versetzen lassen, verdiente jetzt weniger Geld und wohnte in einer ländlichen Kleinstadt. Er musste genauso weit in die Arbeit pendeln wie früher, aber jetzt war es eine Landstraße, die in die nächstgrößere Stadt führte, und er brauchte für die Strecke nur noch die Hälfte der Zeit. Das verschaffte ihm jeden Tag anderthalb Stunden mehr Zeit für seine Kinder. Die Lebenshaltungskosten waren ebenfalls niedriger, weil ihr Leben einfacher geworden war. Dahingegen hatte sich ihre Lebensqualität enorm verbessert. Seine Frau war jetzt glücklich, sie mochten ihre neuen Freunde und ihren Lebensstil. Er dankte mir, dass ich mich um seinen Vater gekümmert hatte, und sprach auch mit liebevollen Worten von Maryanne, die anscheinend gerade erst zu Besuch bei ihm gewesen war.

Verständlicherweise freute mich diese Mail enorm. Sie ließ mich gedanklich zurückreisen zu Charlie, seinen blauen Augen, seinem entzückenden Lächeln und zu unseren Gesprächen. Zu wissen, dass seine Worte nicht nur gehört, sondern tatsächlich umgesetzt worden waren, war ein wunderbares Gefühl.

Das Beste an der ganzen Mail waren jedoch Gregs Abschlussworte. Er wünschte mir für mein Leben alles Gute und setzte darunter als eine Art Fazit zwei Worte. Ich musste übers ganze Gesicht grinsen.

Lebe einfach.

Allerdings, Greg und Charlie. Allerdings.

Versäumnis Nummer 3:

Ich wünschte, ich hätte den Mut gehabt, meinen Gefühlen Ausdruck zu verleihen.

Für einen Vierundneunzigjährigen, der gerade im Sterben liegt, sah Jozsef bemerkenswert gut aus, als wir uns zum ersten Mal trafen. Er war ein sanfter Mensch mit einem wundervollen Lächeln, mit dem er manchmal wie ein kleiner Junge aussah. Mit seinem leisen, aber sehr schlagfertigen Humor war er mir auf Anhieb sympathisch.

Jozsefs Familie hatte beschlossen, ihm nicht zu sagen, dass er sterben würde. Das fand ich zwar schwierig, aber ich versuchte, diese Entscheidung so gut wie möglich zu respektieren. Im Laufe der nächsten Wochen verschlechterte sich sein Gesundheitszustand jedoch so drastisch, dass man unmöglich darüber hinweggehen konnte. Er konnte nicht einmal mehr ohne Hilfe stehen. Von Tag zu Tag war er mehr auf meine Kraft angewiesen. Man musste nicht erst auf seine Krankheit hinweisen, sie war offensichtlich, sobald er versuchte zu stehen oder sich aufzusetzen, und bei jeder unserer gemeinsamen Bemühungen nahmen wir das schweigend zur Kenntnis. Während seine Familie also weiterhin ihre Scharade veranstaltete und ihm nichts von seiner unheilbaren Krankheit sagte, begann Jozsef langsam zu dämmern, was los war. Er war wirklich sehr krank.

Er bekam Medikamente, um seine Schmerzen so gut wie möglich zu unterdrücken. Doch wie bei vielen anderen gehörte auch bei ihm Verstopfung zu den Nebenwirkungen. Es gibt Tabletten, die diese Nebenwirkung bekämpfen sollen, aber bei Jozsef schlugen sie nicht so gut an. Also musste ich der Darmentleerung nachhelfen, indem ich dem armen alten Kerl Medikamente ins Rektum einführte. Wenn man erst einmal so krank ist, ist es mit jeder Intimsphäre vorbei. Jedenfalls konnte man kaum noch von Würde sprechen, wenn Jozsef sich auf die Seite drehen musste, damit ich ihm den kleinen Schlauch einführen konnte. Ich versuchte natürlich, der Situation die Peinlichkeit mit ein paar Worten zu nehmen, die ich mich später noch oft zu anderen Patienten sagen hörte.

»Wissen Sie, Jozsef, am Anfang unseres Lebens dreht sich alles um Essen und Kacken, und am Ende geht es auch wieder bloß um Essen und Kacken«, scherzte ich. Meine Arbeit mit Sterbenden erschloss mir den Kreislauf des Lebens in aller Deutlichkeit. Die Dinge, die zu Anfang am wichtigsten für das Wohlbefinden eines Babys sind, sind Nahrung und die Entleerung von Darm und Blase. Am Ende des Lebens drehen sich die Sorgen um den Sterbenden auch darum, ob er noch isst und ob Darm und Blase funktionieren.

Es ist eine Erleichterung für alle, wenn ein Sterbender, der starke Schmerzmittel einnimmt, schließlich den Darm entleeren kann und so zumindest diesen Schmerz loswird. So war es auch bei Jozsef, als er wenig später zur Toilette musste und die Explosion aus seinem Hintern genoss. Mich erleichterte es genauso, nicht nur, weil mein Patient sich nun wieder besser fühlte, sondern auch, weil mir diese Maßnahme gleich beim ersten Mal gelungen war.

Einer seiner Söhne wohnte in einer nahe gelegenen Vorstadt und besuchte ihn täglich. Ein zweiter Sohn wohnte in einem anderen Staat, die Tochter lebte in Übersee. Jeden Tag unterhielten sich Jozsef und sein Sohn ein wenig, in erster Linie über den Wirtschaftsteil der Zeitung, bis Jozsef zu müde wurde. Und das war ziemlich schnell der Fall, weil sich sein Gesundheitszustand so schnell verschlechterte. Ich mochte seinen Sohn, auch wenn wir keine sonderlich enge Verbindung entwickelten. Doch ich hatte keinen Grund, ihn nicht zu mögen. Als ich Jozsef gegenüber später erwähnte, dass sein Sohn ein netter Mann sei, antwortete er: »Der interessiert sich bloß für mein Geld.« Da ich die Menschen lieber nach meinem eigenen Eindruck beurteile, versuchte ich, meine Meinung über seinen Sohn nicht von diesem Kommentar beeinflussen zu lassen.

Im Laufe der nächsten Wochen erzählte mir mein Patient viel von seinem Leben, hauptsächlich darüber, wie sehr er seine Arbeit geliebt hatte. Seine Frau Gizela und er waren Holocaust-Überlebende, die nach ihrer Befreiung in Australien landeten. Die Geschichten über seine Zeit in den Lagern kamen bruchstückhaft. Aber ich bohrte nicht nach. Ich war da, um ihm zuzuhören, ich sollte nicht entscheiden, was er mir erzählen wollte. Es war offensichtlich, dass seiner Frau und ihm das Leben leichterfiel, indem sie nicht über diese Zeit redeten. Ich versuchte, mich so gut wie möglich in die Situation einzufühlen, und stellte mir mit Grauen vor, wie viel Schmerz sie in sich getragen hatten. Sie taten mir beide von Herzen leid.

Jozsef und ich kamen von einem Thema zum nächsten und sprachen auch über andere Dinge. Wir konnten uns gut leiden, denn wir hatten dieselbe Art von Humor und waren beide eher ruhige Menschen. Der Altersabstand fiel nicht sonderlich ins Gewicht, denn unsere Gespräche flossen ganz natürlich dahin, und mit jedem Tag unterhielten wir uns besser. Währenddessen kam Gizela regelmäßig mit Essen herein und versuchte, Jozsef zum Essen zu überreden. Sie war eine tolle Köchin, aber obwohl er inzwischen fast gar nichts mehr hinunterbrachte, machte sie trotzdem noch riesige Mengen. Teilweise war das wahrscheinlich einfach Gewohnheit, aber teilweise auch eine Art der Verdrängung.

Irgendwie hatte die Familie auch Jozsefs Arzt überredet, ihm nicht zu erzählen, dass er sterben musste. Die reinste Massenverdrängung. Aber sie begnügten sich nicht damit, ihm die Wahrheit über seinen Zustand und die unvermeidliche Verschlechterung vorzuenthalten, sie versuchten ihn auch noch davon zu überzeugen, dass es ihm langsam besser ging. »Na los, Jozsef, iss auf. Dann wirst du im Handumdrehen wieder gesund«, sagte Gizela oft. Sie tat mir auch so leid. Es musste eine ungeheure Last bedeuten, solche Angst vor der Wahrheit zu haben.

Mittlerweile aß Jozsef nur noch einen Becher Joghurt pro Tag und war unglaublich schwach. Er schaffte es nicht mal mehr ins Wohnzimmer, wenn man ihm dabei half, aber sie wollten ihm immer noch weismachen, dass er rasch wieder gesund werden würde. Ich hüllte mich in Schweigen, bis Jozsef mich direkt darauf ansprach.

Gizela war gerade aus dem Zimmer gegangen. Jozsef lehnte sich zurück, und ich begann mit einer Fußmassage, etwas, was er sein Leben lang nicht gekannt hatte, woran er sich in den letzten Wochen aber mit Freuden gewöhnt hatte. Ich liebte es, meine Patienten so zu verwöhnen, und vielleicht entwickelten wir deshalb so ein enges Verhältnis. Viele meiner Gespräche mit ihnen entwickelten sich, während ich ihnen die Füße massierte, die Haare bürstete, den Rücken kratzte oder die Nägel feilte.

»Ich werde sterben, stimmt's, Bronnie?«, fragte er, sowie seine Frau das Zimmer verlassen hatte.

Ich sah ihn freundlich an und nickte. »Ja, Jozsef.«

Er nickte erleichtert, weil man ihm endlich die Wahrheit gesagt hatte. Nach meinem Erlebnis mit Stellas Familie konnte ich um keinen Preis der Welt mehr unaufrichtig sein. Er sah eine Weile aus dem Fenster. Ich massierte ihm in wohliger Stille weiter die Füße.

»Danke. Danke, dass Sie mir die Wahrheit gesagt haben«,

antwortete er schließlich mit seinem breiten Akzent. Ich lächelte und nickte. Wieder trat für eine Weile Stille ein. Dann sprach er weiter. »Meine Familie kommt einfach nicht damit zurecht«, sagte er. »Gizela bringt es nicht über sich, mit mir darüber zu reden, das wäre zu schmerzhaft für sie. Sie wird es verkraften. Aber sie kann einfach nicht darüber reden.«

Er hatte seinen Frieden, weil er jetzt wusste, wie es um ihn stand, und ich hatte meinen Frieden, weil ich ehrlich gewesen war. »Ich habe nicht mehr lange, oder?«, fuhr er fort.

»Ich glaube nicht, Jozsef.«

»Wochen? Oder Monate?«, fragte er.

»Das weiß ich wirklich nicht. Aber ich würde sagen, dass es eher Wochen oder Tage sind. Das ist so mein Gefühl, aber ich weiß es wirklich nicht«, erwiderte ich aufrichtig. Er nickte und sah wieder aus dem Fenster.

Kaum jemand kann wirklich *genau* vorhersagen, wann jemand sterben wird, außer wenn der Sterbende wirklich nur noch wenige Tage vor sich hat. Aber diese Fragen stellten Patienten und Familien immer, manchmal sogar öfters. Ich konnte inzwischen abschätzen, wie schnell ein Patient abbaute, aber ich erlebte auch, wie rasch sich die Dinge ändern konnten. Manchmal sah es so aus, als würden sie sich kurz erholen, bevor sie endgültig heimgingen. Der Erfolg in meiner Rolle als Pflegerin lag darin, dass ich rein intuitiv arbeitete. Auf dieser Basis hatte ich auch Jozsefs Frage beantwortet, wenn auch etwas widerstrebend. Ich wollte ihm einfach nicht vormachen, er hätte noch Monate zu leben, wenn damit überhaupt nicht zu rechnen war.

Die Fußmassage war abgeschlossen, und ich schaute auch aus dem Fenster. Nach einer Weile brach er das Schweigen. »Ich wünschte, ich hätte nicht so viel gearbeitet.« Ich wartete, bis er fortfuhr. »Ich habe meine Arbeit geliebt, wirklich. Deswegen habe ich auch so viel gearbeitet, und natürlich auch, um meine und ihre Familie zu ernähren.«

»Aber das ist doch schön. Warum sollten Sie es dann bereuen?«

Er erklärte, dass er es zum Teil wegen seiner Familie bereute, die die meiste Zeit nur wenig von ihm gesehen hatte. Aber hauptsächlich hatte er das Gefühl, dass er ihnen nie eine Chance gegeben hatte, ihn wirklich kennenzulernen. »Ich hatte Angst, meine Gefühle zu zeigen. Deswegen habe ich gearbeitet und gearbeitet und meine Familie auf Distanz gehalten. Sie hatten es nicht verdient, so allein zu sein. Jetzt wünsche ich mir, sie hätten mich wirklich gekannt.«

Jozsef erklärte, er habe sich bis vor wenigen Jahren selbst nicht richtig gekannt, also war es sowieso die Frage, ob sie eine Chance gehabt hätten, ihn wirklich kennenzulernen. Seine lieben Augen waren traurig, als wir uns über Beziehungsmuster unterhielten und wie schwierig es ist, sie zu durchbrechen. Außerdem sprachen wir darüber, wie wichtig es für eine Beziehung ist, ihr maximales Potenzial zu entfalten. Er hatte auch das Gefühl, er habe sich die Chance entgehen lassen, ein liebevolles und warmes Verhältnis zu seinen Kindern aufzubauen. Das Einzige, was er ihnen vorgelebt hatte, war, wie man Geld verdient und bewertet. »Was hat das jetzt für einen Sinn?« Er seufzte.

»Na ja«, versuchte ich zu argumentieren. »Sie haben getan, was Sie sich damals vorgenommen hatten. Sie hinterlassen Ihren Kindern so viel, dass sie ein bequemes Leben führen können. Sie haben für sie gesorgt, so wie Sie es wollten.«

Eine einzelne Träne rann ihm über die Wange. »Aber sie kennen mich nicht. Sie kennen mich nicht.« Ich sah ihn liebevoll an. »Und ich hätte so gerne, dass sie mich kennen.« Seine Tränen begannen zu fließen. Ich blieb schweigend neben ihm sitzen, solange er weinte.

Nach einer Weile meinte ich, es sei doch noch nicht zu spät. Aber da war er anderer Meinung. Mittlerweile war er schon zu schwach, um länger zu sprechen, so dass allein das schon ein Problem gewesen wäre. Außerdem gab er zu, dass er nicht wusste, wie er mit ihnen über solche tiefen Gefühle sprechen sollte. Ich bot ihm an, Gizela und seinen Sohn zu holen, damit sie bei unserem Gespräch dabei waren. Vielleicht fiele es ihm ja einfacher, wenn ich dabei war. Doch er schüttelte nur den Kopf und wischte sich die Tränen ab. »Nein. Es ist zu spät. Sagen wir ihnen nicht, dass ich Bescheid weiß. Es ist leichter für sie, wenn wir sie weiter in ihrem Glauben lassen. Ich weiß, dass ich sterbe. Es ist in Ordnung.«

Jozsef war fast so alt wie meine Großmutter bei ihrem Tod. Obwohl ihr Leben sehr unterschiedlich verlaufen war, war irgendetwas an Menschen diesen Alters, womit ich mich sehr wohl fühlte. Meine Oma und ich konnten jedoch sehr leicht über den Tod sprechen. Sie meinte, mit mir sei es einfacher als mit ihren eigenen Kindern.

Ihr Zwillingsbruder und sie waren die ältesten von elf Kindern. Oma war erst dreizehn, als ihre Mutter starb, und sie zog ihre Geschwister alleine groß. Ihr Vater war »ein harter Mann«, so hatte sie es ausgedrückt. Bei anderen Gelegenheiten nannte sie ihn auch mal »das Aas«. Er brachte Essen nach Hause, aber sonst nicht viel, vor allem keine Liebe, sagte sie.

Ungefähr ein Jahr nach dem Tod ihrer Mutter starb das jüngste ihrer Geschwister, die kleine Charlotte. Nachdem sie ihre kleinen Geschwister aufgezogen hatte, zog Oma noch einmal sieben eigene Kinder groß, darunter auch meine Mutter. Als ich geboren wurde, mit meinem dunklen Lockenkopf und den großen, fragenden Augen, sah Oma in mir das Ebenbild von Charlotte. So standen wir uns vom ersten Tag an sehr nahe.

Wenn sie uns besuchen kam, waren wir alle immer ganz aufgeregt. Kinder lieben Besuch, und wir waren da nicht anders. Oma war kaum größer als 1,50 Meter, aber sie war eine tolle, dynamische Frau. Das musste sie auch sein, bei der Kindheit, die sie gehabt hatte. Die Liebe, die sie mir schenkte, war bedingungslos und nie wertend. Die folgende Geschichte ist ein schönes Beispiel dafür unter vielen: Meine Mutter war einmal mit ihrer eigenen Zwillingsschwester auf einem wohlverdienten Urlaub in Übersee, und mein Vater arbeitete ein paar Tage pro Woche außer Haus. Also kam Oma, um sich um uns zu kümmern.

Ich war damals zwölf, fast dreizehn, und war im ersten Highschool-Jahr an einer Klosterschule. Die Schule war hinter drei Meter hohen Ziegelsteinmauern versteckt und wurde von Nonnen geführt, von denen einige wirklich liebenswürdige Frauen waren. Die Direktorin jedoch war knallhart und trug den wenig zärtlichen Spitznamen »Eisengesicht«. Die älteren Schülerinnen hatten uns gleich am ersten Tag vor ihr gewarnt. Heute, als erwachsene Frau und unbeeinflusst von irgendwelchem Gerede, muss ich einräumen, dass sie unter ihrem rauen Äußeren vielleicht eine nette Frau war. Das möchte ich jedenfalls glauben. Aber sie führte ein strenges Regiment, und in all meinen Jahren dort sah ich sie tatsächlich nicht ein einziges Mal lächeln.

In meinem ersten Highschool-Jahr war irgendetwas in mir offenbar auf der Suche nach etwas anderem, und so befand ich mich eine Weile in Gesellschaft von zwei der toughsten Mädchen der Klasse. Ich war ein ziemlich braves Kind und war der Direktorin bis jetzt noch nicht aufgefallen, was mir gerade recht war.

In der Mittagspause kletterten wir auf einen Baum und über den Zaun, rannten in die Stadt und gingen in einen Laden, wo wir jeder ein Paar Ohrringe mit unseren Initialen klauten. Der schnelle Erfolg machte uns mutig, und so gingen wir in den nächsten Laden, in dem wir Lipgloss mitgehen ließen. Ich rieb gerade meine süß schmeckenden Lippen aufeinander und lachte, weil mir das so gefiel – da spürte ich eine breite Hand auf meiner Schulter, und eine Stimme sagte: »Gib das doch mal her, bitte.«

Meine Beine gaben fast unter mir nach, als ich mit einem der anderen Mädchen (die Zweite war davongerannt) ins Büro des Geschäftsführers geführt wurde. Sie riefen die Direktorin an, die auch schon auf uns wartete, als wir völlig zerknirscht auftauchten. Sie klopfte sich mit dem Lineal in die Hand und sagte mit strenger Stimme: »In mein Büro.«

»Ja, Schwester«, sagten wir untertänig und wie aus einem Munde. Hätten wir Schwänze gehabt, hätten wir sie zwischen die Beine geklemmt.

Der Laden hatte mit der Schule abgemacht, dass man keine Anzeige erstatten würde. Aber wir mussten nach Hause gehen und unseren Eltern selbst erzählen, was wir angerichtet hatten. Dann mussten die Eltern die Direktorin anrufen und bestätigen, dass wir es ihnen erzählt hatten. Außerdem wurden wir für das gesamte Halbjahr vom Sportunterricht suspendiert, und da wir Sport über alles liebten, waren wir am Boden zerstört. Zuletzt mussten wir noch ein Dutzend Hiebe mit dem Lineal auf unsere Waden ertragen. Sie war eine harte Frau.

Da Mum in Übersee war und Dad erst am Wochenende heimkommen würde, hatte ich schreckliche Angst. Ich war ein so sensibles, sanftes Kind, dass mir schon eine laute Stimme Angst einjagen konnte. Aber Oma war ja da, also nahm ich sie beiseite. Mit bebender Unterlippe erzählte ich ihr, was ich getan hatte. Sie saß da und hörte mir zu, ohne mich zu unterbrechen oder zu reagieren. Sie wartete, bis ich fertig war. Bis dahin hatte ich mir bereits die Augen ausgeheult.

»Nun, wirst du es wohl wieder tun?«, fragte sie.

»Nein, Oma, ich versprech's«, erklärte ich feierlich.

»Dann hast du deine Lektion also gelernt?«

»Ja, Oma, ganz bestimmt«, beteuerte ich. »Ich werd's nicht wieder tun.«

»Gut«, meinte sie. »Dann wollen wir es deinem Vater nicht erzählen, und morgen rufe ich für dich in der Schule an.«

Und damit war die Sache erledigt. Gott segne sie. Aber die Angst, die mir diese ganze Sache eingejagt hatte, war so riesengroß, dass ich nicht bloß auf immer vom Ladendiebstahl geheilt war, sondern auch nie mehr einen Fuß in den bewussten Laden setzen konnte.

Jahre später, als ich die Highschool beendet hatte, verließ ich die Kleinstadt, in der ich aufgewachsen war. Ich konnte es gar nicht abwarten, meine Flügel auszubreiten, und nahm den ersten Job an, der mir angeboten wurde, in einer Bank in der Nähe von Omas Wohnung in der Stadt, fünf Stunden entfernt. Bei meiner Oma und meiner Tante einzuziehen war für mich die nächstliegende, praktischste Option.

Dass ich als Achtzehnjährige, die frisch vom Bauernhof und von der Klosterschule kam, für neue Erfahrungen aufgeschlossen war, war nicht überraschend. Als meine Mutter erriet, dass ich keine Jungfrau mehr war, war sie so entsetzt, dass sie mich beinahe enterbt hätte, weil sie nicht glauben konnte, dass ich, ein braves Mädchen mit gesundem Menschenverstand, so leicht zu verführen gewesen war. Oma brachte die Dinge wieder in Ordnung, indem sie meiner Mutter erklärte, sie solle sich entspannen, die Zeiten hätten sich geändert, und ich sei auf meine Art immer noch ein gutes Mädchen. Von diesem Zeitpunkt an intensivierte sich meine Beziehung zu diesen zwei wunderbaren Frauen immer mehr.

Als ich die Welt des Alkohols entdeckte und betrunken in Omas Wohnung zurückkam, stellte sie mir sicherheitshalber einen Eimer neben das Bett. Sie war klug, akzeptierte mich, wie ich war, und spielte eine enorm positive Rolle in meinem Leben. Allerdings war sie auch erleichtert, als ich schon in relativ jungen Jahren verkündete, dass Alkohol nicht mein Ding war.

Oma überlebte all ihre Brüder und Schwestern, was ihr das Herz brach, weil ihre Geschwister wie ihre eigenen Kinder für sie gewesen waren. Später schrieben wir uns und erzählten uns immer ganz offen, was in unserem Leben geschah. Ich teilte mit ihr die Trauer um den Verlust ihrer letzten Schwester und ihren Frust über das Älterwerden, weil sie Schritt für Schritt ihre Unabhängigkeit einbüßte. Es brach mir das Herz, sie im Laufe der Jahre immer langsamer werden zu sehen, und ich musste mich der Tatsache stellen, dass sie nicht ewig leben würde.

Irgendwann fiel es mir schwer, die Tränen zurückzuhalten, wenn wir uns unterhielten. Also sagte ich ihr ganz offen, wie sehr ich sie liebte und wie sehr ich sie vermissen würde, wenn ihre Zeit kam. Danach waren wir in der Lage, mit absoluter Aufrichtigkeit über den Tod zu sprechen. Und darüber bin ich schrecklich froh. Ohne zu verleugnen, was uns bevorstand, konnten wir jedes Gespräch genießen, und sie konnte ihre Gedanken über das Sterben mit mir teilen. Oma war schon Jahre vor ihrem Ableben bereit zu gehen.

Als ich nach ein paar Jahren aus Übersee heimkam, konnte ich es kaum erwarten, sie zu sehen. Sie hatte sich unglaublich verändert. Ihr Haar war jetzt völlig weiß, sie ging am Stock und war noch mehr in sich zusammengesunken. Meine Oma war jetzt eine sehr, sehr alte Dame. Sie war über neunzig, aber immer noch die tolle Frau, die ich kannte. Ihr Geist war ganz klar, und unsere Gespräche, die sich noch etwa ein Jahr lang fortsetzten, waren immer sehr befriedigend.

Der Anruf kam am Montag, als ich in der Bank war – es war eine meiner letzten Anstellungen, ich managte die Filiale. Meine Großmutter war in der Nacht zuvor im Schlaf gestorben. Der Boden gab unter meinen Füßen nach, und ich musste meine Bürotür zumachen. Ich legte die Arme auf den Schreibtisch, ließ den Kopf darauf sinken und schluchzte, um von meiner geliebten Oma Abschied zu nehmen und meinen Verlust zu beweinen. »Ach Oma, Oma, Oma«, weinte ich in meine Arme.

Ich machte früh Feierabend. Meine Augen waren trüb, und ich war zu traurig, um klar zu denken. Trotzdem machte ich noch kurz Halt an meinem Postfach und blätterte halb betäubt die Briefe und Rechnungen durch. Plötzlich hielt ich verblüfft inne. Ich hielt eine Postkarte von meiner kleinen Oma in der Hand. Sie hatte sie am Freitag aufgegeben und war Sonntagnacht eingeschlafen. Eine Tränenflut – halb aus Kummer, halb aus Freude – brach aus mir hervor, und ich drückte die Karte ans Herz. Ich schluchzte, musste aber gleichzeitig lachen.

Ich war so dankbar für die Verbindung, die wir gehabt hatten, und dass ich aufrichtig mit ihr über den Tod gesprochen hatte. Nichts war ungesagt geblieben. Sie wusste, dass ich sie liebte, und ich wusste, dass sie mich liebte. Vor allem, als ich die schönen Worte las, die sie mir geschrieben hatte. *»Ich hab Dich so lieb, mein Schätzchen. Ich denke so oft an Dich. Ich wünsche Dir, dass über jedem Tag Deines Lebens die Sonne scheint, Bron. Deine Oma.«*

Der Gedanke, dass sie sterben könnte, hatte mich schon vor ihrem Ableben zum Weinen gebracht. Natürlich weinte ich auch, als es passiert war. Aber in mir war auch Frieden, denn ich wusste, dass wir uns dem Unvermeidlichen mit Aufrichtigkeit und Offenheit gestellt hatten. Diesen Frieden habe ich immer noch in mir. Ihr Gesicht lächelt mich von einem gerahmten Foto an, das auf meinem Tisch steht. Obwohl es noch manche Tage gibt, an denen ich sie sehr vermisse, habe ich keinen Zweifel daran, dass unsere Aufrichtigkeit unser Verhältnis so besonders machte, dass es mich auch heute noch positiv beeinflusst.

Für meinen lieben Patienten Jozsef war es jedoch nicht so einfach. Für ihn und seine Familie war Ehrlichkeit inzwischen zu schmerzhaft geworden. Sie taten mir so leid, weil ich ihren Schmerz und Frust mitfühlte. Ich mochte mir kaum vorstellen, was dieser nette Mann alles hatte durchmachen müssen. Gizela setzte ihm weiterhin ihre Riesenportionen vor und ermunterte ihn aufzuessen. Er lächelte sie sanft an und lehnte das Essen jedes Mal ab. Abends kamen andere Pfleger, aber tagsüber war hauptsächlich ich bei ihm. Wir kannten einander, und er fühlte sich wohl mit mir, weil er zumindest mir gegenüber offen sein konnte.

Daher war ich überrascht und traurig, als ich erfuhr, dass ich durch eine andere Pflegerin ersetzt werden sollte. Sein Sohn hatte sich über die Pflegekosten beklagt. Als ich dem Sohn erklärte, dass Jozsef nur noch ein bis zwei Wochen zu leben hatte, blieb er dennoch bei seinem Entschluss, denn er meinte, sein Vater könne genauso gut noch Jahre leben. Seine Lösung war eine illegale Kraft, die bereit war, den Job für einen Apfel und ein Ei zu übernehmen.

Ich bat Gizela inständig, ihren Sohn umzustimmen, aber vergeblich. Sie hatten sich entschieden. Anderswo wartete neue Arbeit auf mich. Aber das war ja auch gar nicht das Problem. Es ging darum, dass Jozsef endlich jemand zum Reden gefunden hatte und sich mit mir wohlfühlte. Sein Glück hätte in den letzten ein, zwei Wochen seines Lebens doch eigentlich an erster Stelle stehen sollen. Ich mochte gar nicht daran denken, wie unpersönlich die Alternative aussehen mochte, vor allem, weil er auf Grund seiner Schwäche und seiner Atemprobleme nicht mehr sprechen konnte. Dazu kam noch die Sprachbarriere mit der neuen Pflegerin. Auch sie tat mir leid.

Doch es lag nicht mehr in meiner Hand, und ich musste darauf vertrauen, dass auch diese Ereignisse Teil von Jozsefs Lebensweg waren. Wie kann irgendjemand von uns wissen, was ein anderer Mensch in seinem Leben lernen soll? Das ist unmöglich. Also verabschiedeten wir uns mit einer Umarmung und einem Lächeln, das mehr sagte, als Worte ausdrücken könnten. Als ich auf der Schwelle war, drehte ich mich noch einmal um, und wir lächelten uns wortlos an. Dann war es Zeit zu gehen. Als ich wegfuhr, wusste ich, dass er mir in Gedanken gerade aus dem Fenster nachsah, und meine Tränen begannen zu fließen. Meine Rolle brachte mich mit Leuten in Kontakt, die ich sonst nie kennengelernt hätte, und ich war glücklich darüber, so viel mit ihnen zu teilen und von ihnen zu lernen, auch wenn es manchmal schwer war.

Jozsefs Enkelin rief mich ungefähr eine Woche später an, um mir mitzuteilen, dass er in der letzten Nacht gestorben war. Ich freute mich für ihn. Seine Krankheit hätte ihm sowieso keine Lebensqualität mehr gelassen, es war also besser so. Während ich über alles nachdachte, fand ich, dass es ein Segen gewesen war. Und ich war dankbar für das seltene Geschenk, dass ich von diesen sterbenden Menschen lernen durfte. Wir werden alle einmal sterben, aber meine Arbeit hielt mir vor Augen, dass wir alle auch eine Wahl haben, wie wir unser Leben bis dahin gestalten können.

Nachdem ich die Qualen beobachtet hatte, die Jozsef erleiden musste, weil er nicht fähig war, seine Gefühle zum Ausdruck zu bringen, war ich umso entschlossener, es selbst immer zu versuchen und den Mut zu haben, meine Emotionen zu teilen. Die Mauern, die ich um meine Privatsphäre errichtet hatte, begannen zu bröckeln, und ich fragte mich, warum wir alle solche Angst haben, ehrlich und offen zu sein. Natürlich wollen wir in erster Linie Schmerzen vermeiden, die wir uns mit unserer Ehrlichkeit einbrocken können. Aber diese Mauern, die wir da um uns bauen, bescheren uns doch auch Schmerzen, weil wir andere davon abhalten, uns so kennenzulernen, wie wir wirklich sind. Es hatte mich für immer verändert, dass ich die Tränen auf dem Gesicht dieses lieben alten Mannes gesehen hatte, der sich so danach gesehnt hätte, gekannt und verstanden zu werden.

Nach der Nachricht von Jozsefs Tod setzte ich mich in einen Park in Strandnähe und ließ die Umgebung auf mich wirken. Überall spielten Kinder, und ich beobachtete, wie natürlich sie einander ihre Gefühle mitteilten. Wenn sie jemand mochten, sagten sie es ihm. Wenn sie traurig waren, weinten sie und ließen es heraus, und dann waren sie wieder froh. Sie wussten noch nicht, wie man Gefühle unterdrückt. Es war schön zu beobachten, wie ehrlich sie miteinander umgingen. Außerdem war es erfrischend zu sehen, wie sie spielten und zusammenarbeiteten.

Wir haben eine Gesellschaft geschaffen, in der die Erwachsenen voneinander isoliert leben. Der natürliche Zustand der Kinder, die ich beobachtete, war hingegen Zusammenarbeit, Ausdruck der eigenen Gefühle und Fröhlichkeit. Es machte mich zwar traurig, dass wir als Erwachsene die Fähigkeit zu so totaler Offenheit verloren haben, aber es gab mir auch Hoffnung. Wenn wir einmal so gewesen sind – der eine mehr, der andere weniger –, dann könnten wir vielleicht auch lernen, wieder so zu werden.

Ich fasste einen klaren Entschluss, als ich dort im Park am Strand saß. Die Dinge, die der arme Jozsef bereut hatte, würde ich nie bereuen müssen. Es wurde Zeit, mehr Mut zu entwickeln und meinen Gefühlen stärker Ausdruck zu verleihen.

Die Mauern um mein Herz waren überflüssig geworden. Und endlich hatte der Prozess des Einreißens begonnen.

Frei von Schuldgefühlen

Die Glocke klingelte und riss mich in meiner neuesten Bleibe aus dem Schlummer. Ich schlüpfte in meine Pantoffeln, wickelte mich in einen Morgenmantel und ging die Treppe hoch zu Jude. Sie brachte ein paar Worte hervor, die für ein ungeübtes Ohr wie ein Knurren geklungen hätten, und bat mich, sie umzulagern, weil ihr Bein ihr Schmerzen verursachte. Sobald sie es bequem hatte und wieder lächelte, schaltete ich ihre Lampe aus, wünschte ihr süße Träume und ging zurück in mein schönes bequemes Bett.

Jude hatte mich per Mundpropaganda gefunden. Irgendjemand aus Songwriter-Kreisen wusste, dass ich als Pflegerin und Housesitterin arbeitete, und gab meine Telefonnummer weiter. Die Mehrheit meiner Patienten war bis jetzt älter oder zumindest in ihrer zweiten Lebenshälfte gewesen, und die meisten starben an einer Krankheit, die mit Krebs zu tun hatte, aber nicht alle. Jude hingegen war erst vierundvierzig und litt an einer Erkrankung der Motoneuronen. Ihr Mann und ihre Tochter, eine bezaubernde Neunjährige mit rotbraunen Locken und einem goldigen Lächeln, waren liebevolle, wunderbare Leute, genau wie Jude.

Als ich die Arbeit bei ihr antrat, hatte die Familie die Agenturen, die ständig neue Leute schickten, gründlich satt. Jude hatte zahlreiche und sehr spezielle Bedürfnisse, vor allem was ihre Behaglichkeit und ihr abnehmendes Sprechvermögen betraf. Also wünschte man sich immer mehr eine Pflegekraft, die möglichst flächendeckend anwesend war. Die Pflegerinnen, die in meiner Freizeit meinen Dienst versahen, wurden speziell angelernt, was ich auf Grund meiner Erfahrung glücklicherweise selbst machen konnte. Da Jude ihr eigenes Gewicht nicht mehr tragen konnte, benutzten wir eine hydraulische Hebevorrichtung, um sie in den Rollstuhl beziehungsweise ins Bett zu heben. Von Tag zu Tag beobachtete ich, wie ihre Fähigkeiten weiter abnahmen, und ich war froh, dass ich gekommen war, als sie sich noch einigermaßen hatte verständlich machen können, denn so konnte ich die Knurrlaute besser verstehen, mit denen sie später kommunizierte.

Jude stammte aus einer sehr wohlhabenden Familie und stand als junge Frau unter dem Druck, eine gute Partie zu machen und das Leben zu führen, das man von ihr erwartete. Ihr erstes Auto war eine Luxuskarosse, die mehr kostete, als die meisten Leute im Jahr verdienen. Bis sie Mitte zwanzig war, hatte sie keinen Fuß in ein normales Kaufhaus gesetzt. Sie kannte nur Designerkleidung. Dafür hatte ihr Elternhaus gesorgt.

Trotzdem war sie immer ein sehr bodenständiger und kreativer Mensch geblieben. Ein einfaches Leben war alles, was sie wollte, vertraute sie mir an. Aber ihre Eltern bestanden darauf, dass sie an die Uni ging, und stellten sie vor die Wahl, entweder Wirtschaft oder Jura zu studieren. Etwas anderes kam gar nicht in Frage, auch wenn sie kurz erwähnte, sie würde gern Kunstgeschichte belegen. Unter dem Druck der Erwartungen entschied sich Jude also für Jura. Ihre Entscheidung beruhte auf der Überlegung, dass ihre Eltern ja eines Tages sterben würden und sie ihr Wissen dann für eine gute Sache einsetzen konnte, entweder für die Kunst oder für wohltätige Zwecke. Doch so weit kam es nie. Ihr Vater lebte inzwischen nicht mehr, aber es war sehr wahrscheinlich, dass Jude vor ihrer Mutter sterben würde. Sie war sowieso nicht mehr in der Lage zu arbeiten.

Ihre Liebe zur Kunst führte letztlich dazu, dass sie sich

in Edward verliebte, einen Künstler. Wie sie beide erzählten, fühlten sie sich vom ersten Moment an zueinander hingezogen, und diese Gefühle waren offenbar in den Jahren ihres Zusammenlebens nicht geschwunden. Obwohl beide zunächst etwas schüchtern waren, hatte die gegenseitige Anziehung ihnen schließlich doch den nötigen Mut verliehen.

Im Handumdrehen waren sie verliebt, und alles rundherum wurde unwichtig, weil sie füreinander die ganze Welt waren. Judes Familie war entsetzt über ihre Wahl, denn Edward stammte aus einer eher bescheidenen Familie und war es zufrieden, ein schlichtes Leben zu führen und seine künstlerische Tätigkeit zu verfolgen. Tatsächlich war er als Künstler sogar ziemlich erfolgreich. Aber da er keinen konventionellen Bürojob hatte, konnte er niemals vor den Augen von Judes Eltern bestehen.

So musste sie sich leider zwischen ihren Eltern und Edward entscheiden, und sie entschied sich für Edward. Natürlich, lachte sie. Da gab es nicht viel zu entscheiden. Sie liebte ihn von ganzem Herzen und er sie ebenso. Jude wurde von ihrer Familie geächtet. Aus ihrem früheren Leben blieben ihr nur eine Handvoll enger Freunde. Aber sie bewegte sich jetzt in einer anderen, glücklicheren Welt, in der sie auch so akzeptiert wurde, wie sie war, und so genoss sie die neuen Freundschaften, die sich ergaben.

Ein paar Jahre später konnten Jude und Edward ihre kleine Tochter Layla in ihrem Leben begrüßen. Jude wünschte sich, dass ihre Eltern ihre Enkelin kennenlernten, und gab sich alle Mühe, eine Versöhnung in die Wege zu leiten. Zu guter Letzt gab ihr Vater nach und konnte noch eine echte, liebevolle Beziehung zu seiner Enkelin aufbauen und genießen, bevor er starb. Sein Verhältnis zu Jude verbesserte sich dabei auch. Zu Edward war er zwar höflich, aber er hatte sein Leben lang mit der Tatsache zu kämpfen, dass ein Künstler das Herz seiner Tochter gewonnen hatte, also wurde diese Beziehung nie besonders eng. Trotzdem kaufte Judes Vater infolge seiner Beziehung zu Layla ein Anwesen in Hafennähe für die Familie seiner Tochter, sehr zum Unmut der Mutter.

Alles lief ganz wunderbar, erzählte man mir, bis Jude plötzlich ungeschickt wurde, und das in einem Ausmaß, dass man es irgendwann nicht mehr ignorieren konnte. Jude und Edward berichteten mir ganz einmütig von den Ereignissen – und ich glaube, wäre sie nicht krank gewesen, wären sie nicht weniger einmütig gewesen. Sie standen sich einfach sehr nahe. Ihre Liebe zu beobachten war für mich ebenso beeindruckend wie herzzerreißend. Und sie gehörten beide meiner eigenen Generation an.

Wir unterhielten uns stundenlang, tiefe und aufrichtige Gespräche. Dabei redeten wir auch darüber, wie es ist, in so einem Alter den Tod zu akzeptieren. Wir können uns ganz leicht einreden, dass wir ewig leben. Aber so läuft es eben nicht. In den Stürmen des Lebens gibt es immer auch ein paar Jüngere, die gehen müssen. Wie blühende Blumen, die noch keine Frucht getragen haben, werden sie aus dem Leben gerissen, bevor sie ihr volles Potenzial entfalten konnten. Andere erreichen die volle Reife und treten ab, wenn sie gerade auf dem Höhepunkt des Lebens sind. Wieder andere leben über die Blütezeit ihres Lebens hinaus und degenerieren langsam, aber sicher im Laufe der Jahre.

Man sagt oft, jemand ist gestorben, bevor seine Zeit gekommen ist, aber so ist es nicht. Wir alle gehen genau dann, wenn unsere Zeit gekommen ist. Millionen von Menschen ist kein langes Leben bestimmt. Die Annahme, dass wir alle ewig leben können – oder zumindest bis ins hohe Alter –, ist daran schuld, dass wir so schockiert und verzweifelt sind, wenn ein junger Mensch stirbt. Dabei gehört auch das zum Leben, bei allen Spezies. Manche sterben jung, manche in mittlerem Alter, und andere werden sehr alt. Natürlich bricht es einem das Herz, jüngere Leute sterben zu sehen, wenn es doch so aussieht, als hätten sie noch ihr ganzes Leben vor sich. Ich habe Freunde, die kleine Kinder verloren haben, und habe ihren Herzschmerz miterlebt, der bei manchen nie ganz verschwindet. Aber diesen Kindern oder jungen Erwachsenen war eben kein langes Leben bestimmt. Sie kommen in unser Leben, strahlen hell, und nach ihrem Tod hat man eine reine Erinnerung an das, was sie einem während ihrer kurzen Zeit gegeben haben.

Da Jude über vierzig bis dahin noch völlig gesund gewesen war, wäre es leicht gewesen zu sagen, wie falsch es doch war, dass so eine gute Frau im Alter von gerade mal vierundvierzig Jahren sterben musste. Doch Edward und sie hatten es akzeptiert, und sie waren dankbar, dass sie sich getroffen und eine so große Liebe kennengelernt hatten. Außerdem waren sie mit Layla gesegnet worden. In dieser Hinsicht war Jude ganz friedlich, denn sie wusste, dass sie die Ehre gehabt hatte, dieses bezaubernde kleine Mädchen durch seine ersten neun Lebensjahre zu begleiten. Natürlich tat ihr das Herz weh bei dem Gedanken, dass sie nicht mehr da sein würde, um zuzusehen, wie aus dem kleinen Mädchen eine Frau wurde, und sie dachte auch an den Schmerz, den Layla durch den Verlust ihrer Mutter erleiden würde. Doch das Wissen, dass ihre Tochter einen liebenden Vater hatte, der sie auf ihrem weiteren Lebensweg begleiten würde, half Jude sehr.

Inzwischen war Jude völlig auf die Hilfe anderer angewiesen und konnte sich nicht mehr aus eigener Kraft bewegen. Doch am meisten frustrierte es sie, dass sie nicht mehr sprechen konnte. Als ich sie eines Abends umbettete, erzählte sie mir, ihre größte Angst sei, eines Tages nicht mehr mitteilen zu können, dass sie Schmerzen habe, und dann im Bett liegen und alles aushalten zu müssen. Ich dachte darüber nach, wie schwierig das Leben sein kann und was für verschiedene Lektionen es jedem von uns erteilt. Was für eine grässliche

Art, seine letzten Wochen zu verleben – bei Bewusstsein zu sein, aber keine Kommunikationsmöglichkeit mehr zu haben. Und dazu Schmerzen, die niemand bemerkt oder zumindest nicht wüsste, wie man sie beheben könnte. Das geschieht sicher auf der ganzen Welt bei Menschen mit Krankheiten wie Schlaganfällen oder Hirnverletzungen. Oh Gott, was für eine schreckliche Art zu leben. Das rückte mein eigenes Leben gleich wieder ein bisschen in die richtige Perspektive.

Ich hörte, wie Judes Sprechfähigkeit jeden Tag ein Stück schlechter wurde. Manchmal ging es noch relativ gut. An anderen Tagen konnte ich nur verstehen, was sie meinte, weil wir einander kannten und ich aus der Intuition heraus arbeitete. An solchen Tagen griff Jude manchmal auf ein spezielles Computerprogramm zurück. Zwischen den Gläsern einer Spezialbrille befand sich ein Laser, den sie auf die Buchstaben auf dem Bildschirm richten konnte. Wenn sie lange genug auf einem Buchstaben verweilte, wurde er geschrieben, und dann ging sie weiter zum nächsten. Sobald sie ein paar Buchstaben geschrieben hatte, wurde ein ganzes Wort vorgeschlagen, und so weiter. Das ging zwar sehr langsam, aber zumindest konnte sie sich so Gehör verschaffen. Im Stillen dankte ich den Menschen, die ihr solche Möglichkeiten gaben, indem sie dieses Programm entwickelt hatten. Doch bald würde Jude nicht einmal mehr ihren Kopf bewegen können, und dann ließ sich auch der Computer nicht mehr nutzen.

An ihren guten Tagen hörte ich also so viel wie möglich zu, während Jude redete. Sie hatte vieles zu sagen. Ich hielt ihr geduldig immer wieder ein Saftglas an die Lippen, so dass sie Schlückchen um Schlückchen nehmen konnte, damit sie weiter sprechen konnte. Vor allem eines wollte sie mitteilen, und das tat sie immer und immer wieder. »Wir müssen den Mut haben, unsere Gefühle zum Ausdruck zu bringen«, sagte sie. Wie passend, dachte ich, im Hinblick auf meinen eigenen Lebensweg.

Obwohl sie durch ihre Entscheidung für Edward jede Beziehung zu ihrer Mutter verloren hatte, war sie glücklich, weil sie wusste, dass sie zumindest dafür mutig genug gewesen war, und sie hatte es auch nie bereuen müssen. Doch jetzt sehnte sie sich danach, ihre Gefühle mit ihrer Mutter zu teilen, denn diese hatte Jude nie als Mutter erlebt. Jude hatte ihr schon vor einiger Zeit einen Brief geschrieben, der in Edwards Schreibtischschublade wartete. Tatsächlich wusste die Mutter von der Krankheit. Aber sie blieb stur und unversöhnlich und war unfähig, ihre sterbende Tochter zu besuchen.

»Wir müssen lernen, unsere Gefühle *jetzt* auszudrücken«, betonte Jude. »Nicht, wenn es schon zu spät ist. Keiner von uns kann wissen, wann es zu spät ist. Sag den Menschen, dass du sie liebst. Sag ihnen, dass du sie zu schätzen weißt. Wenn sie deine Ehrlichkeit nicht mögen oder anders reagieren, als du es dir erhofft hattest, ist das egal. Wichtig ist nur, dass du es ihnen gesagt hast.«

Sie meinte, das sei genauso wichtig für die Sterbenden wie für die Hinterbliebenen. Die Sterbenden müssen wissen, dass alles gesagt ist. Das bringt ihnen Frieden, sagte sie. Wenn die Hinterbliebenen auch den Mut haben, ihre Gefühle ehrlich auszudrücken, werden sie dieses Versäumnis bei ihrem eigenen Ableben nicht beklagen müssen. Und sie müssen auch nicht mit dem Schuldgefühl leben, dass ein geliebter Mensch gestorben ist und dabei Dinge ungesagt geblieben sind.

Diesen Punkt klarzumachen war Jude ein umso dringenderes Anliegen, als sie ein Jahr zuvor unerwartet eine Freundin verloren hatte. Das hatte ihre Welt völlig erschüttert. Tracey war eine quirlige Frau gewesen, der Mittelpunkt jeder Party. Alle mochten sie, weil sie so ein großes Herz hatte und niemals voreingenommen war.

»Man verliert sich so leicht in der Geschäftigkeit seines eigenen Lebens und verbringt nicht genug Zeit mit den Menschen, die man liebt, seien es Verwandte oder Freunde.

Aber man muss sich den Gedanken abgewöhnen, dass diese geliebten Menschen ewig da sein werden. Im Nu kann es vorbei sein«, mahnte Jude. Sie war dankbar, dass sie die Zeit gehabt hatte, Abschied zu nehmen, aber sie betonte, dass nicht jeder den Vorteil hat, am Ende noch einmal seine Gefühle auszudrücken. Tatsächlich haben Millionen von Menschen keine Zeit dafür, weil sie ganz plötzlich sterben.

Obwohl sie dadurch, dass sie ihre Gefühle für Edward klar ausgedrückt hatte, die Beziehung zu ihrer Mutter ruiniert hatte, war Jude natürlich froh, dass sie den Mut zur Ehrlichkeit gehabt hatte. Auf diese Weise konnte sie nicht nur die Fülle der Liebe erfahren, die Edward und sie immer noch teilten, sondern hatte auch ihren inneren Frieden, weil sie wusste, dass sie ihrem Herzen treu geblieben war. Es machte ihr auch deutlich, wie stark sie bis dahin unter der Kontrolle ihrer Eltern gestanden war, vor allem ihrer Mutter. Wenn eine Beziehung auf Kontrolle aufbaut, sagte sie, wie kann man dann überhaupt eine wirklich gesunde Beziehung zum anderen unterhalten? Wenn das also die einzige Art von Beziehung war, die man ihr anbot, dann war sie besser bedient, wenn sie darauf verzichtete.

Nachdem sie den Versuch unternommen hatte, mit ihrer Mutter zu sprechen, konnte Jude nun sagen, dass sie ohne Schuldgefühle sterben würde. Sie hatte den Mut besessen, ihren Gefühlen Ausdruck zu geben. Gott sei Dank hatte sie sich Tracey gegenüber genauso verhalten – Jude war immer sehr ehrlich zu ihr gewesen, und so groß der Schock war, die Freundin zu verlieren, war sie doch ohne jedes Schuldgefühl. Nur wenige Tage vor dem Tod ihrer Freundin waren die beiden zusammen Mittag essen gegangen. Als sie sich zum Abschied umarmten, hatte Jude Tracey gesagt, wie sehr sie sie liebte und wie viel ihr ihre Freundschaft bedeutete.

Bei den meisten Verwandten und Freunden von Tracey hatte es anders ausgesehen. Sie war so fröhlich gewesen, dass sich wohl kaum einer hätte vorstellen können, sie könnte irgendwann nicht mehr da sein. Und dann verlor sie ganz plötzlich ihr Leben bei einem Autounfall. Die letzten Ausläufer des Schocks und der Schuldgefühle waren in Judes Freundeskreis fast ein ganzes Jahr später immer noch spürbar.

»Sie hat das Leben anderer verändert, aber sie haben es ihr nie gesagt. Tracey gehörte nicht zu der Sorte Menschen, die Bestätigung brauchen, das nicht. Aber jetzt müssen die Leute damit leben, dass sie sich diese Mühe nicht gemacht haben, und ich habe beobachtet, wie manchen von ihnen die Schuldgefühle das Leben vergiften, weil sie sich damit quälen, was sie anders hätten machen sollen.« Das konnte ich freilich gut verstehen. »Außerdem hätte Tracey die ausdrückliche Wertschätzung zwar nicht gebraucht«, fuhr Jude fort, »aber es hätte sie sicher gefreut, solche Worte von anderen zu hören. Sie war so offen und so wunderbar. Und jetzt ist sie weg.«

Ich stimmte ihr natürlich zu. Seine Gefühle mitzuteilen und aufrichtig miteinander zu sein ist wichtig. Mich hatte das Leben schon ganz besonders mit dieser Art von Lektionen bombardiert, und jetzt wurden sie mir im Gespräch mit Jude erneut erteilt. Sie war eine wunderbare Frau mit einer natürlichen Eleganz, obwohl sie teilweise schon die Kontrolle über ihren Körper verlor. Manchmal sabberte sie, und ihre Kleidung musste eher praktischen als modischen Überlegungen gehorchen. Doch ihr Geist und der Rest von dem, was sie einmal gewesen war, blieb mit seiner ganzen Strahlkraft erhalten. Ich lächelte sie an und brachte meine Zustimmung zum Ausdruck: »Das stimmt. Es wird so vieles aus Stolz, Trägheit oder Angst vor Demütigungen zurückgehalten. Aber manchmal erfordert diese Ehrlichkeit auch eine Menge Mut, Jude, und wir sind nicht immer stark genug.«

»Ja, Mut braucht man allerdings, Bronnie«, erwiderte sie. »Das versuche ich ja gerade zu sagen. Man braucht Mut, seine Gefühle auszudrücken, vor allem, wenn etwas nicht gut läuft und man Hilfe braucht oder wenn man einem Menschen, den man liebt, nie seine aufrichtigen Gefühle eröffnet hat und nicht weiß, wie er es aufnehmen wird. Aber je mehr man es übt, umso leichter wird es. Stolz ist so eine Zeitverschwendung. Ganz ehrlich, schau mich doch an, wie ich hier liege. Ich kann mir nicht mal mehr selbst den Hintern abwischen. Aber was macht das schon? Wir sind alle Menschen. Wir dürfen auch verletzlich sein. Das gehört dazu.«

Bevor ich zu Jude und Edward kam, war das Leben besonders schwer für mich gewesen. Ich beschloss, Jude einiges davon zu erzählen, weil es zeigte, wie schwierig es zuweilen sein kann, anderen seine Gefühle mitzuteilen.

Meine Pflegejobs waren eine Weile nicht mehr so regelmäßig gekommen. Mal kam alles auf einmal, dann wieder gar nichts. Es störte mich nicht weiter, weil von dieser Zeit eben meine kreative Arbeit profitierte. Doch nach annähernd zwei Monaten fast ohne Arbeit wurde es langsam ein bisschen schwierig, und weit und breit war kein Job in Sicht. Das Geld, das ich verdiente, investierte ich normalerweise gleich wieder in meine kreative Arbeit, daher hatte ich keine großen Ersparnisse, auf die ich hätte zurückgreifen können. Doch nachdem ich derlei Engpässe früher schon überstanden hatte, machte ich mir in solchen Momenten nie allzu große Sorgen.

Mit den Housesitter-Jobs lief es genauso. Manchmal hatte ich keine Ahnung, wo ich als Nächstes hinziehen würde, und wusste nur, wann die Besitzer meiner derzeitigen Bleibe zurückkehrten. Doch normalerweise tauchte in letzter Minute das nächste Haus auf. Wenn ich besser drauf war, genoss ich dieses Risiko und die Aufregung sogar ein wenig. Da floss schon Adrenalin. Es geschah relativ oft, dass mich jemand ganz panisch anrief und fragte, ob ich auf sein Haus aufpassen könnte, und zwar ab morgen, weil er ganz plötzlich verreisen musste. Bei diesen Telefonaten gab es auf beiden Seiten erleichterte Seufzer und Lächeln.

Manchmal stimmten sich die Kunden meines Housesitting-Netzwerks auch miteinander ab, um sicherzugehen, dass ich auch bestimmt verfügbar war. Sie planten ihre Urlaube so, dass sie abfuhren, wenn andere Freunde wieder nach Hause kamen. Dann wurde ich manchmal auf Monate im Voraus gebucht. Das mochte ich, denn es machte das Leben gleich viel einfacher.

Doch dann gab es wieder Zeiten, wo ich einfach nichts fand, so dass ich ein paar Tage oder auch ein, zwei Wochen zwischen zwei Housesitting-Jobs kein Dach über dem Kopf hatte. Dann verließ ich entweder die Stadt, besuchte jemand auf dem Land und genoss die Pause. Oder, wenn ich einen besonderen Patienten hatte, den ich nicht allein lassen wollte, übernachtete ich im Gästezimmer oder auf dem Sofa einer Freundin. Anfangs war es ganz einfach. Aber nachdem ich ein paar Jahre so gelebt hatte, wurde es mir langsam unangenehm, um Unterkunft zu bitten, und ich hatte das Gefühl, nicht mehr ganz so willkommen zu sein. Meine Freunde behaupteten zwar, das sei nicht wahr. Sie unterstützten mich und verstanden mich gut genug, um zu wissen, dass ich nicht ewig so weitermachen würde. Als ich in den Jahren zuvor eine eigene Wohnung gehabt hatte, hatte ich immer Besuch gehabt, aber ich tat mich mit dem Geben eben leichter als mit dem Nehmen, da hatte ich noch etwas zu lernen.

Wenn ich Freunde mehrmals um Obdach bitten musste, fühlte ich mich absolut mies. Ich hatte zwar viele Verletzungen aus meiner Vergangenheit aufgearbeitet und dadurch Mitgefühl für andere entwickelt, aber es kostete mich noch viel Arbeit und Schmerzen, meine Einstellung zu mir selbst zu ändern. Ich musste jahrzehntelang eingeübte negative Denkmuster auflösen, und es dauerte eine ganze Weile, bis ich mein Denken von Grund auf ändern konnte. In vielerlei

Hinsicht war die Saat für Neues und Positives gelegt worden, die jetzt auch allmählich aufging. Aber ich musste immer wieder das alte Unkraut ausreißen, das manchmal noch an die Oberfläche wollte.

Einmal hatte ich schon ewig keinen Job mehr gehabt, das Geld war so gut wie aufgebraucht, und ich war verzweifelt. Also rief ich meine beste Freundin an und fragte sie, ob ich bei ihr wohnen könnte. Aber sie machte selbst gerade einiges durch, so dass diese Möglichkeit ausfiel. Es ging dabei überhaupt nicht um mich, sondern um ihre eigenen Angelegenheiten und ihr Leben. Aber auf Grund meiner Denkmuster und meines damaligen emotionalen Zustands empfand ich es als totale Zurückweisung und fühlte mich noch mieser, weil ich sie auch noch in eine Lage gebracht hatte, in der sie Nein sagen musste. Widerstrebend rief ich noch ein paar andere Freunde an, aber, nein, tut uns leid, voll belegt mit Besuch aus dem Nachbarstaat, selbst verreist, völlig in einem Projekt versunken, das alle Konzentration erfordert. Ich hatte kein Geld mehr, um die Stadt zu verlassen und zurückzukommen, und leihen wollte ich mir nichts, denn dann hätte ich mich bloß noch schlechter gefühlt. Also gewöhnte ich mich an den Gedanken, dass ich vorerst in meinem Auto schlafen musste.

Früher, als ich noch in meinem Jeep umhergereist war, war das kein Problem gewesen. Im Gegenteil hätte ich mir damals kaum einen schöneren Schlafplatz vorstellen können als das gemütliche Bett in diesem alten Auto. Aber im Reiskörnchen war das etwas ganz anderes – das Auto war so klein, dass ich im Liegen nicht mal die Füße ausstrecken konnte. Außerdem hatte es keine Vorhänge, die mir ein bisschen Privatsphäre verschafft hätten, und es war mitten im Winter. Doch mir fiel niemand ein, den ich hätte anrufen können, ohne mir noch doofer vorzukommen. Ich hatte zwar ein bisschen Angst, so exponiert in der Stadt zu schlafen, aber ich fügte mich in mein Schicksal, weil ein verzweifelter Mensch das manchmal eben tun muss.

Also fuhr ich vor dem Dunkelwerden durch die Stadt, um mir ein paar Plätze anzusehen, die mir passend und einigermaßen sicher schienen. Außerdem musste ich ja dran denken, dass ich vielleicht einmal auf die Toilette musste, und ich hatte wahrlich keine Lust, die Leute aufzuscheuchen, indem ich mitten in der Nacht in ihren Vorgarten pinkelte. Das war nicht die Art von Aufmerksamkeit, die ich brauchte, gerade in meiner momentanen Gefühlslage.

Wenn man obdachlos ist und keinem auffallen will, sind die Tage ganz schön lang. Man kann sich erst ein Plätzchen zum Bleiben einrichten, wenn alle anderen zu Hause sind und es sich selbst gemütlich gemacht haben, und bei Sonnenaufgang muss man schon wieder wach sein und wegfahren. In der Zwischenzeit ist man obdachlos, das heißt man kann nicht heimfahren und abwarten. Ja, das waren lange Tage, und die Nächte waren sehr ungemütlich, ekelhaft kalt und einsam.

Eines Nachts ging ich zu einem Konzert in ein Café, und versuchte dann so lange wie möglich bei einer Tasse Tee zu bleiben. Ich kam mir vor wie der alte Mann in Ralph McTells Song »Streets of London«, der versucht, sich seine Tasse Tee die Nacht über so einzuteilen, dass er im Café bleiben kann. Ironie des Schicksals, dachte ich mir, dass ausgerechnet dieses Lied eines der ersten war, die ich auf der Gitarre gelernt hatte.

Bei Sonnenaufgang ging ich zu den öffentlichen Toiletten am Strand, bis sie aufmachten. Dort wusch ich mich, putzte mir die Zähne und ging auf die Toilette, während ich die finsteren Blicke des städtischen Angestellten über mich ergehen ließ, der die Anlage aufgesperrt hatte. Ich glaube, er hielt mich für einen wilden Camper, eine Schmarotzerin oder so was. Aber er hätte gar nicht schlechter von mir denken können, als ich selbst von mir dachte. Also war es mir im Grunde egal. Und eine der Segnungen, die ich aus meiner Zeit mit der Pflege Sterbender mitgenommen hatte, war die, dass es mir tatsächlich ziemlich egal war, was andere über mich dachten. Ich hatte genug eigene Probleme.

Einen anderen Abend ging ich zum Hare-Krishna-Projekt »Gebt den Hungernden zu essen«. Als ich mich jetzt in die Schlange stellte, wurde mir wieder die Ironie des Schicksals bewusst, denn für genau dieses Programm hatte ich, wenn ich Geld hatte, des Öfteren zehn oder zwanzig Dollar in die Spendendose gesteckt. Ich mochte die Hare-Krishna-Bewegung. Sie waren Vegetarier, spielten fröhliche Musik und gaben hungrigen Leuten zu essen. Das reichte mir. Aber jetzt war ich der Empfänger ihrer Gefälligkeiten, und das fand ich ziemlich demütigend.

Eines Morgens, als ich auf einem Felsen am Hafen saß, betete ich um Kraft, Ausdauer und ein Wunder. In diesem Moment kam eine ganze Schule Delfine vorbei, einer warf sich spielerisch aus dem Wasser. Gerade hatte ich mein Leben noch so ernst und sorgenvoll betrachtet, aber dieser Anblick gab mir wieder ein bisschen Hoffnung. Dann fielen mir ein paar Freunde ein, die ein wenig außerhalb der Stadt wohnten, und ich beschloss, sie anzurufen und um Unterkunft zu bitten. Sie waren immer so nett gewesen, aber mein Gefühl von Wertlosigkeit und Versagertum hatte mir den Schwung genommen, noch mehr Leute um Hilfe zu bitten oder überhaupt nur nachzudenken, wen ich sonst noch ansprechen könnte. Ich hatte nicht den Mut gehabt, meine Gefühle auszudrücken, obwohl ich zu diesen freundlichen Menschen einfach nur hätte sagen müssen: »Hej, mir geht's gerade scheiße. Kann ich bitte zu euch kommen und eine Weile bei euch wohnen?«

Nachdem ich diesen Entschluss gefasst hatte, wurde mir gleich viel leichter ums Herz, und ich brach zu einem Spaziergang am Hafen auf. Doch noch bevor ich meine Freunde anrufen konnte, klingelte mein Handy, und es war Edward, der mich fragte, ob ich gerade frei war und mich um Jude kümmern könnte und ob ich wohl gleich anfangen könnte. Falls ich eine Wohnung brauchte, hätten sie auch ein schönes Apartment auf ihrem Grundstück. In dieser Nacht konnte ich mich wieder richtig ausstrecken und litt nicht mehr unter der Kälte und Krämpfen. Nach einem erholsamen Bad legte ich mich unter eine warme, kuschelige Decke. Ich hatte ein gesundes Essen mit drei wunderbaren Leuten zu mir genommen und verdiente wieder Geld. Wie schnell sich das Leben doch ändern kann!

Ich könnte jetzt natürlich auf diese Zeit zurückblicken und sagen, das lag alles daran, dass mir die Arbeit und die Housesitting-Angebote ausgegangen waren. Rein äußerlich stimmt das ja auch. Aber ich hatte die Situation durch meinen Mangel an Selbstwertgefühl geschaffen und indem ich die schlechte, alte Saat bewässerte. Anscheinend waren aber auch ein paar neue Saatkörner aufgegangen, denn bei anderen Gelegenheiten gelang mir schon ein wundervolles, großzügiges Leben. Doch es brauchte eine gewisse Zeit, bis ich lernte, diese alten Muster in meinem Kopf zu löschen, und ich hatte es mir noch schwerer gemacht, weil ich so unfähig war, um Hilfe zu bitten.

Als ich einmal zu einem späteren Zeitpunkt wieder eine Flaute bei den Housesitting-Anfragen erlebte, rief ich die Freunde an, die mir an jenem Morgen mit den Delfinen eingefallen waren, und sie luden mich freudig und liebevoll ein, ihr Gästezimmer zu beziehen. Es war mir wieder möglich, die Güte in mein Leben zu lassen. Ich musste immer noch viel lernen, wenn es darum ging, meine Gefühle auszudrücken, aber ich machte Fortschritte.

Ich erzählte Jude, dass ich Offenheit erst wieder erlernen musste, weil ich mich in der Vergangenheit sehr verschlossen hatte. Daher wusste ich ihre Ansichten und die Gelegenheit zu einem ehrlichen Gespräch über all diese Fragen so zu schätzen. »Wir müssen alle manchmal daran erinnert werden, Bronnie. Jeder schluckt ab und zu Dinge herunter, die gesagt werden müssen, ob die Leute sie hören wollen oder nicht. Wir müssen unsere Gefühle ausdrücken, um selbst zu wachsen. Damit ist allen Beteiligten geholfen, auch wenn sie es nicht merken. Und Ehrlichkeit funktioniert eben auch am besten.«

Ich blickte lächelnd zu den Schiffen im mondbeschienenen Hafen hinaus. Es war eine großartige Szenerie. Jude wandte sich wieder dem Thema Schuldgefühle zu und dass wir selbst entscheiden können, ob wir sie nicht vermeiden wollen, indem wir unseren Gefühlen ganz aufrichtig Ausdruck verleihen. Dann müssen wir uns nicht sagen, dass es zu spät ist, wenn ein geliebter Mensch sehr plötzlich stirbt. Und dann können wir auch ohne Einschränkungen sein, wie wir als Kinder waren. Wir sollten uns niemals schuldig fühlen, weil wir unsere Gefühle ausdrücken, und wir sollten niemals anderen Schuldgefühle einflößen, weil sie mutig genug dazu waren.

Nach ein paar Monaten mit Jude hatte sich ihr Zustand so drastisch verschlechtert, dass sie in ein Hospiz eingeliefert wurde. Meine Agentur versorgte mich gerade wieder regelmäßig mit Aufträgen, und ich hatte auch wieder ein längerfristiges Housesitting-Angebot. Als ich Jude im Hospiz besuchte, freute ich mich, auch von Edward und Layla die neuesten Neuigkeiten zu hören. Auf der anderen Seite des Bettes saß eine Dame, die ich noch nie gesehen hatte, aber man brauchte nicht lange, um die Ähnlichkeit zwischen Jude und ihrer Mutter festzustellen.

Edward hatte die Initiative ergriffen und Judes Brief ihrer Mutter geschickt, bevor seine geliebte Frau starb. Sie konnte inzwischen nicht mehr sprechen, aber in diesem Brief war alles gesagt worden. Jude hatte ihrer Mutter offenbart, dass sie sie geliebt hatte und immer noch liebte. Sie schrieb von glücklichen Erinnerungen, die sie immer noch hochhielt, und von den positiven Dingen, die sie von ihrer Mutter gelernt hatte. Der Brief enthielt überhaupt nichts Negatives, denn Jude hasste Schuldgefühle und wollte ihrer Mutter mitteilen, dass sie trotz der Traurigkeit ihrer Beziehung immer noch geliebt wurde. Ganz unerwartet war die Mutter ein paar Tage später aufgetaucht und war seitdem jeden Tag da gewesen. Sie hielt ihrer Tochter die Hand und sah zu, wie ihr Leben zu Ende ging.

Nachdem ich eine Weile mit ihr geredet hatte, nahm ich endgültig Abschied und bedankte mich bei ihr für alles. »Wir sehen uns, wenn ich auch dorthin komme, Jude«, sagte ich unter Tränen und lächelte. Sie antwortete mit einem Knurrlaut, und ihre Augen lächelten, was ihr Mund schon längst nicht mehr konnte.

Edward und Layla begleiteten mich zum Reiskörnchen. Er hatte meine eine Hand gefasst, sie meine andere. Wir waren alle in Tränen gebadet. Aber es floss so viel aufrichtige Liebe zwischen uns, dass die Tränen egal waren. Er erzählte mir, dass Judes Mutter viel mit ihr geredet hatte und Jude Tränen über die Wangen gelaufen waren, vor allem, als sie ihre Mutter sagen hörte, dass sie sie liebte. Ihre Mutter entschuldigte sich, so voller Vorurteile gewesen zu sein. Sie gab zu, ihre Tochter insgeheim beneidet zu haben, um ihren Mut, die Meinung der Gesellschaft zu ignorieren. Ihre Mutter hatte diese Courage nicht gehabt und sich damit selbst das wahre Glück verbaut.

Nachdem ich Edward und Layla zum Abschied umarmt hatte, wünschte ich ihnen das Beste für ihr zukünftiges Leben. Ich dachte an die wunderbare Jude, die dort drinnen lag, mit ihrer Mutter an der Seite, und daran, wie stark die Kraft der Liebe ist. Mein Herz tat weh, aber irgendwie war es auch voll Freude.

Ich war positiv überrascht, als ich ein paar Jahre später eine Mail von Edward bekam. Layla und ihre Großmutter hatten sich noch ein paar wunderschöne Monate lang kennenlernen können, bevor auch die alte Dame starb. Wie er sagte, war sie wie verwandelt, und manchmal erinnerte sie ihn an seine wunderbare Jude. Als die Immobilien verkauft waren, verließen Edward und Layla die Stadt und zogen in die Berge, wo die Luft sauber war und sie näher bei seinem Vater wohnten. Ungefähr ein Jahr zuvor hatte er eine neue Frau kennengelernt, und inzwischen war eine kleine Schwester für Layla unterwegs.

In meiner Antwortmail wünschte ich ihnen allen das Beste. Nur zu gern schrieb ich ihm auch, was mir von Jude so lebhaft in Erinnerung geblieben war: ihr Lächeln, ihre Geduld in ihrer Krankheit, ihre Schicksalsergebenheit und die Entschlossenheit, mit der sie mir mitteilte, was ihr am Herzen lag. Schuldgefühle sind Gift. Wer glücklich leben will, muss seine Gefühle ausdrücken.

Ich weiß heute noch, wie ich neben ihrem Bett saß, der Vollmond schien aufs Wasser, und Jude sprach mit mir. Sie war entschlossen zu reden, bis sie keine Stimme mehr hatte.

Sie hat mir vermittelt, was ihr wichtig war, und ich weiß jetzt selbst, wie schön es ist, seine Gefühle auszudrücken, so ehrlich, wie ein Delfin seine Freude zeigt, wenn er seine Luftsprünge macht.

Sicherer Lohn

Bei kurzfristigen Einsätzen in Pflegeheimen hatte ich hin und wieder schon mit Patienten gearbeitet, die an Alzheimer litten. Doch Nanci war meine erste sterbende Patientin, die an dieser Krankheit litt und die ich zu Hause betreute. Sie war eine sanfte Frau gewesen, Mutter von drei Kindern und Großmutter von zehn Enkeln. Ihr Mann war noch da, betrat aber nur selten das Zimmer. Man hätte fast vergessen können, dass er überhaupt noch im Hause lebte.

Nancis drei Schwestern und zwei Brüder kamen sie abwechselnd besuchen und anfangs auch ein paar Freunde, doch diese Besuche wurden mit der Zeit immer seltener. Sich um Nanci zu kümmern war harte, anstrengende Arbeit. Sie war ruhelos und schwer zu beaufsichtigen, denn sie wollte nie länger als eine Minute an einem Ort bleiben und war dabei die meiste Zeit schrecklich nervös. Friedliche Momente waren rar für sie und damit natürlich auch für mich.

Irgendwann nahm diese qualvolle Unruhe so besorgniserregende Formen an (vor allem für die Familie), dass die Dosis ihrer Medikamente erhöht wurde. Danach schlief Nanci teilweise auch tagsüber. Wenn sie wach war, konnte sie überhaupt keine sinnvollen Worte und Sätze mehr äußern, wie es für Alzheimerpatienten typisch ist. Teile eines Wortes wurden mit Teilen eines anderen vermischt. Manchmal ließ sich ein englischer Dialekt erkennen, aber nichts Strukturiertes, Zusammenhängendes. Trotzdem behandelte ich Nanci wie all meine Patienten mit Liebe und Sanftheit, plauderte mit ihr, während ich sie versorgte. Manchmal nahm sie zur Kenntnis, dass ich im Zimmer war, manchmal war sie meilenweit weg, und ich wäre ihr nicht mal aufgefallen, wenn ich zehn Köpfe gehabt hätte.

Ab und zu duschte ich sie selbst, wenn ich um acht Uhr morgens kam, aber normalerweise gehörte das zu den Aufgaben der Nachtschwester. Ich musste sie nur dann waschen, wenn die Nacht besonders anstrengend gewesen war und Nanci bei meiner Ankunft noch schlief, was mir aber genauso recht war. Doch meistens wurde sie gerade geduscht, wenn ich um acht Uhr morgens eintraf. Dann saß Nanci auf ihrem Waschstuhl, ließ sich von der Nachtschwester einseifen und lächelte mich manchmal an. Eine der Schwestern hatte jedoch völlig andere Pflegemethoden als wir anderen, und sie bestand darauf, dass man dort, wo sie herkam, die Dinge eben so machte.

Der erste Vorfall ereignete sich eines eiskalten Wintermorgens. Als ich in Nancis Zimmer kam, lag sie dort nackt und ohne Decke auf dem Bett und schlotterte vor Kälte. Sie war gerade geduscht worden, dabei hatte sich ihr Darm entleert, so dass nun ein riesiger Haufen Fäkalien unter ihrem Waschstuhl lag. Das war nichts Neues. Den Patienten ging es oft so, wenn ihr Hintern durch die Öffnung auf dem Stuhl hing, weil ihre Gedärme dieses Gefühl mit einem Toilettensitz assoziierten. Die Stühle wurden ja auch benutzt, um über einer Toilette sitzen zu können, wenn der Patient einen erhöhten Sitz brauchte. Somit war es nicht ganz ungewöhnlich, dass so etwas auch einmal in der Dusche passierte.

Nanci war eine sittsame Frau aus einer sittsamen Familie. Es wäre schon traumatisch genug für sie gewesen, nackt ohne Decke dort zu liegen, aber nun fror sie auch noch erbärmlich. Wie sie so auf dem Bett lag, sah sie aus wie ein zerbrechliches kleines Kind. Rasch trocknete ich sie ab und breitete eine warme Decke über sie. Die andere Schwester war im Badezimmer, wo sie das Malheur beseitigte. Ich konnte nicht anders und musste eine Bemerkung zu diesem Vorfall machen, auch wenn ich es so diplomatisch wie möglich tat. Ich meinte, ich hätte das doch später saubermachen können, denn schließlich stehe doch die Bequemlichkeit des Patienten an erster Stelle, nicht der saubere Badezimmerboden. Die Schwester antwortete nur mit einem Schulterzucken.

Der nächste Vorfall ereignete sich ein paar Wochen später. Ich trage generell ungern eine Uhr und vermeide es, mir durch eine Uhr eine Struktur diktieren zu lassen, wenn es sich irgend umgehen lässt. Wenn ich mich also nach einem streng eingeteilten Zeitplan richten muss, setze ich mich nicht unter Stress und hetze mich nicht ab, um pünktlich zu sein, sondern plane lieber sehr, sehr viel Zeit für den Weg zur Arbeit ein. Auf diese Art kann ich die Fahrt, sei sie lang oder kurz, besser genießen und ganz bei der Sache sein. An diesem bewussten Morgen war der Verkehr so flüssig gewesen, dass ich wesentlich früher ankam als erwartet.

Nach dem ersten Vorfall war die Nachtschwester dazu übergegangen, Nanci einfach früher zu duschen. Deswegen sah ich nie, wie sie mit ihr umging. Diese Schwester und ich verstanden uns eigentlich ganz gut – wir hatten schon ein paar Patienten gemeinsam betreut und einander in den letzten Jahren öfters mal bei einem Schichtwechsel gesehen. Nichtsdestoweniger hatte ich angesichts ihrer mangelnden Empathie bei Nanci und anderen Patienten einige Mühe, sie weiterhin als professionelle Pflegerin zu betrachten. Meine Zweifel wurden noch größer, als ich ins Bad kam, um guten Morgen zu sagen, und die liebe kleine Nanci bibbernd und mit klappernden Zähnen auf ihrem Waschstuhl vorfand.

Als ich fragte, was los sei, erklärte mir die Pflegerin, dort, wo sie herkam, dusche man die Leute so: den Körper erst ein paar Minuten mit eiskaltem Wasser abbrausen, dann ein paar Minuten schön warmes Wasser, dann wieder ein paar Minuten kalt, dann warm, aber am Schluss immer kalt. Das regt die Durchblutung an, behauptete sie. Das mochte so stimmen, das wusste ich nicht, und es war mir auch egal. Ich selbst fühlte mich ja auch oft sehr belebt, wenn ich in kaltem Wasser geschwommen war.

Das Problem war nur, dass es mitten im Winter war. Draußen heulte der Wind und rüttelte an den Fenstern, und auch im Haus musste man mehrere Schichten Kleidung tragen. Diese kleine Frau war so krank, dass sie bald sterben würde, die brauchte ganz sicher keine Belebung, damit sie gleich noch eine Runde um den Block joggen konnte. Nanci war viel zu zerbrechlich, um überhaupt noch irgendetwas zu machen. Alles, was sie brauchte, war Wärme und Behaglichkeit. Wir sollten uns um ihr Wohlergehen kümmern, dazu gehört eben auch Behaglichkeit. Ganz sicher aber sollten wir die Patientin nicht mit verschreckter Miene auf ihrem Waschstuhl zittern lassen, bis ihr vor Kälte die Zähne klapperten. Meiner Meinung nach sollte diese goldige Dame einfach nur mollig warm eingepackt und liebevoll umsorgt werden.

Ich war zwar nie besonders energisch, aber wenn es nötig wird, kann ich schon auf gewisse Kräfte zurückgreifen. Und ich werde in dem Moment energisch, wo ich Zeuge von Ungerechtigkeit und Grausamkeit werde. Freundlich, aber ehrlich erklärte ich der anderen Schwester meinen Standpunkt. Sie verstand, was ich meinte, und akzeptierte, dass Nanci mit warmem Wasser zu Ende geduscht wurde.

Die endlose Reihe von Tagen lief immer nach demselben Schema ab. Die bewusste Nachtschwester wollte in Urlaub fahren und würde eine ganze Weile nicht da sein. Sie wurde ersetzt durch eine andere Pflegerin, Linda, die ich schon oft getroffen hatte. Es war immer erfrischend, sie von ihrer Schicht abzulösen, denn man konnte noch schön mit ihr plaudern. Ihr Arbeitsethos gehorchte einem hohen Standard. Ich war erleichtert für unsere Patientin und sprach ein aufrichtiges Dankgebet.

Nancis sprachliche Äußerungen waren weiterhin sehr unzusammenhängend. Wenn sie nicht im Bett war, war sie die meiste Zeit unverändert rastlos und erregt. Aber auf Grund ihrer höher dosierten Medikamente hielten diese Zustände nicht lang an. Die Seitengitter an ihrem Bett sollten normalerweise permanent hochgeklappt sein. Aber wenn die Lage ruhig war, klappte ich sie herunter, um die Barrieren zwischen uns zu entfernen. Manchmal reagierte Nanci besonders positiv, wenn ich sie verwöhnte, zum Beispiel wenn ich ihre Beine eincremte und massierte. Aber selbst in diesen ruhigeren Momenten sprach Nanci, wenn überhaupt, in der Sprache, die nur Alzheimerpatienten verstehen können. Es war weder Klarheit noch Struktur vorhanden, nur gemurmelte Silben, die zusammen keinen Sinn ergaben. Als ich sie kennenlernte, war ihre Sprache schon seit mehreren Monaten auf diesem Niveau.

Eines Tages, nachdem ich ihr beim Toilettengang behilflich gewesen war, schlurfte sie an meiner Hand zurück zum Bett. Da fiel mir irgendeine Tube aus der anderen Hand, und ich lachte, als ich mich bückte, um sie aufzuheben. Ich behandelte Nanci immer so wie alle anderen Patienten, auch wenn sie geistig meilenweit entfernt war. Also redete ich weiter mit ihr und lachte, als ich mich wieder aufrichtete. In diesem Moment sah Nanci mir ganz klar und direkt in die Augen und sagte: »Ich finde Sie ganz reizend.«

Ein Strahlen breitete sich auf meinem Gesicht aus, und wir standen uns eine Weile lächelnd gegenüber. Ich sah eine geistig völlig gesunde und klare Person an. In diesem Moment wusste sie absolut, was mit ihr geschah. Also erwiderte ich wahrheitsgemäß: »Ich Sie auch, Nanci.« Ihr Lächeln wurde auch breiter, und wir umarmten uns, und danach lächelten wir uns noch einmal an. Es war wunderschön.

Inzwischen konnte sie aber das Gleichgewicht nicht mehr besonders gut halten, also gingen wir Hand in Hand weiter zu ihrem Bett. Als ich sie auf die Kante setzte und mich bückte, um ihre Beine hochzuheben, sagte Nanci wieder einen völlig unverständlichen, durcheinandergewürfelten Satz in ihrer Alzheimersprache. Sie war wieder weggetreten, aber davor war sie kurz da gewesen, so klar, wie ein Mensch nur sein kann.

Niemand wird mich jemals vom Gegenteil überzeugen. Mag sein, dass Alzheimerpatienten die meiste Zeit nicht wissen, was um sie herum geschieht. Aber nur weil sie ihre Gedanken nicht klar vermitteln können und oft sehr verwirrt sind, heißt das noch lange nicht, dass sie nicht das eine oder andere doch mitbekommen. Als ich dieses Phänomen mit eigenen Augen gesehen hatte, änderte sich meine Sicht auf diese und andere Krankheiten völlig.

Ein paar Wochen später erwähnte ich diesen Vorfall Linda gegenüber. Sie stimmte mir zu, dass das ein ganz besonderes Ereignis gewesen war. Wenig später erlebte Linda auch einen Moment der Klarheit bei Nanci, wenn auch vielleicht nicht so entzückend. Es gehörte zu ihren Aufgaben als Nachtschwester, Nanci alle vier Stunden umzubetten, um Wundliegen zu vermeiden. Oft schlief die alte Dame dann gerade tief und fest, aber es musste gemacht werden, der Arzt hatte es so angeordnet. Doch in dieser Nacht, als Linda sich um vier Uhr morgens anschickte, sie umzudrehen, sagte Nanci sehr fest und klar zu ihr: »Wagen Sie es bloß nicht, mich jetzt zu bewegen.«

»Keine Sorge, Nanci«, antwortete Linda verdattert. »Träumen Sie was Schönes.« Sie war verblüfft, ging dann aber wieder schlafen.

Die Familie kam jeden Tag und erlöste mich für eine halbe Stunde von meinen Pflichten. Da die Schichten so lang und anstrengend waren, war ich froh über die Pause. Nancis Haus befand sich in einer Vorstadt in Strandnähe, ich musste also nur den Hügel hinuntermarschieren, schon stand ich auf einem Felsen direkt am Meer. Die Steine waren zum Teil mit Seepocken bewachsen, und in den Vertiefungen standen kleine Meerwasserpfützen, aber es blieb genug Platz, den Felsen zu überqueren und sicher bis an die Kante zu gelangen. Tief atmete ich die Seeluft ein und genoss die frische Brise und die Weite des Ozeans. Manchmal stand noch jemand auf den Klippen, ein Stückchen weiter draußen, ein Saxophonspieler. Es war geradezu magisch, diese perfekten Melodien über dem Rhythmus der Wellen zu hören. Ich stand da wie verzaubert und nahm alles in mich auf, bevor ich widerstrebend wieder den Hügel hochging. Aber dann hielt mich die Musik jedes Mal für den Rest meiner Schicht aufrecht.

Natürlich erzählte ich Nanci davon, auch wenn sie sich in einer komplett anderen Welt befand. Das störte mich nicht. Meine Absicht war nur die, sie nach Möglichkeit ein wenig zu stimulieren, indem ich ihr von der Außenwelt erzählte. Ihre eigene Welt bestand mittlerweile ja nur noch aus ihrem Schlafzimmer, dem Bad und dem Wohnzimmer.

Eine paar Monate lang erwähnte ich ihr gegenüber also immer den Saxophonspieler, ohne dass ich jemals eine Reaktion oder ein Zeichen von Interesse an ihr bemerkte. Doch eines Tages, als ich beschwingt zurückkam und die Melodie zu beschreiben versuchte, die er an diesem Tag gespielt hatte (als ob man Musik jemals mit Worten wirklich beschreiben könnte), sah Nanci mir in die Augen und lächelte. Als ich ein paar Minuten später die Wäsche in den Schrank legte, fing sie auf einmal an, eine Melodie zu summen. Normalerweise war dies die Tageszeit, zu der sie am rastlosesten war, aber heute summte sie pausenlos. Doch so plötzlich, wie es angefangen hatte, hörte es auch wieder auf, dann war sie wieder meilenweit entfernt und gab nur unverständliche Silben von sich.

Wenn ich solche kurzen Momente der Klarheit bei Nanci wahrnahm, war ich immer dankbar dafür, dass ich die ganze

Zeit hartnäckig mit ihr geredet hatte, obwohl ich normalerweise nicht die Reaktionen darauf bekam, die ich mir gewünscht hätte. Aber nur weil jemand nicht so reagiert, wie man es sich wünscht, sollte man noch lange nicht bereuen, dass man den Versuch unternommen hat, sich mitzuteilen.

Die Reaktion der anderen ist ihre Sache, so wie für unsere eigenen Reaktionen auch nur wir verantwortlich sind. Während die Mauern, die ich um mich herum errichtet hatte, Ziegel für Ziegel abgebaut wurden, spürte ich ein steigendes Bedürfnis, mich mitzuteilen. Es wurde mir wichtiger auszudrücken, wer ich war. In anderer Hinsicht wurde es aber auch weniger wichtig, weil es mir immer weniger ausmachte, wie andere mich sahen. Letztendlich ging es wahrscheinlich hauptsächlich darum, wie ich mich selbst wahrnahm. Ich wollte ab jetzt bedingungslos mutig und aufrichtig sein. Es begann sich tatsächlich gut anzufühlen, Offenheit zu lernen, richtig gut sogar.

Trotzdem wusste ich, dass andere Menschen in meinem Leben es nicht unbedingt begrüßen würden, dass ich mich in so vieler Hinsicht positiv veränderte. Ich schuf neue Denkmuster, die mich langsam von meiner Vergangenheit befreiten und mir immer mehr Kraft gaben. Das gefiel anderen nicht immer, aber ich musste die sein, die ich jetzt war, und nicht die Person, die die Leute gewöhnt waren und deswegen auch erwarteten. In mir wurde ein neuer Mensch geboren, und er wollte heraus und sein neues Selbst seiner Umwelt mitteilen.

Es gab eine Freundschaft in meinem Leben, die sich schrecklich unausgewogen anfühlte, und das war sie in der Tat schon seit mehreren Jahren. Offenbar hatte ich hier eine Lektion in Sachen Grenzen zu lernen, und die lernte ich nun auch. Während in meinem Inneren all diese Veränderungen vor sich gingen, einschließlich der Befriedigung, die aus dem ehrlichen Ausdruck der eigenen Gefühle erwächst, kam ich an den Punkt, an dem ich schließlich sagen musste, wie ich mich fühlte. Also erklärte ich meiner Freundin aufrichtig meine Gedanken, in der Hoffnung, dass sie sie verstehen würde. Es war kein Angriff auf sie, ich erklärte ihr nur, wie es sich für mich anfühlte, dass ich immer diejenige war, die sich anstrengte, unsere Treffen zu arrangieren, und dass ich da ein Ungleichgewicht spürte.

Wir waren lange befreundet gewesen, und ich war sicher, dass wir über solche Aufrichtigkeit eine Lösung finden würden. Aber stattdessen erfüllte die Aufrichtigkeit den Zweck, mir zu zeigen, dass wir in letzter Zeit nur noch durch unsere gemeinsame Geschichte und Gewohnheit verbunden gewesen waren. Meine Freundin reagierte auf meine Worte mit einer Wut, zu der ich sie gar nicht für fähig gehalten hatte. Ich verstand durchaus, dass Angst und Verletztheit diese Reaktion hervorriefen, aber die Wucht, die mir da entgegenschlug, warf mich um. Mir wurde klar, dass ich diese Person überhaupt nicht kannte. Solche Gehässigkeit hatte ich nie an ihr wahrgenommen oder vermutet. Als sie den Kontakt anschließend abbrach, konnte ich ihre Entscheidung ganz ruhig akzeptieren. Es wurde Zeit, gewisse Dinge hinter mir zu lassen und in die Zukunft zu schauen.

Unsere Freundschaft in den Jahren, in der sie bestanden hatte, betrachtete ich immer noch als ein wundervolles Geschenk, und das sehe ich auch heute noch so. Am Ende bleiben nur glückliche Erinnerungen, aber es war relativ schmerzlos für mich, diese Freundschaft loszulassen, denn ich empfand es als sinnlos, eine Beziehung weiterzuführen, in der Aufrichtigkeit und Ausgewogenheit nicht möglich waren. Niemand ist perfekt, und ich bin es auch nicht. Bewusst oder unbewusst habe auch ich zum Ende dieser Freundschaft beigetragen, aber wenn man in einer Beziehung verharrt, in der man nur um des lieben Friedens willen nicht offen ist, bedeutet das, dass einer diese Beziehung beherrscht und dass sie nie ausgewogen und gesund sein wird.

Auf der anderen Seite verbesserte meine Aufrichtigkeit ein paar Jahre später eine andere Freundschaft. Mein Leben veränderte sich sehr stark. Deshalb rief ich manchmal eine Freundin an, um das alles mit jemandem zu reflektieren, der mich gut kannte. Diese Freundin war nur selten greifbar, wenn sie selbst mich nicht gerade brauchte. Das Ganze spitzte sich eines Tages zu, und da ich völlig auf dem Zahnfleisch ging, erklärte ich ganz aufrichtig, dass ich sie jetzt wirklich eine Weile als Stütze brauchte. Diese Ehrlichkeit brachte uns zehnmal enger zusammen und war der Beginn eines wunderbaren Gesprächs. Sie erzählte mir auch eine Menge, und unsere Freundschaft profitierte vom gegenseitigen Respekt und unserer emotionalen Reife. Letztendlich war sie einfach nicht die Sorte Mensch, der hundertprozentig zuverlässig sein kann, das machten wir uns beide klar und akzeptierten es auch so.

Stattdessen begann ich mich mehr auf mich selbst zu stützen und mich auf alte Freunde zu verlassen. Das verringerte mein Bedürfnis nach ihrer Freundschaft, aber meine Freundin musste sich damit abfinden, dass ich nun eben auch nicht jederzeit für sie verfügbar war. Dafür hatte ich nicht immer die Kraft, und ich hatte auch kein Bedürfnis, diese Rolle weiter zu spielen. Dass wir unsere Schwächen jeweils akzeptierten und den Mut hatten, ehrlich zueinander zu sein, brachte uns in vielerlei anderer Hinsicht näher zueinander. Heute besteht diese Freundschaft immer noch, ohne jeden Druck. Sie ist reif, sehr ehrlich und immer vergnüglich.

Wir treffen uns nicht mehr so oft wie früher, um uns immer auf den neuesten Stand zu bringen, und unser Leben ist mit dem der anderen nicht mehr so stark verknüpft. Doch alle Beziehungen sind Veränderungen unterworfen, und dazu gehören eben auch Freundschaften. Trotzdem sind wir heute engere Freundinnen denn je. Wir sind aufrichtig und akzeptieren die andere so, wie sie ist, und sehen sie nicht so, wie wir sie jeweils haben wollen. Wenn wir es mal schaffen, uns zu treffen und uns alles Mögliche zu erzählen, genießen wir beide dieses Geschenk, Zeit und Verständnis füreinander zu haben.

Die Ehrlichkeit kann einen also teuer zu stehen kommen, wie bei meiner ersten Freundschaft, andererseits weiß ich, dass all die Beziehungen in meinem Leben, die bestehen bleiben, von reifer Aufrichtigkeit getragen werden und wirklich wertvoll sind. Zu zeigen, wer ich wirklich bin, ist heutzutage eine meiner größten Triebkräfte. Ehrlich zu sein und sich zu öffnen wird übrigens immer einfacher, wenn man erst einmal damit angefangen hat. Ich habe lange gebraucht, bis ich an diesen Punkt gekommen bin, aber es ist eine enorme Befreiung. Es versetzt mich auch in die Lage, die Kämpfe wahrzunehmen, die andere Menschen mit derselben Absicht führen. Wenn ich mir ansehe, was für einen Nutzen man vom aufrichtigen Ausdruck seiner Gefühle hat, kann ich nur hoffen, dass andere irgendwann auch an diesen Punkt gelangen.

Nancis kurze Reaktion auf mich, mitten in ihrer chaotischen Sprache, gehörte zu den schönsten Momenten, die ich je erlebt habe. Wenn ich mich ihr gegenüber vorher nicht ausgedrückt hätte, egal ob eine Reaktion zu erwarten war oder nicht, wäre ich nie so belohnt worden.

Es ist ganz schön riskant, davon auszugehen, dass die anderen schon wissen, wie man sich fühlt, oder dass sie immer da sein werden – schließlich könnten sie in der nächsten Stunde tot sein. Genauso wie wir. Das ist ein ganz schön hoher Preis, den wir da in Kauf nehmen, wenn wir Menschen für selbstverständlich nehmen. Nicht jeder Tag wird glücklich sein. Wir alle wachsen und haben schwierige Zeiten durchzustehen, aber wir haben auch schöne Gedanken, die wir teilen sollten. Deswegen ist es unerlässlich, seine Gefühle regelmäßig ehrlich mitzuteilen und anderen zuzuhören. Allzu leicht verliert man sich in seiner eigenen kleinen Welt und vergisst das alles.

Es gibt einen Song von einem bekannten und beliebten australischen Songwriter namens Mick Thomas, der genau diese Gewohnheit, andere für selbstverständlich zu nehmen, auf den Punkt bringt. Der Song handelt davon, wie ein Typ derart mit seinem eigenen Leben beschäftigt ist, dass er nicht mal merkt, wenn seine Frau ihre Haarfarbe oder andere Dinge verändert hat. Die wichtigste Botschaft, die zentrale Zeile dieses Liedes lautet: »Er vergaß, dass sie schön war.«

Obwohl es hier um jemanden geht, der seine Frau als selbstverständlich nimmt, lässt sich der Text auf jeden anwenden. Frauen nehmen ihre Männer auch für selbstverständlich und sehen ihre innere und äußere Schönheit nicht mehr. Außerdem merken Frauen nicht immer, dass Männer ihre Liebe auf andere Art zeigen, zum Beispiel indem sie Sachen für ihre Partnerin tun. Kinder nehmen ihre Eltern für selbstverständlich. Eltern manchmal auch ihre Kinder. Freunde, Cousins, Brüder, Schwestern, Kollegen, Großeltern werden alle für selbstverständlich genommen.

Es fällt uns leicht, bei anderen das in den Mittelpunkt zu stellen, was man nicht mag. In Wirklichkeit ist dies jedoch immer nur ein Spiegelbild unserer eigenen Person. Doch selbst die Dinge, die wir an anderen lieben, werden allzu oft nicht gewürdigt. Ja, manchmal erfordert es Mut, aufrichtig zu sprechen, und wir können die Reaktion unseres Gegenübers nicht beeinflussen. Wir müssen aber auch offen für seine Bedürfnisse sein.

Doch ich habe erfahren, dass Ehrlichkeit belohnt wird, auch wenn es vielleicht nicht auf die Art geschieht, die wir erwartet hätten. Vielleicht kommt die Belohnung in Form von Selbstrespekt oder als ein Leben ohne Schuldgefühle, wenn jemand gestorben ist, in Form von befriedigenderen

Beziehungen, als Ende von schädlichen Beziehungen oder in einer Weise, von der wir vorher nichts ahnten. Je länger man den ehrlichen Ausdruck seiner Gefühle aufschiebt, umso länger trägt man die Dinge mit sich herum, die gesagt werden müssen.

Von Nanci kamen keine klaren Worte mehr, aber das war egal. Das Geschenk, das ich an jenem Tag erhalten hatte, war mir Belohnung genug. Ihr Enkel bemerkte auch noch einmal einen klaren Moment bei ihr, als er ihr eines Nachmittags etwas vorsang. Nanci sagte nichts, aber sie sah ihrem Enkel in die Augen und lächelte ihn liebevoll an – nicht wie ein Alzheimerpatient, sondern wie eine Großmutter, die ihren Enkel stolz anlächelt, der sich an diesem Tag entschieden hatte, seine Gefühle durch Singen auszudrücken.

Wir können nicht vorauswissen, welche Geschenke uns begegnen, bevor sie da sind, aber eines weiß ich ganz bestimmt: Mut und Aufrichtigkeit werden *immer* belohnt.

Versäumnis Nummer 4:

Ich wünschte, ich hätte den Kontakt zu meinen Freunden gehalten.

Zwischen den langfristigen Pflegejobs in den Privathäusern meiner Patienten arbeitete ich immer mal wieder Schichten in Pflegeheimen. Allerdings keine gewöhnlichen Schichten, wofür ich ganz dankbar war, denn ich fand diese Heime absolut grässlich. Die Patienten dort lagen nicht unbedingt im Sterben, sondern brauchten nur spezielle Hilfe. Manchmal wurde ich einfach als zusätzliche Arbeitskraft für ein bestehendes Team angestellt und sollte mich gar nicht um einen bestimmten Patienten kümmern.

Wenn man sich seine Illusionen über unsere Gesellschaft bewahren möchte, sollte man Pflegeheimen tunlichst fernbleiben. Doch wenn Sie sich stark genug fühlen, um sich das Leben ungefiltert anzusehen, dann besuchen Sie doch mal eines und verbringen Sie ein bisschen Zeit dort. Viele einsame Menschen gibt es da – richtig viele. Und jeder von uns könnte jederzeit auch dort landen.

Bei diesen Gelegenheiten erlebte ich auch verschiedene Pflegeteams. Das war manchmal eine niederschmetternde Erfahrung, manchmal aber auch sehr beeindruckend. Einige Pfleger, mit denen ich in diesen Jahren kurz zusammenarbeitete, waren wunderbare, gutherzige Menschen, die ganz offensichtlich den richtigen Beruf gewählt hatten. Sie waren geistig rege und hatten ein freundliches Wesen. Dem Himmel sei Dank für solche Leute. Doch da die meisten Pflegeheime personell unterbesetzt sind, müssen die Mitarbeiter ihre gute Laune permanent auf eine ganze Menge Patienten verteilen.

Am anderen Ende der Skala waren die, die im Laufe ihres Arbeitslebens müde und mutlos geworden waren oder die noch nie Begeisterung für diesen Beruf besessen hatten. In der Nacht, in der ich Doris kennenlernte, arbeitete ich in einem Team, in dem ein schrecklicher Mangel an Empathie herrschte.

Die Heimbewohner schlurften gerade mit ihren Gehstöcken und Rollatoren in den gemeinschaftlichen Speisesaal. Es waren durch die Bank relativ betuchte Leute, denn es handelte sich um ein privates, sogenanntes »Luxus«-Pflegeheim. Tatsächlich war die Innenausstattung wunderschön, die Gärten gepflegt und die Gemeinschaftsbereiche sauber. Doch das Essen war fürchterlich. Die Mahlzeiten wurden außerhalb des Heims vorgekocht und in der Mikrowelle aufgewärmt, es schmeckte nach überhaupt nichts und sah auch nicht appetitlich aus. An dem Essen, das ich hier sah, war nichts Frisches oder Nahrhaftes. Die Heimbewohner bestellten ihr Essen jeweils am Ende einer Woche, und dann stellte man ihnen im Speisesaal einen Teller Was-weiß-ich vor die Nase, ohne dass sich das Personal zu einem Gruß oder einem freundlichen Wort bemüßigt gefühlt hätte.

Als sie mein fröhliches Gesicht sahen, berührten die Leute meine Hand, damit ich bei ihnen am Tisch blieb und mit ihnen plauderte. Es waren ganz normale Menschen, geistig völlig klar und an sozialen Kontakten interessiert. Ihr Körper alterte und wurde schwächer, aber das war auch schon alles. Ein, zwei Jahre zuvor hatten diese charmanten, netten Leute noch ein völlig unabhängiges Leben geführt. Als ich in die Küche ging, um das nächste Tablett zu holen, erwarteten mich die finsteren Gesichter der anderen Teammitglieder. Ich hatte auf meiner Runde mit einigen Bewohnern ein bisschen geredet und gelacht, und das rief große Missbilligung hervor. Ich ignorierte es einfach.

Als ich eine Portion Lamm zurückbrachte, erklärte ich der Chefin freundlich: »Bernie hat Huhn bestellt, kein Lamm.«

Sie antwortete halb lachend: »Der kriegt, was wir ihm vorsetzen, aus.«

»Ach kommen Sie.« Ich ließ mich von diesem Unfug nicht einschüchtern. »Wir können ihm doch sicher eine Portion Huhn geben.«

»Der kriegt Lamm, oder er hungert«, erwiderte sie grimmig. Ich sah sie an und fühlte mit ihr, so offensichtlich unglücklich, wie sie war. Aber vor der Art, mit der sie ihre Rolle ausfüllte, hatte ich keinen Respekt.

Eine nette Kollegin schloss sich mir an, als ich Bernie das Lamm zurückbrachte. »Mach dir wegen der keinen Kopf, Bronnie. Die ist immer so«, meinte Rebecca.

Ich lächelte und war froh über ihre aufrichtige Herzlichkeit. »Ich mach mir auch keinen Kopf wegen ihr. Mir liegen die Bewohner am Herzen, die sich tagein, tagaus so eine Behandlung gefallen lassen müssen.«

»Als ich hier angefangen habe, hat mir das auch ganz schön zugesetzt«, stimmte Rebecca zu. »Aber jetzt tue ich einfach alles, um ihnen im Rahmen meiner Möglichkeiten die netteste Behandlung zukommen zu lassen.«

»Gute Entscheidung«, antwortete ich lächelnd.

Sie tätschelte mir kurz den Rücken, bevor sie weiterging. »Ein paar von uns kümmern sich wirklich liebevoll um die Patienten. Wir sind nicht genug, aber immerhin ein paar.«

Nachdem das Essen serviert und aufgegessen und die Küche aufgeräumt worden war, gingen ein paar Teammitglieder zum Rauchen nach draußen. Ein paar von uns blieben drinnen und plauderten mit den Heimbewohnern, die von ihren Tischen aufstanden und den Speisesaal verließen. Es ging sehr heiter zu, weil sich immer gleich ein Dutzend von ihnen um jeden von uns scharte, um mit uns zu lachen. Ihre Schlagfertigkeit und Fröhlichkeit verblüffte mich, und ich konnte nur staunen über die Widerstandsfähigkeit dieser Menschen, die sich diesen Bedingungen so gut angepasst hatten.

Jeder Heimbewohner hatte sein eigenes Zimmer und Badezimmer. Wenn ich am Abend die Runde machte, um ihnen beim Umziehen zu helfen, erkannte ich in jedem Raum ein wenig von der Persönlichkeit seines Bewohners: hier Fotos von lächelnden Familien und Gemälde, dort Häkeldeckchen und Lieblingstassen. Auf manchen Balkonen standen Topfpflanzen.

Doris hatte schon ihr rosa Nachthemd an, als ich fröhlich ihr Zimmer betrat und mich vorstellte. Doch sie lächelte mich nur wortlos an und wandte den Blick ab. Als ich fragte, ob alles in Ordnung sei, entfesselte ich eine Tränenflut. Sofort setzte ich mich neben sie aufs Bett und nahm sie in den Arm. Sie schluchzte und klammerte sich verzweifelt an mich. Wir sprachen kein Wort. Ich betete um Kraft und wartete ab.

Als die Tränen von einem Moment auf den anderen versiegt waren, griff sie nach ihrem Taschentuch. »Ach, ich bin wirklich dumm«, meinte sie, während sie sich die Augen abtupfte. »Entschuldigen Sie, meine Liebe. Ich bin einfach nur eine dumme alte Frau.«

»Aber was ist denn los mit Ihnen?«, fragte ich sanft.

Doris seufzte, dann erzählte sie mir, dass sie seit vier Monaten hier war und bis jetzt kaum ein fröhliches Gesicht zu sehen bekommen hatte. Sie sagte, durch mein Lächeln seien ihre ganzen aufgestauten Tränen losgebrochen. Als ich das hörte, hätte ich am liebsten selbst angefangen zu weinen. Ihre einzige Tochter lebte in Japan, aber sie standen sich nicht mehr besonders nahe, auch wenn sie sich relativ oft meldete.

»Wenn man als Mutter so ein süßes kleines Mädchen im Arm hält, kann man sich nicht vorstellen, dass irgendetwas jemals diese Nähe auslöschen könnte. Und doch ist es jetzt so. Das Leben hat sie ausgelöscht. Nicht durch einen Streit oder so, nein. Einfach das Leben und seine Geschäftigkeit«, erzählte sie. »Sie hat jetzt ihr eigenes Leben, und im Laufe der Jahre habe ich gelernt, dass man loslassen muss. Ich habe sie auf die Welt gebracht, aber unsere Kinder sind nicht unser Besitz. Wir haben nur die wundervolle Aufgabe, sie so lange zu führen, bis sie fliegen können, und genau das tut sie jetzt.«

Diese liebe alte Dame war mir sofort sympathisch, und ich versprach ihr, in einer halben Stunde für ein längeres Schwätzchen zurückzukommen, wenn sie es schaffte, bis zum Ende meiner Schicht wach zu bleiben. Sie meinte, das fände sie großartig.

Später saß Doris in ihrem Bett und redete und redete. Ich saß in einem Stuhl neben ihr und hörte zu. Die ganze Zeit über hielt sie meine Hand. Ab und zu spielte sie mit meinen Fingern oder mit dem Ring, den ich trug, ohne dass sie es bemerkte. »Ich bin vor Einsamkeit fast gestorben hier drinnen, meine Liebe. Ich habe gehört, dass so etwas geht, und es geht auch. Einsamkeit kann einen bestimmt umbringen. Manchmal bin ich ganz ausgehungert nach einer menschlichen Berührung«, sagte sie traurig. Meine Umarmung war die erste seit Monaten.

Sie wollte mich nicht damit belasten, aber ich bestand darauf, dass sie weitersprach. Ich wollte aufrichtig mehr über sie erfahren, also fuhr sie fort. »Am meisten vermisse ich meine Freunde. Manche sind schon tot. Manche sind in derselben Situation wie ich. Zu manchen habe ich einfach den Kontakt verloren. Ich wünschte, ich hätte den Kontakt nie abreißen lassen. Man denkt immer, dass die Freunde immer da sein werden. Aber das Leben geht weiter, und plötzlich stehen Sie da und haben keinen Menschen auf der Welt, der Sie versteht oder irgendetwas über Ihre Geschichte weiß.« Ich schlug ihr vor zu versuchen, ein paar dieser verlorenen

Freunde zu kontaktieren. Sie schüttelte den Kopf und meinte: »Ich wüsste gar nicht, wo ich da anfangen sollte.«

»Ich kann Ihnen doch helfen«, bot ich an und erklärte ihr ein wenig, wie das Internet funktioniert. Das alles war Doris völlig neu, aber so ungefähr begriff sie es. Erst lehnte sie ab, weil sie mir nicht die Zeit stehlen wollte. Aber am Ende konnte ich sie davon überzeugen, dass es mir eine Freude wäre. Nachforschungen anstellen, so etwas gefällt mir. In meiner Zeit als Bankangestellte hatte ich auch eine Weile in der Betrugsermittlungsabteilung gearbeitet, das hatte mir richtig Spaß gemacht. Bei diesem Vergleich musste sie lachen. »Bitte, erlauben Sie es mir«, bat ich. Also willigte sie mit einem hoffnungsvollen, wehmütigen Lächeln ein.

Es gab mehrere Gründe, warum ich Doris helfen wollte. Zum einen hatte ich sie vom ersten Augenblick an gemocht, und zum andern *konnte* ich ihr helfen. Ich hatte die Fähigkeiten, die erforderlich waren, um ihre Freunde zu finden, aber ich wollte ihr auch helfen, weil ich wusste, wie sie sich fühlte. Ich kannte den lähmenden Schmerz längerfristiger Einsamkeit selbst und die Sehnsucht nach einem Menschen, der einen versteht.

Früher hatte mich der Schmerz über meine Vergangenheit so fertiggemacht, dass ich mich weit in mich selbst zurückgezogen hatte. Viele Leute sitzen diesem Irrtum auf, dass sie glauben, wenn man die Menschen von sich fernhält, hält man auch den Schmerz fern. Man vermeidet weitere Verletzungen, denn wenn einem niemand nahekommen kann, kann einem auch niemand mehr wehtun. Aber natürlich gibt es nur einen Weg, der zur Heilung führt: Man muss die Liebe in und durch sein Leben fließen lassen und darf sie nicht abblocken. Freilich kann es lange dauern, bis man diesen Punkt erreicht.

Nach außen hin war ich freundlich zu den Menschen, die mir begegneten, aber der Schmerz, den ich von meiner schwierigen Vergangenheit in mir trug, drückte mich immer noch nieder. Inzwischen war ich definitiv so weit, dass ich die Leute bemitleiden konnte, die mir früher ihre Negativität um die Ohren geschlagen hatten. Das war aber nicht das Problem. Vielmehr musste ich meine Gedanken über mich selbst ändern, und das konnte noch dauern. Jahrzehntelanges negatives Denken musste getilgt werden, und manchmal war der Schmerz schier unerträglich. Obwohl ich rein verstandesmäßig wusste, dass ich mehr wert war, als ich konditioniert war zu glauben, war der emotionale Heilungsprozess bei Weitem noch nicht abgeschlossen.

»Sunday Morning Coming Down« wurde meine Hymne. Ich hatte die Musik von Kris Kristofferson immer gemocht, und meine eigenen Songs waren stark von ihm beeinflusst. Ich fand, dieser Song drückte meine Einsamkeit am besten aus. Sonntage waren immer das Schlimmste. Lucinda Williams hat auch einmal einen guten Song darüber geschrieben: »I can't seem to make it through Sundays«, singt sie.

Aber es waren nicht nur die Sonntage. Einsamkeit hinterlässt eine Leere im Herzen, die einen körperlich umbringen kann. Der Schmerz ist unerträglich, und je länger er anhält, umso größer wird die Verzweiflung. In jenen Jahren lief ich kilometerweit über irgendwelche Straßen, auf dem Land und in der Stadt. Einsamkeit ist nicht der Mangel an Menschen. Es ist ein Mangel an Verständnis und Akzeptiertwerden. Unzählige Menschen auf der ganzen Welt haben Einsamkeit in überfüllten Räumen erlebt. In der Tat wird die Einsamkeit oft noch deutlicher, wenn man allein in einem überfüllten Raum sitzt.

Es ist egal, wie viele Menschen man um sich hat. Wenn niemand da ist, der einen versteht oder so akzeptiert, wie man ist, kann die Einsamkeit ziemlich schnell ihr hässliches Gesicht zeigen. Das ist etwas ganz anderes als Alleinsein – das war ich in der Vergangenheit oft und gern. Alleinsein kann bedeuten, dass man einsam *oder* glücklich ist. Einsamkeit ist die Sehnsucht nach einem Menschen, der einen versteht. Manchmal gehen Alleinsein und Einsamkeit Hand in Hand, aber oft eben auch nicht.

Die Einsamkeit wurde so unerträglich und der Schmerz in meinem Herzen so konstant, dass ich gar nicht so selten an Selbstmord dachte. Natürlich wollte ich im Grunde gar nicht sterben. Meinen eigenen Wert zu erkennen, statt nur zu sehen, was andere mir eingeflößt hatten, und mich von meinem Schmerz zu befreien kostete mich manchmal fast übermenschliche Kräfte. Der Liebe und dem Glück zu gestatten, wieder in mein Leben einzukehren, und mir klarzumachen, dass ich beides verdiente, war manchmal so schrecklich schwierig, dass mir die Option Selbstmord attraktiver schien.

Irgendwann, als der Schmerz und die Einsamkeit schließlich unerträglich wurden, wurden meine Gebete erhört – als Akt der Freundlichkeit und des Verständnisses. Ein Freund rief mich genau zur rechten Zeit an. Er wusste, dass ich mit ein paar Dingen schwer zu kämpfen hatte, aber er wusste nicht, dass ich gerade leise weinend meinen Abschiedsbrief schrieb. Ich war bereit zu gehen, denn ich konnte den endlosen Seelenschmerz nicht mehr ertragen.

Mein Freund bestand darauf, dass ich einfach nur zuhören sollte, ich brauchte kein Wort zu sagen. Unter Tränen und in meiner ganzen Erschöpfung gab ich widerwillig nach. Dann hörte ich, wie er anfing Gitarre zu spielen, und mir drang die sanfte Melodie von Don McLeans Song »Vincent« ins Ohr, der von Vincent van Goghs Leiden erzählt. Den Namen »Vincent« ersetzte er durch »Bronnie«. Meine Tränen strömten noch reichlicher, als ich mich mit dem Song, der Tragödie und dem Schmerz identifizierte. Als er fertig war, schluchzte ich immer noch. Ich hätte nichts anderes tun können. Mein Freund wartete geduldig und schweigend ab, irgendwann bedankte ich mich bei ihm und legte – immer noch weinend – auf. Ich hätte kein Wort mehr herausbringen können.

Als ich in jener Nacht einschlief, war ich völlig ausgelaugt und emotional erschöpft. Doch ich musste zugeben, dass durch das Verständnis und die lieben Absichten meines Freundes zumindest wieder ein kleines Licht der Hoffnung angezündet worden war. Am nächsten Abend rief aus heiterem Himmel ein Freund aus England an. Wir unterhielten uns lang und offen, und meine Kräfte kehrten langsam, aber sicher zurück.

Bei einer anderen sehr heiklen Gelegenheit – etwas später, aber immer noch in diesen einsamen Jahren – betete und flehte ich um Hilfe, während ich mir schreckliche Mühe gab, stark zu sein. Als ich mit dem Auto auf dem Weg in die Stadt war, flog ein nicht gerade kleiner Vogel gegen meine Windschutzscheibe und starb. Natürlich fühlte ich als Tierfreundin mich hinterher grässlich, aber andererseits war es auch ein Weckruf. Das Leben kann im Bruchteil einer Sekunde zu Ende sein – wollte ich das wirklich?

Ich dankte dem Vogel für die Rolle, die er in meiner Entwicklung gespielt hatte, und fuhr achtsamer weiter. Genau in diesem Moment wurde im Radio ein klassisches Stück gespielt, das eine ganz wunderbare, erhebende Wirkung auf mich hatte. Die unglaublich zarten Klänge beruhigten mich und nahmen mir ganz sanft meinen Herzschmerz. Ich erlebte einen wunderschönen inspirierenden Moment mit dieser Musik. Da beschloss ich, dass es im Leben um genau solche Dinge geht: schöne Momente völliger Reinheit. So einfach ist das. Schöne Momente. Und ich wollte leben, um mehr davon erleben und wertschätzen zu können.

Ich hatte also durchaus selbst schon eine solche Traurigkeit und Einsamkeit kennengelernt, deshalb verstand ich, dass Doris' Schmerz ganz real war. Bei den Mahlzeiten war sie zwar umgeben von Leuten, und im Laufe des

Tages auch ab und zu. Doch sie sehnte sich nach Verständnis und Angenommensein, sie vermisste ihre Freunde, weil das die Menschen waren, die sie wirklich verstanden. Wenn ich ihr also helfen konnte, diesen Schmerz zu lindern, warum nicht?

In der folgenden Woche kam ich bei ihr vorbei und holte ihre handschriftliche Liste mit Namen ab. Doris teilte mir über diese vier Freunde alles mit, was sie wusste, auch, wo sie gewohnt hatten, als sie das letzte Mal Kontakt mit ihnen gehabt hatte. Wir tranken zusammen Tee, während sie mir ihre Geschichten erzählte.

Eine der Frauen war leicht ausfindig zu machen, aber sie hatte einen Schlaganfall erlitten und konnte nicht mehr sprechen. Als Doris das erfuhr, diktierte sie mir eine kurze Botschaft, die der Sohn ihrer Freundin ihr vorlesen sollte. So traurig sie auch über den Zustand ihrer Freundin war, sie freute sich, dass ihr zumindest eine Botschaft weitergeleitet werden konnte.

Liebe Elsie,
es tut mir leid zu hören, dass es Dir nicht gut geht. Die Jahre sind nur so davongelaufen. Alison lebt noch immer in Japan. Ich hab das Haus verkauft und wohne in einem Pflegeheim. Eine junge Dame schreibt diesen Brief für mich. Ich liebe Dich, Elsie.
Deine Doris

Ein schlichter Brief, aber er sagte alles, was sie sagen wollte. Ich rief Elsies Sohn am Abend an und gab ihm die Botschaft durch. Später rief er mich zurück und erzählte, dass Elsie vor Freude gelächelt hatte. Das wiederum gab ich Doris weiter, woraufhin auch sie zufrieden lächelte.

Im Laufe der nächsten Wochen gelang es mir, zwei weitere Freunde zu finden. Leider waren beide schon gestorben.

Doris konnte gut damit umgehen. Seufzend meinte sie: »Na ja, das war ja auch irgendwie zu erwarten, meine Liebe.«

Der Druck, wenigstens ihre letzte Freundin zu finden, verlieh mir große Entschlossenheit. Ich durchkämmte das Internet und rief zahllose Leute an, aber es sah nicht gut aus. Die Leute waren total nett und hilfsbereit, wenn ich anrief, aber »Tut mir leid. Richtiger Name, falsche Familie« war die Standardantwort.

In der Zwischenzeit besuchte ich Doris immer noch zweimal pro Woche. Sie nahm meine Hand, wenn ich mich hinsetzte, und hielt sie während unseres Gesprächs die ganze Zeit fest. Manchmal bestand sie darauf, dass ich doch bestimmt Besseres zu tun hatte, und dann versuchte sie, mich wegzuschicken oder mich zu überzeugen, dass ich gar nicht erst kommen sollte. Aber wenn ich ihr versicherte, dass mir diese Besuche ebenfalls großen Spaß bereiteten, was ja auch der Wahrheit entsprach, dann sah ich die Erleichterung auf ihrem Gesicht, und sie freute sich schrecklich auf jeden neuen Besuch. Von älteren Leuten kann man viel lernen, weil sie so viel Geschichte in sich tragen. Wie könnten mir unsere wunderbaren Gespräche keinen Spaß machen? Es war immer wieder faszinierend.

Schließlich kam der Durchbruch bei der Suche nach ihrer letzten Freundin. Ich bekam einen Anruf von einem älteren Herrn, der meinte, er sei früher Lorraines Nachbar gewesen. Er teilte mir mit, in welche Vorstadt die Familie gezogen war, und so konnte ich sie erfolgreich aufspüren. Tatsächlich meldete sich Lorraine selbst am Telefon, mit einer sehr freundlichen, älteren Stimme. Als ich ihr erklärte, wer ich war und was ich wollte, schnappte sie vor Freude nach Luft und gab herzlich gern ihr Einverständnis, dass ich Doris ihre Nummer weitergab.

Natürlich ging ich damit direkt zu ihr. Grinsend umarmte ich Doris und drückte ihr den Zettel mit Lorraines Nummer in die Hand. Sie packte mich gleich noch einmal und umarmte mich ganz aufgeregt. Es war wundervoll. Ich konnte ihr das Telefon gar nicht schnell genug bringen. Bevor sie die Nummer wählte, sagte ich, dass ich sie zum Telefonieren alleine lassen wollte. Sie protestierte schwach, aber ich konnte sehen, dass es ihr wirklich egal war, denn sie war viel zu aufgeregt. Sie bat mich, wenigstens so lange zu warten, bis der Anruf durchgestellt wurde, damit war ich einverstanden. Also tauschten wir zum Abschied noch eine warme, liebevolle Umarmung, bevor sie Lorraines Nummer wählte. Mir schlug das Herz bis zum Hals vor lauter Aufregung.

Doris umklammerte den Hörer, und als sie die Stimme ihrer Freundin hörte, hellte sich ihr Gesicht vor Freude auf. Doris' Stimme klang genauso alt wie die von Lorraine, aber der Geist dieses Telefongesprächs war eher so, als würden zwei junge Frauen plaudern. Innerhalb kürzester Zeit lachten sie und schwatzten ohne Pause. Unterdessen räumte ich das Zimmer auf, wirtschaftete ein wenig herum und konnte mich einfach nicht von diesem unglaublichen Glück losreißen. Aber irgendwann ging ich dann doch. Als ich an der Tür stand, winkte ich der strahlenden Doris wortlos zu. Sie hielt einen Moment inne, bat Lorraine zu warten und sagte zu mir: »Danke, Schätzchen. Vielen Dank.« Ich nickte und lächelte so breit, dass mir das Gesicht wehtat. Als ich den Flur hinunterging, hörte ich Doris immer noch lachen, bis die Tür endgültig zufiel. Aber ich lächelte, bis ich zu Hause war.

Es war ein wunderschöner Tag, der geradezu zum Schwimmen einlud. Immer noch in Hochstimmung tauchte und schwamm ich mehrere Stunden und genoss das Wasser, das mich umgab. Zu Hause bekam ich kurz nach Sonnenuntergang einen Anruf von Rebecca, der netten Kollegin, die ich an meinem Abend dort kennengelernt hatte, als ich auch Doris traf.

Die liebe Doris war noch am selben Nachmittag im Schlaf verstorben.

Mir liefen die Tränen übers Gesicht, aber es lag neben der Trauer auch Freude darin. Immerhin war die liebe alte Dame glücklich gestorben.

Es ist unglaublich, wie ein bisschen Zeit das Leben eines Menschen so verändern kann. Wenn ich an die einsame Frau denke, die ich am ersten Abend kennenlernte, und sie mit dem Menschen vergleiche, den ich an seinem letzten Tag umarmte, gibt es kein Geld, das mir diese Befriedigung ersetzen könnte.

In Pflegeheimen auf der ganzen Welt gibt es Tausende von wunderbaren, aber sehr einsamen Menschen. Es gibt auch viele junge Menschen, die ihr Leben in Pflegeheimen verbringen müssen. Aber ob jung oder alt – ein paar Stunden pro Woche mit einer neuen Freundschaft kann für diese Menschen und das letzte Kapitel ihres Lebens einen ganz dramatischen Unterschied bedeuten. Natürlich wäre es am besten, wenn man die Leute gar nicht erst ins Pflegeheim bringen müsste, aber das ist leider nicht immer möglich. Es leben viele Menschen in Heimen, die gar nicht dort leben sollten, Menschen, derer man sich quasi entledigt hat. Es ist schrecklich, so etwas mit anzusehen. Wenn man solchen Leuten jedoch ein bisschen Zeit schenkt, kann man ihr Leben einschneidend verändern.

In meinen Augen war das Timing für Doris' Tod perfekt. Ihre Zeit war gekommen, und sie war glücklich gewesen. Wir hatten die Rolle gespielt, die wir jeweils im Leben des anderen hatten spielen sollen, und dafür werde ich immer dankbar sein. Sie war eine sehr liebenswerte Frau. Lorraine und ich begegneten uns wenig später. Das Telefonat hatte ewig lang gedauert, erzählte sie, und als sie am Ende auflegten, waren beide sehr glücklich. Wir saßen in einem Café unter Bäumen und unterhielten uns fröhlich über Doris und das

Leben im Allgemeinen, bis es Zeit wurde, Lorraine heimzufahren. Es hatte mich sehr gefreut, nach Doris auch noch ihre Freundin kennenzulernen.

Und natürlich hoffte ich, dass unsere liebe Freundin all ihre anderen Freunde wiedertraf, als sie hinüberging.

Freunde bis in den Tod

Der hektische Rhythmus von Sydney begann langsam an mir zu zehren. Da sich kein Housesitting-Auftrag am Horizont zeigen wollte, gab es auch nichts, was mich in dieser Stadt hielt, also zog ich südwärts, um in Melbourne ein neues Kapitel aufzuschlagen. Es war schon mehrere Jahre her, dass ich von dort weggegangen war, deswegen fand ich es wunderschön, wieder hier zu sein, die Freuden so einer herrlich kreativen Stadt zu genießen und alte Freunde wiederzutreffen. Außerdem war mir mein Ruf als Housesitter vorausgeeilt, und im Handumdrehen war ich wieder gebucht.

Das erste Haus, in dem ich einzog, war das Ferienhäuschen von Marie, meiner Chefin im Pränatalzentrum in Sydney. Es lag ungefähr eine Stunde südlich von Melbourne, auf der wunderschönen Mornington-Halbinsel, und da es durch und durch von ihrer Energie geprägt war, fühlte ich mich sofort wie zu Hause. Bei meiner Ankunft war Herbst, und in den ersten paar Wochen wanderte ich über zerklüftete Klippen, während zu meinen Füßen das Wasser gegen die Felsen brandete. Ich fühlte mich unglaublich lebendig, wenn ich mit Hut und dickem Mantel lange Spaziergänge unternahm und mich dabei vom kalten Seewind anpusten ließ. Ich genoss es und ging spazieren, solange ich konnte. Dann setzte ich mich im Haus ans offene Kaminfeuer und verbrachte den Abend mit Schreiben und Gitarrespielen.

Ich hätte zwar ewig so weitermachen können, aber irgendwann brauchte ich auch wieder ein Einkommen, und so begann ich Elizabeth zu pflegen. In gewisser Hinsicht brach mir ihre Situation das Herz, aber ich hatte inzwischen gelernt zu akzeptieren, dass uns allen verschiedene Lektionen erteilt werden. Was für andere tragisch aussehen mag, konnte für die betroffene Person zugleich eine große Gelegenheit sein zu wachsen und zu lernen.

Während ich meine eigenen Probleme aufarbeitete, lernte ich erkennen, was für Geschenke in solchen Lernprozessen auf uns warten, und auch ich wurde durch meine Vergangenheit letztlich beschenkt. Ich entdeckte viel Gutes, Gaben, die ich nicht bekommen hätte, wenn ich im perfekten Elternhaus groß geworden wäre – wenn es so etwas denn überhaupt gibt. Stärke, Vergebenkönnen, Mitgefühl, Freundlichkeit und viele andere Lektionen hatte ich erst durch meine persönlichen Umstände gelernt – für diese Umstände an sich war ich weiß Gott nicht nur dankbar, aber sie formten aus mir tagtäglich einen besseren Menschen.

Also musste ich auch angesichts des Leids meiner Patienten innerlich einen Schritt zurücktreten und akzeptieren, dass ich nicht wusste, was sie dabei lernen sollten. Aus irgendeinem Grund hatten sie genau die Art von Leben angezogen, die sie lebten, und es lag nicht an mir, daran etwas zu ändern. Ich war hier, um ihnen in ihren letzten Wochen liebevolle Pflege, Freundschaft, Akzeptanz und Behutsamkeit angedeihen zu lassen. Wenn ihnen das half, ihren Frieden zu finden, wie es ja manchmal der Fall war, dann war meine Arbeit gleich noch mal so befriedigend für mich. Ich gab etwas und bekam dafür etwas zurück, und meine Arbeit auf diesem Gebiet beschenkte mich ja nun wirklich reich.

Außerdem war es mir eine Ehre, mit Sterbenden zu arbeiten. Ihre Erinnerungen und Geschichten änderten mein eigenes Leben. Es war ein unschätzbar wertvolles Geschenk, dass ich in meinem Alter schon an ihren Gedanken und Einsichten teilhaben konnte. Vieles von dem, was ich von meinen Patienten gelernt hatte, konnte ich inzwischen auf mein eigenes Leben anwenden. Ich musste nicht warten, bis ich auf dem Sterbebett lag, um dann dieselben Dinge zu bereuen wie sie. Jedes Mal, wenn ich das Haus eines neuen Patienten betrat, betrat ich gleichzeitig ein neues Klassenzimmer, entweder mit neuen Lektionen oder mit ähnlichen, nur aus anderer Perspektive. In beiden Fällen nahm ich so viel wie möglich in mich auf.

Elizabeth war noch keine ältere Frau, vielleicht fünfundfünfzig Jahre alt. Sie war die letzten fünfzehn Jahre Alkoholikerin gewesen und starb nun an den Krankheiten, die sie sich durch ihre Sucht zugezogen hatte. Am Morgen meiner Ankunft schlief sie noch, und ihr Sohn führte mich unterdessen durchs Haus und erklärte mir ihre Krankheit. Außerdem verkündete er mir, die Familie habe beschlossen, ihr nicht zu sagen, dass sie im Sterben lag. »Ach je«, dachte ich. »Nicht schon wieder.«

Da ich mich ständig selbst weiterentwickeln und inneren Frieden finden wollte, versuchte ich so viel wie möglich in der Gegenwart zu leben. Wie ich bald merkte, war das im Fall von Elizabeth der einzig gangbare Weg. Wenn sie mich fragen sollte, ob sie im Sterben lag, würde ich mich damit befassen, vorerst musste ich mir aber keine Gedanken darüber machen. Vielleicht würde sie mich nie fragen, das war okay für mich – aber belügen würde ich sie sicher nicht.

Verwirrung und Verzweiflung umgaben Elizabeth. Die Familie hatte allen Alkohol aus dem Haus entfernt und in einen Schrank in der Garage gesperrt, wo sie sich selbst bedienten, wenn sie Lust hatten. Da Elizabeth sterbenskrank war, hatten sie beschlossen, ihr jeden Zugang zu Alkohol komplett zu verwehren. Das fand ich entsetzlich. Sie lag doch sowieso im Sterben, also warum wollten sie ihr zusätzlich noch den Schmerz eines Entzugs antun? Aber auch hier galt: Es war nicht mein Leben, und meine Entscheidung war es auch nicht.

Schon in allzu jungen Jahren hatte ich mit Alkoholikern zu tun gehabt. Als ich später in der Gastronomie arbeitete, auf der Insel und auch auf meinen Reisen, bekam ich noch mehr zu sehen. Alkohol fördert nicht gerade die besten Seiten in einem Menschen. Er ruiniert nicht nur das Gute im Betroffenen, sondern gleich ganze Familien, Freundschaften, Karrieren und die Unschuld der Kinder, die dem ausgesetzt sind. Mit der Abhängigkeit von anderen Drogen ist es nicht anders. Das Einzige, was die besten Seiten an jedem Menschen hervorbringt, ist die Liebe.

Alkoholismus ist aber auch eine Krankheit. Sie kann zwar behandelt werden, aber der Betroffene braucht ständige, liebevolle Unterstützung, um das Muster zu durchbrechen, wieder an sich selbst zu glauben und an sein Potenzial, ein besseres Leben zu führen. Einen chronischen Alkoholiker auf Entzug zu setzen, ohne ihm liebevolle Unterstützung oder Erklärungen zu gewähren, erschien mir ganz schön grausam.

Elizabeth wusste nur, dass sie krank war. Ihre Energie war völlig aufgebraucht. Bei fast allen Tätigkeiten brauchte sie Hilfe, und ihr Appetit wurde immer geringer. Außerdem verlangte sie verzweifelt nach Alkohol. Die Familie erzählte ihr, der Arzt habe angeordnet, sie dürfe »eine Weile« nichts mehr trinken. Ich musste mich schon anstrengen, die Angehörigen dafür nicht zu verurteilen, vor allem, wenn ich sah, wie sie sich selbst regelmäßig heimlich ihr Gläschen gönnten, während sie es einer sterbenden Frau verweigerten. Aber wer war ich schon, um zu beurteilen, was für eine Lektion diesen Menschen im Leben bestimmt war?

Ihre generelle körperliche Schwäche gestattete Elizabeth nicht mehr aufzustehen. Außerdem verhinderte die Familie den Besuch einiger Freunde, weil sie auch Trinker waren. Es war nicht überraschend, dass Elizabeth verzweifelt und verwirrt war, schließlich hatte man ihr jedes Vergnügen geraubt.

Die Besuchssperre für ihre Trinkerfreunde akzeptierte sie

mit stiller Resignation, obwohl man ihr damit so viel mehr genommen hatte. Bevor Elizabeth krank geworden war, war sie Vorstandsmitglied mehrerer Wohltätigkeitsorganisationen gewesen. Diese Freunde waren ihre Verbindung zur Außenwelt und zu ihrem vorherigen Leben.

Nach sechs oder sieben Wochen schwanden ihre Kräfte rapide, und sie musste sich immer häufiger ausruhen. Elizabeth war ziemlich lustig, auf eine unaufdringliche Art. In völlig unerwarteten Momenten kam plötzlich ihr trockener Humor zum Vorschein. Manchmal musste ich grinsen, weil mir nach Schichtende eine ihrer Bemerkungen noch einmal einfiel. Wir waren uns mittlerweile sehr sympathisch geworden und hatten innerhalb der Einschränkungen, die ihre Krankheit ihr auferlegten, einen regelmäßigen Tagesablauf eingeführt. Dazu gehörte auch unsere morgendliche Tasse Tee im Wintergarten. Das war bei Weitem der hübscheste Raum im ganzen Haus, und zu dieser Jahreszeit schien herrlich die Sonne herein. An einem solchen Morgen an unserem sonnigen Plätzchen war es auch, dass unsere Freundschaft eine neue Ebene erreichte.

»Was halten Sie davon, Bronnie, dass ich mich einfach nicht erhole? Ich trinke nichts mehr und werde trotzdem jeden Tag schwächer. Was glauben Sie?«, fragte Elizabeth.

Ich blickte sie liebevoll an und fragte behutsam zurück: »Was meinen *Sie*, woran es liegt? Sicher haben Sie auch schon darüber nachgedacht, oder?« Ich war einfühlsam, wollte aber zuerst von ihr hören, was sie darüber dachte.

»Ich trau mich gar nicht, es auszusprechen«, seufzte sie. »Das ist mir einfach eine Nummer zu groß. Aber in meinem Innersten weiß ich die Antwort.«

Wir schwiegen eine Weile und beobachteten die Vögel vor dem Fenster. Die Sonne schien warm zu uns herein. »Wenn ich Sie frage, sagen Sie es mir dann? Ich brauche diese Ehrlichkeit wirklich.« Ich nickte verständnisvoll.

»Ist es das, was ich glaube?«, fragte sie. Sie konnte die Frage fast nicht zu Ende bringen. Aber ich blieb ganz ruhig, sandte ihr meine Liebe und wartete, ob sie weitersprechen wollte. Und sie wollte weitersprechen. »Oh Gott, es ist also das, was ich glaube«, beantwortete sie ihre Frage seufzend selbst. »Ich werde sterben, stimmt's? Ich beiße ins sprichwörtliche Gras. Ich fliege mit den Engeln. Ich gehe heim oder was auch immer. Ich sterbe! Ich sterbe, so sieht es aus, oder?« Ganz befangen von der Bittersüße, dass sie nun die Wahrheit wusste, nickte ich langsam.

Schweigend sahen wir den Vögeln zu, bis Elizabeth wieder sprechen konnte. Das dauerte eine ganze Weile, aber ich konnte mit meinen Patienten eigentlich immer schweigend zusammensitzen, ohne dass die Stille unangenehm oder peinlich geworden wäre. Sie hatten so vieles, worüber sie nachdenken und was sie in sich aufnehmen mussten, dass eine Unterhaltung manchmal einfach nur störte. Es war völlig unnötig, die Stille dann mit Worten zu füllen. Wenn sie bereit waren, würden sie schon wieder das Wort ergreifen. Und das tat auch Elizabeth nach einiger Zeit.

Sie gestand, sie ahne es schon seit Längerem, und die Unaufrichtigkeit ihrer Familie sei sehr frustrierend für sie. Es war grausam, ihr die Freunde und das Sozialleben wegzunehmen, sagte sie, und ich musste ihr recht geben. Elizabeth wusste, dass sie nicht kräftig genug war, um aus dem Haus zu gehen, aber sie sagte, sie würde ab und zu gerne jemand von ihren Freunden sehen. Manchmal kamen Bekannte vorbei, die von der Familie gutgeheißen wurden und denen man so weit vertraute, dass sie keinen Alkohol einschmuggelten. Das seien alles sehr nette Leute, meinte sie, aber zu keinem von ihnen habe sie wirklich ein nahes Verhältnis.

Nachdem wir diesen Grad an Aufrichtigkeit erreicht hatten, floss unsere Unterhaltung ungehindert weiter. Die Zeit war zu knapp, um noch ein Blatt vor den Mund zu nehmen.

Also genossen Elizabeth und ich unsere Gesellschaft von Tag zu Tag mehr. Nachdem ich jahrelang so zurückgezogen gelebt hatte, war ich jetzt oft überrascht über mich selbst, wie leicht ich meine persönlichen Gedanken ausdrückte. Jetzt, wo sie den Tod auf der Schwelle wusste, fand auch Elizabeth die Offenheit unseres Austausches sehr wohltuend. Anfangs war sie wütend auf ihre Familie, die ihr nicht gesagt hatte, dass sie sterben würde, aber irgendwann akzeptierte sie es. Sie nahm an, dass das Kontrollverhalten ihrer Verwandten auf Angst zurückzuführen war. Deswegen konnte sie ihnen verzeihen.

Doch konnte sie nicht länger so tun, als wüsste sie nicht, was ihr bevorstand, also sprach sie ihre Verwandten an einem meiner freien Tage direkt darauf an. Dieses Gespräch brachte sie einander ein ganzes Stück näher, und die Familie war erleichtert, weil ihr nun niemand mehr die Wahrheit eröffnen musste. Ich war froh, das zu hören, aber auch erleichtert, dass niemand wegen meiner Aufrichtigkeit wütend auf mich war. Trotzdem blieb ihre Familie bei ihrem Standpunkt und erlaubte ihr den Kontakt mit ihren Trinkerfreunden nur per Telefon.

Doch Elizabeth entwickelte sich enorm weiter und akzeptierte diese Entscheidung ohne jede Resignation. Gegenüber ihrer Familie hätte sie es nicht zugeben wollen, aber mir gegenüber räumte sie ein, dass dieser Freundeskreis wahrscheinlich sowieso nur durch den Alkohol zusammengehalten worden war. Ich erzählte Elizabeth von meinen eigenen Erfahrungen. Vor mehreren Jahren hatte sich mein Freundeskreis radikal verändert, als ich mich nämlich vom Kiffen verabschiedete. Da war klar geworden, wer wirklich zu meinen Freunden gehört hatte und wer sich nur als mein Freund bezeichnete, weil wir unsere Joints zusammen rauchten. Wie sich herausstellte, fühlten sich einige Leute, die ich eigentlich für sehr gute Freunde gehalten hatte, gar nicht besonders wohl in meiner Gegenwart, wenn ich nicht stoned war wie sie. Deswegen war keiner von ihnen ein schlechterer Mensch. Aber als ich aufhörte, mich in dieser Welt zu bewegen, erkannte ich, dass mich mit manchen Leuten nur das Grasrauchen verbunden hatte. Ohne Gras gab es keinen gemeinsamen Nenner mehr, der unsere Freundschaft zusammenhielt. Und so drifteten wir in völlig unterschiedliche Richtungen.

»Ich wünschte, ich wäre mit meinen Freunden in Kontakt geblieben. Mit meinen richtigen Freunden«, sagte sie, und ich erkannte in ihren Worten die Worte ehemaliger Patienten wieder. »Meine Trinkerei hat mich von meinen Freundeskreisen entfernt, und jetzt, nach fünfzehn Jahren, habe ich nicht mehr viel, was mich mit den alten Freunden verbinden könnte. Sie sind sowieso alle weggezogen.«

Als wir über die Bekannten sprachen, die sie besuchen durften, meinte Elizabeth, sie würde diese Leute nicht ihre »Freunde« nennen. Wir redeten darüber, wie oberflächlich dieses Wort manchmal benutzt wird und dass es so viele verschiedene Niveaus von Freundschaft gibt. In letzter Zeit war ich dazu übergegangen, einige von meinen »Freunden« eher als sehr nette Bekannte einzustufen. Das bedeutete nicht, dass ich weniger von ihnen hielt. Sie waren immer noch wichtig für mein Leben, aber nachdem ich einige sehr dunkle Ecken in mir aufgesucht hatte, wusste ich besser, was ein wahrer Freund ist. Es ist leicht, eine Menge Bekannte zu haben, und ich mochte diese Leute, weil wir uns gegenseitig das Leben schöner machten. Aber wenn es hart auf hart kommt, gibt es nicht viele, die mit einem den schlimmsten Schmerz durchstehen können. Wer das tut, ist ein wahrer Freund.

»Ich schätze, es geht darum, die richtigen Freunde für die richtige Gelegenheit zu haben«, sinnierte Elizabeth. »Ich habe nicht die richtigen Freunde für diese Gelegenheit, nämlich mein Ableben. Verstehen Sie, was ich meine?«

Ich nickte und erzählte von einem Szenario aus meinem Leben, das zwar bei Weitem nicht so ernst gewesen war wie ihres, bei dem ich aber auch nicht die richtigen Freunde für diese spezielle Situation gehabt hatte. Und wenn ich daran zurückdachte, konnte ich definitiv verstehen, dass es verschiedene Ebenen von Freundschaften und Verbindungen gibt, und manchmal sehnen wir uns nicht nach einer bestimmten Person, sondern eher nach einer bestimmten Art von Freundschaft.

Nach meinen Jahren auf der Insel hatte ich eine Weile in einer Druckerei in Europa gearbeitet. Meine Kollegen waren nett, und ich genoss die Chancen, die sich mir boten und mir die Welt noch weiter öffneten. Doch die Inselbewohner waren wie eine Familie gewesen. Wenn einer von uns weg war, zum Beispiel in Urlaub auf dem Festland, sagte er immer, wie schön es doch war, zur Inselfamilie zurückzukehren.

Ich fand neue Freunde in Europa, obwohl ich sie heute rückblickend wohl auch eher nette Bekannte nennen würde. Einmal machte ich mit drei Bekannten meines Alters eine Reise durch mehrere Länder. In den italienischen Alpen hatten wir eine Hütte gemietet, ohne Elektrizität und fließend Wasser. Es war fantastisch, eine völlig andere Landschaft als mein geliebtes Australien, das seine eigene Großartigkeit besitzt, aber eben ganz anders ist. Ich fand die Alpen überwältigend schön.

Wir wuschen uns in einem Bach, der aus den Bergen kam. Obwohl es Sommer war, war das Wasser eisig kalt – hier floss wirklich nur geschmolzener Schnee. Ich setzte mich mitten in das talwärts rauschende Wasser und schnappte nach Luft. Trotzdem genoss ich gleichzeitig noch die fantastische Aussicht und fühlte mich gestärkt. Nichtsdestoweniger war das Wasser wirklich beißend kalt.

Wenn ich mich einmal überwunden habe, in einem eiskalten Fluss oder Meer zu schwimmen, fühle ich mich hinterher immer ein bisschen aufgedreht, wie Hunde nach einem Bad. Die rennen dann auch herum wie verrückt, überdreht und energiegeladen, ganz egal, ob sie das Bad genossen haben oder nicht. So ging es mir auch, nachdem ich in diesem eisigen Gebirgsbach gebadet hatte: Ich fühlte mich so richtig zum Blödeln aufgelegt.

Ich war also ein bisschen überdreht, als ich mich abtrocknete, anzog und zur Hütte zurückkam. Ich machte ein paar gutmütige Scherze und amüsierte mich ganz prächtig, als ich meinen neuen Freunden kleine alberne Anekdötchen erzählte. Bis mir klar wurde, dass sie mit keinem meiner Witze etwas anfangen konnten. Aus ihrem verwirrten Lächeln sprach ein »Was zum Teufel redet die da?«, und ich wusste Bescheid. Allerdings muss ich gestehen, dass ich angesichts ihrer verblüfften Mienen gleich noch mehr lachen musste. Na, immerhin hatte ich Spaß mit meinen Witzen. Die drei waren fröhliche, liebenswerte Menschen, aber das Problem war, dass der Humor in unseren Kulturen so unterschiedlich war. Plötzlich fehlten mir meine alten Freunde so richtig schmerzlich. Die hätten nicht nur mit meiner Albernheit etwas anfangen können, sie hätten sich über meine Witze totgelacht, selbst welche gemacht, und am Ende hätten wir uns alle gekrümmt vor Lachen.

An jenem Abend saßen wir nach einer ausgedehnten Nachmittagswanderung zu einem Berggipfel im Laternenlicht beim Essen zusammen und unterhielten uns. Es war schön. Aber wenig später zogen sich alle bis auf mich zum Schlafen zurück. Die Wanderung war großartig gewesen, und mir war noch immer zum Jubeln zumute. Ich wünschte mir nichts mehr, als mit Freunden zusammenzusitzen und unter Gelächter diesen fantastischen Tag ausklingen zu lassen. Ganz bestimmt wollte ich noch nicht zu Bett gehen.

Aber da meine Freunde schliefen, war es ganz still in der Hütte. Ich trug eine Laterne in meine kleine Kammer, stellte sie auf den Tisch und verbrachte die nächsten zwei Stunden mit Schreiben. In der Ferne hörte ich Kirchenglocken und Kühe, die sich in der Nacht bewegten. In dieser herrlichen kleinen Hütte in den Alpen zu sitzen und bei Laternenlicht zu schreiben, während in der Ferne die Kuhglocken bimmelten, war so ein Glücksgefühl, dass ich einfach lächeln musste. Diese Welt war so weit von meiner eigenen entfernt, doch obwohl mich der Frieden dieses Augenblicks überwältigte, vermisste ich ganz fürchterlich meine alten Freunde.

Es war die perfekte Nacht – aber mit den falschen Leuten. Es gab viele Gründe, jeden dieser drei Reisegenossen zu mögen, und ich mochte sie ja auch. Doch jetzt erlebte ich gerade einen ganz besonderen Moment, und ich hätte ihn so gern mit den richtigen Leuten geteilt, mit Freunden, die mich wirklich kannten. Das war freilich unmöglich. Und so genoss ich diesen köstlichen Augenblick ganz allein.

Ich wusste deshalb genau, was Elizabeth meinte mit ihrem Wunsch, jetzt die richtigen Freunde um sich zu haben. Manchmal gibt es eben nur ganz bestimmte Menschen, die einen bedingungslos verstehen – und das sind die alten Freunde. So hatte ich es in dieser Nacht in den Alpen empfunden, und so war es jetzt für Elizabeth, als sie zu akzeptieren begann, dass sich ihr Leben dem Ende näherte.

Als der Arzt auf Visite kam, fragte ich ihn unter vier Augen, ob es in Elizabeths Zustand einen Unterschied machen würde, wenn sie Alkohol trank. Er schüttelte den Kopf. »Nein. Sie ist jetzt so oder so auf der Zielgeraden. Ich habe der Familie gesagt, wenn die Patientin abends mal einen Brandy möchte, sollen sie ihr das ruhig erlauben. Tun sie das denn nicht?« Ich schüttelte den Kopf, und er wiederholte, dass es jetzt wirklich keinen Unterschied mehr machte.

Später sprach ich ihre Verwandten ganz ruhig darauf an, aber sie blieben hart. Die Familie hatte es so beschlossen, und nein, sie würden ihr keinen Alkohol mehr geben. Sie erklärten mir auch, warum. Die Elizabeth, mit der ich meine Zeit verbrachte, und die Elizabeth, die unter Alkoholeinfluss stand, waren zwei völlig verschiedene Persönlichkeiten. Tatsächlich konnten sie es alle kaum glauben, wie angenehm sie jetzt wieder war, denn seit mindestens fünfzehn Jahren hatte sie keiner mehr so erleben dürfen.

In den nächsten Wochen fragte ich genauer nach, wenn sie auf ihre Alkoholsucht zu sprechen kam. Elizabeth meinte, sie hätte zwar immer noch ein starkes Verlangen danach, aber andererseits war sie auch irgendwie froh, sich noch einmal daran zu erinnern, wer sie gewesen war, bevor der Alkohol die Kontrolle über ihr Leben übernahm. Es hatte eigentlich ganz harmlos angefangen. Sie hatte zum Abendessen mit der Familie immer ein paar Gläschen Wein getrunken, und das habe sie jahrelang ohne Probleme so gehalten.

Doch dann wurde sie sozial aktiver und trat Gremien verschiedener Wohlfahrtsorganisationen bei. Sie gab zu, dass die meisten, die sie dort traf, gar nicht übermäßig tranken, aber sie hatte sich zu denen hingezogen gefühlt, die es taten. Zu Hause fühlte sie sich gar nicht mehr wahrgenommen, aber unter diesen neuen Freunden war sie jemand. Jetzt, wo sie wieder klarer sah, wusste sie natürlich, dass all diese Leute genauso bedürftig gewesen waren wie sie, dass sie durch diesen Freundeskreis und ihr Trinken versucht hatten, sich ihres Wertes zu versichern.

Der Alkohol gab ihr Selbstvertrauen, erzählte Elizabeth, beziehungsweise, wenn sie betrunken war, hatte sie das Gefühl, sie würde selbstbewusst auftreten. Doch in Wirklichkeit wurde sie nur sehr direkt, laut und irgendwann bitter und gemein. Damit hatte sie auch ihren alten Freundeskreis verloren. Man hatte versucht, mit Liebe auf sie zuzugehen und sie zu unterstützen, damit sie ihren eigenen Niedergang erkannte, der ihnen allen schier das Herz brach. Doch sie reagierte arrogant und stieß alle zurück.

Ihrem alkoholisierten Geist schienen ihre neuen Freunde unheimlich loyal, weil sie sie für ihre Trinkerei nicht verurteilten. Doch das lag nur daran, dass sie selbst tranken. Der andere Grund, mit dem sie ihre Trinkerei in diesen Jahren vor sich selbst gerechtfertigt hatte, war der, dass ihre Familie sie jetzt wenigstens wahrnahm. Vielleicht nicht gerade positiv, aber sie fühlte sich zumindest nicht mehr ignoriert wie vor ihrer Alkoholsucht. Ihr Kontrollverlust garantierte ihr die Aufmerksamkeit ihrer Familie.

Je hilfloser Elizabeth wurde, umso mehr mussten ihre Verwandten ihr helfen, und umso mieser begann sie sich irgendwann zu fühlen. Anfangs hatte ihr die ganze Aufmerksamkeit ja gefallen, aber am Ende konnte sie sich gar nicht mehr selbst helfen, und so wurde sie immer unsicherer und bekam eine negative Einstellung zu sich selbst. Früher war sie verletzt gewesen, weil ihre Familie sie nicht wahrnahm, jetzt war sie völlig von ihnen abhängig und hasste sich dafür. Das befeuerte die Spirale ihres Selbsthasses immer weiter.

»Wissen Sie, Bronnie, nicht jeder will wirklich geheilt werden. Und eine ganze Weile wollte ich das auch nicht. Die Rolle der Kranken gab mir eine Identität. Natürlich habe ich auf diese Art verhindert, dass ich mich zu einem besseren Menschen entwickle. Aber ich bekam Aufmerksamkeit, und solange ich versuchte, mir etwas vorzumachen, war ich glücklicher, als wenn ich mutig und gesund gewesen wäre.« Dieses Eingeständnis von Elizabeth zeigte eine Frau, die im Rückblick auf ihr Leben plötzlich zu großen Einsichten kam. Fast drei Monate Trockenheit und das Wissen, dass sie im Sterben lag, veränderten sie grundlegend.

Nachdem ich Elizabeths komplette Version ihrer Alkoholsucht kannte, konnte ich sie und ihre Familie auch besser verstehen. Letztendlich hatte die strenge Unnachgiebigkeit ihrer Familie dafür gesorgt, dass sie wieder ein besserer Mensch werden konnte. Ich hätte es zwar nicht so rigoros und heimlichtuerisch gemacht, aber ich musste am Ende doch respektieren, dass sie versuchten, Elizabeth und sich selbst damit zu helfen. Und das gelang ihnen ja auch. Elizabeth selbst war ein Teil dieses Erfolgs. Indem sie sich ihrem Tod stellte, konnte sie ihr Leben aus einer anderen Perspektive betrachten, und sie hatte ihre Lektion tapfer gelernt.

In ihren letzten zwei Wochen beobachtete ich, wie sich zwischen Elizabeth und ihrer Familie ganz außergewöhnliche Heilungsprozesse abspielten. Zu den schönsten Dingen, die ich bei der Betreuung Sterbender gelernt habe, gehört die Erkenntnis, dass man die Fähigkeit zum Dazulernen bei keinem Menschen unterschätzen darf. Der Frieden, zu dem Elizabeth fand, war derselbe, den ich schon bei früheren Patienten beobachtet hatte. Es war ermutigend, das zu sehen.

Ungefähr eine Woche vor ihrem Tod sprach ich mit ihrem Mann und einem ihrer Söhne über Elizabeths Bedauern, ihre alten Freunde verloren zu haben. Ich fragte nach, ob es wirklich zu spät sei, den einen oder anderen zu kontaktieren, und sei es nur für ein Telefongespräch mit ihr. Inzwischen war die Sorge, dass irgendwelche Freunde Alkohol zu Elizabeth schmuggeln könnten, aus der Welt. Das war nun die allergeringste Sorge. Jetzt war nur noch wichtig, dass sie sich wohlfühlte, und da die Familie wieder so zusammengewachsen war, griff man meine Idee begeistert auf.

Ein paar Tage später betraten zwei attraktive, gesunde, sympathische Frauen das Zimmer, nachdem ich Elizabeth bequem im Bett aufgesetzt und ihr ein bisschen Tee gebracht hatte. Eine der beiden lebte in den Bergen vor der Stadt, ungefähr eine Stunde entfernt. Die andere war von der Sunshine Coast in Queensland nach Melbourne geflogen, als sie hörte, wie es um Elizabeth stand. Jetzt saßen sie an ihrem Bett, redeten mit ihr, hielten sich bei den Händen und lächelten.

Ich verließ das Zimmer, um sie miteinander allein zu lassen und selbst ein paar stille Freudentränen vergießen zu können. Im Hinausgehen hörte ich, wie Elizabeth sich bei den beiden entschuldigte, und sie ihr im nächsten Augenblick verziehen. Das war Vergangenheit, und es war nicht mehr wichtig, sagten sie. Ihr Mann Roger und ich saßen in der Küche, beide mit Tränen in den Augen, aber trotzdem überglücklich.

Die Freundinnen blieben ein paar Stunden. Hinterher war Elizabeth freudig erregt, aber auch komplett erschöpft. Sie fiel sofort in einen tiefen Schlaf, und ich konnte vor dem Heimgehen gar nicht mehr mit ihr plaudern. Als ich ein paar Tage später wiederkam, war sie sehr schwach, wollte aber reden.

»War das nicht wunderbar? Ach, dass ich ihre Gesichter noch mal sehen durfte!«, lächelte sie glücklich. Sie konnte den Kopf nicht mehr vom Kissen heben und warf mir von der Seite einen Blick zu.

»Ja, das war wirklich schön«, bestätigte ich.

»Verlieren Sie nie den Kontakt zu den Freunden, die Ihnen am wichtigsten sind, Bronnie. Die Menschen, die Sie so akzeptieren, wie Sie sind, und die Sie sehr gut kennen, sind am Ende mehr wert als alles andere. Und ich spreche aus Erfahrung.« Trotz ihres erbärmlichen Zustands brachte sie ein Lächeln zustande. »Lassen Sie nicht zu, dass das Leben Sie davon abhält. Sorgen Sie dafür, dass Sie immer wissen, wo Ihre Freunde gerade sind, und teilen Sie ihnen mit, dass Sie sie zu schätzen wissen. Haben Sie auch keine Angst, sich verletzlich zu geben. Ich habe so viel Zeit verschwendet, weil ich nicht fähig war, meinen Freunden zu zeigen, wie schlecht es mir ging.« Elizabeth hatte sich selbst verziehen und damit aufgehört, sich selbst zu verurteilen. Sie hatte ihren Frieden gefunden, und sie hatte ihre Freunde wiedergefunden.

Als ihr letzter Morgen kam, befeuchtete ich ihr die Lippen. Ihr Mund produzierte nicht mehr genug Speichel, so dass das Sprechen ihr Mühe machte (wozu sie sowieso kaum mehr die

Energie hatte). Als ich fertig war, lächelte sie mich an und bewegte die Lippen zu einem »Danke«. Ich erwiderte ihre Dankbarkeit mit einem Lächeln, küsste sie auf die Stirn und hielt ihr einen Moment die Hand, die sie ein wenig drückte.

Ihr Zimmer war voller Menschen, die sie liebten. Ihre ganze Familie war anwesend, auch die zwei wunderbaren Damen, die ich vor ein paar Tagen kennengelernt hatte. Ich trat vom Bett zurück, damit sich die Leute um sie scharen konnten, die sie am meisten geliebt hatte.

Gerade noch rechtzeitig hatte Elizabeth die Liebe wieder in ihr Leben gelassen und den Wert ihrer Familie und ihrer wahren Freunde erkannt. Sie verließ diese Erde umgeben von Liebe, in dem Wissen, dass man sie sehr geschätzt hatte und dass ihre Freunde wussten, dass sie sie auch liebte.

Das Glück ins Leben lassen

Was den reinen Arbeitsaufwand betraf, war Harry der pflegeleichteste Patient, den ich jemals hatte. Nicht nur, weil er selbst so ein wunderbarer Mensch war, sondern auch, weil seine Familie darauf bestand, alles selbst zu tun. Drei seiner fünf Töchter lebten in derselben Vorstadt und brachten ihm so gut wie immer seine Hauptmahlzeiten vorbei. Und einer seiner Söhne wollte seinen Vater unbedingt selbst pflegen. Als ich sie fragte, warum ich überhaupt da war, versicherten mir die Töchter und anderen Söhne, dass sie auf meine Anwesenheit nicht verzichten wollten.

Das bedeutete, dass ich viel Zeit mit Lesen und Schreiben verbrachte. In einem sauberen, aufgeräumten Haus, dessen einziger Bewohner bettlägerig ist, fällt nicht allzu viel Arbeit an. Aber ich kreierte in der Küche ein paar Rezepte für leckere Suppen.

Harry hatte buschige Augenbrauen, Haare in den Ohren, ein rotes Gesicht und ein offenes Lachen. Wir waren einander auf Anhieb sympathisch. Schon in den ersten Minuten unseres Kennenlernens mussten wir beide fürchterlich über einen Witz lachen – eine leichte, natürliche Beziehung vom ersten Moment an also.

Sein Sohn Brian war da ganz anders. Er war übernervös. Sein Vater und er hatten sich vor Jahren zerstritten, und obwohl sie den Kontakt nicht abgebrochen hatten, war das Band zwischen ihnen nie wieder so geworden wie früher. Der Rest der Familie behauptete, es sei Brians Schuld gewesen. Ich weiß es nicht, denn ich war damals nicht dabei, und ich wusste auch nicht, wie das aus Harrys oder Brians Perspektive aussah. Es spielte ohnehin keine Rolle für mich. Doch es war offensichtlich, dass Brian jetzt die verlorene Zeit wiedergutzumachen versuchte, indem er darauf bestand, seinen Vater fast allein zu pflegen.

So unterbrach er jeden Versuch meinerseits, Harry zu helfen. Ich war inzwischen ziemlich geschickt darin, die richtige, bequemste Position für einen Patienten zu finden. Dieses Betten war eine intuitive Angelegenheit, zu der sich auch viele Patienten äußerten. Oft schütteln die Verwandten die Kissen auf und arrangieren irgendwelche Polster neu, um dem Kranken etwas Nettes zu tun. Dabei ist ihnen nicht klar, wie empfindlich sein Körper inzwischen ist, so dass ihm die kleinste Veränderung oft das bisschen Bequemlichkeit raubt, das er noch genießen kann.

Wenn sein Sohn ihn widerstrebend verließ, um für ein paar Stunden in die Arbeit zu gehen, sorgte ich als Erstes dafür, dass Harry wieder bequem lag. Wenn es unter Tag auch nur den kleinsten Moment gab, in dem ich mich um ihn kümmern konnte, ohne dass mich sein Sohn geradezu von ihm wegbiss, bat Harry mich, ihm ganz schnell die Kissen zu arrangieren.

Nachmittags hatten wir ein paar wenige Stunden, bevor die vielköpfige Familie wieder zum Abendessen eintraf, auch wenn Harry selbst kaum mehr etwas aß. Diese Stunden allein waren wunderbar, und Harry nannte sie »Friedensstunden«. Wir unterhielten uns und lachten, während ich mich um seine körperlichen Bedürfnisse kümmerte. Danach tranken wir meistens eine Tasse Tee und plauderten weiter.

Harry hatte seine Frau vor zwanzig Jahren verloren, es aber geschafft, danach trotzdem noch ein gutes Leben zu führen. Er mochte seine Arbeit, und als er in Rente ging, war er noch beschäftigter, weil er diversen Sport- und Gesellschaftsclubs beitrat. Seine jetzige Krankheit war zwar unheilbar, aber bis dahin hatte er sein Leben lang eine exzellente Gesundheit besessen.

»Ich habe das Geschenk der Gesundheit respektiert«, erzählte Harry, »indem ich aktiv blieb und mich nie um irgendwelche Regeln kümmerte, dass ich mich so oder so verhalten sollte, wenn ich so und so alt werden wollte. Die Leute sind oft selbst schuld, wenn sie vorzeitig altern, wissen Sie.« Obwohl er im Sterben lag, war Harry der gesündeste Achtzigjährige, den ich je gesehen hatte. Seine Krankheit zermürbte ihn zwar langsam, aber man sah ihm immer noch an, dass er vorher sehr fit gewesen war. Wenn ich ihm zum Beispiel die Beine massierte, bemerkte ich immer noch den Muskeltonus von seinen Wanderungen und Spaziergängen.

»Wenn man in Rente ist und die Kinder ihre eigenen Kinder großziehen, braucht man Freunde mehr denn je«, meinte Harry. »Deswegen bin ich, als meine Frau starb, Gott hab sie selig, dem Ruderclub beigetreten. Und dann einem Wanderverein. Ich weiß gar nicht, wie ich noch die Zeit zum Arbeiten fand.«

Harry glaubte fest an den Wert der Großfamilie, in der die Großeltern ein wesentlicher Teil des Lebens ihrer Enkel sind und viel Zeit mit ihnen verbringen dürfen. Das sah man an dem Verhältnis, das er zu seinen Enkeln hatte, die ihn täglich besuchten. Er hatte einen sehr positiven und liebevollen Einfluss auf sie.

»Meine Familie kommt an erster Stelle, aber man braucht auch Menschen im eigenen Alter. Wenn ich nicht die Freunde gehabt hätte, die ich in den Vereinen kennengelernt habe, wäre ich ein sehr einsamer alter Mann gewesen. Ich hätte zwar Gesellschaft gehabt, weil ich ja meine Kinder und Enkel habe, aber mir hätte die Gesellschaft von Menschen gefehlt, die in meinem Alter sind und ähnlich denken.«

Wir verbrachten Stunden in seinem Zimmer mit Plaudern, bis uns die Abendsonne warnte, dass die Friedensstunden fast vorüber waren. Bald würde die Familie wieder dazustoßen, aber Harry redete mit mir weiter, solange es ging. Er konnte nicht verstehen, warum so viele Leute erst viel zu spät einsahen, wie wichtig Freunde sind. Obwohl er es schön fand, wenn ältere Leute von ihren Familien geliebt und respektiert blieben, frustrierte es ihn, dass so viele von ihnen keinen Raum mehr für Freundschaften ließen.

»Das wird ihnen erst aufgehen, wenn es zu spät ist«, meinte er. »Aber das ist nicht nur in meiner Generation so. Wenn ich mir die Jüngeren ansehe, die sind alle so ungeheuer beschäftigt und gönnen sich nicht mal ein bisschen Zeit für sich und um Dinge zu tun, die sie privat glücklich machen. Auf die Art verlieren sie völlig den Kontakt mit sich selbst. Wenn man ein bisschen Zeit mit seinen Freunden verbringt, wird man wieder daran erinnert, wer man ist, wenn man gerade nicht Mutter, Vater, Oma oder Opa ist. Verstehen Sie, was ich meine?«

Ich konnte bestätigen, dass ich viele Leute so hatte leben sehen, dass es aber auch genug andere gab, die immer dieses kleine bisschen Zeit für sich selbst reservierten und viel glücklichere Menschen waren. Außerdem waren sie auch eine viel angenehmere Gesellschaft.

»Genau!« Er lachte und klopfte zur Bestätigung aufs Bett. »Gute Freundschaften regen uns an. Die Schönheit einer Freundschaft liegt darin, dass uns unsere Freunde als die nehmen, die wir sind, über das hinaus, was wir gemeinsam haben. Bei Freundschaft geht es darum, so angenommen zu werden, wie man ist, nicht als derjenige, der man gerne sein würde, ein Partner oder ein Verwandter. Wir müssen unsere Freundschaften pflegen, meine Liebe.«

Dem steten Strom der Besucher war zu entnehmen, dass dieser Mann keine leeren Prinzipien gepredigt hatte. Seine Freunde waren alle fröhliche, herzliche Menschen, die Freude mit ins Haus brachten. Da sie aber auch respektvoll mit seiner

Krankheit umgingen, akzeptierten sie es ohne Weiteres, wenn er manchmal schlief und nicht gestört werden durfte.

An einem anderen Nachmittag fragte mich Harry nach meinen eigenen Freundschaften. Ich erzählte ihm von meinen engen Freunden und erklärte, dass sich in letzter Zeit einige meiner anderen Freundschaften geändert hatten, genauso wie ich.

»Na ja, das ist nur natürlich«, meinte er. »Freunde werden ein Leben lang kommen und gehen. Deswegen sollten wir sie schätzen, solange sie bei uns sind. Manchmal hat man einfach die Dinge miteinander geteilt und voneinander gelernt, die man teilen und lernen sollte, und dann geht man wieder auseinander. Aber andere Freundschaften dauern auch über lange Strecken an. Gemeinsame Geschichte und Verständnis sind sehr tröstlich, wenn man am Ende des Weges angekommen ist.«

Bei all unseren Gesprächen waren wir uns einig, dass Frauen Freundschaften ganz anders angehen als Männer. Frauen bewerten Freundschaften viel emotionaler, das heißt, dass Freundschaften auch enger werden, wenn man sich viel über emotionale Angelegenheiten unterhalten hat. Männer brauchen Freunde auch zum Reden, sagte Harry. Aber sie tun sich damit leichter, wenn sie nebenher etwas zusammen machen, zum Beispiel Tennis spielen, Fahrrad fahren oder andere Aktivitäten. Männer genießen Freundschaften, wenn sie damit Probleme aufarbeiten und lösen können, egal ob körperlich oder emotional, und deswegen gelingt ihnen das am besten, wenn sie aktiv sind.

»Zum Beispiel, wenn sie zusammen einen Weidezaun bauen«, meinte ich.

Harry prustete los. »Du liebe Güte, da sieht man's mal wieder – man kann das Mädchen vom Land wegkriegen, aber man wird niemals das Land aus dem Mädchen rauskriegen. Ja, das ist ein ziemlich ländliches Beispiel, Bronnie, aber genau darum geht es. Einen Zaun bauen oder irgendetwas Handfestes zusammen machen, so was schweißt Männer zusammen.«

Er lachte noch ein bisschen und sagte, wenn ich jemals einen gutaussehenden Mann an mich binden wollte, müsste ich ihm nur beim Zäunebauen helfen. Ich versprach ihm, mir den Tipp zu merken.

Er erzählte mir seine Lieblingsgeschichten vom Freundschaftenschließen und betonte dabei noch einmal, was für ein Segen seine verbliebenen Freundschaften waren. Jeden Tag kamen ihn nette Leute besuchen. Sie hatten untereinander sogar einen Stundenplan abgesprochen, damit sie ihn nicht zu sehr erschöpften. Und auf diese Art konnte jeder auch noch mal Zeit mit Harry verbringen. Das fand ich sehr verantwortungsbewusst und wunderbar.

Wir stellten fest, dass wir in unseren Friedensstunden auch eine neue Freundschaft in unser Leben ließen, nämlich die zwischen uns. Es verstimmte ihn zu wissen, dass ich den Rest des Tages lesend oder schreibend in einem anderen Teil des Hauses saß, statt plaudernd bei ihm zu sitzen. Er hatte recht, und ich lachte. Aber er verstand genauso wie ich Brians Bedürfnis, Wiedergutmachung zu leisten und seinem Vater zu helfen. Harry wollte nicht, dass Brian sich später mit Schuldgefühlen herumschlug. Allerdings war er sicher, dass sich das wohl trotzdem nicht verhindern ließ. Deshalb spielte er das Spiel bereitwillig mit, damit sich sein Sohn in ihren letzten gemeinsamen Wochen gebraucht fühlte. »Auch wenn er mir die Kissen nicht richtig zurechtlegen kann«, seufzte Harry.

Er betrachtete seine Krankheit und das, was noch auf ihn zukam, ganz philosophisch. Er hatte sein Leben in vollen Zügen genossen, sagte er, und jetzt war er bereit, sich anzusehen, was danach kam. Wenn er manchmal über sein nahes Ende redete, lenkte er das Gespräch immer noch oft auf das

Thema Freunde: die Erinnerungen, ihr Wert, die Notwendigkeit von Freundschaften für das Lebensglück. Außerdem ermunterte er mich, ihm meine liebsten Erinnerungen an Freunde zu erzählen. »Fangen Sie mit jemand aus Ihren Kindertagen an. Ich würde zu gerne etwas über Ihre Kindheit hören.« Und als ich anfing zu erzählen, lachte er, denn meine Geschichte spielte vor einem ländlichen Hintergrund, einem Weizenfeld.

Als ich zwölf Jahre alt war, hatten wir keine Rinderfarm mit Kleefeldern mehr, sondern eine Schaffarm mit Weizenfeldern. Sie lag kilometerweit von der nächsten Stadt entfernt, und über ihr spannte sich ein endloser majestätischer Himmel. Ungefähr ein Jahr später verschwand plötzlich mein erster Hund, der damals sieben Jahre alt war. Wir glauben, dass er vielleicht von einer Schlange gebissen wurde, denn er wurde nie gefunden. Das war nicht wirklich erstaunlich, denn die Farm war sehr weitläufig, aber ich war natürlich am Boden zerstört. Ein paar Monate später kaufte mir meine Familie einen neuen Hund. Es war eine kleine weiße Malteserhündin, die sich hartnäckig der Einsicht verschloss, dass sie ein Haushund sein sollte. Stattdessen verbrachte sie den ganzen Tag damit, die Schäferhunde, Bordercollies und Kelpies über die Weiden zu jagen.

Meine beste Freundin in meinen Highschool-Jahren und noch eine ganze Weile danach war Fiona. Obwohl sie in der Stadt lebte, verbrachten wir viel Zeit zusammen auf dem Hof. Manchmal übernachtete ich auch in der Stadt im Haus ihrer Eltern, vor allem, als wir ein bisschen älter wurden und es den einen oder anderen Jungen zu küssen galt. Was Fiona und mich unter anderem über die Jahre sehr verband, war unsere Neigung zu ausgedehnten Spaziergängen. Ich kann gar nicht sagen, wie viele Kilometer wir in den Jahrzehnten unserer Freundschaft gemeinsam zurückgelegt haben: Strände, Wälder, Stadtstraßen, fremde Länder, Buschpfade, alles Mögliche. Angefangen hat es mit unseren Spaziergängen über die Weizenfelder.

Wie immer begleiteten uns meine Hündin und noch ein paar von den anderen Hunden. Wenn wir uns umdrehten, sahen wir oft auch noch ein, zwei Katzen, die ebenfalls mitkamen. Wir Mädchen blieben auf dem Pfad. Er führte zu dem Feld, das am weitesten entfernt lag. Die Hunde aber rannten gleich quer durch den Weizen. Das ging, solange das Getreide noch niedrig stand, aber wenn es höher wuchs, wurde meine kleine Hündin unsichtbar. Fiona und ich bekamen an diesem Tag einen unglaublich witzigen Sketch präsentiert.

Im Gefolge der großen Hunde, deren Köpfe man über den höchsten Halmen immer noch sehen konnte, sah man einen Streifen auf dem Feld, der von unten bewegt wurde – das war das kleine Malteserhündchen, das den beiden anderen Hunden blindlings hinterherrannte. Ab und zu hörte diese Bewegung auf, und dann erschien ein kleiner weißer Kopf wie ein U-Boot-Periskop über den Ähren und hielt nach den anderen Hunden Ausschau. Dann verschwand er wieder im Weizen, und der Streifen bewegte sich in der neuen Richtung weiter. Dann hörte es wieder auf, der kleine weiße Kopf erschien, sichtete sein Ziel, verschwand sofort wieder und rannte weiter. Das ging ewig so weiter, und am Ende brachen Fiona und ich jedes Mal in ausgelassenes Teenager-Gekicher aus, wenn wir den kleinen weißen Kopf auftauchen sahen. Wir lachten so sehr, dass uns die Kiefer wehtaten und wir uns aneinanderlehnen mussten, um uns zu stützen. Bis der kleine Hund seinen nächsten Luftsprung vollführte, so dass wir in einem erneuten Lachanfall zusammensackten. Am Ende konnten wir kaum noch stehen.

Als ich mir diese schlichte, aber kostbare Erinnerung wieder ins Gedächtnis rief, wurde mir sofort wieder der Wert von wahrer Freundschaft bewusst. Harry und ich lachten zusammen. Wie sehr fehlte mir die Unschuld der Jugend und dieses sorglose, ungehemmte Gelächter mit Fiona. »Wo ist sie heute?«, wollte Harry wissen. Ich berichtete, dass sie im Ausland lebte und wir uns aus den Augen verloren hatten. Das Leben war weitergegangen, sagte ich, und jetzt gab es andere in meinem Leben, die mir näher standen. Unsere Freundschaft war auch von anderen Faktoren beeinflusst worden, von anderen Leuten, aber auch von unterschiedlicher Geschmacksentwicklung und zunehmend verschiedenen Lebensstilen. Harry stimmte mir zu, dass man die Uhr nicht zurückdrehen kann, aber vielleicht würde das Leben ja dafür sorgen, dass sich unsere Wege wieder einmal kreuzten. Nachdem ich schon viele zirkuläre Prozesse im Leben beobachtet hatte, meinte ich, dass das durchaus möglich war. Aber es war im Grunde nicht wichtig. Ich schätzte diese Erinnerungen und wünschte Fiona nur das Beste, und im Stillen dankte ich ihr für so manchen Lernprozess und die Freundschaft, die wir geteilt hatten.

Viele meiner schönsten Erinnerungen an Freunde haben etwas mit Spazierengehen, Reden und Lachen zu tun. In den nächsten ein, zwei Wochen erzählte ich Harry auch von ein paar anderen Freundschaften. Auch er war immer gern spazieren gegangen und erzählte mir von den Orten, an denen er gewandert war, und von den Freunden, die dabei gewesen waren. Ich konnte mir gut vorstellen, dass Harry jede Gruppe mit seinem Gelächter anstecken konnte. Bei dem Gedanken musste ich lächeln, und als er mich nach dem Grund fragte, verriet ich es ihm nur zu gern. Er bestätigte, dass sie bei ihren Wanderungen immer viel gelacht hatten.

In der Woche darauf musste ich Harry verlassen, weil ich selbst zu einer langen Wanderung aufbrach. Als ich sie gebucht hatte, war ich nicht sicher gewesen, ob er noch am Leben sein würde. Jetzt freute ich mich einerseits, aus der Stadt rauszukommen, andererseits war ich ein bisschen traurig, ihn zu verlassen, weil ich nicht wusste, ob er bei meiner Rückkehr noch da sein würde. Doch als ich Harry von meinen Plänen erzählte, war er von ganzem Herzen begeistert und meinte, er würde im Geiste mit mir kommen, ob er nun noch lebte oder tot war.

Die alljährlich stattfindende Wanderung führte durch ein entlegenes Gebiet und endete immer am gleichen See. Dafür wanderte man aber jedes Mal einen anderen Zufluss entlang. Dieses Jahr gingen wir bei ein paar Bauernhöfen los, die direkt an einer Flussmündung standen. Diesem Fluss sollten wir folgen – auch wenn es jetzt zum Großteil nur noch trockenes Flussbett war –, bis wir irgendwann den See erreichten.

Das Konzept der Wanderung bestand darin, den Teilnehmern im Kontakt mit der Erde die Gelegenheit zu eröffnen zu gesunden, indem man über die von uralten Zivilisationen ausgetretenen Pfade lief. In alten Zeiten waren Flüsse wie Autobahnen, oder zumindest Verkehrsstraßen, und die Stämme lebten an ihren Ufern oder gingen am Ufer entlang von einem Ort zum nächsten. Ein Aborigine-Ältester segnete uns mit einer reinigenden Rauchzeremonie. Dann starteten wir und wanderten sechs Tage lang.

Jeder fiel in seinen eigenen Rhythmus. Wir waren ungefähr ein Dutzend Wanderer. Manche gingen in Gruppen und unterhielten sich die ganze Zeit. Andere stießen gelegentlich zu einem Gespräch dazu und gingen dann wieder. Einige blieben stehen und fotografierten alles, wieder andere gingen eher allein. Jede Nacht kamen ein paar Ehrenamtliche mit einem Wohnwagen, in dem sich unsere Ausrüstung befand, und wir bauten ein Lager auf. An einem friedlichen Lagerfeuer wurde ein gemeinsames Abendessen zubereitet, während sich unter dem großartigen Sternenzelt neue wunderbare Freundschaften anbahnten.

Mit jedem Schritt intensivierte sich die Verbindung mit der Erde. Ich unterhielt mich zwar gerne mit den anderen, wenn wir eine Pause machten, aber ich ging lieber allein, was sich bei meinem Tempo sowieso kaum vermeiden ließ. Nachdem ich immer sehr viel gelaufen war, hatte ich jetzt ein natürliches Grundtempo, mit dem ich den Hauptteil der Gruppe schnell hinter mir ließ. Ein anderer Wanderer, die weise und liebevolle Seele, die diese Veranstaltung ins Leben gerufen hatte, war noch vor mir, auch er folgte seinem eigenen Rhythmus.

Wenn man so allein immer nur vor sich hin wandert, werden einem viele Dinge klar. Mir wurde etwa bewusst, dass ich mit dem Housesitting aufhören wollte. Etwas in mir sehnte sich mal wieder nach einer eigenen Küche. Die viele Veränderung, die ich immer so gemocht hatte, begann mich anzustrengen. Ohne großes Aufhebens wurde diese neue Saat gesät – ich nahm es einfach hin, dass sich manche Dinge veränderten. Friedlich wanderte ich weiter.

Heutzutage ist es selten, dass man so weit laufen kann, weil das Land durch Privatbesitz zerstückelt ist. Glücklicherweise wurde das vorab geklärt, so dass wir unbehelligt über die Grundstücke der Bauernhöfe wandern durften. In unserem hektischen Leben kann es einem leicht passieren, dass man sich der Erde unter den Füßen gar nicht mehr richtig bewusst ist. Natürlich spüren die meisten von uns eine Verbindung, wenn wir innehalten und die Schönheit der Natur genießen. Aber sechs Tage am Stück ungehindert wandern zu können gab mir ein Gefühl von Verbundenheit mit der Erde, das mir gefehlt hatte, ohne dass ich es gemerkt hätte, obwohl ich mich doch auch vorher so oft an der Welt gefreut hatte.

Unterwegs entdeckten wir Ritzzeichnungen von uralten Völkern und bestaunten die großartigen Roten Eukalyptusbäume, die Hunderte von Jahren alt sind. Neben den komplizierten Ritzzeichnungen sah man an manchen Stellen auch, wo vor Urzeiten für den Bau von Kanus Rinde abgetrennt worden war. Die Zeichen der Existenz alter Völker, deren Stämme sich lange verloren hatten, berührten und inspirierten mich. Außerdem spürte man an manchen Stellen eine unglaublich starke Energie. Das war sicher auch der Grund, weswegen man dieser Wanderstrecke heilsame Wirkungen zuschrieb.

Dazu kam noch, dass mich die Landschaft an meine Heimat erinnerte. Sogar der Geruch von Schafscheiße entfesselte eine Flut von Erinnerungen, und ich genoss es, mich einmal wieder in diesem trockenen, staubigen Klima aufzuhalten. Mit jedem Schritt verbesserte sich meine Kondition, und ich träumte davon, in eine Welt zurückzukehren, in der die Füße das wichtigste Transportmittel waren. Es kam mir einfach viel sinnvoller vor als dieses ganze Gehetze und Getöse des modernen Lebens.

Einmal fand ich eine kühle Wasserstelle, in der ich schwimmen konnte. Ich hatte die Gruppe gerade verloren, und das Schwimmen war mir eine willkommene Abwechslung. Ich zog mich aus, badete in dem sauberen, frischen Wasser und hatte das Gefühl, geradezu verjüngt zu werden. Es reinigte meinen Geist genauso wie meinen Körper. Jeder Moment dieser Woche war ein spirituelles Geschenk, und von Tag zu Tag wuchs die Verbindung zur Natur.

Die Landschaft veränderte sich unablässig während der Tagesetappen von ungefähr acht Uhr morgens bis fünf Uhr nachmittags, wenn wir wieder unser Lager errichteten. Hin und wieder konnte man noch andere Zeichen früherer Bewohner entdecken. Ein alter Wagen, der irgendwann einmal im Morast versunken war, war jetzt zu einem Teil der trockenen Landschaft geworden, wahrscheinlich schon seit über hundert Jahren. Eine Steinhütte ohne Dach verriet, dass einmal Leute am Fluss gewohnt hatten. Der beste Moment war aber der, als wir die Ritzzeichnungen entdeckten und uns klar wurde, was für eine einzigartige Geschichtsstunde uns gerade zuteilwurde, die die Existenz der Urvölker bestätigte, auf deren Spuren wir gerade wandelten.

Nach sechs vollen Tagen Wanderung und ungefähr achtzig zurückgelegten Kilometern kamen wir müde, aber in Hochstimmung ans Ziel. Traurig verabschiedete ich mich von den anderen Teilnehmern, aber noch trauriger war ich darüber, dass die Wanderung vorüber war. Am nächsten Tag umrundete ich den ausgetrockneten See und wanderte dabei noch einmal fünf Stunden, weil ich einfach nicht aufhören konnte zu laufen. Ein paar Tage später sollte ein kleines Musikfestival stattfinden, das mit ähnlichem Respekt vor der Natur veranstaltet wurde wie die Wanderung. Also blieb ich noch und fuhr erst danach endgültig nach Melbourne zurück.

Glücklicherweise war Harry noch nicht gestorben, so dass ich noch ein bisschen Zeit mit ihm verbringen konnte. In den zehn Tagen meiner Abwesenheit hatte die Krankheit seinen Körper jedoch ganz erobert, und ich fand ihn völlig ausgemergelt vor. Aus seinen einstmals muskulösen Beinen war jeder Tonus gewichen, und sein großes, rundes Gesicht war hager, mit loser Haut. Es war jedoch immer noch Harry, und immer noch ein höchst sympathischer, wunderbarer Mann.

Brians verzweifelter Wunsch, sich um seinen Vater zu kümmern, hatte sich jedoch weiter verstärkt. Er war bevormundender als je zuvor und verließ das Haus nachmittags nur noch für höchstens eine Stunde. Ich war dankbar, dass Harry und ich unsere Friedensstunden genossen hatten, bevor ich weg war, denn jetzt boten sich kaum noch solche Gelegenheiten. Zu Brians obsessivem Verhalten kam noch die Tatsache, dass Harry jetzt sowieso viel mehr schlief.

Aber wie das Leben so spielt, rief eines Morgens unerwartet Brians Arbeitgeber an, und er musste die Pflege widerstrebend mir überlassen. Gott sei Dank war das zu einem Zeitpunkt, an dem Harry geistig besonders klar war – auch wenn das bei ihm nicht mehr allzu viel hieß. Aber er war wach und konnte zumindest ein bisschen sprechen.

Auf seine Bitte hin erzählte ich ihm von meiner Wanderung und von den Einsichten, die ich in diesen Tagen gewonnen hatte. Er fragte mich auch nach den anderen Teilnehmern und den positiven Veränderungen, die sie oder ich festgestellt hatten. Es gab viel zu erzählen.

»Und was unternehmen Sie diese Woche mit Ihren Freunden, Bronnie?«, fragte er mit seiner schwächer werdenden Stimme. »Wie viel Zeit zweigen Sie von Ihrer Woche ab, um sie mit richtig guten Freunden zu verbringen? Das würde mich interessieren.« Ich lachte über seine Hartnäckigkeit bei diesem Thema und meinte, es würde noch genug Gelegenheit geben, den Kontakt zu meinen Freunden wieder aufzufrischen. Im Moment wollte ich meine Zeit mit ihm, Harry, genießen, der ebenfalls mein Freund war.

»Das reicht nicht, meine Liebe. Sie tun genau dasselbe wie alle anderen. Sie müssen doch inzwischen gelernt haben, dass Sie auch ein bisschen Zeit für sich selbst brauchen. Job und Privatleben müssen ausgewogen sein, und Sie müssen sich regelmäßig Zeit für Ihre Freunde nehmen. Tun Sie es mehr für sich als für sie. Wir brauchen unsere Freunde.« Harry sah mich mit strengem, warnendem Blick an. Wir wussten beide, dass hinter seiner Hartnäckigkeit Liebe steckte.

Er hatte recht. Ich musste mir regelmäßig Zeit für meine Freunde freihalten, statt ständig Zwölf-Stunden-Schichten zu arbeiten und später dann alles wieder auf einen Schlag aufholen zu wollen. So sehr ich meine Arbeit liebte und so viel ich manchmal auch zu lachen hatte mit meinen Patienten und ihren Familien, ich lebte dabei doch in einer ziemlich ernsten Welt. Mit sterbenden Menschen zusammen zu sein und die Trauer ihrer Verwandten zu erleben war so belastend, dass ich daneben ein bisschen Leichtigkeit in mein Leben bringen musste, und das konnten nur meine Freunde. Meinem Leben fehlte die Freude, und das konnte ich mir erst jetzt wirklich eingestehen.

»Sie haben recht, Harry«, gab ich zu. Er lächelte und breitete die Arme aus, um mich an sich zu ziehen. Ich beugte mich über das Bett und drückte ihn lächelnd.

»Es geht nicht nur darum, mit Ihren Freunden in Kontakt zu bleiben, meine Liebe. Wichtig ist vielmehr, dass Sie sich selbst das Geschenk ihrer Gesellschaft machen. Das verstehen Sie doch, oder?«, fragte er, mit Worten ebenso sehr wie mit Blicken.

Ich nickte überzeugt und antwortete: »Ja, Harry, das verstehe ich.« Als ich ihn später ein wenig allein ließ, damit er sich ausruhen konnte, freute ich mich, dass er mir das so klargemacht hatte und dass wir so aufrichtig miteinander reden konnten.

Harry war ein sanfter Tod vergönnt. Er starb ein paar Nächte später im Schlaf. Seine Tochter, die mich anrief, um es mir mitzuteilen, bedankte sich aufrichtig bei mir. Ich erwiderte, Harry hätte auch eine Menge für mich getan. Es war mir ein Vergnügen gewesen, seine Bekanntschaft zu machen.

»Halten Sie sich Zeit für Ihre Freunde frei«, höre ich ihn heute noch sagen. Die Worte dieses lieben alten Mannes mit den buschigen Augenbrauen, dem roten Gesicht und dem breiten Lächeln leben in mir weiter.

Versäumnis Nummer 5:

Ich wünschte, ich hätte mir mehr Freude gegönnt.

Als Managerin eines Weltkonzerns war Rosemary ihrer Zeit voraus. Sie hatte Karriere gemacht, lange bevor Frauen in diese Art von Führungsposition gelangten. Vorher hatte sie jedoch mit den damaligen gesellschaftlichen Erwartungen konform gelebt. Sie hatte jung geheiratet und war in ihrer Ehe körperlichen und seelischen Misshandlungen ausgesetzt. Als sie eines Tages fast gestorben wäre, weil ihr Mann sie besonders brutal geschlagen hatte, wurde es Zeit, auszubrechen.

Obwohl sie einen sehr guten Grund hatte, diese Ehe zu beenden, war eine Scheidung damals ein Skandal. Um in ihrer Heimatstadt dem Ruf ihrer Familie nicht zu schaden, zog Rosemary in die Stadt und fing von vorne an.

Das Leben hatte ihr Herz und ihr Denken verhärtet. Ihr Selbstwertgefühl und die Wertschätzung ihrer Familie holte sie sich jetzt durch ihren Erfolg in einer männerdominierten Welt. Noch einmal eine Partnerschaft einzugehen kam ihr überhaupt nicht in den Sinn. Stattdessen kletterte Rosemary zielstrebig die Karriereleiter hoch, mit einem hohen IQ und viel harter Arbeit, bis sie die erste Frau in ihrem Bundesstaat war, die einen so hohen Managerposten innehatte.

Rosemary war daran gewöhnt, den Leuten zu sagen, was sie zu tun hatten, und sie genoss die Macht, die ihre einschüchternde Art ihr verlieh. Dieses Benehmen schlug sich dann auch in der Art nieder, wie sie ihre Pflegerinnen behandelte. Und so entließ sie eine nach der anderen, weil sie nie zufrieden war. Bis ich kam. Sie mochte mich, weil ich früher im Bankwesen beschäftigt gewesen war, was in ihren Augen bedeutete, dass ich schon mal nicht ganz dumm sein konnte. Diese Art zu denken fand bei mir natürlich wenig Beifall, aber ich hatte so oder so nichts mehr zu beweisen, also dachte ich mir, soll sie mich doch einschätzen, wie sie möchte. Hauptsache, sie war glücklich damit. Immerhin war sie über achtzig und lag im Sterben. Rosemary forderte mich bald als ihre Hauptpflegerin an.

Am Morgen war es immer besonders übel, dann kommandierte sie einen herum und war schrecklich giftig. Da ich inzwischen ganz gut wusste, wer ich war, ließ ich mir das bis zu einem gewissen Grad gefallen, wusste aber auch, wo die Grenzen waren. Als sie eines Tages besonders böse und beleidigend wurde, stellte ich Rosemary ein Ultimatum. Entweder sie ist freundlicher zu mir, oder ich bin weg. Daraufhin fing sie an zu schreien, dann sollte ich doch gehen, raus mit mir. Da saß sie auf ihrer Bettkante und steigerte sich in immer noch mehr Gemeinheiten hinein.

Ich setzte mich einfach neben sie. »Gehen Sie doch! Raus!«, brüllte sie und zeigte auf die Tür. Ich saß ruhig da, sah sie an, sandte ihr freundliche Gedanken und wartete, bis der Ausbruch vorbei war. Dann war es still. Ungefähr eine Minute saßen wir so nebeneinander, ohne Worte, aber so nah beieinander, dass wir uns hätten aneinanderlehnen können. »Fertig?«, fragte ich mit einem milden Lächeln.

»Vorerst«, schnauzte sie. Ich nickte und sagte immer noch nichts. Das Schweigen hielt an. Schließlich legte ich den Arm um sie, küsste sie auf die Wange und ging in die Küche. Ein paar Minuten später kam ich mit einer Kanne Tee zurück. Rosemary saß immer noch so da wie vorher und sah aus wie ein verlorenes kleines Mädchen.

Ich half ihr hoch und führte sie zum Sofa gegenüber. Der Tee wartete schon auf dem Beistelltischchen. Rosemary setzte sich. Ich legte ihr eine wunderschöne Decke über die Beine, und sie blickte lächelnd zu mir auf. Dann setzte ich mich neben sie. »Ich hab solche Angst und bin so allein. Bitte verlassen Sie mich nicht«, sagte sie. »Bei Ihnen fühle ich mich so gut aufgehoben.«

»Ich gehe nirgendwohin. Ist schon okay. Solange Sie mich mit Respekt behandeln, bin ich für Sie da«, sagte ich aufrichtig.

Sie lächelte mich an wie ein kleines liebesbedürftiges Mädchen. »Dann bleiben Sie bitte. Ich möchte, dass Sie bleiben.« Ich nickte, küsste sie noch einmal auf die Wange, und sie strahlte.

Von diesem Moment an verbesserte sich unser Verhältnis schlagartig. Sie erzählte mir von ihrer Vergangenheit, und ich lernte sie besser verstehen. Sie hatte die Menschen immer zurückgestoßen. Da ich mich lange genug selbst nach diesem Muster verhalten hatte, aber auch wusste, wie wohltuend es war, damit zu brechen, erklärte ich Rosemary, dass es nicht zu spät war, die Menschen an sich heranzulassen. Sie sagte, sie wüsste nicht wie, aber sie wollte es auf jeden Fall versuchen und netter zu den Leuten sein.

Ihre Krankheit entwickelte sich nur langsam, aber es gab doch genug Anzeichen dafür, dass sie sich täglich weiter in ihrem Körper ausbreitete. So wurde sie immer schwächer. Die Veränderung ging am Anfang langsam vor sich, und Rosemary versuchte es immer wieder zu verdrängen. Sie schmiedete Pläne, dass ich ihre Buchführung übernehmen und ihr Investment-Portfolio in Ordnung bringen sollte, und verlor sich in Details. Ich hörte einfach zu, auch wenn ich wusste, dass es dazu nicht mehr kommen würde. Rosemary kündigte an, dass sie sich ein paar Stunden mit mir zusammensetzen würde, um mich quasi einzuarbeiten, sobald sie sich kräftig genug dazu fühlte. Ich konnte immer wieder beobachten, dass die Leute noch Zukunftspläne schmiedeten, obwohl ihre Kräfte von Tag zu Tag nachließen.

Außerdem bestand sie darauf, dass ich überall in der Stadt Termine für sie machte. Sie ließ mich vom Telefon im Schlafzimmer aus anrufen, so dass sie jedes meiner Worte hören, sich ständig einmischen und damit das ganze Gespräch kontrollieren konnte. Dann musste ich die Termine wieder verschieben oder absagen. Rosemary war zweifellos eine sehr dominante Persönlichkeit. Ich ließ mich gern darauf ein, gewisse unnötige Dinge für sie zu erledigen, aber manches lehnte ich auch rundheraus ab. So hatte ich zum Beispiel keine Lust, meine Zeit und Energie darauf zu verschwenden, nach Dingen zu suchen, die wir schon an jedem Fleckchen im Haus erfolglos gesucht hatten.

Jeden Tag bröckelten ihre emotionalen Mauern ein Stückchen weiter ab, und wir kamen uns immer näher. Rosemarys Verwandte lebten weit weg, aber sie riefen regelmäßig an. Ein paar Freunde kamen sie regelmäßig besuchen und auch ein paar ehemalige Geschäftspartner. Aber die meiste Zeit war es ein ziemlich stilles Haus mit einem wunderschönen Garten, den wir zusammen genossen.

Eines Nachmittags legte ich Bettwäsche zusammen. Rosemary saß im Rollstuhl und sah mir zu. Sie befahl mir, mit dem Summen aufzuhören. »Es geht mir auf den Wecker, dass Sie die ganze Zeit so fröhlich sind und ständig am Summen«, erklärte sie trübselig. Ich brachte meine Arbeit zu Ende, machte den Wäscheschrank zu, drehte mich um und sah sie amüsiert an. »Na, ist doch wahr«, sagte sie. »Immer summen Sie, immer sind Sie fröhlich. Ich wünschte, es würde Ihnen ab und zu auch mal elend gehen.«

Das war so typisch Rosemary, dass es mich nicht überraschte. Ich war nicht immer fröhlich, aber wenn ich es war, dann meckerte sie deswegen herum. Statt ihr zu antworten, sah ich sie einfach an, machte eine Pirouette, streckte ihr die Zunge heraus und ging lachend hinaus. Sie liebte mich für solche Dinge. Als ich wenig später zurückkam, lächelte sie gehässig, aber man sah ihr an, dass sie mich trotzdem akzeptierte. Danach äußerte sie sich nie wieder so abfällig über meine positive Stimmung.

»Warum sind Sie so fröhlich?«, fragte mich Rosemary eines Morgens bald danach. »Ich meine, nicht nur heute, sondern generell. Warum sind Sie so fröhlich?« Ich lächelte über diese Frage und dachte mir, dass ich es ganz schön weit gebracht hatte, wenn jemand mir so eine Frage stellen konnte. In Anbetracht dessen, was ich selbst zu der Zeit durchmachte, als ich Rosemary pflegte, war es sogar eine ziemlich erschütternde Frage.

»Weil Glücklichsein eine Entscheidung ist, Rosemary, und ich versuche, mich jeden Tag dafür zu entscheiden. An manchen Tagen kann ich das einfach nicht. Wie Sie hatte auch ich ein hartes Leben, auf eine andere Art, aber trotzdem hart. Aber statt mich ständig darin zu verbeißen, was alles nicht so gut läuft und wie schwer ich es doch habe, versuche ich jeden Tag die guten Seiten zu entdecken und den Moment, in dem ich gerade lebe, einigermaßen zu genießen«, antwortete ich ehrlich. »Wir können uns selbst aussuchen, worauf wir unseren Blick richten. Ich versuche, mich auf die positiven Dinge zu verlegen, zum Beispiel, dass ich Sie besser kennenlerne, dass ich eine Arbeit tue, die ich liebe, dass ich nicht mehr unter dem Druck irgendwelcher vertrieblicher Vorgaben stehe. Und außerdem bin ich froh, dass ich gesund bin, und freue mich über jeden Tag, den ich lebe.« Rosemary lächelte und sah mich aufmerksam an.

Was sie nicht wusste, war, dass ich zu dieser Zeit selbst mit einer Krankheit zu tun hatte. Kurz zuvor hatte ich einen kleineren Eingriff gehabt. Als mich der Facharzt anrief, um mir die Resultate mitzuteilen, erklärte er mir, dass sie nicht ganz in Ordnung seien und dass sofort eine größere OP erforderlich war. Ich sagte ihm, dass ich darüber nachdenken würde.

»Da gibt es nichts nachzudenken«, beharrte er. »Sie *müssen* sich operieren lassen, sonst könnten Sie in einem Jahr schon tot sein.« Wieder sagte ich ihm, dass ich darüber nachdenken würde. Ich hatte durch meinen Körper schon viele wichtige Dinge gelernt. Das ist auch nicht überraschend, denn in unserem Körper wird unsere Vergangenheit gespeichert. Alle Schmerzen und alle Freuden manifestieren sich auf die eine oder andere Art im Körper. Nachdem es mir schon gelungen war, ein paar kleinere Beschwerden loszuwerden, indem ich quälende emotionale Wunden heilen ließ, hielt ich das hier eher für ein großes Geschenk. Also würde ich meine Krankheit auch aus dieser Perspektive angehen.

Doch da ich schon genug mit meinen Ängsten zu kämpfen hatte, konnte ich nur ein, zwei Leuten von dieser Situation erzählen. Ich würde meine ganze Kraft brauchen, um sie zu überstehen und mich auf das zu konzentrieren, was ich wollte – nämlich Gesundheit. Ich konnte es nicht riskieren, die Meinungen oder Ängste anderer Leute aufzunehmen. Sie mochten es zwar gut meinen, aber ich hatte kein bisschen Platz für die Ängste anderer Leute auf meiner Reise zur Heilung. Es wurde noch wichtiger, meinen Gefühlen Ausdruck zu verleihen und Dinge loszulassen, die aus meinem tiefsten Inneren emporstiegen, und eine Weile sah es ganz schön dunkel aus. Viele Verletzungen aus meiner Vergangenheit stiegen wieder an die Oberfläche.

Zu einem bestimmten Zeitpunkt wurde es so schwierig und emotional so schmerzhaft, dass ich den Gedanken an den Tod sogar begrüßte und die Krankheit bat, mich mitzunehmen. Als ich ernsthaft mein gesamtes Leben überdenken musste und akzeptieren, dass ich vielleicht wirklich daran sterben und nicht bis ins hohe Alter leben würde, fand ich zu einem überwältigenden inneren Frieden. Mir wurde klar, dass ich schon ein ganz unglaubliches Leben gelebt hatte und dass ich den Mut gehabt hatte, meinem Herzen und meiner Berufung zu folgen. Daher konnte ich dem Tod ins Gesicht sehen und die Entscheidung akzeptieren. Der Frieden, der sich daraufhin einstellte, war ganz wunderbar.

Während ich einerseits meine gewohnten Meditationssitzungen weiterführte, las ich diverse Bücher über Heilung und Visualisierungstechniken und ließ alle Gefühle heraus, die herauswollten. In mir begannen sich gewisse Dinge zu verlagern und zu verändern. Irgendwann erreichte ich einen Punkt, an dem ich das Gefühl hatte, dass ich das Schlimmste hinter mir hatte und auf dem Weg zur Genesung war.

Da trug man mir einen Housesitting-Auftrag in einem kleinen, einfachen Cottage an, das mit Wein überwuchert und hinter einem hohen Zaun versteckt war. Es lag in einem ziemlich reichen Vorort, war aber fast unsichtbar, und ich verliebte mich auf den ersten Blick. Außerdem hatte dieses Haus eine riesige Wanne, und ein Vollbad war für mich schon immer eine Art lebensrettende Maßnahme gewesen. Da ich in so einer tollen Umgebung wohnen konnte, beschloss ich, gleich noch eine Saftfastenkur zu beginnen, wie schon unzählige Male zuvor, und ein paar Tage der Stille und Meditation einzulegen.

Mein Körper war schon immer ein toller Indikator für meine Gefühle gewesen. Wenn sich ein kleines Zipperlein meldete, konnte ich sofort erkennen, wo meine Gedanken oder Taten in den Tagen oder Wochen zuvor gewesen waren. Nach einer Weile konnte ich daher sehr klar und aufrichtig mit meinem Körper kommunizieren. Ich hörte ihm jetzt immer zu und tat mein Bestes, um seinen Zustand zu verbessern. Patienten oder Freunde vertrauten mir oft an, dass sie schon von ihrer Krankheit gewusst hatten, aber doch noch eine ganze Weile brauchten, bis sie etwas dagegen unternahmen. Nachdem ich gesehen hatte, was ein Leben zu bieten hat, wenn man nicht mehr gesund ist, hatte ich gelernt, auf jedes Signal meines Körpers so schnell und so effektiv wie möglich zu reagieren. Gesundheit bedeutet unwahrscheinliche Freiheit, aber wenn sie einmal verloren ist, bleibt sie oft verloren.

Eine der Meditationsübungen, die ich in diesem Cottage absolvierte, hatte ich aus einem Buch, das ich mir kürzlich gekauft hatte. Es beschäftigte sich mit der Intelligenz und der Zusammenarbeit unserer Zellen und bot eine Anleitung, wie man sie bitten konnte, die Krankheit aus dem Körper zu vertreiben. Heilung auf Zellebene. Am Vormittag setzte ich mich also auf mein Meditationskissen und ließ mich an einen tiefen, friedlichen Ort in meinem Inneren gleiten. Mit Hilfe von Visualisierungen bat ich meine Zellen, mich vom letzten bisschen meiner Krankheit zu befreien, sollte ich noch etwas davon in mir tragen.

Dann erinnere ich mich nur noch, dass ich in der nächsten Sekunde zur Toilette rannte und mich schwallartig erbrach. Das kam aus den tiefsten Tiefen meines Körpers, und ich übergab mich endlos lange, bis ich spürte, dass absolut nichts mehr in mir war. Völlig ausgelaugt saß ich auf dem Boden, lehnte mich an die Badewanne und wartete benommen, ob noch mehr kommen würde. Es kam, und dann noch mehr, bis es irgendwann vorbei war. Ich musste mich zum Aufstehen auf die Badewanne stützen, so erschöpft war ich. Außerdem tat mir mein Magen weh von den vielen Kontraktionen. Als ich in mein Meditationszimmer zurückkam, stand ich völlig neben mir. Ich legte mich auf den weichen Teppich, zog eine große Decke über mich, rollte mich in Embryonalstellung zusammen und schlief sechs Stunden am Stück.

Die Spätnachmittagssonne schien ins Zimmer, und die beginnende Abendkühle weckte mich sanft. Als ich so gemütlich unter meiner Decke lag und das schöne Licht durchs Fenster fallen sah, fühlte ich mich, als hätte ein neues Leben angefangen. Ich sprach ein Dankgebet für die Führung und den Mut, die mir diese Heilung ermöglicht hatten. Mein Körper war noch geschwächt von den Ereignissen des Tages. Aber als ich mich wieder besser bewegen und den Abend in Angriff nehmen konnte, überkam mich Euphorie. Ich bereitete mir nach dem Fasten eine leichte Mahlzeit, und mein Gesicht schmerzte geradezu vor Glück. Es war vorbei.

Mein Körper war genesen, und in den Jahren seitdem hat sich kein Zeichen dieser Krankheit mehr gezeigt. Ich habe Respekt vor den Entscheidungen jedes Einzelnen über seine Behandlungswege – sei es eine Operation, naturheilkundliche Therapien, östliche Heilmethoden oder westliche Medikamente. Doch ich hatte die richtige Methode für mich selbst gefunden. Ich hatte alles, was ich jemals gelernt hatte, gebraucht, um diese Zeit zu überstehen, aber ich hatte es geschafft.

Ich fand es nie angebracht, diese Geschichte meinen Patienten zu erzählen. Denn die Methoden, die ich dabei anwandte, setzten vier Jahrzehnte eigener Lebenserfahrung als Vorbereitung und viele Monate für die Heilung voraus. Es wäre nicht nett gewesen, falsche Hoffnungen zu wecken. Schließlich lernte ich sie alle erst in einer Phase kennen, in der sie dem endgültigen Ende ihrer Krankheit und ihres Lebens schon allzu nah waren.

Nach diesem Erlebnis lernte ich das Geschenk meines Lebens noch mehr zu schätzen und begriff, dass man sich jeden Tag dafür entscheiden muss, glücklich zu sein – eine ganz neue Angewohnheit, die ich jetzt in mein Denken integrierte. Es gab auch Tage, an denen ich einfach nicht glücklich sein konnte, aber ich glaube, dass man friedlicher lebt, wenn man das hinnimmt. So kann man schwerere Tage akzeptieren, weil man weiß, dass auch sie ihre Geschenke bringen und irgendwann wieder vorübergehen werden. Und dann wartet das Glück schon wieder auf der anderen Seite. Es brachte natürlich weitere positive Veränderungen mit sich, als ich mich bewusst entschied, mich auf mein Glück zu konzentrieren und auf das, was mir an Gutem zuteilwurde.

Als Rosemary mich also fragte, warum ich immer vor mich hinsummte und glücklich war, war es, weil ich kurz zuvor ein selbstgemachtes Wunder erlebt hatte und mich stark und beschenkt fühlte.

Rosemary wollte auch gern glücklich sein, wie sie mir später anvertraute, aber sie wusste nicht, wie sie es anfangen sollte. »Na ja, reden Sie es sich einfach ein, eine halbe Stunde etwa. Vielleicht gefällt es Ihnen so gut, dass Sie dann tatsächlich glücklich sind. Schon allein der körperliche Akt des Lächelns verändert Ihre Gefühle, Rosemary. Versuchen Sie doch mal, während der nächsten halben Stunde nicht böse zu gucken, zu jammern oder irgendetwas Negatives zu sagen. Sagen Sie stattdessen nette Dinge, oder konzentrieren Sie sich von mir aus nur auf den Garten, aber auf jeden Fall müssen Sie lächeln«, wies ich sie an. Ich erinnerte Rosemary daran, dass ich sie früher nicht gekannt hatte, so dass sie jetzt einfach sein konnte, wer sie wollte. Manchmal muss man sich bewusst anstrengen, um glücklich zu sein.

»Wissen Sie, ich glaube, ich hatte immer das Gefühl, dass ich es nicht verdiene, glücklich zu sein. Meine gescheiterte Ehe befleckte den Namen und den Ruf meiner Familie. Wie kann ich glücklich sein?«, fragte sie mit einer Ehrlichkeit, die mir das Herz brach.

»Sie erlauben es sich einfach selbst. Sie sind eine wunderbare Frau, und Sie haben es verdient, Glück zu erleben. Gestehen Sie es sich zu, entscheiden Sie sich dafür, es zu sein.« Mir selbst waren in der Vergangenheit dieselben Dinge im Weg gestanden, mit denen Rosemary zu kämpfen hatte. Also erinnerte ich sie noch einmal daran, dass die Meinung oder der Ruf ihrer Familie ihr nur dann das Glück rauben konnten, wenn sie es zuließ. Ich lockerte die Stimmung mit ein wenig Humor auf, damit das Glück besser fließen konnte.

Obwohl Rosemary anfangs ein wenig zögerte, begann sie sich selbst zu erlauben, glücklich zu sein. Jeden Tag wurde sie ein wenig offener, sie schenkte ihrer Umwelt öfter ein Lächeln, das dann zuweilen sogar in richtiges Lachen überging. Wenn sie wieder eine ihrer alten Launen überkam und sie mir einen unhöflichen Befehl erteilte, lachte ich bloß und sagte: »Nein, ich glaube nicht, dass ich auf solche Befehle reagiere!« Statt dann noch unhöflicher zu werden, lachte sie und bat mich höflich, woraufhin ich ihr nur zu gerne jeden Wunsch erfüllte.

Doch von Tag zu Tag verschlechterte sich ihr Gesundheitszustand, und inzwischen so sehr, dass sie es selbst bemerkte. Sie redete zwar immer noch davon, dass sie mir zeigen würde, wie ich ihre Bücher handhaben sollte, aber sie sah mich nicht mehr verwundert an, wenn ich nicht mit ermutigenden Worten darauf einging. Rosemary konnte auch immer seltener aufstehen. Sie musste akzeptieren, dass sie jetzt im Bett gewaschen wurde, denn es wäre zu riskant für ihre Gesundheit und meinen Rücken gewesen, sie in die Dusche zu bringen.

Wenn ich zu lange mit kleineren Arbeiten im Haus unterwegs war, rief sie mich wieder zu sich, damit ich ihr Gesellschaft leistete. Da sie inzwischen in einem Krankenhausbett lag, stand ihr eigenes Bett daneben leer. Das Krankenhausbett war notwendig geworden, weil sie nicht mehr mithelfen konnte, wenn man sie aus dem Bett hob. Die Hydraulik gestattete ihr auch, sich aufzusetzen, ohne mir oder der Nachtschwester den Rücken zu brechen. Wenn ich also nichts weiter zu tun hatte, als ihr Gesellschaft zu leisten, dann legte ich mich auf ihr altes Bett, und wir unterhielten uns. Rosemary fand es am bequemsten, wenn sie auf der Seite lag. Das strengte sie nicht so an, und für mich war es auch sehr gemütlich.

Schon bald gewöhnten wir uns an, am Nachmittag ein Schläfchen zu halten. Um diese Uhrzeit war es in ihrer

Straße sehr ruhig, und ich war ja direkt neben ihr, falls sie etwas brauchte. Also schlief ich auch gut, wenn ich mich unter die Decken gekuschelt hatte. Wenn wir aufwachten, erzählten wir uns unsere Träume und unterhielten uns im Liegen weiter, bis ich aufstehen und meine Arbeiten erledigen musste. Das waren ganz spezielle, zärtliche Momente für uns beide.

Eines Nachmittags, als wir uns gerade wieder so unterhielten, fragte mich Rosemary, wie der Tod aussieht, vor allem der Teil mit dem Sterben. Diese Fragen hatten mir andere Patienten auch schon gestellt. Wahrscheinlich ist das dasselbe, wie wenn eine schwangere Frau von anderen Frauen wissen will, wie eine Geburt abläuft. Oder man fragt Reisende, wie dieses oder jenes Land so ist. Aber in diesem Fall hat der Sterbende ja niemanden, der gestorben ist und ihm Auskunft geben könnte, denn die Toten sind ja meistens nicht mehr da. Also fragte man oft mich nach meiner Ansicht und meinen Erfahrungen. Ich erzählte ganz aufrichtig von Stella, die mit einem Lächeln heimgegangen war. Ich erzählte auch, dass der Übergang jedes Mal nur ganz kurz gedauert hatte. Stellas Geschichte beruhigte die Leute immer, genauso wie mich damals.

In der modernen Gesellschaft wird bei der Pflege Sterbender – oder allgemein Kranker – so wenig Gewicht auf das spirituelle und emotionale Wohlergehen gelegt. Wenn sie sich nicht gerade in einem Zentrum befinden, in dem diese Aspekte des Lebens ebenso beachtet werden, müssen sie normalerweise allein über diese Fragen nachdenken. Das macht ihnen große Angst, und es isoliert sie. In unserer Gesellschaft klafft eine große Lücke zwischen der Behandlung der körperlichen Gesundheit und der Erkenntnis, dass die spirituelle und emotionale Gesundheit miteinander in Verbindung stehen. Würde man diese Bedürfnisse und alle Aspekte des Weges eines Patienten zusammenfassen, könnten Sterbende vor ihren letzten Wochen oder Tagen wesentlich größeren inneren Frieden finden.

Auf diesem Gebiet zeigt sich ganz deutlich, was für ungute Folgen es hat, wenn wir den Tod vor den Augen der Gesellschaft verbergen. Sterbende haben so viele Fragen, die schon viel früher hätten gestellt werden können, wenn sie sich bewusst gemacht hätten, dass sie eines Tages sterben müssen, wie wir alle. Wenn diese Fragen früher gestellt worden wären, könnten die Menschen ihre Antworten und ihren Frieden schneller finden. Und sie müssten ihren nahenden Tod nicht vor lauter Angst leugnen, wie es so oft geschieht.

Doch dann kam die Zeit, als Rosemary ihren nahenden Tod nicht mehr leugnen konnte. Manchmal wollte sie alleine sein. »Ich hab vieles, worüber ich nachdenken muss«, sagte sie dann.

Als ich eines Abends in ihr Zimmer zurückkam, verkündete sie: »Ich wünschte, ich hätte mir gestattet, glücklicher zu sein. Was für ein jämmerlicher Mensch ich gewesen bin. Ich hab einfach gedacht, dass ich kein Glück verdiene. Aber ich verdiene es. Das weiß ich jetzt. Als ich heute Morgen mit dir gelacht habe, wurde mir klar, dass es überhaupt keinen Grund gibt, Schuldgefühle zu haben, weil man glücklich ist.« Ich setzte mich auf ihre Bettkante und hörte ihr zu.

»Es ist wirklich unsere eigene Entscheidung, oder? Wir können uns vom Glücklichsein abhalten, weil wir glauben, dass wir es nicht verdienen, oder weil wir zulassen, dass die Meinungen anderer ein Teil von uns werden. Aber das sind gar nicht wir, stimmt's? Denn wir können genau der Mensch sein, der wir uns zu sein erlauben. Oh Gott, warum bin ich bloß nicht schon früher drauf gekommen? So eine Verschwendung!«

Ich lächelte sie liebevoll an. »An dem Punkt war ich auch schon mal, Rosemary. Man ist einfach am besten beraten, wenn man sanft und mitfühlend mit sich selbst ist. Aber jetzt haben Sie es doch begriffen, und zumindest in letzter Zeit haben Sie ein bisschen Glück in Ihr Leben gelassen. Und wir hatten schöne Momente miteinander.« Rosemary erinnerte sich an ein paar Dinge, über die wir gelacht hatten, und stimmte mir zu. Jetzt war sie wieder ganz fröhlich.

»Neuerdings fange ich an, mich selbst zu mögen, Bronnie, diese leichtere Seite an mir.« Sie lächelte, als ich sagte, dass ich diese Seite auch an ihr mochte. »Oh, ich war eine ganz schöne Tyrannin, was?«, kicherte sie, als sie an unsere ersten gemeinsamen Wochen zurückdachte.

Es war aber nicht so, dass wir nur miteinander gelacht hätten. Es gab auch traurige und zärtliche Momente, in denen wir uns bei den Händen hielten und zusammen weinten, denn wir wussten, was auf sie zukam. Aber zumindest hatte Rosemary in ihren letzten Monaten ein wenig Glück erfahren. Sie hatte ein so schönes Lächeln. Ich kann es immer noch vor meinem inneren Auge sehen.

An ihrem letzten Nachmittag hatte eine Lungenentzündung sie schon fest im Griff, und ihre Atemwege waren total verschleimt. Inzwischen waren auch ein paar Verwandte eingetroffen und einige nette Freunde. Obwohl ihr Tod nicht der sanfteste war, den ich je gesehen hatte, starb sie doch unglaublich schnell. Jetzt war diese liebe Frau an einen anderen Ort gegangen.

An diesem Nachmittag sollte die Gemeindeschwester kommen, und sie kam zehn Minuten nach Rosemarys Tod. Während die Verwandten und Freunde in der Küche saßen und redeten, wuschen die Schwester und ich die Tote und zogen ihr ein frisches Nachthemd an. Die Schwester hatte Rosemary noch nie gesehen, und als wir uns mit der Leiche beschäftigten, fragte sie mich, wie sie als Mensch gewesen war.

Ich sah die Leiche meiner lieben Freundin an und das friedliche Gesicht, das jetzt für immer eingeschlafen war. Ich lächelte. Die Erinnerung an die Nachmittage, an denen wir nebeneinander in den Betten gelegen hatten, wurde wach. Dazwischen blitzten Bilder von Rosemary auf, wie sie mich anblaffte, aber auch wie sie lachte.

»Sie war glücklich«, erwiderte ich wahrheitsgemäß. »Ja, sie war eine glückliche Frau.«

Glück ist jetzt

Von all meinen Patienten war Cath mit Abstand die philosophischste. Sie hatte zu allem eine Meinung. Aber nicht irgendeine, sondern wohlfundiert. Aus Bildungshunger und Liebe zur Philosophie hatte sie sich in den einundfünfzig Jahren ihres Lebens einen enormen Wissensfundus angeeignet. Cath lebte noch immer in dem Haus, in dem sie geboren worden war. »Meine Mutter ist hier geboren und gestorben. Und ich werde das auch so halten«, stellte sie entschlossen fest.

Was sie ebenfalls liebte, waren Vollbäder, also unterhielten wir uns in unseren ersten paar Monaten meistens, während sie in der Wanne lag und ich auf einem Hocker danebensaß. Da ich ihre Neigung teilte, wollte ich Cath unbedingt helfen, so lange wie möglich baden zu können. Doch nach einer Weile wurde sie schwächer und konnte nicht mehr ein- oder aussteigen, auch nicht mit meiner Hilfe. Das Risiko eines Sturzes war einfach zu groß.

Als ihr klar wurde, dass sie gerade zum letzten Mal in ihrem Leben in der Badewanne saß, begann Cath zu weinen, und die Tränen tropften ins Wasser. »Alles geht dahin. Jetzt ist es die Badewanne. Dann kann ich nicht mehr gehen. Dann werde ich nicht mal mehr stehen können, und dann bin ich irgendwann selbst weg. Alles geht dahin. Mein Leben geht dem Ende zu.« Ihr Weinen steigerte sich zu einem wilden, ungehemmten Schluchzen. So sehr mir das ans Herz ging und so nahe ich selbst den Tränen war, es tat auch gut, einmal jemanden zu sehen, der seine Gefühle mit solcher Aufrichtigkeit zeigen konnte.

Eine ganze Tränenflut brach da aus ihrem tiefsten Inneren hervor. Als nichts mehr übrig war, saß sie still und erschöpft vom Weinen da, starrte aufs Wasser und zeichnete Muster auf die Oberfläche. Dann fing es wieder an, und jeder Schluchzer schien von einem noch tieferen, verborgeneren Ort zu kommen. Sie weinte um jede traurige Erinnerung, um alle Menschen, die sie verloren hatte, um alle, die sie verlieren würde, wenn sie ging. Aber in erster Linie weinte Cath um sich selbst.

Jedes Mal, wenn ich gehen wollte, um ihr ein wenig Privatsphäre zu lassen, schüttelte sie den Kopf und bat mich zu bleiben. Also blieb ich auf dem Hocker sitzen, sandte ihr Gedanken voller Liebe und saß einfach nur da. Es war herzzerreißend, aber gleichzeitig auch gesund, denn ich wusste, dass das alles aus ihrem Innersten kam.

Als eine weitere halbe Stunde vergangen war und das Wasser nicht mehr warm genug war, bot ich ihr an, noch etwas nachlaufen zu lassen. Doch sie schüttelte den Kopf. »Nein, schon in Ordnung. Jetzt wird es Zeit«, und damit zog sie den Stöpsel und sah mich an, damit ich ihr hinaushalf. Hinterher fuhr ich sie mit ihrem Rollstuhl an die Sonne, und in ihrem hellblauen Bademantel und den feuerroten Pantoffeln wirkte sie ganz ruhig.

»Hör mal, der Vogel«, lächelte sie. Wir saßen schweigend da und hörten zu, genossen das Lied und lächelten noch mehr, als wir hörten, wie ein Stückchen die Straße hinunter ein anderer Vogel von seinem Baum antwortete. »Jetzt ist jeder Tag wie ein Geschenk, weißt du. Das war schon immer so, aber erst jetzt lebe ich langsam und bewusst genug. Ich sehe die unglaubliche Schönheit, die uns jeder Tag bietet. Wir können so viel für selbstverständlich nehmen. Hör doch.« Von ein paar anderen Bäumen in der Nähe hörte man noch andere Vögel singen.

Cath erzählte, wie sie erkannt hatte, was für eine mächtige

Kraft die Dankbarkeit ist. Es ist so einfach, immer noch mehr vom Leben zu wollen, sagte sie, und das mag bis zu einem gewissen Grad ja auch in Ordnung sein, denn zu unserem Träumen und Wachsen gehört ja auch eine gewisse Ausdehnung des Selbst. Aber da wir nie alles bekommen werden, was wir wollen, und immer weiterwachsen, ist es enorm wichtig, dass wir zu schätzen wissen, was wir alles schon haben. Das Leben vergeht so schnell, egal ob man mit zwanzig, vierzig oder achtzig stirbt. Sie hatte recht. Jeder Tag an sich ist ein Geschenk und ein Segen. Überhaupt ist alles, was wir haben, der Moment, in dem wir gerade leben.

In den letzten zwanzig Jahren hatte ich ein Dankbarkeitstagebuch geführt, in dem ich am Abend ein paar Dinge notierte, für die ich dankbar war. Oft gab es zahllose Dinge, für die ich dankbar sein konnte. Aber ab und zu, in meinen dunkelsten Zeiten, kostete es mich Mühe, etwas zu finden. Die emotionale Erschöpfung hatte mich so ausgelaugt, dass es mich schon überforderte, die Geschenke in meinem Leben zu erkennen. Trotzdem hörte ich nicht auf. Und jedes Mal gelang es mir doch noch, Dinge zu nennen, für die ich dankbar war, zum Beispiel sauberes Wasser, ein Dach über dem Kopf, Essen im Bauch, ein Lächeln von einem Fremden, ein singender Vogel.

Ich wusste die Dinge am Abend zu schätzen, wenn ich sie aufschrieb, erklärte ich Cath, doch brauchte es einiges Training, um sie schon dann schätzen zu können, wenn ich sie erlebte. Ich gewöhnte mir dieses Bewusstsein an, indem ich jedes Mal ein stilles Dankgebet sprach, wenn mir ein solches Geschenk gemacht wurde.

Die Natur hatte meinen Dank definitiv immer sofort bekommen. Wenn eine sanfte Brise mein Gesicht küsste, war ich dankbar, gesund genug zu sein, um mich draußen aufhalten und sie genießen zu können. Aber ich wollte noch dankbarer für andere Dinge sein. Obwohl mir das Tagebuch sicherlich schon die Augen geöffnet hatte, kam die Dankbarkeit im Alltag erst in mein Leben, als es mir gelang, wirklich immer im gegenwärtigen Augenblick zu leben. Es gibt in jeder Stunde irgendetwas, wofür man sich bedanken kann, beschloss ich, und so nahm ich diese Gewohnheit erfolgreich an.

»Ich bin sicher, dass einem viele Geschenke zuteil werden, wenn man immer so dankbar ist, oder?«, fragte Cath.

»Wenn ich es zulasse, Cath, wenn ich meinen eigenen Wert nicht vergesse und die Dinge einfach fließen lasse, dann ja. Ich habe in meinem Leben definitiv schon ein paar große Geschenke bekommen. Manchmal stehe ich mir bloß selbst im Weg. Es geht mir wie anderen Menschen auch: Wenn ich dankbar bin und alles fließen lasse, bekomme ich viel, viel mehr.«

Cath lachte, als sie diese Theorie hörte, und stimmte mir zu. »Ja, die Dinge wollen uns tatsächlich zufließen. Aber wenn wir sie nicht zu uns lassen und nicht dankbar sind, blockieren wir sie, glaube ich. Den meisten Leuten ist gar nicht klar, wie gut sie es haben. Mir ging es lange Zeit genauso. Aber Gott sei Dank ist mir das schon aufgegangen, bevor diese Krankheit zuschlug, also hatte ich schon einen ganz anderen Ausgangspunkt.«

Nachdem wir eine Weile die Sonne genossen hatten, brauchte Cath ihr Mittagessen und dann ein wenig Ruhe. Zum Essen gab es Eis und Kompott. Das war alles, was sie noch zu sich nehmen konnte. Alles andere fand sie zu anstrengend zu kauen und geschmacklich zu fad. Nach der Mahlzeit hob ich ihre Beine aufs Bett, legte sie in eine bequeme Position und zog die Vorhänge zu. Die Dosis ihrer Schmerzmittel war gerade erst erhöht worden, was ihr Erleichterung verschaffte, sie aber auch stärker erschöpfte. Sie fiel sofort in einen tiefen Schlaf.

Am frühen Abend war Caths Ex-Freundin vorbeigekommen. Die beiden trugen sich nichts nach. Sie waren nach ihrer Trennung vor über zehn Jahren gute Freunde geblieben. Es war eine freundliche, respektvolle Freundschaft. Daneben gab es noch ein paar andere Leute, die sie regelmäßig besuchten, wie Caths älterer Bruder mit seiner Frau und den Kindern, und ihr jüngerer Bruder. Manche Nachbarn kamen täglich vorbei, und Freunde und Kollegen schauten vorbei, so oft es sich einrichten ließ. Sie war eine sehr beliebte Frau.

Nach den verschiedenen Geschichten zu urteilen, die ihre Besucher erzählten, war Cath in ihrem Job sehr engagiert gewesen, und sie hatte wohl immer eine positive Ausstrahlung auf ihr Umfeld. Wie alle Sterbenden genoss sie es jetzt, wenn ihre Besucher ihr das Neueste aus ihrem Leben erzählten und was in der Welt da draußen so passierte. Wenn Menschen im Sterben liegen und nicht mehr selbst in dieser Welt leben können, saugen sie jede klitzekleine Neuigkeit von draußen begierig in sich auf. Oft wissen die Freunde und Verwandten gar nicht, was sie erzählen sollen. Doch ein Mensch, der Berichte über das Leben draußen hört, bleibt geistig mit der Welt in Verbindung, und das ist auf jeden Fall positiv für ihn.

Genauso war das auch bei Cath. Sie wollte so viele erfreuliche Dinge wie möglich hören. Für die Besucher war das aber ziemlich schwer, denn sie waren oft niedergeschlagen, schließlich würden sie jemanden verlieren, den sie sehr liebten. Auf Grund unseres unkomplizierten Verhältnisses konnte ich mit Cath offen über alles reden. Auf Anfrage ihrer Freundin Sue schnitt ich eines Tages die Emotionen ihrer Besucher an.

Sue kämpfte jeden Tag darum, ihrer Freundin gegenüber positiv aufzutreten, dabei hätte sie sich bei jedem Besuch am liebsten die Augen aus dem Kopf geweint. Sie erzählte mir, dass sie, bevor sie hereinkam, noch kurz in ihrem Auto sitzen blieb und sich fest einredete, ganz stark und fröhlich zu sein. Nach dem Besuch setzte sie sich wieder ins Auto und weinte sich die Seele aus dem Leib. »Irgendwie seh ich ihr das auch an«, meinte Cath später. »Ich weiß bloß nicht, ob ich zusätzlich zu meiner Traurigkeit auch noch die von Sue ertragen kann. Das kann ich nicht auch noch auf meine Schultern nehmen.«

»Aber du musst es doch gar nicht auf deine Schultern nehmen«, erwiderte ich. »Erlaub ihr einfach, sich aufrichtig auszudrücken, indem du nicht das Thema wechselst, wenn sie dir ihre Gefühle schildert. Sie muss das eine oder andere einfach aussprechen, und du musst nichts weiter tun, als sie zu lassen. Das heißt nicht, dass du diese Last zusätzlich tragen musst, das will sie gar nicht von dir. Sie hat bloß das Bedürfnis, dir zu sagen, wie sehr sie dich liebt, und das kann sie nicht, ohne zu weinen. Und sie kann es auch nicht, wenn du sie nicht lässt.«

Cath wusste sehr gut, was ich meinte, aber sie meinte, es mache sie auch so hilflos, allen anderen so viel Kummer zu bereiten. Es war ihr fast schon peinlich. »Du liebe Güte, Cath, ist Stolz denn an diesem Punkt deines Lebens noch wichtig?«, fragte ich direkt, aber freundlich. Sie lachte. »Behandle das Ganze einfach offen und gestatte den anderen, dir zu sagen, wie sehr sie dich lieben«, schlug ich vor.

Cath lächelte mich an und schwieg kurz, bevor sie erwiderte: »Vor einiger Zeit, als mir klar wurde, wie schwer krank ich bin, lernte ich, meine Gefühle zu akzeptieren. Das ist auch der Grund, warum ich in der Badewanne so ungehemmt weinen konnte, als du daneben saßt. Ich habe gelernt, meine Gefühle so zu akzeptieren, wie sie in einem bestimmten Moment sind, statt sie zu verdrängen. Ich betrachte sie nur als Nebenprodukt meiner Gedanken und meines Geistes. Ich weiß, dass es möglich ist, neue Gefühle entstehen zu lassen, indem man sich auf schönere Dinge konzentriert. Aber die, die ich schon in mir trage, sind ja in dem Moment ein Bestandteil meiner selbst, und ich bin am besten beraten, wenn ich sie herauslasse. Und jetzt merke ich auf einmal, dass ich die Gefühle anderer nicht respektiere, dass ich sie zurückweise und ihren ehrlichen Ausdruck blockiere.« Cath schüttelte den Kopf über sich selbst und seufzte. Nach kurzem Nachdenken sah sie mich lächelnd an und meinte: »Ich schätze, es wird Zeit, dass ich tapfer bin und auch ihre Tränen zulasse.«

Ich nickte zustimmend und gab zu bedenken, dass dann bei späteren Gelegenheiten durchaus wieder eine unbeschwertere Stimmung herrschen konnte. Aber die Gefühle ihrer Freunde und Verwandten mussten einmal zur Sprache kommen. Sie liebten Cath und brauchten die Möglichkeit, es ihr zu sagen und zu zeigen, auch wenn sie das manchmal nur unter Tränen konnten.

Wenig später kam es zu vielen tränenreichen Gesprächen zwischen Cath und ihren Besuchern, aber die Liebe, die dabei floss, war beeindruckend. Die Herzen öffneten sich, und obwohl sie einerseits schier zerbrechen wollten, wurden sie auf der anderen Seite auch geheilt, durch den freien Ausdruck von Liebe.

An einem besonders tränenreichen Tag ging ihre letzte Freundin gerade wieder, und sie weinte und lachte gleichzeitig, weil Cath und sie immer noch herumwitzelten, bis sie außer Sichtweite war. Als sie weg war, sah Cath mich liebevoll an: »Ja, es ist wichtig, seine Gefühle herauszulassen und sie zu akzeptieren. Und für meine Freunde ist es auch gesund«, meinte sie. »Auf die Art nehmen sie auch bessere Erinnerungen mit. Sie werden nicht blockiert sein, weil sie noch ganz unnötig Dinge mit sich herumschleppen.«

Ihre Analyse gefiel mir, und ich nickte. In meinen dunkleren Tagen hatte ich mich auch irgendwann von meinen Gefühlen lösen können, weil mir klar wurde, dass sie nur der emotionale Ausdruck meines Schmerzes oder meiner Freude waren, aber nicht die Person ausmachten, die ich wahrhaft war. Wie jeder Mensch trug ich die Weisheit meiner Seele in mir. Aber um mein wahres Selbst kennenzulernen, die göttliche Weisheit, die in mir wohnte, musste ich meine Gefühle herauslassen. Wenn ich das nicht tat, würden sie mich daran hindern, jemals mein wahres Potenzial zu entfalten. Deswegen freute es mich so, dass Cath zu ganz ähnlichen Schlussfolgerungen gekommen war, auch wenn sie sie etwas anders formulierte.

Da sie sowieso eher dünn war, dauerte es nicht lange, bis sie durch den Gewichtsverlust wirklich krank aussah. »Meine Zeit läuft ab. Ich kann die Anzeichen nicht ignorieren, das steht fest«, erklärte sie eines Morgens, als sie auf dem Toilettenstuhl saß. Ich unterhielt mich oft mit meinen Patienten, während sie ihr morgendliches Geschäft verrichteten und ich in der Nähe wartete. Auf die Tatsache, dass sie gerade ihren Darm entleerten, achteten wir überhaupt nicht. Das gehörte einfach zum geregelten Tagesablauf, und es war sinnlos, sich durch solche Tagesordnungspunkte von einem guten Gespräch abhalten zu lassen. Als ich Cath hinterher ins Bett half, stimmte ich ihr zu – tatsächlich deutete alles darauf hin, dass ihre Zeit jetzt ablief.

Als sie wieder bequem lag, meinte sie: »Es tut mir nicht leid, wie ich gelebt habe, weil ich aus fast allem, was ich getan habe, etwas gelernt habe. Aber wenn ich die Chance hätte, noch einmal irgendetwas anders zu machen, dann würde ich mir mehr Glück und Freude gönnen.« Ich war ein bisschen verblüfft, diese Worte ausgerechnet von ihr zu hören. Natürlich hatte ich solche Äußerungen schon von anderen Patienten gehört, aber ich hätte Cath immer als fröhlichen Menschen eingeschätzt. Na ja, so fröhlich, wie man eben sein kann, wenn man im Sterben liegt und sich auf Grund dessen ganz hundsmiserabel im eigenen Körper fühlt. Ich hakte also nach.

Sie sagte, dass sie ihre Arbeit geliebt hatte, aber immer

zu viel Gewicht auf das Ergebnis gelegt hatte. Sie hatte an Projekten für Jugendliche in sozialen Schwierigkeiten gearbeitet und glaubte daran, dass es wichtig war, einen Beitrag für die Gesellschaft zu leisten, um ein befriedigendes Leben zu führen. »Jeder von uns hat ein Talent, das er anderen zugute kommen lassen kann. Es ist egal, welche Arbeit man tut. Wichtig ist, dass man sich bewusst bemüht, einen Beitrag für die Gesellschaft zu leisten, in der Hoffnung, eine bessere Welt zu schaffen«, erklärte Cath. »Die Dinge werden nur besser, wenn uns allen bewusst wird, wie sehr wir uns gegenseitig beeinflussen und voneinander abhängen. Alleine kann man nichts Gutes tun. Wenn wir nur lernen könnten, im Interesse aller zusammenzuarbeiten, statt ständig in Konkurrenz und Angst zu leben.«

Obwohl sie erschöpft und mittlerweile die meiste Zeit ans Bett gefesselt war, hatte Cath noch eine Menge zu sagen. Die Philosophin würde der letzte Teil sein, der an ihr starb, vermutete ich (was ich natürlich gut fand). Ich massierte ihr die Arme und Hände mit Creme, während sie sprach. »Wir alle können etwas Positives beitragen. Ich habe meinen Beitrag geleistet. Aber während ich mich auf meinen Lebenszweck konzentrierte, vergaß ich darüber völlig, meine Arbeit auch zu genießen. Es ging mir nur um das Ergebnis. Als ich eines Tages die Arbeit fand, die ich wirklich liebte, eine Arbeit, die ich in der Absicht verrichtete, mich einzubringen, war ich immer noch ergebnisorientiert.«

Das hatte ich schon häufig beobachtet. Und diese Worte hatte ich auch schon oft genug von anderen Patienten gehört. Während sie auf ihr Ziel hinarbeiten, vernachlässigen sie nicht selten den gegenwärtigen Moment. Das war es, was Cath meinte. Sie machten ihr Glück vom Endergebnis abhängig und achteten nicht so sehr auf den Prozess, der dort hinführte. Ich bemerkte, dass keiner von uns immer immun dagegen ist, mich selbst eingeschlossen.

»Ja, aber auf diese Art habe ich mir eben potenzielles Glück geraubt«, fuhr sie fort. »Das meine ich, wenn ich sage, ich würde es anders machen. Natürlich ist es wichtig, nach seiner Lebensaufgabe zu suchen, aber es ist falsch, sein Glück allein vom Endergebnis abhängig zu machen. Die Dankbarkeit für jeden Tag auf dem Weg zu diesem Ergebnis ist der Schlüssel zum Glück in der Gegenwart. Und nicht erst dann, wenn die Ergebnisse sichtbar werden oder wenn man in Ruhestand geht oder wenn dies oder jenes passiert.« Cath seufzte. Sie war erschöpft von ihrem leidenschaftlichen Ausbruch, aber sie hatte – wie es so oft der Fall ist – das dringende Bedürfnis, ihre Erkenntnis weiterzugeben.

Nachdem ich zugehört und ihr gezeigt hatte, dass ich ihre Gedankengänge gut verstand, zog ich ihre Decken zurecht und ging in die Küche, um uns ein bisschen Tee zu kochen. Während ich frisches Zitronengras aus dem Garten schnitt, dachte ich über Caths Worte nach. Mir fielen ähnliche Äußerungen von anderen sterbenden Menschen ein. Ein Vogel zwitscherte, und der Geruch des Zitronengrases aus der Teekanne zog durch die Küche. Da war es nicht schwer, mich dankbar ganz im Jetzt zu fühlen.

Cath, die sich nun wieder entspannen und zuhören wollte, fragte mich, wo ich wohnte. Ich lachte kurz und erzählte, das sei immer die erste Frage meiner Freunde, wenn sie mich anriefen. »Wo wohnst du denn im Moment?« Diese Worte hörte ich oft. Also erzählte ich Cath von meinem früheren Wanderleben, dann von den letzten paar Jahren, in denen ich regelmäßig den Housesitter gespielt hatte, und schließlich auch von meinem Gefühl, dass mir die Energie für so eine unstete Existenz langsam ausging. Hier in Melbourne bekam ich auch nicht so regelmäßig und zuverlässig Aufträge wie in Sydney. Und inzwischen nervte es mich, nicht zu wissen, wo ich als Nächstes wohnen würde. Das Umziehen selbst störte mich auch. Früher hatte ich es genossen und geliebt, jetzt fand ich es langsam, aber sicher ermüdend.

Bis vor Kurzem hatte ich zwischen meinen Housesitter-Aufträgen immer bei Freunden gewohnt. Jetzt hatte ich mir ein kleines Zimmer bei einer Frau gemietet, die ich flüchtig kannte. Ich war ihr sehr dankbar für ihre Freundlichkeit und auch für die Tatsache, dass ich nicht alle paar Wochen umziehen musste, aber dieses Haus war eben doch spürbar *ihr* Reich. Es fühlte sich für mich also nie wirklich nach einem Zuhause an, und das war langfristig auch nicht ideal.

Doch das sollte alles so sein, denn die Situation trug dazu bei, dass sich meine Sehnsucht nach einer eigenen Wohnung verstärkte. Es war fast zehn Jahre her, dass ich zum letzten Mal eine eigene Wohnung, eine eigene Küche gehabt hatte. Der Wunsch danach wuchs täglich. Cath, die einundfünfzig Jahre im selben Haus gewohnt hatte, meinte, sie könnte sich so ein Leben beim besten Willen nicht vorstellen. Ich erwiderte, ich könnte mir ihr Leben auch nicht vorstellen, und obwohl ich mich langsam wieder nach einer eigenen Wohnung sehnte, würde ein Teil von mir immer ein wenig das Nomadenleben lieben. Momentan schwebte mir eine Art Fixpunkt vor, von dem aus ich meine Reisen unternehmen konnte, statt jedes Mal, wenn mich das Fernweh plagte, mein ganzes Zuhause zu verlegen.

Die Wanderjahre, die einen großen Teil meines Erwachsenenlebens ausgemacht hatten, prägten auch einen großen Teil der Person, die ich einmal gewesen war. Doch jetzt vollzogen sich Veränderungen in mir, und ich hatte weder den Wunsch noch die Energie, dieses alte Leben aufrechtzuerhalten. Ich wollte einfach mal wieder meine eigene Küche und die Privatsphäre, die man nur in seiner eigenen Wohnung hat.

Cath stimmte mir zu, dass eines im Leben garantiert ist, nämlich die Veränderung. Sie lachte und meinte, ohne mich, die ich mein Leben so oft über den Haufen warf, könnte es auch keinen Durchschnitt geben. Ich antwortete, dass Leute wie ich nötig waren, um Leute wie sie auszugleichen, die ein halbes Jahrhundert im selben Haus wohnten, und wir mussten kichern. Unsere Lebensweise war so unterschiedlich, aber wir spürten trotzdem eine sehr starke Verbindung, und die ging auf unsere gemeinsame Liebe zur Philosophie zurück.

Als Cath wissen wollte, wie ich bei der Sterbebegleitung gelandet war, war sie überrascht, von meiner Karriere im Bankwesen zu hören. »Oh, das kann ich mir ja überhaupt nicht vorstellen«, meinte sie verblüfft.

»Ich mir auch nicht mehr. Gott sei Dank.« Ich lachte. Als ich an diese Zeiten zurückdachte, war ich erstaunt, wie viel in ein Leben hineinpasst und wie schwierig es mir fiel, mir vorzustellen, dass ich mich in dieser Welt bewegt hatte, und das auch noch so lange. »Strumpfhosen, hohe Absätze und Firmenkluft – das war im Grunde nie mein Ding. Genauso wenig wie dieses strukturierte Leben.«

»Das wundert mich nicht, wenn ich so höre, was für ein Leben du seitdem geführt hast«, kicherte sie. Dann wurde sie wieder ernster und fragte, wie lange ich diese Arbeit noch machen wollte und ob ich irgendwelche anderen Pläne hätte. Es gab keinen Grund, es ihr zu verschweigen. Schließlich hatte ich schon gelernt, wie wichtig es ist, aufrichtig zu sein, und es fühlte sich großartig an, frei über dieses Thema reden zu können. In letzter Zeit hatte ich in dieser Hinsicht über viele Dinge nachgedacht, und als ich jetzt mit Cath darüber sprach, gewannen sie viel klarere Konturen.

Irgendwann in den letzten zwölf Monaten war mir die Idee gekommen, ich könnte Songwriting in einem Gefängnis unterrichten. Ich hatte keine Ahnung vom Justizvollzugssystem, aber irgendwie hatte sich diese Idee in mir festgesetzt. Und im Laufe der Zeit war dieses Saatkorn langsam gewachsen. Vor Kurzem hatte ich eine tolle Frau kennengelernt, die mich unter ihre Fittiche genommen hatte und mir zeigte, wie man es anstellt, Sponsoren zu finden.

»Ja, geh zurück zu den Lebenden, Bronnie. Du leistest hier wirklich wundervolle Arbeit, und ganz offensichtlich gehört es ja auch zum Teil zu deinem Lebenssinn. Aber es muss dir doch manchmal auch zusetzen«, meinte sie. Ich erzählte ihr, dass ich mittlerweile fast acht Jahre auf diesem Gebiet arbeitete, und während ich sprach, fühlte es sich an, als würde ich gerade zur Kenntnis nehmen, dass ich tatsächlich demnächst schlapp machen würde, wenn ich so weitermachte. Ich näherte mich dem Burnout.

Es war mir eine unglaubliche Ehre, zu sehen, wie Leute ihren Frieden fanden, Zeuge zu sein, wie sie beim Sonnenuntergang ihres Lebens noch einmal einen großen Entwicklungsschritt machten. Es bescherte mir unzählige Belohnungen, es war befriedigend und erfüllend. Ich konnte nicht leugnen, dass ich diese Arbeit geliebt hatte und es immer noch tat. Aber ich wollte auch irgendwo arbeiten, wo es vielleicht noch ein bisschen Hoffnung gab. Mit Leuten, die die Chance hatten, ihre Entwicklungsschritte noch zu gehen und ihr Leben einschneidend zu verändern, bevor sie starben. Der Wunsch, meine Tätigkeit komplett in den kreativen Bereich zu verlegen, war auch gewachsen, ebenso die Hoffnung, mehr von zu Hause aus arbeiten zu können, sobald ich eine Wohnung für mich allein gefunden hatte.

Als ich mir selbst zuhörte, wie ich all diese Gedanken vor Cath laut aussprach, bekam der ganze Prozess spürbar Energie. Ehe ich mich's versah, nahmen die Gedanken an Unterricht im Gefängnis immer mehr Raum ein. Meine Zeit im Pflegedienst näherte sich ihrem Ende. Das musste sie, denn ich hatte hier fast alles gegeben, was ich geben konnte.

Kurz vor ihrem Tod erlebte Cath noch einmal einen Aufschwung, und für ein paar Tage schien es ihr besser zu gehen. Dieses Phänomen hatte ich schon öfter beobachtet, weswegen ich jetzt rasch all ihre regelmäßigen Besucher anrief und sie bat, vorbeizukommen und noch einmal ein wenig Zeit mit ihr zu verbringen, weil sie jetzt rapide ihrem Ende entgegenging. Manche ihrer Freunde wandten sich nach ihrem Besuch noch einmal an mich, weil Cath so gut aussah und wesentlich mehr Energie ausstrahlte. Das scheint einfach ein Geschenk zu sein, das wir manchmal bekommen, wenn jemand sehr lange sehr krank gewesen ist. Auf diese Art können wir ihn ein bisschen leichter so im Gedächtnis behalten, wie er früher war, bevor die Krankheit das Ruder übernahm. Zwei Tage lang hörte man lautes Gelächter aus Caths Zimmer. Sie riss geistreiche Witze und genoss im Zusammensein mit Familie und Freunden völlige geistige Klarheit.

Doch als ich am nächsten Tag kam, sah ich eine sterbende Frau vor mir, die kaum mehr sprechen konnte. Sie war schlaff und kraftlos, und so blieb es weitere drei Tage. Die meiste Zeit schlief sie. Wenn sie wach war, lächelte sie mich an, wenn ich ihre Vorlagen wechselte und sie wusch. Sogar der Luxus, auf dem Toilettenstuhl Wasser lassen zu können, gehörte jetzt der Vergangenheit an.

Die Freunde kamen noch einmal zu Besuch und waren sehr ernster Stimmung, wenn sie gingen, denn sie wussten, dass sie sich gerade für immer von ihrer lieben Cath verabschiedet hatten. Am Abend des dritten Tages war es offensichtlich, dass sie die Nacht nicht mehr überstehen würde. Also blieb ich nach Ende meiner Schicht mit Caths Bruder und ihrer Schwägerin bei ihr. Die Nachtpflegerin hatte noch nie eine Leiche gesehen und war ungeheuer erleichtert, dass ich blieb. Als ich an den Jahre zurückliegenden Tag dachte, an dem ich selbst an ihrer Stelle gewesen war, wurde mir klar, wie weit ich gekommen war. Damals hatte ich kaum geahnt, wie viele wunderbare Menschen ich auf so persönliche Art kennenlernen würde und was für unvorhergesehene Geschenke mir auf diesem Wege zuteilwerden sollten.

In den letzten Tagen hatte Cath ihre Schmerzmittel intravenös bekommen, weil sie feste Tabletten nicht mehr schlucken konnte. Am Abend war noch einmal eine Schwester vorbeigekommen, um weitere Schmerzmittel abzugeben. Cath war nicht mehr wach. »Das wird die letzte Dosis sein«, sagte sie zu Caths Bruder und mir. »Sie wird die Nacht sowieso nicht mehr überleben.« Wir bedankten uns freundlich bei ihr, und ich brachte sie hinaus. »Sie wird noch in der nächsten Stunde sterben«, sagte die Krankenschwester, als ich mich an der Tür von ihr verabschiedete. In meiner Rolle lag so viel Freude und so viel Trauer zugleich. Trauer, weil ich Abschied nehmen und loslassen musste. Glück, weil das Leiden ein Ende hatte und zwischen mir und den Patienten so viel Liebe gewesen war. Es war bittersüß, und mir stiegen die Tränen in die Augen.

Cath wartete nicht mal mehr eine Stunde. Sie starb, als ich in ihr Zimmer zurückkam. Ihre Atmung hatte sich verlangsamt und dann ganz ausgesetzt. Als ich sie so daliegen sah und wusste, dass ihr wunderbarer Geist jetzt an einem anderen Ort war, musste ich unter Tränen lächeln. Und immer noch hörte ich ihre Stimme in meinem inneren Ohr: »Bleib nicht für immer bei den Sterbenden. Lass auch mal wieder ein bisschen Freude in dein Leben«, hatte sie mir am Morgen zuvor mit ersterbender Stimme zugeflüstert.

Da brach ich endgültig in Tränen aus, und ich ließ sie fließen, während ich neben ihrem Bett stand. »Gute Reise, meine Freundin«, sagte ich im Stillen, und es kam von Herzen. Ihr Bruder und ihre Schwägerin, die selbst weinten, kamen zu mir herüber und umarmten mich liebevoll. Dann wollte sich die Familie noch um einige Formalitäten kümmern. Ich blickte ein letztes Mal auf Caths Leiche, einen Körper, den ich so oft gewaschen und massiert hatte. Ihr Geist hatte ihn verlassen. Doch sie war in meinem Herzen, und mit einem sanften Lächeln nahm ich von ihr und ihrer Familie für immer

Abschied. Dann trat ich zum letzten Mal aus Caths Haus und zog die Tür hinter mir zu. Die Straßenlaternen warfen ihr helles Licht auf die stille Vorstadtstraße.

Wenn einer meiner Patienten gestorben war, kam mir die Welt immer irgendwie surreal vor. Meine Sinne waren geschärft, ich fühlte mich, als würde ich die Welt von einer anderen Warte aus sehen. Als ich in die Tram stieg, war ich mir der anderen Menschen um mich herum kaum bewusst. Die Welt draußen glitt vorbei, und ich dachte über Cath und unsere schöne gemeinsame Zeit nach.

Als die Tram an einer Ampel hielt, beobachtete ich lachende Menschen, die gerade ein Restaurant betraten. Es war ein lauer Abend, und alle, die ich auf der Straße herumlaufen sah, waren heiterer Stimmung. Meine müden, erschöpften Augen lächelten, als sie die Anzeichen von so viel Fröhlichkeit sahen. Als ich wieder in die Realität zurückkam, drangen Klänge aus dem Inneren der Tram an meine Ohren. Hier hörte ich auch nur fröhliche Gespräche. Es war eine von diesen Nächten, in denen das Glück förmlich in der Luft liegt. Und obwohl diese Nacht sicherlich genug Traurigkeit für mich bereitgehalten hatte, war auch Glück beigemischt, weil ich Cath kennengelernt hatte.

Das Gelächter der anderen Menschen tanzte mit mir und machte mich auch glücklich. Als die Tram wieder anfuhr, sah ich aus dem Fenster und dachte an die guten Herzen der Menschen, die ich hier sah, aber auch überall auf der Welt. Die Dankbarkeit wärmte mich, und ich musste lächeln.

Ich dachte nicht an die Vergangenheit oder an die Zukunft. Glück ist jetzt. Und ich war im Jetzt.

Eine Frage der Haltung

Einer meiner letzten Patienten, der großen und bleibenden Eindruck auf mich machte, war ein freundlicher Mann in einem Pflegeheim. Ich hatte meine Abneigung gegen Schichten in solchen Einrichtungen nie überwunden. Die Situation der Heimbewohner bedrückte mich jedes Mal, wenn ich durch die Tür kam. Deswegen akzeptierte ich solche Arbeit auch nur, wenn ich absolut keinen anderen Job mit privaten Patienten in Aussicht hatte. In diesem Fall war ich allerdings froh, dass ich angenommen hatte.

Lenny stand schon kurz vor dem Tod, als wir uns kennenlernten. Seine Tochter hatte mich als zusätzliche Pflegerin angeheuert, weil sie wusste, dass das reguläre Personal zu beschäftigt war, um ihm die Pflege angedeihen zu lassen, die sie sich für ihn wünschte. Er schlief die meiste Zeit des Tages. Tee trank er noch, wenn man ihm eine Tasse anbot, aber Essen lehnte er schon komplett ab. Wenn er wach wurde, klopfte er neben sich aufs Bett, damit ich mich möglichst nah neben ihn setzte, denn er hatte nicht mehr die Kraft, laut zu sprechen. »Ich hatte ein gutes Leben«, sagte er oft. »Ja, ein gutes Leben.«

Das war natürlich eine Frage der Haltung, und es zeigt, dass Glück mehr mit der persönlichen Entscheidung als mit den Umständen zu tun hat. Lennys Leben war alles andere als leicht gewesen. Beide Eltern waren noch vor seinem vierzehnten Lebensjahr gestorben, und in den folgenden Jahren verlor er seine Geschwister, entweder weil sie starben oder weil sie sich in alle Himmelsrichtungen zerstreuten, bis er mit keinem einzigen mehr Kontakt hatte. Als er zweiundzwanzig war, lernte er Rita kennen, die Liebe seines Lebens, die er quasi über Nacht heiratete, wie er es formulierte.

Der Ehe entsprangen vier Kinder. Ihr ältester Sohn war im Vietnamkrieg gefallen, worüber Lenny immer noch den Kopf schüttelte. Er sprach mit scharfen Worten vom Krieg und dem ganzen Wahnwitz, der darin lag. Er meinte, er würde nie begreifen, wie jemand sich einbilden konnte, dass ein Krieg jemals dauerhaften Frieden bringen könnte. Seine Gedanken über die Verrücktheit und die bekümmernde Lage der derzeitigen Weltpolitik konnte ich nur teilen. Schon bald lernte ich die Intelligenz und die Lebensweisheit dieses wunderbaren Mannes zu schätzen.

Ab und zu kamen Schwestern vorbei und boten ihm etwas zu essen an, aber er lehnte jedes Mal mit einem Lächeln ab und schüttelte den Kopf, ohne ihn vom Kissen zu heben. Die Geschäftigkeit auf den Korridoren schien nach einer Weile zu verschwinden, als wären wir in unserer eigenen Dimension, völlig unberührt von dem Lärmen nebenan.

Die älteste Tochter hatte einen Kanadier geheiratet und war weggezogen. Sechs Monate später war sie tot. Sie hatte in einem Schneesturm die Kontrolle über ihr Fahrzeug verloren. »Sie war unser Augenstern«, sagte er von ihr. »Sie war immer unser Augenstern, und jetzt ist sie für immer ein Stern.«

Seit ich in diesem Bereich arbeitete, hatte ich mir abgewöhnt, meine Tränen zurückzuhalten. Je weiter ich mich entwickelte, umso natürlicher verlieh ich meinen Gefühlen Ausdruck, ohne lange darüber nachzudenken. In unserer Gesellschaft gibt man sich immer solche Mühe, den Schein zu wahren, aber der Preis dafür ist zu hoch.

Die Aufrichtigkeit meiner eigenen Gefühle half manchmal auch den Familien, denn das eröffnete auch ihnen die Freiheit, die Tränen fließen zu lassen. Manche Leute hatten sich als Erwachsene nie gestattet zu weinen. Ich war im Laufe der Zeit immer leidenschaftlicher für Ehrlichkeit eingetreten. Daher fiel auch die eine oder andere Träne, als Lenny mir seine Geschichten erzählte. Etwas an der Schönheit dieses Menschen und an der Art, wie er von seinem Leben erzählte, brachte mich zum Weinen.

Lennys jüngster Sohn war zu sensibel für diese Welt gewesen und wurde psychisch krank. Damals gab es noch keine Unterstützung in solchen Fällen, und wenn die Familie gar nicht damit zurechtkam, wurden die Patienten ins Irrenhaus eingewiesen. Lenny und Rita wollte Alistair lieber zu Hause in einer liebevollen Umgebung behalten, doch die Ärzte gestatteten es nicht. Also verbrachte Alistair den Rest seines Lebens in einem Medikamentennebel, und Lenny sah ihn nie wieder lächeln.

Ihre andere Tochter lebte in Dubai, wo ihr Ehemann einen Bauauftrag hatte. Sie rief während meiner Schicht im Pflegeheim an und redete mit mir. Sie war ein netter Mensch, aber sie konnte nicht nach Hause zu ihrem Vater reisen.

Seine geliebte Rita war mit Ende vierzig gestorben, nur wenige Jahre, nachdem sie Alistair ans Gesundheitssystem verloren hatten. Von Ritas Diagnose bis zu ihrem Tod waren es nur wenige Wochen. Trotzdem erklärte mir dieser liebenswürdige Mann, dass er ein gutes Leben gehabt hatte. Unter Tränen fragte ich ihn, wie er das so sehen konnte. »Ich habe die Liebe kennengelernt, und die Liebe ist in all diesen Jahren nicht einen einzigen Tag weniger geworden«, sagte er.

Am liebsten wäre ich nach Ende meiner Schicht noch geblieben, aber Lenny musste sich ohnehin ausruhen. Jeden Tag betete ich auf dem Weg zum Pflegeheim darum, dass er noch am Leben war. Das war natürlich etwas zwiespältig – denn ich wusste, dass er gehen wollte, wieder bei Rita und seinen verlorenen Kindern sein wollte. Deswegen gönnte ich ihm einen baldigen Tod. Aber im Hinblick auf meine eigene

Entwicklung und das Band, das zwischen uns entstanden war, wollte ich die Begegnungen so lange wie möglich ausdehnen.

Er hatte viel gearbeitet, zu viel, wie er meinte. Aber am Anfang hatte er damit seinen Schmerz betäubt, weil er nicht wusste, wie er sonst mit den Verlusten hätte umgehen sollen. In späteren Jahren hatte er auf den Rat von Rose, seiner Tochter in Dubai, eine Therapie gemacht und gelernt, über die Ereignisse zu reden. Nachdem er über seinen Verlust hatte sprechen können, wurde er wieder gesund. Er konnte jetzt ganz freimütig von seinem Leben erzählen. Ich sagte ihm, dass ich dankbar dafür war.

Er fragte mich nach meinem Leben und fand es faszinierend, dass eine junge Frau ihren ganzen Besitz verkaufen konnte, das Auto vollpacken und in ein neues Leben fahren, ohne die geringste Vorstellung, wo die Reise hingehen sollte. Und dass sie das sogar mehrfach getan hatte.

Ich erklärte ihm, wie sehr meine erste ernsthafte Beziehung mein Leben beeinflusst hatte. Damals gab es Bereiche in mir, die erst noch entdeckt werden mussten (und solche wird es immer geben). Doch gerade angesichts der Unterdrückung, die ich damals erlebte, schien mir ein unbekanntes Leben wie ein verführerischer Lockruf. Als die Beziehung schließlich beendet war, fühlte ich mich so frei wie nie zuvor. Ich hatte ihn getroffen, als ich noch sehr jung war, hatte also nie wirklich die Freiheit des Erwachsenenlebens kennengelernt. Am Ende unserer Beziehung war ich dreiundzwanzig Jahre alt und begann zu tun, was alle Dreiundzwanzigjährigen tun sollten: Spaß haben.

Ein paar Monate später fuhr ich sechs Stunden zur Hochzeit einer Freundin und entdeckte eine Seite an mir, die mir seltsam vertraut vorkam. Etwas in mir gehörte einfach auf Reisen, und das würde auch so bleiben. Es kam mir wie die natürlichste Sache der Welt vor, lange Strecken zu fahren. Seither ist mir Freiheit eine der stärksten Triebfedern im

Leben. Die meisten Entscheidungen fällte ich nach der Überlegung, wie sie meine Freiheit beeinflussen würden, und entsprechend richtete ich mein Leben ein. Natürlich kann man auch in einem ganz normalen Leben Freiheit erlangen. Mehr als alles andere ist sie ein Geisteszustand. Die Freiheit, man selbst zu sein, ist die größte Freiheit überhaupt, unabhängig davon, in welcher Stadt oder welchem Vorort man lebt.

Lenny sagte, viele Partner glaubten, einander zu besitzen. Zwar sei für jede Beziehung ein gewisser Grad an Kompromissen und Verbindlichkeiten nötig, vor allem, wenn Kinder da seien, aber jeder Mensch müsse sich ein Gespür für sich selbst bewahren. Mit aufrichtiger Neugier befragte er mich weiter zu meinem Leben und hörte auch zu, als ich erzählte, dass ich darüber nachdachte, diesen Job über kurz oder lang an den Nagel zu hängen. »Ja«, sagte er. »Auf dich wartet ein gutes Leben, Bronnie, ohne dass du deine ganze Zeit in der Gegenwart des Todes verbringen müsstest. Geh zurück zu den Lebenden.« Er war ein lieber Mann, und ich lächelte über seinen freundlichen Segen.

Das Pflegeheim stand unter christlicher Trägerschaft. Lenny hatte allerdings nach Ritas Tod aufgehört, zur Kirche zu gehen. Nicht, weil er nicht mehr glaubte, sondern weil es für ihn zu schmerzlich war, dort zu sein, ohne neben sich die wunderschöne Singstimme seiner Frau zu hören. Er meinte, es sei ihm egal, ob sein Pflegeheim ein christliches war, irgendeine andere religiöse Trägerschaft hatte oder völlig unreligiös war. Er hätte aus jeder Situation das Beste gemacht. So oder so wusste er, dass er bald zu Rita heimgehen würde, und das war alles, was für ihn jetzt noch zählte. Aber es war nun mal ein christliches Heim, und es gab neben dem regulären Personal auch viele ehrenamtlich Tätige.

Einer von ihnen war Roy, der die Runde machte, um den Heimbewohnern täglich aus der Bibel vorzulesen. Vor ein paar Monaten hatte er seine Dienste auch Lenny angeboten, was dieser höflich abgelehnt hatte. Roy blieb hartnäckig und wiederholte sein Angebot mehrmals, aber Lenny lehnte immer wieder freundlich ab.

Jetzt, wo Lenny in den letzten Zügen lag und keine Kraft mehr hatte, um Widerstand zu leisten, kam Roy jeden Nachmittag vorbei und las ihm Bibelpassagen vor. Er las ihm lange vor. Selbst ein gesunder Mensch, dessen Hobby das Bibelstudium gewesen wäre, wäre am Ende dieses täglichen monotonen Vortrags ein bisschen müde gewesen. Aus Höflichkeit bemühte ich mich auch, aufmerksam zuzuhören, während Roy vorlas. Aber manchmal nickte ich ein, ohne es zu wollen. Wie gesagt, er las wirklich *lange*, und das ohne jeden Ausdruck in der Stimme.

Noch schlimmer war, dass Roy anschließend mit Lenny über die Passage reden wollte, die er ihm vorgelesen hatte. Als seine Pflegerin war ich für Lennys Wohlergehen verantwortlich, also erklärte ich höflich, dass er nur sprechen konnte, wenn er die Energie dazu aufbrachte, und dass man ihn zu nichts zwingen sollte. Das entsprach voll und ganz der Wahrheit.

»Ich weiß, dass Sie eine ganz reizende Dame sind, Bronnie«, sagte Lenny eines Tages leise zu mir, nachdem Roy ins nächste Zimmer weitergezogen war. »Und ich weiß, dass Sie gerne das Beste in allen Menschen sehen möchten. Aber wenn der Kerl noch einmal hier reinkommt, tret ich ihn in den Arsch, dass er von hier bis Timbuktu fliegt.« Wir lachten laut. Wie wir beide wussten, würde Roy am nächsten Nachmittag wieder auftauchen.

»Wenn ich nicht in den Himmel komme, was soll dieser ganze Religionskram dann überhaupt?«, kicherte er. »Ich kann mich sowieso nicht darauf konzentrieren, was er da liest. Ich hab gar nicht die Kraft dazu.«

»Er hat doch gute Absichten, Lenny. Das ist sicher das Wichtigste«, antwortete ich. Wir mussten beide über die Situation kichern. Roy war ein netter Mann, aber so offensichtlich es auch war, dass er es gut meinte, die Sache verwandelte sich langsam wirklich in einen Sketch. Jeden Nachmittag, wenn er eintrat, wussten wir, was uns erwartete. Er wurde den weisen Worten der Bibel durch seine monotone, leblose Vortragsweise überhaupt nicht gerecht. »Zumindest kann man es dann besser verschlafen«, lachte ich. Lenny nickte lächelnd.

Die Tage vergingen, und man hatte mir schon andere Jobs angeboten, aber ich lehnte ab. Ich wollte bei diesem wunderbaren Mann bleiben bis zu seinem Tod. Außerdem fühlte ich mich zur Loyalität gegenüber seiner Tochter Rose verpflichtet. Es wäre schrecklich für sie gewesen zu denken, dass ihr Vater in einem anderen Land im Sterben lag und jeden Tag neue Pflegerinnen hatte. Außerdem wusste ich, dass mir unsere leisen Unterhaltungen schon bald sehr fehlen würden, und ich wollte sie nicht eher drangeben als nötig. Wie sich herausstellte, kam dieser Zeitpunkt dann sowieso sehr schnell.

Es war ein geschäftiger Donnerstagnachmittag in der belebten Vorstadt. Überall Geschäftigkeit: auf den Straßen, in den Läden und auch im Pflegeheim. Das Personal schwirrte mit seinen Essenswagen über die Korridore. Die Ärzte machten ihre Runden. Die Schwestern rannten von dort nach da, weil sie mehr Arbeit hatten, als sie bewältigen konnten. Die Patienten wurden in großen Rollstühlen herumgefahren. Manche sabberten dabei und starrten in die Luft. Pflegeheime boten immer solche tragischen Szenerien, und der heutige Tag war keine Ausnahme.

Als ich an den Sekretärinnen vorbeikam, hörte ich, wie sie sich über eine andere Sekretärin ausließen, und ich fragte mich, wie jemand, der vom Tod umgeben ist, seine Energie noch in Klagen über solche trivialen Angelegenheiten stecken konnte. Aber zu der Zeit hatte ich auch schon viel von meinen wunderbaren Patienten und aus meinem eigenen Leben gelernt. Die Dinge, auf die die meisten Leute ihre Energie verwenden, sind langfristig so irrelevant.

Wie immer kam ich mir vor wie in einer anderen Welt, als ich in Lennys Zimmer kam. Man spürte den Frieden in diesem leicht abgedunkelten Zimmer schon im Moment des Eintretens. So war es von Anfang an gewesen, und ich hatte gleich am ersten Tag eine Bemerkung darüber zu Lenny gemacht. Er lächelte. »Oh ja, hier ist es wirklich friedlich. Aber das spüren nur bestimmte Menschen. Vom Personal kommen viele rein mit ihrer ganzen Geschäftigkeit, die merken überhaupt nicht, wie sich dieser Raum anfühlt.« Das konnte ich hinterher selbst beobachten. Manche seiner Besucher waren jedoch friedliebende Menschen. Sie spürten die besondere Atmosphäre sofort, und das war schön.

Da Lenny gerade schlief, zog ich mir einen Stuhl ans Bett. Eine Weile las ich in einem Buch, aber in Gedanken war ich bei ihm. Nach einer Weile rührte er sich und entdeckte mich. Er klopfte auf sein Bett, und ich gab ihm meine Hand. Daraufhin fiel er wieder in Schlaf, und die Stunden vergingen. Ab und zu bewegte er sich wieder, dann gab ich ihm einen Schluck zu trinken oder küsste einfach nur seine Hand.

»Es war ein gutes Leben«, sagte er leise in die Stille, als er aufwachte. »Es war ein gutes Leben.« Dann döste er wieder weg, während ich ihn liebevoll betrachtete. Das Herz tat mir weh, und ich vergoss ein paar Tränen. Ich fragte mich, warum ich mir nicht einen leichteren Job ohne so viel emotionales Beiwerk hatte suchen können. Manchmal war es einfach zu schmerzhaft. Trotzdem wusste ich, dass die anderen Jobs eben nicht solche Geschenke mit sich brachten, wie ich sie durch den Umgang mit meinen Patienten bekam.

»Mmm. Ein gutes Leben«, wiederholte er, schlug seine müden Augen noch einmal auf und lächelte mich an. Als er meine Tränen sah, drückte er meine Hand. »Mach dir keine Sorgen, Mädchen. Ich bin bereit.« Seine Stimme war fast schon ein Flüstern. »Versprich mir etwas.«

Ich hätte am liebsten aufgeschluchzt, aber ich lächelte durch meine Tränen. Ein Lächeln, das nicht wirklich ein Lächeln war, sondern ein Zeichen, das hier jemand erfolglos versuchte, tapfer zu sein. »Natürlich, Len.«

»Zerbrich dir nie den Kopf über irgendwelchen Kleinkram. Nichts davon ist wichtig. Nur Liebe ist wichtig. Wenn du das im Gedächtnis behältst, dass die Liebe immer gegenwärtig ist, dann wirst du ein gutes Leben haben.« Sein Atem veränderte sich, und das Sprechen fiel ihm immer schwerer.

»Danke für alles, Len«, brachte ich trotz meiner Tränen heraus. »Ich bin so glücklich, dass wir uns kennengelernt haben.« Irgendwie hörten sich diese Worte so kindisch an, denn ich hätte noch so viel mehr sagen können und wollen. Doch am Ende hatte ich meine Gefühle damit auf die einfachste Art ausgedrückt. Ich beugte mich vor und küsste ihm die Stirn. Wie ich sah, döste er schon wieder weg.

Ich ließ meinen Tränen freien Lauf. Manchmal muss man nur kurz den Stöpsel ziehen, und dann merkt man, dass da eine ganze Flut hervorbrechen will. Man weiß gar nicht, wofür diese Tränen alle sind. Ich hatte den Stöpsel gezogen, und jetzt weinte und weinte ich. Lenny schlief die nächsten Stunden durch. Es war denkbar, dass er nie wieder aufwachte. Als ich mich leergeweint hatte, sah ich ihn zärtlich und schweigend an. Und dann kam natürlich Roy hereinmarschiert.

Ich hätte am liebsten gelacht, denn ich wusste, dass Lenny die Komik der Situation gesehen hätte, wenn er wach gewesen wäre. Aber er war nicht wach, und mein schwaches Lächeln und meine blutunterlaufenen Augen, die gerade literweise Tränen vergossen hatten, hätten Roy eigentlich alles sagen müssen: Vielleicht wacht Lenny nicht mehr auf.

Wieder flossen ein paar langsame Tränen der Liebe. Aber es war kein Strom des Kummers mehr, und sie versiegten nach kurzer Zeit. Ich glaube, es war Roys nettes Gesicht und das Wissen um seine freundliche Absicht, die mich noch einmal zum Weinen gebracht hatten, auch ich wusste, dass Lenny ihn nicht hier haben wollte.

Roy setzte sich auf die andere Seite des Bettes. Er schlug seine Bibel auf, um anzufangen zu lesen, sah aber kurz zu mir herüber, wie um sich meiner Billigung zu versichern. Ich zog ein Gesicht, das ihm sagte: »Na ja, ich überlass es dir, aber ich glaube, er würde es zu schätzen wissen, wenn er jetzt in Frieden gelassen würde.« Roy nickte. Die Bibel blieb aufgeschlagen in seinen Händen, aber er las nicht. Ich war ihm dankbar dafür, dass er die Andächtigkeit dieses Augenblicks respektierte. Nicht, dass er mit dem Vorlesen aus der Bibel keine andächtigen Absichten verfolgt hätte, aber in der Feierlichkeit des Moments war es nicht nötig.

Lenny tastete mit geschlossenen Augen nach meiner Hand. Ich stand auf und gab sie ihm. Sein Atem ging rasselnd und unregelmäßig. Ich roch, was mir mittlerweile vertraut geworden war, was sich aber kaum beschreiben lässt – den Geruch des Todes.

Dann schlug Lenny die Augen auf, sah mir direkt in die Augen und lächelte.

Aber es war nicht mein Freund Lenny, den ich kennengelernt hatte. Es war Lenny und die volle Herrlichkeit seiner Seele. In seinem Lächeln lag keine Krankheit mehr. Es war das Lächeln einer Seele, die jetzt frei war vom Ego und von persönlichen Belangen.

Es war die *pure* Liebe, frei von allem anderen, strahlend, glühend, freudig.

Ich lächelte aufrichtig zurück, und mein Herz zersprang. Wir lächelten beide fröhlich, weil wir wussten, dass am Ende alles nur noch Liebe ist. So ein völlig freies Lächeln hatte ich noch nie empfangen oder gegeben. *Nichts* stand im Weg, da war nur reine Freude. Während wir uns gegenseitig anstrahlten, blieb die Zeit stehen.

Nach einer Weile schloss Lenny die Augen. Auf seinen Lippen blieb ein friedliches Lächeln. Mein eigenes Lächeln blieb auch, denn mein Herz war zu offen, als dass ich hätte aufhören können.

Wenige Minuten später starb Lenny.

Roy sah von der anderen Seite des Bettes zu, und sein Leben veränderte sich. Er schlug seine Bibel zu und sagte leise, jetzt verstehe er, wie Gottes Liebe aussehe. Er habe das Gefühl, ein Wunder erlebt zu haben, als er Lennys Frieden vor dem Tod sah. Ich stimmte ihm zu, dass Gottes Wege unergründlich sind.

Roy und ich blieben noch eine Weile schweigend sitzen. Ich wusste, dieser Moment würde unwiderruflich vorbei sein, sobald ich dem Personal Bescheid gab, und das musste ich demnächst tun. Als wir uns verabschiedeten, hielt Roy meine Hand eine ganze Weile fest und suchte die richtigen Worte. Er wusste nicht recht, was er sagen sollte oder wie er formulieren könnte, was passiert war. Irgendwie wollte er mich nicht gehen lassen, als könnte sein schöner Luftballon zerplatzen, wenn ich nicht bei ihm blieb und dieses Erlebnis mit ihm teilte.

»Wir sind gesegnet worden, Roy. Das ist alles, was wir wissen müssen«, sagte ich sanft zu ihm. Er umarmte mich fest wie ein verängstigtes Kind, als wollte er nicht damit alleine sein. »Du schaffst das, Roy.«

»Wie kann ich das irgendjemand erklären?«, fragte er.

»Vielleicht kannst du das gar nicht«, lächelte ich. »Oder doch. Ganz egal. Dieselbe Kraft, die uns dieses Wunder beschert hat, wird wieder bei dir sein, wenn du die richtigen Worte suchst, um diese Geschichte zu erzählen.«

Er schüttelte den Kopf, lächelte aber glücklich, als er sagte:

»Mein Leben wird nie wieder dasselbe sein.« Ich lächelte liebevoll, und wir nahmen uns noch einmal in den Arm.

Als die Formalitäten erledigt waren, verließ ich das Pflegeheim. Rund um Lennys Leiche war jetzt einfach zu viel Geschäftigkeit. Außerdem hatten wir genug Zeit miteinander verbracht. Der Feierabendverkehr war schon verebbt, und das Licht des Spätnachmittags fiel mit spektakulärem Effekt auf die baumgesäumte Avenue, die ich entlangging. Mein Herz war offen und lächelte. Ich war in alles und jeden verliebt.

Ja, dieser Job hatte seine Höhen und Tiefen. Aber keine Pläne und keine Qualifikation hätten mir jemals solche Geschenke zuteilwerden lassen, wie ich sie in dieser Rolle immer wieder bekommen hatte.

Ich war immer noch ganz euphorisch von dem Geschenk der Liebe, das ich gerade erhalten hatte. Tränen der Freude und der Dankbarkeit rannen mir über die Wangen, während ich mit einem breiten Lächeln weiterging.

Ja. Es ist ein gutes Leben, Lenny. Wirklich ein gutes Leben.

Zeit für neue Wege

Nachdem ich mich um so viele sterbende Menschen gekümmert hatte, war ich ebenso beschwingt wie erschöpft. In meinem Leben hatten sich daraus zahllose positive Veränderungen ergeben, aber ich brauchte einen Wechsel und verfolgte weiter die Idee, Songwriting in einem Frauengefängnis zu unterrichten.

Es gab eine Menge Bürokratie zu bewältigen, und ich musste viel über privatrechtliche karitative Stiftungen lernen – welche davon in ihren Richtlinien überhaupt Möglichkeiten für die Finanzierung eines Projekts wie des meinigen eröffneten und wie ich meine Anträge stellen musste. Einige Ratschläge kamen von einer Gruppe von Frauen, die seit mehreren Jahren Theaterworkshops im Gefängnis abhielten. Wie sich herausstellte, hatte ich während meines ersten Aufenthalts in Melbourne vor fast zehn Jahren direkt neben ihnen gewohnt. Damals hatte ich jedoch noch nicht mal meinen ersten Song geschrieben und entsprechend auch noch nicht an ein Songwriting-Programm gedacht. Aber es hatte einen seltsamen Reiz, auf dem Weg zu ihnen die altbekannte Straße wieder entlangzugehen und dabei zu überlegen, wie sehr sich mein Leben und ich selbst verändert hatten, seit ich dort gewohnt hatte.

Meine anfänglichen Bemühungen in Gefängnissen in Victoria fruchteten nichts, also beschloss ich, es in New South Wales zu versuchen. Ich führte gerade eine Fernbeziehung mit einem Mann in New South Wales. Zwar glaubte ich nicht, dass diese Beziehung dauerhaft funktionieren würde, aber sie hatte sicher bessere Chancen, wenn wir näher beieinander waren statt durch Tausende von Kilometern getrennt. Zudem wohnte auch eine furchtbar nette Cousine in der Gegend, die mir anbot, bei ihr zu wohnen, bis ich selbst etwas gefunden hatte.

Liz, die mich vor ein paar Monaten unter ihre Fittiche genommen hatte, war meine größte Hilfe während der Phase, in der sich mein Gefängnisprojekt konkretisierte. Ich verlor nie den Mut, weil sie hartnäckig daran festhielt, dass man alles auf die Beine stellen kann, wenn man sein Netzwerk nutzt und die richtigen Leute miteinander in Kontakt bringt. Außerdem musste ich an die Worte vieler meiner Patienten denken: Alleine kann man nichts Gutes tun. Wir müssen zusammenarbeiten. Liz klärte mich auch auf, wie wichtig es war, eine Schirmherrschaft zu finden. Die meisten privatrechtlichen karitativen Stiftungen verlangten, dass eine Wohltätigkeitsorganisation die Fördergelder für mich entgegennahm, damit die Stiftung in den Genuss der Steuererleichterungen kam. Dann musste ich der Wohlfahrtsorganisation die Summe in Rechnung stellen, sodass ich mein Geld als Selbstständige aus der Spende der Stiftung bekam. Eine Organisation zu finden, die bereit war, diese Fördergelder zu kanalisieren, stellte anfangs eine gewisse Herausforderung dar. Aber wie es so oft ist, wurde ich wieder an den Kreislauf des Lebens erinnert und wie häufig wir uns einmal komplett im Kreis bewegen müssen.

Bevor ich in die Kleinstadt zog, in der ich aufgewachsen bin, hatte meine Familie in einem Vorort von Sydney gelebt. Das war damals, in den Siebzigerjahren, eine ländliche Umgebung. Dort verbrachte ich mein Vorschuljahr. Jetzt öffnete sich nach zahllosen Telefonaten und Mails für mich die Tür zu einer Wohltätigkeitsorganisation durch die Kirche, mit der meine erste Schule in Verbindung stand. In der Zwischenzeit waren fünfunddreißig Jahre vergangen, und jetzt saß ich hier in einem Büro und blickte auf den Spielplatz hinunter, den ich als kleines Kind benutzt hatte. Das verlieh der Arbeit an meinem Gefängnisprojekt eine schöne sentimentale Note.

Die Begeisterung der Zuständigen für Weiterbildung in dem Frauengefängnis, das ich mir ausgesucht hatte, half mir ebenfalls, wenn die Bewerbungen für die Fördergelder wieder mal gar zu kompliziert wurden. Sie war eine fortschrittliche, enthusiastische Frau, die meine Vision teilte und meinen Vorschlag überzeugend ihrem regionalen Management vorlegte. Zunächst hatte ich zwei Frauengefängnisse kontaktiert, aber das Echo war sehr unterschiedlich ausgefallen. Die einen meinten, sie würden nicht mal Papier und Stift stellen, das müsste ich schon selbst mitbringen. Die anderen boten nicht nur Schreibzeug, sondern auch die Gitarren und alles andere, womit sie mir behilflich sein konnten. Je länger ich mit der Planung des Projekts beschäftigt war, umso klarer wurde mir, dass ich mehr als genug mit der Betreuung eines Kurses an einem Gefängnis zu tun haben würde. Da war natürlich klar, für welches der beiden Gefängnisse ich mich entschied.

Ewig sah es so aus, als würde überhaupt nichts vorangehen, aber als schließlich alles Gestalt annahm, ging es blitzschnell, und innerhalb weniger Tage war ich auf der Straße Richtung Norden. Ungefähr einen Monat wohnte ich bei meiner Cousine und ihrer vielköpfigen Familie. Nach der Stille meiner vorherigen Arbeit und meiner bisherigen Wohnsituation war es seltsam, aber auch ganz wunderbar, wieder unter so vielen Menschen zu sein. Das Haus war ganz schön chaotisch mit drei Generationen unter einem Dach, zuzüglich sieben Katzen und drei Hunden. Aber meine Sehnsucht nach einer eigenen Küche war zu groß, und obwohl ich hörte, dass man nur schlecht etwas zum Mieten bekam, fand ich – einen Tag, nachdem ich beschlossen hatte, dass es jetzt reichte – ein Cottage. Es lag in den Ausläufern der Blue Mountains, mit einem Bach und Buschland auf der anderen Straßenseite, und war einfach wunderhübsch.

Ich besaß zwar überhaupt keinen Hausrat, aber darüber machte ich mir keine Sorgen. Es fühlte sich richtig an, und das Cottage war mir so leicht zugefallen, dass ich nur noch zuversichtlicher wurde. Alles, was ich brauchte, würde schon zu mir kommen, und so geschah es auch. Es sprudelte nur so. Die Besitzer eines Schuppens, in dem man Lagerflächen mieten konnte, boten mir ein paar Sachen an, die sie entsorgen sollten – ein Sofa hier, ein bisschen Bettwäsche dort. Meine Cousine wohnte schon ein Jahrzehnt in dieser Gegend und hatte einen stabilen Freundeskreis. Über den bekam ich eine Waschmaschine. Dann kam ein Kühlschrank dazu, ebenso Bücherregale, Küchenutensilien, Vorhänge und ein antiker Schreibtisch. Ein riesiges Netzwerk von Leuten warf sich mit Begeisterung darauf, mich mit Möbeln zu versorgen. Sie gaben mir alles, was sie entbehren konnten, weil sie von meiner Situation fasziniert waren, aber auch weil sie einfach gutherzige Menschen waren. Es war wundervoll.

Ich kaufte mir einen Van, als ich in New South Wales angekommen war. Obwohl ich mich durchaus fest niederlassen wollte, hatte ich vor, auf ein paar Folk-Festivals zu gehen, und ein Bett auf Rädern war mehr mein Stil, als auf dem Festivalgelände ein Zelt aufzuschlagen. Außerdem half es mir, ein Gefühl von Freiheit zu bewahren, weil ich wusste, dass ich jederzeit wegfahren konnte, wohin ich nur wollte. Mein Timing mit dem Autokauf und dem Einzug ins Cottage war perfekt. Ich zog im selben Monat ein, in dem die alljährliche Sperrmüllentsorgung stattfand.

Die Möbel, die die Leute nicht mehr haben wollten, landeten auf dem Gehweg, und wer wollte, konnte sich etwas davon aussuchen und mitnehmen, bevor die Müllabfuhr die Reste einsammelte. Die Leute winkten mir von ihren Verandas zu, wenn sie sahen, dass ich mir kleine Gegenstände aus ihrem Sperrmüll herausklaubte, lächelten mir zu und ermunterten mich, mitzunehmen, was immer ich wollte – einen Rattan-Wäschekorb, einen schmalen Schrank für meine kleine Küche, einen Gartentisch. Außerdem konnte ich noch ein paar klassische Möbelstücke ergattern. Die ehemaligen Besitzer halfen mir zum Teil sogar eigenhändig, die Möbel in meinen Van zu hieven, darunter auch ein altes, aber tolles Sofa für meine Veranda.

Daneben ging ich auf viele Hinterhofflohmärkte, auf denen ich jede Menge Schnäppchen machte und dabei einen Riesenspaß hatte. Das Einzige, was ich gerne ladenneu haben wollte, war eine Matratze. Ich wollte eine rückenfreundliche, auf der nie jemand anders geschlafen hatte als ich, auf die nur meine eigene Energie übergehen sollte. Eine Bekannte, eine ganz wunderbare Frau, schenkte mir eine Geldsumme, weil sie es so aufregend fand, dass ich nach so vielen Jahren wieder sesshaft wurde. Die Summe war so hoch, dass ich mir davon genau eine Matratze kaufen konnte. Innerhalb von nur drei Wochen war aus sechs Kartons, die in ein kleines Auto passten, ein voll eingerichtetes Zwei-Zimmer-Cottage geworden, das so aussah, als hätte ich schon jahrelang darin gewohnt. Es war eine großartige Zeit.

An meinem ersten Abend lag ich mitten auf dem Wohnzimmerboden, streckte die Arme zu beiden Seiten aus und musste bis über beide Ohren grinsen. Meine eigenen vier Wände! Endlich hatte ich wieder meine eigenen vier Wände. Die Erleichterung, Dankbarkeit und Freude waren so überwältigend, dass mich einen Monat lang kaum jemand zu Gesicht bekam. Ich konnte mich einfach nicht losreißen von meinem Haus, wenn ich nicht gerade in die Arbeit gehen musste. Wenn ich nach Hause kam, sah ich mein Heim an und strahlte.

Ich bekam zwar nicht die ganze Fördersumme, die ich beantragt hatte, aber mit dem, was mir bewilligt wurde, konnte ich das Gefängnisprogramm zumindest in Gang bringen. Ich dachte mir, dass ich im Laufe der Zeit ja weitere Fördergelder von anderen Stiftungen beantragen konnte. Und im Grunde war es erst mal aufregend genug, überhaupt diese ersten Fördergelder zu bekommen und zu beobachten, wie meine Idee Schritt für Schritt Realität wurde. Da die Förderung von einer privaten Stiftung kam und das Justizvollzugssystem mich nicht bezahlen musste, war ich in ihren Augen eine Ehrenamtliche. Mein Lehrplanentwurf war genehmigt worden. Ich stellte vor, was ich zu lehren und zu erreichen versuchte. Da mein Programm keine offiziell anerkannte Weiterbildungsmaßnahme war, musste ich auch keine pädagogischen Qualifikationen nachweisen. Das Personal der Weiterbildungsabteilung glaubte einfach ebenso an meine Ideen und Fähigkeiten wie ich und konnte auf dieser Basis eine Genehmigung von höherer Stelle erwirken, was ich rückblickend wirklich fantastisch finde! Damals schien es mir gar nicht sonderlich ungewöhnlich. Ich machte einfach einen Schritt nach dem anderen in meinem Projekt, bis ich irgendwann in einem Raum voller verurteilter Straftäterinnen stand und anfing, sie in Songwriting zu unterrichten!

Da ich mein Lebtag in keinem Klassenzimmer unterrichtet hatte, war es ganz schön spannend, plötzlich einem Dutzend Augen ausgesetzt zu sein, von denen mich manche weiß Gott unfreundlich musterten. Vielleicht hätte es mich einschüchtern können, wenn ich länger darüber nachgedacht hätte, aber das tat ich nicht. Ich machte einfach meinen Job.

Bis ich mich mit der Weiterbildungsabteilung in Verbindung gesetzt hatte, war ich auch noch nie in einem Gefängnis gewesen. Nun stand ich also hier, hatte meine erste vorbereitete Unterrichtsstunde im Kopf und ansonsten Courage getankt bis obenhin und begann mit dem Unterricht. Es brauchte ziemlich viel trockenen Humor, bis ich überhaupt irgendwelche Reaktionen bekam, denn zuerst saßen alle bloß mit versteinerten Gesichtern da, schätzten mich mit Blicken ab und achteten darauf, vor den anderen nur ja nichts von ihrer Coolness einzubüßen. Doch nach einer Weile merkten die Frauen, dass ich okay war.

Wir machten ein paar Reimübungen, und statt die Beispiele zu benutzen, die ich mir vorher ausgedacht hatte, begann ich zu improvisieren, machte die Reime witziger, passte sie der Situation an und zog mich selbst durch den Kakao.

Hier sitze ich im Sträflingslook und hoffe auf Musik,
Doch das verdammte Reimgeübe entlockt mir nur Kritik.
Ich will doch bloß Gitarre lernen und singen wie ein Star
Dann geb ich sie mir halt 'ne Weile, bin ja noch länger da.

Ein paar von den Frauen fingen an zu kichern, trugen auch etwas bei und witzelten mit, bis irgendwann auch die anderen Gefangenen sich entspannten und etwas sagen konnten.

Na los, Miss Bronnie, leg mal los, erzähl uns, wie das geht.
Das Scheißgereime langweilt doch, es ist schon ganz schön spät.

Gelächter. Jetzt war das Eis endgültig gebrochen. Als wir ein gemeinsames Thema gefunden hatten, nämlich die Musik von Emmylou Harris, kamen wir wirklich in Fahrt.

Okay, ich hab's ja schon kapiert, gut, Theorie muss sein.
Jetzt macht doch mit und reimt mir was, bestimmt fällt euch was ein.
Gitarren kriegt ihr auch dafür, und bald, ihr werdet sehn,
Sobald ihr das hier intus habt, könnt ihr selbst spielen geh'n.

Es kam folgende Antwort:

Na gut, wenn's wirklich nötig ist, dann halten wir uns ran. Doch wär's echt schön, wenn jeder bald 'ne Klampfe kriegen kann.

Reimend flachsten wir weiter, und am Ende der ersten Unterrichtsstunde lachten wir schon ganz frei miteinander. Die meisten Frauen meldeten sich, um auch einen Reim beizutragen. Und wie sich herausstellte, machte es wirklich Spaß.

Die Leute von der Weiterbildungsabteilung waren menschlich und aufgeschlossen, und es war richtig schön, mal wieder in einem Team zu arbeiten, nachdem ich mit meinen sterbenden Patienten fast nur Einzelbetreuungen in ihren eigenen Häusern übernommen hatte. Man warnte mich jedoch davor, mich zu sehr mit den Insassinnen anzufreunden, was ich aus Sicherheits-, aber auch privaten Gründen durchaus verstehen konnte. Allerdings konnte ich nicht wirklich aus meiner Haut, und ich betrachtete meine Schülerinnen nicht als Gefängnisinsassinnen, sondern als Frauen, die Gitarre spielen und Songwriting lernen wollten. Ich hatte genug Lebenserfahrung, um im Hinterkopf zu behalten, dass ich mich in einem Gefängnis befand, aber ich lebte auch nach dem Grundsatz der Aufrichtigkeit, also konnte ich nur ich selbst sein.

Es war ein Ergebnis meiner Ehrlichkeit und meines Glaubens an diese Frauen, dass die Barrieren zwischen uns fielen, wir allmählich Vertrauen zueinander fassten und es im Laufe der Zeit weiter stärkten. Wir plauderten als Frauen miteinander, und ich ermunterte sie beharrlich, durch das Songwriting ihre weichere Seite auszudrücken, bis sie sich gestatteten, Stück für Stück die emotionalen Mauern abzubauen, die sie zum Schutz um sich errichtet hatten. Dieser Kurs wurde ein sehr persönlicher, heilsamer Raum für die

Schülerinnen. Der heilende Aspekt bildete dann auch den Schwerpunkt in meinem weiteren Lehrplan.

Mit Hilfe verschiedenster Schreibübungen lernten die Frauen, ihre Gefühle herauszulassen und irgendwann auch mit Hoffnung zu schreiben. Natürlich wurden auch Songs über Wut und Verletzungen geschrieben. Als ich sie fragte, was sie tun würden, wenn es keine Einschränkungen gäbe, keine finanziellen, geografischen oder auf ihren Fähigkeiten basierenden, fingen sie an zu träumen und hörten zum ersten Mal seit Jahren wieder auf ihr Herz. Eine wollte die Freiheit haben, mit ihren Kindern zu leben, ohne sich vor Regierungsstellen verantworten zu müssen, eine andere sagte, sie würde in einem Musikvideo mitspielen, die Nächste wollte eine Bauchstraffung. Eine wollte wissen, wie sich ein Leben ohne prügelnden Vater oder Ehemann anfühlt (denn so etwas hatte sie noch nie erlebt), eine andere wünschte sich, sie könnte für immer ihre Drogensucht loswerden, und wieder eine andere wollte im Himmel vorbeischauen und ihrer Mutter sagen, dass sie sie liebte.

Da Ehrlichkeit weiterhin das Motto blieb, verging kaum eine Unterrichtsstunde, in der keine Tränen flossen. Aber wir hatten vereinbart, dass wir hier auf jeden Fall eine Umgebung schaffen wollten, in der wir uns gegenseitig unterstützten. Frauen, die sich früher nicht ausstehen konnten, wurden toleranter, und irgendwann halfen sie einander sogar. Eine Frau wollte erst gar nicht kommen, weil eine bestimmte andere mitmachte. Dann tat sie es doch, und nach vier Stunden lobten sie sich gegenseitig für ihre Songs und verstanden sich auch auf dem Gefängnishof. Das lag in der Natur dieses Kurses. Der Mut, der nötig war, um aufrichtig etwas von sich preiszugeben, verlangte den anderen Respekt ab, und sie fühlten mit und hörten einander mit ehrlichem Interesse zu, wenn sie ihre Songs entwickelten.

Es war außerdem eine echte Herausforderung für sie, vor

dem ganzen Kurs aufzutreten. Sie ermutigten sich gegenseitig, weil sie den Schmerz in ihren Songs fühlten. Eine Schülerin, Sandy, schrieb darüber, wie hart es gewesen war, halb Aborigine, halb Weiße zu sein, so dass sie nie in irgendeines der Stadtviertel passte, in dem sie lebte. Die anderen in der Klasse kannten das Gefühl und ermutigten sie. Sie fanden, dass solche Dinge ausgesprochen werden müssen.

Eine andere, Daisy, war schon so oft im Gefängnis gewesen, meistens für Gewaltverbrechen, dass sie nicht mal wusste, wie lang sie diesmal drin bleiben musste. Sie meinte, wenn sie im Gerichtssaal saß, wurde sie jedes Mal ganz benommen und klinkte sich aus, weil es sie einfach überwältigte. (Wenig später brachte sie jedoch ihr Urteil in Erfahrung.) Sie schrieb über dieses Gefühl und wie es sie nervte, dass ihr Leben Teil eines Systems war und sich nie mehr wie ihr eigenes anfühlte. Eine andere Teilnehmerin, Lisa, schrieb einen Song für ihren Sohn, in dem sie ihm erzählte, wie stolz sie auf ihn war. Jedes Mal, wenn sie ihn spielte, schnürte es ihr die Kehle zu vor lauter Tränen, aber sie war auch sehr stolz auf sich.

Es wirkte kathartisch, diese Songs im Kurs vorzuspielen, denn es gestattete ihnen, sich nicht nur auf dem Papier auszudrücken. Freilich waren sie dabei auch ganz schön nervös. Aber da ich selbst vor Jahren dasselbe mitgemacht hatte, ebenso schüchtern und nervös wie sie gewesen war, ermutigte ich sie sanft, und die emotionalen Mauern der Angst bröckelten langsam ab. Ein paar Monate später, als eine der Teilnehmerinnen, die anfangs sehr schüchtern gewesen war, einen ihrer neuen Songs solo vor über hundert Insassen und Besuchern vorspielte, liefen mir ein paar Tränen über die Wangen, vor Freude natürlich.

Die Gruppenstärke war nie sehr groß, aber das passte allen Beteiligten ganz gut. Die ersten paar Kurse waren brechend voll, zu voll für effizienten Unterricht. Später pendelte es sich bei ungefähr zehn Teilnehmerinnen ein. Andere kamen und gingen. Sobald ihnen klar wurde, dass sie nach einem Kurs noch nicht wie Eric Clapton Gitarre spielen würden und dass der Kurs außerdem tatsächlich Arbeit machte, blieben sie nicht unbedingt. Doch es war von Vorteil, dass die Gruppen so klein waren. Diese Frauen brauchten alle viel Aufmerksamkeit, und je weniger es waren, umso besser konnte ich jede von ihnen individuell betreuen. Die Songs und Geschichten, die dabei herauskamen, waren heilsam, inspirierend und wunderschön. Die Liebe, die zwischen uns floss, stärkte uns, um es vorsichtig auszudrücken. Unter dem harten Äußeren steckten Menschen wie du und ich – Menschen, die ihre Kinder liebten, sich nach Liebe und Respekt sehnten, sich nützlich fühlen und ein Leben in Selbstrespekt führen wollten.

Nur wenige von ihnen hatten keine Schuldgefühle. Die meisten wollten in der Tat bessere Menschen werden. Doch als ich ihre persönlichen Storys hörte, sah ich nur tragische Geschichten, niedriges Selbstwertgefühl, Teufelskreise, aus denen die Frauen nicht ausbrechen konnten. Sie waren wegen diverser Verbrechen hier, manche zum Beispiel wegen illegaler Prostitution. Tatsächlich wussten manche Frauen das System aber auch durchaus zu ihrem Vorteil zu nutzen. Ihnen war bekannt, welche Gefängnisstrafen auf welche Bagatellvergehen standen, und begingen eine solche Tat pro Jahr, so dass sie über den Winter drei Monate von der Straße wegkamen, ein warmes Bett und regelmäßige Mahlzeiten hatten. Andere saßen wegen Verbrechen, die von Drogenmissbrauch oder -besitz, Körperverletzung, Betrug und Ladendiebstahl (eine Gewohnheit, die eine Frau ursprünglich angenommen hatte, um ihre Familie zu ernähren, nach der sie dann aber süchtig wurde) bis zu Alkohol am Steuer in mehreren Fällen reichten.

Das Gefängnissystem reagierte nur auf das Verbrechen, also die Auswirkungen, nicht aber auf die Verletzungen, die solchen Taten zugrunde lagen. Obwohl es ja eigentlich eine Besserungsanstalt sein sollte, gab es nur sehr wenig Hilfe für jemand, der die Denk- und Handlungsmuster seiner Vergangenheit ernsthaft ändern wollte. Hier wäre die Heilung am allernötigsten, um den Teufelskreis von niedrigem Selbstwertgefühl, Drogenkonsum, gewalttätigen Ehemännern und dem daraus resultierenden kriminellen Lebensstil zu brechen. Vielleicht würden manche Verbrecher auch noch Verbrechen begehen, wenn man ihnen solche Hilfe zur Verfügung gestellt hat. Aber die, die ich kennenlernte, hätten ihr Verhalten garantiert geändert, wenn sie dauerhafte Unterstützung während und im Anschluss an ihren Gefängnisaufenthalt gehabt hätten.

Im Gefängnis arbeiteten noch ein paar sehr nette Leute, die auch gegen dieses System waren. Daneben gab es noch ein paar Ehrenamtliche von kirchlichen Gruppen, denen es gelang, zu der einen oder anderen Frau durchzudringen und ihr zu helfen, das Ruder in ihrem Leben noch einmal herumzureißen. Aber die Wahrheit ist, dass weit mehr Geld für Sicherheit und Bürokratie ausgegeben wurde als für Therapie und Unterstützung. In einem Gefängnis mit ungefähr dreihundert Insassinnen gab es nur zwei Psychologen, und die waren oft nicht zu sprechen, weil sie überlastet waren. Wenn man sich vor dem Gefängnisaufenthalt noch nicht down gefühlt hatte, passierte einem das auf jeden Fall währenddessen und hinterher.

Nachdem ich eine informative Dokumentation über den Erfolg von Meditation in Gefängnissen gesehen hatte, erzählte ich einigen Mitarbeitern davon und meinte, ich könnte sie da mit den richtigen Leuten in Kontakt bringen. In anderen Ländern hatte man Gefangene erfolgreich in der Art von Meditation unterrichtet, die ich praktizierte. Aber hier bekam ich nur ein »Na, dann viel Glück« zu hören. Man lachte mich aus und entmutigte mich. Also arbeitete ich stattdessen mit meinen eigenen Fähigkeiten und half den Frauen in meinem Kurs, an ihre Schönheit und Güte zu glauben. Das tat ich, indem ich ihnen zeigte, wie sie sich durch ihre Songs ausdrücken konnten, durch Songs, die ihnen gehörten und die sie anderen vorspielen und mit anderen teilen konnten. Viele von ihnen hatten in ihrem Leben noch nie ein Kompliment gekriegt und saugten mein ehrlich gemeintes positives Feedback in sich auf wie Schwämme. Wenn ich ihnen Vorschläge machen wollte, wie sie ihre Songs verbessern konnten, verpackte ich sie immer in behutsames Lob.

Als sie Vertrauen zu mir gefasst und mir so einiges über das Leben auf dem Gefängnishof beigebracht hatten, hatten wir auch unsere lustigen Momente. Eines Tages erzählte eine Frau einer anderen ganz laut davon, wie es ihr gelungen war, ein Extrapaar Turnschuhe abzustauben. Als sie merkte, dass ich ihre Ausführungen mit angehört hatte, verstummte sie sofort. Doch als die anderen Teilnehmerinnen und ich sie ermunterten, erklärte sie mir den Trick auch, und auf meine Bemerkung, dass sie sich das wirklich klug ausgedacht hatte, antwortete sie: »Na ja, wir sind immerhin Kriminelle hier. Vergessen Sie nicht, wo Sie sind, Miss.« Ich musste laut loslachen. Zu diesem Zeitpunkt vertraute ich ihnen schon und war überhaupt nicht mehr eingeschüchtert, also fand ich diese Bemerkung umwerfend witzig.

Eine andere Frau kam eines Tages sichtlich aufgekratzt, aber erschöpft in den Kurs. Als ich sie fragte, ob alles okay sei, antwortete sie: »Ja, jetzt geht's mir super, Miss. Ich hatte nur einen ätzenden Morgen. Da ist so 'ne Tusse, die nervt mich schon seit Ewigkeiten, also hab ich ihr heute mal den Kopf ein bisschen in den Wäschetrockner gehalten. Jetzt ist alles in Butter.« Ich nickte überrascht. »Nee, Miss, alles bestens. Jetzt bin ich hier, und jetzt ist Musik angesagt. Der andere Scheiß ist mir egal, wenn ich hier bin. Wenn ich diesen Kurs nicht hätte, dann hätte ich die Tusse vielleicht umgebracht. Aber dann hätten sie mich aus diesem Kurs genommen, und das hätte *mich* umgebracht.« Mit diesen Worten setzte sie sich hin und arbeitete weiter an ihrem Song der letzten Woche. In der Tat war sie eine großartige Songschreiberin, mit einer der schönsten Stimmen, die ich je gehört hatte. Ich wünschte, wir hätten uns unter anderen Umständen kennengelernt, dann hätte ich zu gern am Lagerfeuer Lieder mit ihr gesungen. Aber das würde nie geschehen.

Von Woche zu Woche zeigten sich mehr positive Entwicklungen. Es war großartig, das mitzuverfolgen, und ich fühlte mich für meine Mühen mehr als belohnt. Das Personal der Weiterbildungsabteilung war ebenfalls begeistert von dem Erfolg und den positiven Veränderungen bei so vielen Teilnehmerinnen des Programms. Bald wurde dieser Kurs das Highlight der Woche – für sie genauso wie für mich.

In der Zwischenzeit hatte ich meine Fernbeziehung beendet, obwohl wir jetzt näher beieinander gewohnt hatten. Doch ich merkte, ich hätte nie weiter dem Ruf meines Herzens folgen können, wenn ich mit diesem Mann zusammengeblieben wäre. Unsere Wertvorstellungen waren einfach zu unterschiedlich. Selbstverständlich flossen ein paar Tränen, und ich musste wieder einmal am traurigen Prozess des Loslassens wachsen, aber mittlerweile war ich in meiner persönlichen Entwicklung viel zu weit vorangeschritten, als dass ich mich zu einer Lebensweise hätte zwingen können, die meinen eigenen Werten nicht gerecht wurde.

Mein häusliches Leben war trotzdem wunderschön, und ich genoss es, die Gastgeberin für Freunde zu spielen, die mich ab und zu besuchten – statt selbst ständig zu Besuch zu sein, wie in den letzten ein, zwei Jahrzehnten. Nach so viel Nomadenleben war es nicht allzu überraschend, dass ich plötzlich sehr häusliche Züge entwickelte. Ich hatte nur selten Lust, irgendwohin zu gehen, und ich wollte langfristig ganz bestimmt mehr von zu Hause aus arbeiten.

In meiner Freizeit entwickelte ich also einen Onlinekursus für Songwriting, der auf meinem Unterricht im Gefängnis aufbaute. Mein eigenes Schreiben bekam auch neuen Schwung, in diversen Zeitschriften erschienen Artikel von mir, und ich schrieb einen Blog. Der Blog gewann jede Menge Follower, was mir wieder einmal sehr deutlich machte, wie gut es mir gefiel, durch meine Arbeit mit Gleichgesinnten in Kontakt zu kommen. Außerdem fragte ich mich mal wieder, ob ich weiter an dem anstrengenden Leben eines live auftretenden Songwriters festhalten wollte. Während ich im Gefängnis unterrichtet hatte, war meine eigene Musik etwas in den Hintergrund getreten, obwohl ich immer noch ab und zu ein paar anspruchsvolle Gigs spielte. Wenn ich eine Verbindung zum Publikum fand und mich total in meiner Musik verlor, war das natürlich großartig, aber mittlerweile fand ich es befriedigender, zu Hause zu schreiben und zu arbeiten.

Obwohl das Cottage und der Job im Gefängnis toll waren, gab es ansonsten nicht allzu viel, was mich in dieser Gegend gehalten hätte. Meine Freunde von damals führten jetzt ein anderes Leben, und überhaupt hatte sich viel verändert, seitdem ich vor Jahren hier in der Nähe von Sydney gewohnt hatte. In mir wuchs die Ahnung, dass ich irgendwann dauerhaft auf dem Land leben würde. Nach über zwei Jahrzehnten Nomadenleben hatte ich nie die Sehnsucht nach der Weitläufigkeit verloren, die man nur auf einem Bauernhof hat. Ich schloss nicht viele Freundschaften an meinem neuen Wohnort, denn ich zog mich immer mehr zurück und war nach den ganzen Wanderjahren lieber in meinem eigenen Heim als anderswo.

Ohne es mir bewusst zu machen, waren meine Kursteilnehmerinnen meine besten Freunde vor Ort geworden. Im Laufe der Zeit waren die Mauern zwischen Lehrerin und Schülern oder Angestellter und Gefangenen eingestürzt. Der Kurs war einfach ein Ort, an dem eine Gruppe von Frauen

Musik machte. Ich spürte, dass die Gefängnisinsassinnen und mich gar nicht so viel trennte, und manchmal hätte ich ohne Weiteres eine von ihnen sein können. So fühlte es sich manchmal jedenfalls an. Natürlich gab es Momente, in denen ich das nicht unbedingt so empfand. Ich hatte kein Verbrechen begangen, das mich hierhergebracht hatte, aber zwischen uns bestand immer eine gewisse Nähe. Wir waren Frauen, die durch gemeinsam erlebte Aufrichtigkeit eine Verbindung entwickelt hatten. Außerdem beeinflussten mich meine eigene Zerbrechlichkeit und meine schmerzhafte Vergangenheit in gewisser Hinsicht immer noch, wenn auch bei Weitem nicht mehr so stark wie früher. Das verstärkte die Verbindung zu meinen Schülerinnen vielleicht noch mehr, denn ihre Vergangenheit war auch voller Schmerz, verschiedenster Arten von Misshandlungen und einem daraus resultierenden geringen Selbstwertgefühl.

Als ich zum ersten Mal das Gefängnis betrat, erklärte man mir, wie ich Fragen zu meinem persönlichen Leben ausweichen sollte. Ich erzählte den Frauen zwar nie, wo ich wohnte, aber statt in irgendeine vage Richtung zu deuten oder zu lügen, hatte ich offen erwidert, dass ich das nicht sagen konnte. Die Frauen respektierten das, weil wir bereits ein Vertrauensverhältnis hatten, und wenn möglich beantwortete ich ihre Fragen. Nach all den grundehrlichen Gesprächen mit meinen sterbenden Patienten genoss ich es jetzt viel mehr, offen zu sein. Die emotionalen Mauern der Privatsphäre blockieren die Güte zu sehr. Wahrheit bringt die Menschen einander näher. Wenn die Frauen mir Fragen zu meiner Vergangenheit stellten, antwortete ich aufrichtig und erklärte ihnen, was ich mir dummerweise alles hatte gefallen lassen und was ich zu lange geglaubt hatte.

Die Freundlichkeit dieser Frauen – die Einzelpersonen ebenso wie die Gruppe insgesamt – weckte etwas in mir, was sehr lange geschlafen hatte. Ich wusste nicht, wie ich mit

Freundlichkeit umgehen sollte. Ich wusste, wie man zu anderen nett ist, aber nicht, was ich tun sollte, wenn andere es zu mir waren. Entsprechend war ich überwältigt, als ich ihre Liebe und ihr ehrliches Verständnis für meinen Schmerz spürte. Diese Frauen waren wirklich unglaublich nett und wunderbar. Sie alle hatten gelitten, und viele von ihnen vermissten ihre Kinder und Familien ganz schrecklich. Trotzdem waren ihre Herzen so freundlich. Sie mochten Fehler gemacht haben und dafür im Gefängnis gelandet sein, aber nur wenige unter ihnen bereuten ihre Taten gar nicht, und ich habe keine gesehen, die nicht ein gutes, liebevolles Herz gehabt hätte.

Die Fördergelder waren langsam aufgebraucht, und nach fast einem Jahr im Gefängnis wurde mir klar, dass mich nicht die Pflege sterbender Menschen nahe an den Burnout gebracht hatte, sondern das Leben selbst. Um mich herum herrschte einfach zu viel Traurigkeit. Als ein paar meiner engeren Freunde von Tragödien heimgesucht wurden und ich für sie da zu sein versuchte, wurde das Leben noch schwerer. Nachdem ich in der ersten Runde gesehen hatte, wie mühsam es ist, Fördergelder zu bekommen, war ich nicht sicher, ob ich die Energie aufbringen konnte, das Ganze ein zweites Mal durchzuziehen. Als ich in der Nacht einschlief und zuhörte, wie meine Nachbarn sich ein Schreiduell lieferten, war meine Entscheidung gefallen. Es wurde Zeit, aufs Land zurückzukehren. Im Moment hatte ich alles getan, was ich tun konnte.

Die meisten meiner Schülerinnen waren inzwischen wieder auf freiem Fuß oder standen kurz vor der Entlassung, und dadurch fühlte ich mich auch ein bisschen freier. Ich hätte einfach weder die Klarheit noch die Energie aufbringen können, eine neue Gruppe zu unterrichten. Es wurde Zeit, dass ich lernte, mich um mich selbst zu kümmern. Also reichte ich bei der Gefängnisleitung und bei meinem Vermieter die Kündigung ein und begann neue Pläne zu schmieden.

Meine Eltern wurden langsam alt. Mama und ich hatten immer noch eine wundervoll enge Freundschaft, und ich freute mich auch über das gute Verhältnis zu meinem Vater. Deshalb wollte ich näher bei ihnen sein, damit ich nicht mehr als ein paar Stunden Fahrzeit hatte, wenn sie mich brauchten (für einen Australier ist so etwas keine nennenswerte Entfernung). Außerdem wollte ich irgendwo leben, wo ich näher an der Küste war.

Nachdem ich mir eine entsprechende Gegend ausgesucht hatte, begann ich im Internet nach Mietangeboten zu suchen. Ich legte fest, zwischen welchen zwei Städten ich wohnen wollte und wie viel Miete ich maximal zahlen wollte. Als ich nach ein paar Wochen nichts Passendes gefunden hatte, setzte ich eine Anzeige in die Lokalzeitung, in der ich klar formulierte, was ich suchte. Ich bekam mehrere Angebote, allerdings fühlte sich keines davon richtig an. Aber immerhin knüpfte ich neue Kontakte, und wenig später kam mir zu Ohren, dass da ein tolles, kleines Cottage frei war. Es lag genau dort, wo ich es gewollt hatte, kostete genau so viel Miete, wie ich mir leisten konnte, und bevor ich mich's versah, wohnte ich auf einem Bauernhof mit 800 Hektar Land.

Durch die Finsternis zum Licht

Ein kleiner Bach floss vor dem Cottage vorbei, was mir eine ständig wechselnde, herrliche Naturkulisse bescherte. Wundervolle, mächtige Bäume prägten die Landschaft. Den ganzen Tag über sangen die Vögel für mich, in der Nacht die Frösche. Abends leuchteten über meinem Kopf Millionen von Sternen – keine Straßenlaternen. Es war die reinste Wonne, vor allem, wenn ich auf meiner perfekten Veranda saß, Gitarre spielte und den Sonnenuntergang beobachtete oder zuhörte, wie der Regen auf das Blechdach prasselte. Ich war im Himmel und sprach unzählige Dankgebete.

Das Landleben bedeutet natürlich eine Menge Opfer – an Live-Musik und Kunst ist nicht mehr so leicht ranzukommen –, aber was ich hatte, reichte mir. Meine Lebensweise würde mich sowieso immer wieder auf Reisen in andere Länder führen. Es spielte also keine Rolle. Ich bewegte mich wieder im Rhythmus der Natur und lebte endlich das Leben, das ich am vernünftigsten fand. Fünf Häuser lagen über diese 800 Hektar Hügel und Täler verteilt. Ich als Mieterin durfte einfach die Weite genießen.

Alles fühlte sich sofort einfacher und leichter an. Als wäre ich nach Hause gekommen. Meine Energie war nach der Pflege so vieler sterbender Menschen und der Arbeit im Gefängnis erschöpft, deswegen war ich glücklich, einmal eine Pause einlegen und eine Weile von meinen Ersparnissen leben zu können. In der Zwischenzeit wollte ich ein wenig nach einem neuen Beschäftigungsfeld recherchieren und überlegen, welche Richtung ich einschlagen wollte, sobald ich bereit war. Ein Schritt nach dem anderen, wie es sich eben so entwickelte. Mit jedem Tag fühlte ich mich besser, als würde ich mich langsam wieder verjüngen. Positive Energien und Gedanken begannen wieder zu fließen. Ich wanderte über die Hügel und Weiden, genoss die Schlichtheit und Komplexität der Natur und brachte meine Genesung auf den Weg.

Die zurückliegenden Jahre des Wachstums, in denen ich am Bett so vieler wunderbarer, weiser Menschen gesessen hatte, hatten definitiv jede Menge positive Veränderungen in mir bewirkt. Ich lächelte, wenn ich mich an sie erinnerte, und oft rief ich mir besonders zärtliche Momente und schöne Gespräche ins Gedächtnis. Obwohl dieses Leben weit hinter mir zu liegen schien, vor allem jetzt, wo ich über die Hügel und Täler wanderte, hatte es mich enorm beeinflusst, und dafür war ich nach wie vor mehr als dankbar.

Ich musste nicht nur ein wenig Zeit zu Hause verbringen und meinen kreativen Weg fortsetzen, ich war auch mal wieder kurz davor, ins kalte Wasser zu springen, im Vertrauen darauf, dass die nächsten Schritte sich schon rechtzeitig offenbaren würden, wenn es so weit war. So war es früher ja auch immer gegangen. Nun, da ich von so viel natürlicher Schönheit umgeben war, flossen die Texte und die Musik nur so aus mir heraus. Die reiche Flora und Fauna rund um mein Cottage und der Bach halfen mir, mich in kürzester Zeit an einen sehr schlichten Lebensstil zu gewöhnen.

Doch unterbewusst lauerten immer noch die zerstörerischen Muster meines geringen Selbstwertgefühls. Auf der bewussten Ebene hatte ich im Laufe der letzten zehn Jahre eine Menge geändert, und das Leben fühlte sich leichter an denn je. In dieser Hinsicht war ich ganz friedlich und dankbar und erholte mich mit jedem neuen Tag mehr. Emotional war alles wunderbar im Fluss. Dachte ich jedenfalls.

Dann nahmen die Dinge aus heiterem Himmel eine ganz

andere Wendung. Ich lebte gerade so schön vor mich hin, dass es mich völlig aus der Bahn warf, als der Heilungsprozess mich in die dunkelsten Tiefen meiner selbst stürzte. Es stieg aus tieferen Schichten herauf denn je zuvor. Meine verbliebene Energie (ich hatte die ganze Zeit irrtümlich geglaubt, ich hätte schon neue getankt) verschwand quasi über Nacht *komplett*, als hätte jemand den Stecker gezogen und ich leblos in mich zusammensacken würde. Einfach so, aus dem Nichts heraus. Jedes Fünkchen Energie war *restlos verschwunden*.

Meine Idee, irgendeinen Gelegenheitsjob anzunehmen, um in der Gegend ein paar Kontakte knüpfen zu können, war auf einmal dahin. Der bloße Gedanke, jemandem gegenüberzutreten, schien mir völlig absurd. Es war mir unmöglich, selbst für noch so kurze Zeit überhaupt einen Job anzunehmen. Ich konnte einfach nicht. Ich musste in den innersten Kern meines Wesens hinabsteigen, um mich diesen Veränderungen zu stellen, und das war eine ganz schön heftige Tour. Doch ich hatte keine andere Wahl. Es kam hoch, ob es mir nun gefiel oder nicht, und als die Tränen kamen, waren sie nicht mehr aufzuhalten. Ich musste wieder gesund werden und mich völlig von meiner Vergangenheit freimachen, damit ich der Mensch werden konnte, der zu sein mir von Geburt an bestimmt war. Diese Monate wurden die schwersten meines Lebens, denn ich landete ganz unerwartet kopfüber im tiefsten Abgrund einer Depression mit Selbstmordgedanken.

Nicht einmal meine engsten Freunde konnten glauben, dass ich das war. Wäre ich nicht dabei gewesen, ich hätte es selbst bezweifelt. Ich hatte Depressionen bei anderen aus nächster Nähe miterlebt, hätte mir aber nie vorstellen können, je selbst in diese Lage zu geraten. Aber das ist gerade der Haken an einer Depression, und das macht es auch so schwierig für viele Erkrankte: der Schock, dass es ihnen passiert.

Manche Freunde weigerten sich einfach, es zu glauben. Das konnte doch nicht Bronnie sein, die immer alle anderen aufbaute, ausgerechnet sie sollte jetzt plötzlich selbst so völlig ins Bodenlose stürzen? Manche wussten nicht, wie sie damit umgehen sollten, mich so verletzlich zu sehen. Die Vorschläge anderer Freunde, die mich anriefen – Leute, von denen ich dachte, dass sie mich gut kannten –, waren so weit entfernt von dem, wozu ich überhaupt noch fähig war, dass ich mich hinterher nur noch missverstandener fühlte. Es hätte mich noch trauriger gemacht, wenn das gegangen wäre. Aber das war ohnehin nicht möglich. Andere Menschen waren meine kleinste Sorge. Ich konnte mich mit Mühe und Not um mich selbst kümmern, und manchmal nicht einmal das.

Ich bekam weiterhin Vorschläge von allen Seiten, wie ich meine Situation ändern könnte. Aber was Depressive am meisten brauchen, ist das Gefühl, akzeptiert zu werden. Depression ist eine Krankheit, die jedoch ein machtvoller Katalysator für positive Veränderungen sein kann, wenn man es schafft, sie im eigenen Tempo zu durchlaufen. Die moderne Gesellschaft hat diesem Phänomen den Namen Depression gegeben, aber in Wirklichkeit ist es eine Chance für eine spirituelle Wandlung und Erweckung. Es kann ein Zusammenbruch sein. Aber es kann auch ein Durchbruch werden, wenn man die Dinge mit Entschlossenheit angeht, mit Zuversicht und der Bereitschaft loszulassen. Natürlich ist das Ganze alles andere als spaßig.

Morgens wachte ich schluchzend auf, bevor ich überhaupt meinen ersten Gedanken gefasst hatte. Die Tränen begannen einfach zu fließen, noch ehe ich ganz wach war. Ich brauchte Mitgefühl und Geduld von guten Freunden. Manchmal drangen die Gedanken beim Aufwachen gar nicht ins Bewusstsein, die Tränen jedoch brachen hervor, sobald ich langsam wach wurde. In anderen Momenten überkam mich Traurigkeit über mich und meine Situation – das Leben kam mir damals so unfassbar schwer vor, im Grunde ja seit Jahren. Ich musste mir eingestehen, dass ich diesmal nicht die Energie besaß, um mal wieder ganz von vorn zu beginnen, aber gleichzeitig wusste ich, dass ich musste, und das walzte mich gänzlich nieder. Ich konnte mir nicht *vorstellen*, wie ich die Energie aufbringen sollte, geschweige denn sie tatsächlich in mir *finden*. Aber niemand würde an meine Haustür klopfen und mir den perfekten Job anbieten, vor allem weil ich kaum einen Menschen in dieser Gegend kannte.

In meinem engsten Freundeskreis wusste keiner so recht, wie er mit einer so tiefen Trauer und der völligen Kraftlosigkeit umgehen sollte, also riefen sie mich alle an und machten mir Vorschläge, wie ich wieder auf die Beine kommen könnte und wieder funktionierte. Das erhöhte den Druck aber nur noch, denn für so etwas war ich definitiv noch nicht bereit. Wenn es mir gelang, im Haus zu saugen, was mich *schrecklich* viel Energie kostete, dann war das schon eine echte Leistung, für die ich mich selbst lobte: »Gut gemacht, Bronnie, heute hast du schon etwas zustande gebracht.« Früher hätte ich fünf Häuser gestaubsaugt, wäre Mittag essen gegangen, ein paar Kilometer gewandert und dann noch eine Stunde geschwommen. Aber so ist das eben, wenn eine Depression zuschlägt – sie bestimmt, wo es langgeht.

Das Beste, was Freunde und liebe Verwandte tun können, besteht darin, den Zustand des Kranken zu akzeptieren. Vielleicht kommt er da raus, vielleicht auch nicht. Die Chancen stehen nicht schlecht, dass er es übersteht, vor allem, wenn er es selbst will. Die akzeptierende Haltung von Menschen, die ihn lieben, verstärkt dieses Potenzial. Doch durch Druck wird es verringert. Der Leidende muss ebenfalls akzeptieren, dass sein Leben gerade an diesem Punkt ist, denn sonst würde er sich selbst unter Druck setzen, was wiederum die Symptome nur verstärken würde. Es dauerte eine Weile, bis ich diesen Zustand erreichte, während ich mit meiner Unfähigkeit rang, ein normales Leben zu führen.

Meine Rückkehr zum Landleben hatte etwas in meinem tiefsten Inneren angezapft und holte den Schmerz herauf, der seit meiner Jugend und meiner Zeit als junge Erwachsene in mir geschlummert hatte, denn damals hatte ich in einer ganz ähnlichen Umgebung gelebt. Als ich mein Tempo verlangsamte, zu meinen Wurzeln zurückkehrte und gleichzeitig aufhörte, meine ganze Energie in die Pflege anderer Menschen zu stecken, war der Deckel dieses Fasses voller Schmerzen aufgegangen, das vor Jahrzehnten so sicher und gewaltsam verschlossen worden war. In den letzten zehn Jahren, als ich anfing, die Dinge herauszulassen, derer ich mir bewusst war, war immer mal ein bisschen durchgesickert. Doch jetzt stieg die äußerste Traurigkeit an die Oberfläche, grausam und schmerzhaft, und sie kam nicht nur aus bewussten, sondern auch aus unbewussten Ebenen. Der Schmerz über die jahrelange Kritik in meiner Jugend, darüber, nicht akzeptiert worden zu sein, wie ich war, über die Beschimpfungen und das Lächerlichmachen, dem ich ausgesetzt gewesen war – dieser ganze angestaute Schmerz stieg nun hoch, ohne dass ich es zunächst merkte. Ich weinte und weinte.

Wenn man wirklich gesund werden will, hat man keine andere Möglichkeit als die, sich den Dingen zu stellen – dem Schmerz, der Würdigung des eigenen Leidens, den Möglichkeiten des Wachstums, der Notwendigkeit der Genesung und der Notwendigkeit, Kraft in sich zu finden, indem man irgendwann stärker wird als der Schmerz. Doch diesen Lernprozess kann einem niemand abnehmen. Die Liebe von anderen hilft natürlich, und meine liebe Mutter und ein paar alte Freunde unterstützten mich sehr. Doch heilen musste ich mich letztlich selbst, da gab es kein Entkommen. Es wurde Zeit, dass ich mich mir selbst stellte. Und es wurde auch Zeit, diese Dinge aus meinem allertiefsten Inneren herauszulassen.

Die Erleichterung kam über verschiedene Wege. Durch Weinen natürlich. Oder indem ich mir alles von der Seele schrieb. Und zum ersten Mal in meinem Leben schrie ich auch alles aus mir heraus, ein richtig lautes Schreien. (Zuvor hatte ich ein einziges Mal wirklich geschrien, wenn auch unwillkürlich, als ich einmal aus einem Flugzeug gesprungen war.) Aber jetzt schrie ich auf eine andere, ganz ursprüngliche Art. Ich war dankbar, so weit von den anderen Häusern entfernt zu wohnen, so dass ich genug Privatsphäre hatte, um dieses Chaos so zu überstehen, wie es mir mein Zustand an dem jeweiligen Tag diktierte. Ich schrie die Dinge heraus, die ich als junges Mädchen so gern zu den Leuten gesagt hätte, die mich verletzt hatten. Ich brüllte auch einfach Schmerzlaute, keine Worte. Ich schrie den tiefen Frust hinaus, in dieser Situation zu stecken, und den schrecklichen Schmerz, den ich durchmachte. Ich schluchzte unkontrolliert, blieb erschöpft liegen, und irgendwann begann ganz allmählich meine Heilung.

In sentimentaleren Zeiten hatte ich Lernprozesse gern mit einer Rose verglichen. Wir legen eine Schicht nach der anderen von unserem kostbaren, verletzlichen Selbst frei, und irgendwann gelangen wir zur Mitte, zum Kern. Doch in meinem Zustand bodenloser Traurigkeit und Hoffnungslosigkeit verwarf ich diese Theorie zur Gänze und beschloss, dass Wachstum sich eher anfühlt, als würde man eine riesige Zwiebel pellen. Mit jeder neuen Schicht, die wir entfernen, wird es schmerzhafter, und bei jeder weiteren Schicht müssen wir noch mehr weinen. So ging es mir. Ich schälte eine gewaltige, riesengroße Zwiebel.

Mein tägliches Ziel hieß nicht, glücklich zu sein, sondern den Zustand, in dem ich war, überhaupt zu akzeptieren. Zu Anfang reichte meine Energie gerade mal, um weinend auf der Veranda zu stehen und in die Natur zu schauen. Ich lebte nur noch in der Gegenwart, denn ich war viel zu erschöpft von den täglichen Gefühlsausbrüchen. Manchmal war es schlicht zu schwer, auch nur über den Moment hinauszudenken, in dem ich mich gerade befand. Einen Tag nach dem anderen die Intensität meiner Gefühle zu überleben genügte mir. Ich war wie benommen, emotional völlig ausgelaugt, und des Lebens unendlich müde.

Mir wurde vor Augen geführt, dass Glück eine Entscheidung ist, also versuchte ich ganz bewusst entsprechend zu handeln, indem ich mich aufraffte aufzustehen oder in den Momenten zwischen zwei Heulanfällen irgendetwas Schönes zu entdecken. Entscheidungen und Erfolge, die anderen kaum erwähnenswert erschienen wären, waren für mich große Errungenschaften. Dinge, die einmal ganz simpel gewesen waren, wie aufstehen, Leute zurückrufen, die Kletten aus meinem Haar kämmen, mich hübsch anziehen und gesundes Essen kochen, wo ich doch am liebsten bloß Baked Beans aus der Dose gelöffelt hätte, das alles waren jetzt massive Leistungen.

Ich war nicht mehr die, die ich einmal gewesen war, und wenn ich die werden sollte, die zu sein mir auf Erden bestimmt war, dann musste ich meine Gefühle akzeptieren, sie nicht abblocken, ihnen gestatten, an die Oberfläche zu kommen, damit ich sie für immer loslassen konnte. Wir alle müssen auf unsere ganz eigene Art gesund werden. Da Antidepressiva nicht der richtige Weg für mich waren (auch wenn ich niemand dafür verurteile, wenn er sich für diese Möglichkeit entscheidet), musste ich diese Krankheit auf meine eigene Art bewältigen. Jeder Tag war anders. Manche waren voller Dunkelheit, Tränen und herzzerreißendem Kummer. Manchmal funktionierte ich einigermaßen, in einem seltsam benommenen Erschöpfungszustand, aber mit der Entschlossenheit, mir ein gesundes Essen zu kochen und die eine oder andere Portion davon einzufrieren, damit ich auch an dunkleren Tagen etwas Gutes zu essen hatte. An anderen Tagen wanderte ich über die Hügel und Weiden, wenn ich genug Energie dafür aufbrachte, weitab von anderen Menschen, und ließ die Klänge und Bilder dieser naturbelassenen Umgebung in mich eindringen.

Meditation blieb ein Teil meines Alltags. Ich mag mir gar nicht ausmalen, was ich ohne diese Fähigkeit getan hätte. Sie hatte mich früher schon gelehrt, dass Leiden unserem Geist entspringt. Die jahrelange Praxis hatte mir bereits geholfen, ungeheuer viele negative Denkmuster abzulegen. So musste die Meditation auch jetzt ein wichtiger Bestandteil meines Genesungsprozesses bleiben. Ich fragte mich, wie man ohne Meditation überhaupt mit dieser Krankheit umgehen kann. Sie lehrt einen, die eigenen Gedanken zu beobachten und sich klarzumachen, dass sie nicht mit dem Selbst identisch sind. Sie machen lediglich unseren Geist aus, und dieser ist nur ein Teil von uns und nicht das Ganze. Außerdem sind nicht alle Gedanken unsere eigenen – viele rühren von Gedanken her, die andere auf uns projiziert haben.

Dass ich mir dieser Dinge bewusst war, half mir enorm, wenn ich mich mindestens zweimal am Tag zum Meditieren hinsetzte mit dem Ziel, die tatsächliche Herrschaft über mein eigenes Denken und meinen Geist zu erlangen. Während dieser Meditationsstunden aber war ich fast immer ganz ich selbst. Es kostete mich alle Entschlossenheit, mich auf meine Sitzungen zu konzentrieren, wo doch so viel Schmerz an die Oberfläche kam und mich abzulenken versuchte. Aber indem ich bei der Meditation meine Gedanken als solche beobachtete, mich aber nicht weiter mit ihnen aufhielt, konnte ich wieder zur Ruhe gelangen, zu Liebe und Sicherheit, und ich wusste, dass dieses Chaos eines Tages vorbeigehen würde. Außerdem merkte ich dabei, dass dieser friedliche Teil meiner selbst immer noch in mir lebte. Ich musste nur viel, viel härter arbeiten, um Zugang dazu zu gewinnen. Mir tat auch die Disziplin sehr gut, die die Meditation erforderte, denn so hatte ich trotz meiner Stimmungsschwankungen jeden Tag einer Verpflichtung nachzukommen. Ich musste mich zwingen, mich hinzusetzen und zu meditieren, egal wie grässlich ich mich fühlte. Für manche Leute mögen es vielleicht die Herausforderungen ihres Jobs sein, die sie durch solche Zeiten hindurchbringen, oder irgendeine andere Routinetätigkeit. Für mich war es die Meditation.

Natürlich weinte ich auch aus den tiefsten Tiefen meiner Seele. Ich versuchte aber, das potenziell schöne Leben nicht aus den Augen zu verlieren, das auf mich wartete, wenn ich diesen Schmerz und diesen Heilungsprozess durchstand, und bemühte mich, die Hoffnung nicht zu verlieren. Wenn die Gegenwart völlig verstellt ist von Schmerzen aus der Vergangenheit, kann einem nur die Hoffnung auf eine andere Zukunft Freude bringen. Daher spielte sie eine große Rolle bei meiner Genesung. In einigermaßen ruhigen Momenten träumte ich davon, wieder normal zu funktionieren, die Talente zu nutzen, mit denen ich gesegnet war (wir alle haben sie), mit einer Arbeit, die ich liebte, gutes Geld zu verdienen, mit Freunden zu lachen, ein eigenes Grundstück an einem Fluss zu besitzen, eine neue Liebe zu wagen und ein Kind zu bekommen. Aber meistens träumte ich einfach davon, wieder Glück und Fröhlichkeit erfahren zu dürfen, morgens mit Freude im Herzen aufzuwachen aus Dankbarkeit für das Geschenk, am Leben zu sein. Ich träumte davon, glücklich zu sein, und sehnte mich danach, mich daran zu erinnern, wie sich das anfühlte. Ja, ich hoffte auf Glück.

Das Einzige, was ich tun konnte, war, so gut wie möglich im Hier und Jetzt zu leben und mich mit der Gegenwart auseinanderzusetzen. Dabei war es mir eine große Hilfe, in so einer herrlichen Umgebung zu wohnen, denn in der Natur rundherum spielten sich so viele ausgeklügelte Dinge ab, und in solchen Momenten war ich einfach nur fasziniert. Ich beobachtete die Insekten und Vögel, lauschte dem Wind in den Bäumen, betrachtete den Himmel und seine konstanten Veränderungen.

Die wunderbare Sozialarbeiterin, die ich um Hilfe bat, war ein Segen für mich. Sie praktizierte nicht nur dieselbe Meditationstechnik wie ich, sie hielt mir in gewisser Hinsicht auch einen Spiegel vor. Mit ihrer Unterstützung konnte ich mich aus verschiedenen Blickwinkeln sehen, auf eine wohlwollendere Art, und meine eigene schöne Seele würdigen. Ich erkannte auch, wie viel Energie ich investiert hatte, mich um andere zu kümmern statt um mich selbst, weil ich in meinem tiefsten Inneren nicht glaubte, dass ich es verdient hatte. Vieles davon war auf die Meinungen anderer zurückzuführen, die mich unbewusst noch immer beeinflussten, Leute, die mich nicht kannten, obwohl sie sich das einbildeten. Es gehörte zum Wandlungsprozess, dass ich entschlossen war, mich *restlos* von diesen Fesseln zu befreien. Außerdem hatte ich viel zu viele Schmerzen einer Freundin auf mich genommen, die selbst gerade schlimme Zeiten durchmachte, weil ich einfach nur eine gute Freundin sein wollte. Aber als ich hinausschwamm, um ihr zu helfen, ertrank ich selbst mit. Ich musste mein Mitgefühl und meine Anteilnahme für andere Menschen ein wenig einschränken und mir eine etwas weniger involvierte Art von Mitgefühl angewöhnen.

Es war wichtig und befreiend, an die Notwendigkeit erinnert zu werden, auch mir selbst Mitgefühl entgegenzubringen. Diese fantastische Sozialhelferin half mir auch die schlechten Gewohnheiten zu erkennen, die ich entwickelt hatte, nämlich das schlechte Benehmen anderer Leute zu entschuldigen – früher, weil ich immer schön den oberflächlichen Frieden wahren wollte, in letzter Zeit eher, weil sie mir leidtaten. Der wundervoll direkte Beratungsstil dieser Frau war Gold wert, und ihre Aufrichtigkeit wirkte, vor allem, als sie mich fragte, ob ich mir die Goldmedaille bei der Krankenpfleger-Olympiade zum Ziel gesetzt hätte.

Ich hatte zu oft vergessen, mir selbst auch ein bisschen von meinem Mitgefühl zuzugestehen, in Gedanken wie in Taten. Doch die ganzen Jahre des Wachsens und des Loslassens waren nicht umsonst gewesen, auch wenn es sich manchmal so anfühlte. Stattdessen hatte ich den innersten Kern meiner Verletzungen erreicht, ihren eigentlichen Ursprung, und jetzt konnte ich sie langsam für immer gehen lassen.

Es kostete mich Mut und Bereitschaft, mir überhaupt zu erlauben, mich von solchen schädlichen Mustern für immer loszumachen. Ich musste meinen Schmerz zur Kenntnis nehmen, die Auswirkungen jahrelanger Kritik durch die Menschen, deren Liebe ich am meisten gebraucht hätte, und endlich aufhören, Entschuldigungen für das unfreundliche Benehmen anderer zu finden. Das schaffte ich, indem ich lernte, zu mir selbst freundlich zu sein, und die Freundlichkeit anderer *anzunehmen*. Ich hatte Güte und Glück verdient. Auch wenn andere das nicht glaubten – sie hatten nicht erlebt, was ich erlebt hatte, und es war auch nicht mehr wichtig. Ich *wusste* jetzt, dass ich überwältigende Güte verdiente. Erst als ich zu dieser wichtigen Einsicht kam, dass ich es *wirklich verdient hatte*, konnte ich anfangen, zu mir freundlich zu sein und diese Freundlichkeit anzunehmen. Das hatte ich zwar schon auf anderen Ebenen geglaubt, aber nicht in diesen Tiefen, in denen ich jetzt laborierte. Und genau hierauf musste ich mich jetzt konzentrieren, auf die Ebenen, die mein Denken und Handeln wahrhaftig beeinflussten. Es wurde Zeit, meine Freundlichkeit an mich heranzulassen. Ich hatte sie ja schließlich verdient.

Doch meine alten Denkmuster und mein niedriges Selbstwertgefühl erwiesen sich als hartnäckig, und an manchen Tagen brauchte ich tatsächlich meine ganze Kraft, um dem emotionalen und geistigen Schmerz Widerstand leisten zu können. Während ich mir Schicht um Schicht zurückeroberte, schlichen sich plötzlich erste kurze Ausblicke auf Schönheit und Euphorie ein, was ebenso erfrischend wie inspirierend war. Eine so schlichte Sache wie die Sonne, die durch die Blätter der Bäume schien, wurde auf einmal so unglaublich schön, dass ich Momente unerwarteten Glücks erlebte. Neue Seiten an mir, die sich jahrelang vorbereitet hatten, wurden jetzt ein natürlicher Teil meiner selbst. Ein paar Dinge hatten sich dauerhaft verändert, und ein paar von meinen alten Denkmustern hatte ich tatsächlich hinter mir gelassen.

Ich begriff, dass ich es mit bestimmten Aspekten meiner alten geistigen Prägung zu tun gehabt hatte, aber ich hatte sie wirklich losgelassen, daher nahm ich all das mit Dankbarkeit zur Kenntnis. Die Schönheit meines Wohnortes half mir weiterhin, ganz stark im Hier und Jetzt zu leben. Natürlich tat auch der verbliebene Schmerz sein Teil dazu. Aber es war jeden Tag wieder erhebend für mich zu sehen, wie sich die Natur rund um mein Cottage entfaltete. Und während der Schmerz Schicht um Schicht von mir abfiel, wurden meine Sinne immer weiter geschärft und schwangen noch viel stärker im Gleichklang mit der Natur. Das gab mir unglaublich viel Mut, obwohl mich immer noch schlimme Momente anfallen konnten.

Manchmal wurde ich wütend auf mich selbst, weil ich meine Depression nicht so schnell überwand, wie ich wollte. Doch Verärgerung ist nichts anderes als enttäuschte Erwartungen. Also ließ ich meine Erwartungen fahren und holte mich zurück in die Gegenwart, indem ich irgendetwas Schönes vor meinem Fenster ansah, Musik auflegte und mitsang oder mein Bewusstsein einfach auf meinen Atem oder die Geräusche um mich herum lenkte. Dann konnte ich meine Situation wieder akzeptieren und wusste, dass ich mich mit dem Tempo durch diese Krankheit arbeitete, das für meine Entwicklung gut war.

Ein paar von meinen alten Freunden schickten mir regelmäßig göttliche Naturkosmetikprodukte. Also nahm ich mir die Zeit, mich sorgfältig einzucremen, mich zu pflegen und aufzupäppeln, geistig *und* körperlich, um meine alte Unfreundlichkeit mir selbst gegenüber auszugleichen. Hinterher fühlte ich mich immer viel besser, ganz zu schweigen von meinem herrlichen Duft. Wenn ich meinen Körper so verwöhnte, erinnerte ich mich daran, wie ich meine sterbenden Patienten verwöhnt hatte. Jetzt begann ich mir dieselbe Liebe zu schenken wie damals ihnen.

Aber es blieb eine Herausforderung, stärker als der Schmerz zu sein, und obwohl nach ein paar Monaten definitiv wieder gute Tage kamen, schien die Depression mit ihren negativen Gedanken umso energischer zurückzuschlagen. Sie war offenbar nicht bereit, mich einfach so aus ihren Krallen zu lassen. Immerhin wurde sie ja auch von den negativen Mustern meiner Selbstverdammung gefüttert, die inzwischen seit über vierzig Jahren über mich geherrscht hatten. Ich hatte zu viele fremde Meinungen in mein Glaubenssystem eindringen lassen. Mein Geist schien mich zu beherrschen, und dieser Herrscher wollte das Zepter nicht abgeben.

Ich begann mir diese Herrschaft jetzt jedoch zurückzuerobern, indem ich mir endlich meinen Wert und meine Schönheit klarmachte. Statt mich auf alte Muster zu konzentrieren, behandelte ich mich mit Respekt und Liebe. Während ich im Haus herumwirtschaftete, trällerte ich fröhliche Liedchen über meine eigene Güte vor mich hin. Außerdem legte ich mir die amüsante Gewohnheit zu, jedes Mal Hallo zu meinem schönen Selbst zu sagen, wenn ich an einem Spiegel vorbeikam. Nicht zuletzt bescherte mir auch die Pflege meines Körpers, durch Bäder und gutes Essen, immer wieder kleine Glücksmomente. Schritt für Schritt kehrte meine Fröhlichkeit zurück. Meinem alten Geist gefiel das jedoch gar nicht, und die Depression schlug noch einmal ihre hässlichen Klauen tief in mich hinein. Der Umbau meines Denkens hatte sich schon über Jahre hingezogen. Aber jetzt war ein finales Duell angesagt, bei dem nur eine Seite gewinnen konnte.

Während dieser allerletzten Zuspitzung, diesem Ringkampf, in dem ich mich für immer von meinem alten Ich verabschieden wollte, gab ich irgendwann auf. Es wurde einfach *zu hart*. Trotz der Verbesserungen in meinem täglichen Leben und zunehmender Glücksmomente war ich emotional völlig erschöpft. Es hatte mich so viel Energie gekostet, an diesen Punkt zu kommen, dass meine ganze verbliebene Kraft plötzlich dahinschwand. Und so zog ich kurz vor dem Ziel wieder Selbstmord in Betracht. Ich hatte kein Jota Kraft mehr, um mich noch zu Disziplin oder Hoffnung aufzuraffen. Ich hatte mein Bestes versucht, aber nun war ich am Ende. Ich wollte sterben. Ich wollte, dass dieses Leben ein für alle Mal vorbei ist.

Ein Freund, den ich schon seit über zwanzig Jahren kannte, rief mich regelmäßig an, und dieser Engel hatte seinen ganz eigenen Ansatz. »Nimm den Hörer ab. Ich meine es ernst, ich würde dir jetzt nicht empfehlen, dich umzubringen. Nimm den Sch...hörer ab. Hör auf, so zu tun, als wärst du nicht zu Hause, nimm jetzt endlich den Sch...hörer ab.« So ging das immer weiter auf meinem Anrufbeantworter, bis ich irgendwann unter Tränen lachen musste und den Hörer abnahm. Sein Vorgehen mochte unorthodox gewesen sein, aber er hat ein wahnsinnig großes Herz, und unser Humor hatte uns schon in der Vergangenheit über vieles hinweggeholfen. Und sein Ansatz funktionierte eben auch. Ich brauchte das Lachen, und ich wusste, dass er mich sehr liebhatte, wie ich ihn auch. Lachen ist ein stark unterschätztes Werkzeug im Heilungsprozess.

Doch eines Tages, als er nicht angerufen hatte, stürzte ich in mein absolutes Tief, das schlimmste meines ganzen Lebens. Ich kritzelte einen Abschiedsbrief in unleserlicher

Schrift und nahm Abschied von meinem Leben. Ich konnte es einfach nicht mehr ertragen.

Es heißt, dass es kurz vor der Morgendämmerung immer am dunkelsten ist. Tatsächlich war dies die schwärzeste Stunde meines Lebens. Ich konnte mein Leben nicht mehr weiterführen. Es war nicht möglich, mich jemals noch schlechter zu fühlen als in jenem Moment. Ich hasste mich für die Schwäche, meinen Geist trotz aller Bemühungen nicht zurückerobern zu können. Ich hasste mich, weil ich in meinem Leben so lange so viel Mist von anderen toleriert hatte. Ich hasste mich, dass ich mich so oft für ein so hartes Leben entschieden hatte. Ich war wütend, dass es mir so viel Mut abverlangte, mir das Leben zu schaffen, das ich wollte und das ich verdient hatte. Ich hasste fast alles an mir. Das war meine schwärzeste Stunde.

In der Sekunde, in der ich meinen Abschiedsbrief zu Ende gekritzelt hatte, in dem ich mich entschuldigte und meine bodenlose Traurigkeit ausdrückte, klingelte das Telefon. Es war nicht der Freund, den ich erwartet hatte. Es war auch niemand, den ich kannte. Stattdessen zirpte mir eine fremde Frau ein fröhliches Hallo ins Ohr und wollte mir eine Notfallversicherung verkaufen!

»Na, super«, dachte ich. »Ich kann mich nicht mal richtig umbringen. Wahrscheinlich brauch ich hinterher noch einen Krankenwagen.« Ich hatte mir einen Abgrund in der Nähe ausgesucht, in den ich mit meinem Van fahren wollte, um sicherzustellen, dass ich auf keinen Fall überlebte. Ich hatte sorgfältig darüber nachgedacht, denn ich wollte nicht nur einen halbherzigen Versuch unternehmen. In meiner Planung hatte ich alle Details berücksichtigt.

Das Angebot für die Notfallversicherung (das ich geistesabwesend ablehnte) führte mir plötzlich wieder vor Augen, dass mein Versuch gelingen konnte – oder eben auch *nicht.* Ich dachte an all die netten Sanitäter, die ich im Laufe der

Jahre kennengelernt hatte, und mir wurde klar, wie gedankenlos ich gewesen war, wie sehr mich mein eigener Schmerz in Beschlag genommen hatte, dass ich nicht an die Folgen meiner Tat gedacht hatte – für diejenigen, die mich fanden, und für die, die mich liebten. Ich wusste auch ganz sicher, dass ich mein Leben nach einem misslungenen Selbstmordversuch nicht gelähmt verbringen wollte, vor allem nicht, wenn ich diese Lähmung selbst verursacht hatte. Aber es war nicht nur die Symbolik dieses Anrufs (obwohl man sich freilich kaum ein besseres Warnsignal hätte denken können), im Grunde hatte schon das Telefonklingeln den Bann gebrochen und die Nebel durchdrungen, durch die ich in den tiefsten Tiefen meines Schmerzes gestolpert war.

Dieser Schlüsselmoment wurde tatsächlich der Wendepunkt, der größte Wendepunkt meines ganzen Lebens. Ich wollte meinen Körper nicht beschädigen, der mir so viel Freiheit und Beweglichkeit geschenkt hatte, den schönen, gesunden Körper, der mich durch alles hindurchgetragen hatte. Und sterben wollte ich auch nicht. Als ich anfing, meine Beine für all die Kilometer zu lieben, die sie mich schon getragen hatten, begann ich mich zu lieben.

Während dieses Anrufs spürte ich für einen kurzen Moment lang einen Schmerz in der Herzgegend. Da wurde mir klar, dass mein armes, zartes, wunderbares Herz schon genug gelitten hatte. Noch mehr Leid und Selbsthass würde es nicht ertragen. Es brauchte Liebe, um wieder gesund zu werden, und diese Liebe, die das Allerwichtigste war, musste in erster Linie von mir selbst kommen.

Ein Leben ohne Reue

Die Geschwindigkeit, mit der sich die Dinge nach diesem Wendepunkt änderten, war phänomenal. Die Depression wich in dieser Nacht von mir und nahm ihre schwere, finstere Wolke einfach mit. Sie hatte die ganze Zeit nur darauf gewartet, dass die Liebe Einzug hielt, und als das geschah, wusste sie, dass ihre Aufgabe erfüllt war, und konnte gehen. Die nächsten paar Tage verbrachte ich damit, meine Energiereserven durch Meditation, Dankbarkeit und Ehrfurcht vor meinem wunderbaren Selbst wieder aufzufüllen. Das stärkte mein Herz, während mein Körper sich in der Badewanne erholen durfte. Ich unternahm lange, entspannte Spaziergänge über die Hügel, ohne bestimmte Strecken absolvieren zu müssen. Ich wanderte nur langsam dahin und bestaunte das Leben mit den Augen einer Wiedergeborenen. Es fühlte sich an, als wäre ich in einer so wunderschönen Welt aufgewacht, dass ich mich nur schwer an die vorige erinnern konnte.

Um den Anfang meines Lebens gebührend zu würdigen, beschloss ich, eine offizielle Abschieds- beziehungsweise Willkommenszeremonie abzuhalten. Ich sammelte Holz von den Weiden und zündete ein schönes Feuer an. Es gab Dinge, die aus meinem Leben richtig verabschiedet werden mussten, Aspekte meines alten Selbst und die Umstände, die sich daraus ergeben hatten. Ich schrieb all diese Dinge nieder, ebenso wie alles, was ich jetzt in meinem Leben willkommen heißen wollte. Als die Sonne unterging und die ersten Sterne aufgingen, stellte ich mich glücklich neben das heilsame, wärmende Feuer. Ich spürte eine enorme Liebe zu mir selbst und zum Leben, und außerdem eine unglaubliche Dankbarkeit.

Das Licht des Feuers schien warm. Froh blickte ich zum weiten Sternenzelt empor und dachte mir, dass tatsächlich jemand Neues geboren worden war. Endlich war ich der Mensch, der zu sein ich mir in den letzten Jahren so hart hatte erarbeiten müssen. Am Ende hatte ich doch zugelassen, dass ich zu diesem Menschen wurde. Die Frau, die andere zu oft entschuldigt hatte, jahrzehntelang Schmerzen ertragen und nie akzeptiert hatte, dass auch sie Glück verdiente, wurde nicht mehr benötigt. Ihre Aufgabe war erfüllt. Ich dankte ihr sanft für die Rolle, die sie in meiner Entwicklung gespielt hatte, und ließ sie ziehen.

An jedem weiteren Tag erschlossen sich mir ganz neue Freuden. Es war fast so, als würde ich das Leben zum ersten Mal entdecken. Noch nie hatte ich mich so frei gefühlt. Ein Glück, wie ich es zuvor nicht gekannt hatte, völlig frei, freudig und ohne Schuldgefühle, wurde allmählich der Normalzustand. Neue Vögel setzten sich auf den Zaun und sangen mir etwas vor. Alte folgten mir, wenn ich selig über die Weiden wanderte. Meine Sinne waren so geschärft, als hätte ich wochenlang schweigend meditiert, aber dieser überwache Zustand hielt tatsächlich an. Die Klänge waren klarer, die Farben heller und lebendiger. Ich bemerkte mindestens dreißig Grünschattierungen in der Natur rund um mein Cottage.

In mir waren ein Raum und eine Klarheit, von der ich immer geglaubt hatte, dass ich sie in mir trug, aber ich hatte sie nie erfahren können. Doch meine Vergangenheit war jetzt kaum mehr wichtig. Die Weisheit, die ich auf meinem Weg gewonnen hatte, war ein Teil von mir. Die Vergangenheit hatte mir als unglaubliche Lehrmeisterin gedient, und keine ihrer Lehren war umsonst gewesen. Doch das Leiden, das mich mitgeformt hatte, hatte seinen Zweck erfüllt und konnte jetzt einfach gehen. Ich musste nichts beweisen, nichts erklären, nichts rechtfertigen. Mir tat das Gesicht schon weh vom vielen Lächeln. Mein Leben hatte sich sozusagen über Nacht auf eine völlig andere Ebene verlagert. Nach jahrelanger Übung schaffte ich es nun endlich, mein Leben ganz in der Gegenwart zu leben.

Und dann öffneten sich mir alle möglichen Türen. Alle Bemühungen auf meinem kreativen Weg – Konzentration, Widerstandskraft und Opfer – wurden jetzt belohnt. Meine Arbeit kam richtig in Schwung, und es ergaben sich aus ganz unerwarteten Richtungen neue Gelegenheiten, Songs zu schreiben. Meine Liebe zu mir selbst hatte mir die Türen geöffnet, so dass endlich wunderbare Dinge in mein Leben treten konnten. All das hatte jahrelang geduldig gewartet, bis ich endlich bereit war.

Seitdem ist der natürliche Fluss von Güte immer stärker geworden. Neue unterstützende Netzwerke sind entstanden, sowohl professioneller als auch persönlicher Art. Natürlich wird es immer neue Dinge geben, die ich über mich selbst lernen kann, aber eines steht fest: Nie wieder werde ich auch nur das kleinste Geschenk für selbstverständlich halten.

Im Laufe der Jahre hatte ich mir ganz bewusst das Leben aufgebaut, das ich haben wollte, indem ich die Hemmnisse Schicht um Schicht abbaute. Ein wichtiger Teil dieses Prozesses bestand auch darin, dass ich mir über das Leben klar wurde, das ich leben wollte, und über die Person, die ich sein wollte. Wenn sich jetzt ab und zu Blockaden in den Weg stellen, bin ich geduldig und liebevoll mit mir selbst, während ich sie bewältige. Die Entdeckung des eigenen Selbst ist ein freudiger Prozess, und ich kann über meine Menschlichkeit lächeln.

Während all das geschah, fühlte ich mich den wundervollen Menschen, die ich betreut hatte, näher denn je. Dieses neue Leben, wie es sich mir jetzt darbot, war genau so eines, wie sie es auch als mögliches Leben vor sich gesehen hatten, als sie rückblickend von ihren Versäumnissen sprachen. In ihren letzten Wochen und Tagen, als alles andere weggefallen war, sahen sie, was für potenzielle Freuden ihnen das Leben geboten hätte, wenn sie nur anders gelebt hätten.

Doch nicht jeder Patient sprach von Versäumnissen. Manche meinten, sie hätten das eine oder andere im Nachhinein anders gemacht, aber sie hatten nicht wirklich etwas zu bereuen. Manche waren sogar wunderbar zufrieden mit dem Leben, das sie geführt hatten. Doch viele andere hatten sehr wohl etwas zu bedauern, und sie hatten den großen Wunsch, ihre Gedanken weiterzugeben. Die lange Zeit, die ich mit den Patienten jeweils verbrachte, war wahrscheinlich ein Katalysator für die Aufrichtigkeit, die ich in jeder dieser Beziehungen erfuhr. Dass ich so viel Zeit mit ihnen verbringen durfte, dafür werde ich immer dankbar sein.

Nachdem sie mir von ihren Versäumnissen erzählt hatten, war ich entschlossen, dass ich mich am Ende meines Lebens nicht so fühlen wollte, wann auch immer das sein mochte. Ich durfte nicht zulassen, dass man mir solche Einsichten schenkte und ich nichts daraus lernte. Nachdem ich jetzt die größten Prüfungen ertragen hatte, verstand ich erst, wie schwierig diese Herausforderungen sein können. Ich verstand jetzt aber auch, wie reich man belohnt wird, wenn man es schafft.

Erfüllung und Freude, auf die all diese lieben Menschen kurz vor ihrem Tod einen Blick erhaschen konnten, werden auch jedem von uns angeboten, bevor unsere Zeit kommt. Mit jedem neuen Tag wächst meine Begeisterung über den natürlichen Fluss an Güte. Sie will einen erreichen, und das tut sie auch, wenn wir lernen, wie wir es zulassen, nämlich durch Zuversicht und Selbstliebe. Sie wartet auf jeden. Man darf sich nur nicht selbst im Weg stehen, und da liegt auch die wahre Arbeit – man muss lernen, Herr der eigenen

Gedanken zu sein, indem man den Müll wegräumt, der einen daran hindert, alles fließen zu lassen.

Der Lernprozess endet nie. Man erreicht nicht irgendwann einen Entwicklungsstand, auf dem man sagen kann: »Toll. Jetzt kann ich mich zurücklehnen, ich weiß alles und schaukle gemütlich durch die Tage, ohne je wieder etwas lernen zu müssen.« Sogar Stella, die so viel Arbeit auf ihrer inneren Reise geleistet hatte, wurde ab und zu daran erinnert, dass sie einfach loslassen musste. Weil sie das schaffte, konnte sie in ihren verbliebenen Tagen noch friedvoller werden, bevor sie am Ende mit einem strahlenden Lächeln auf den Lippen ging.

Da der Lernprozess nie aufhört, sollten wir ihn willkommen heißen, statt ihm Widerstand zu leisten. Kein Tag vergeht, an dem ich nicht etwas Neues über mich selbst lerne. Aber das kann ich jetzt in liebevoller Aufgeschlossenheit tun, indem ich mich selbst bedingungslos liebe, ohne mich zu verurteilen. Sanftes und zugewandtes Lachen lässt uns ebenfalls reibungsloser wachsen.

Als Grace die Worte aussprach: »Ich wünschte, ich hätte den Mut gehabt, mein Leben so zu leben, dass ich mir selbst treu gewesen wäre, statt ein Leben, wie es andere von mir erwarteten«, war sie so traurig darüber, wie ihr Leben letztlich verlaufen war.

Es ist schade, dass es so viel Mut erfordert, der zu sein, der man wirklich ist. Aber so ist es eben. Es verlangt manchmal sogar *enormen* Mut. Zuweilen kann man nicht mal selbst in Worte fassen, wer man ist, man weiß nur, dass man eine Sehnsucht in sich trägt, die das Leben, wie man es momentan führt, nicht erfüllt. Wenn man das anderen erklären soll, die sich nicht in einen hineinversetzen können, stellt man sich vielleicht noch stärker in Frage als vorher.

Aber wie der weise Mann Buddha vor über zweitausend Jahren sagte: »Der Verstand kennt keine Antworten. Das

Herz kennt keine Fragen.« Das Herz führt einen zur Freude, nicht der Verstand. Indem man den Verstand überwindet und jede Erwartungshaltung aufgibt, kann man sein Herz hören. Wenn man dann den Mut hat, ihm auch zu folgen, findet man zum wahren Glück. In der Zwischenzeit sollte man das Herz pflegen und sich den Verstand unterwerfen. Je mehr das Herz wächst, umso mehr Freude und Frieden bringt einem das Leben. Das glückliche Leben will einen so sehr, wie man selbst das glückliche Leben will.

Als Anthony im Pflegeheim lag und mir gestand, dass er nicht den Mut hatte, sich um ein besseres Leben zu bemühen, demonstrierte er traurigerweise, was passiert, wenn man sich von seiner Angst leiten lässt. Das bedeutet nicht, dass auch Sie vor Ihrer Zeit in einem Pflegeheim enden werden. Aber der Mangel an Stimuli und Glück, der ein Teil seines Lebens wurde, herrscht genauso im Leben von Millionen Menschen unter uns. Jeder Tag war einfach eine betäubende Routine, sicher und ungefährlich, aber niemals befriedigend.

Es erfordert Kraft, große Veränderungen herbeizuführen. Je länger man in der falschen Umgebung verharrt und damit ihr Produkt bleibt, umso länger verwehrt man sich selbst die Chance, wahres Glück und Befriedigung zu erfahren. Das Leben ist zu kurz, um ihm einfach nur beim Verstreichen zuzusehen, aus einer Angst heraus, die man durchaus bewältigen könnte, wenn man sich ihr stellen würde.

Wie die Schlingpflanzen in Florences Garten, die die schönen Blumen zuwucherten und behinderten, schaffen wir alle uns manchmal unsere eigenen Fesseln im Leben. Natürlich sind manche davon nicht so leicht zu beseitigen wie die Pflanzen in Florences Garten. Viele unserer selbst gemachten Fesseln sind nach jahrzehntelangem Wachstum unglaublich stark und reagieren sehr ungnädig, wenn man sie entfernen will. Sie werden sich auf Gedeih und Verderb an Sie klammern, aber wenn Sie das zulassen, werden diese Schlingpflanzen Ihre ganze Schönheit abwürgen.

So wie sie im Laufe der Jahre geschaffen wurden, so können sie auch im Laufe der Jahre entfernt werden. Es ist ein heikler Prozess, der einem manchmal Entschlossenheit und Tapferkeit abverlangt. Man muss loslassen können. Man muss den Mut haben, schädliche Beziehungen zu beenden und zu rufen: »Genug!« Man muss sich selbst mit Respekt und Freundlichkeit behandeln, weil man beides verdient hat. Aber in erster Linie muss man seine eigenen Gedanken und Gewohnheiten genau beobachten. Wenn man sich auf diesem Wege so einiges bewusst gemacht hat, tauchen auch leichter Lösungen auf.

Ihr Leben gehört Ihnen, niemand anderem. Wenn Sie in dem, was Sie sich geschaffen haben, kein Quäntchen Glück finden können und nichts unternehmen, um das zu ändern, dann ist jeder neue Tag – der doch eigentlich ein Geschenk ist – verschwendet. Ein winziger Schritt oder eine kleine Entscheidung können ein toller Anfang sein, und natürlich muss man auch beginnen, die Verantwortung fürs eigene Glück zu übernehmen. Ein glückliches Leben kann man erreichen, ohne umzuziehen oder drastische äußerliche Änderungen vorzunehmen. Es geht darum, die Wahrnehmung zu ändern und tapfer genug zu sein, um den eigenen Wünschen auch Raum zu geben. Niemand anders kann einen glücklich oder unglücklich machen, wenn man es ihm oder ihr nicht gestattet.

Ja, wenn man den Mut hat, man selbst zu sein, und nicht die Person, die andere erwarten, benötigt man wahrscheinlich viel Kraft und Ehrlichkeit. Aber genauso viel Kraft wird es kosten, auf dem Sterbebett zu liegen und zuzugeben, dass man wünschte, man hätte anders gelebt. Ich hatte noch viele andere Patienten, die ich hier nicht erwähnt habe. Aber das Bedauern über dieses Versäumnis, *der Wunsch, sie wären sich selbst treu gewesen,* war die Klage, die ich am öftesten zu hören bekam.

Als John sagte, er wünschte, er hätte nicht so viel gearbeitet, sprach er damit auch einen häufigen Wunsch von Sterbenden aus. In seinen letzten Wochen, als er auf dem Balkon saß und dem Treiben im Hafen zusah, wurde John von seiner Reue fast zermalmt. Es ist überhaupt nichts Falsches daran, seine Arbeit zu lieben. Im Gegenteil, genau so soll es sein. Aber man muss einen Ausgleich finden, damit die Arbeit nicht das ganze Leben wird. Ich höre heute noch die tiefen Seufzer dieses lieben Mannes, als er versuchte, sich mit den Fehlentscheidungen seines Lebens abzufinden.

Als ich Charlie zuhörte, wie er die Vorzüge des einfachen Lebens pries, musste ich seiner Weisheit und Lebenserfahrung recht geben. Der wahre Wert eines Menschen ist unabhängig von seinem Besitz, es kommt darauf an, wer er ist. Sterbende wissen das. Ihre Besitztümer sind am Ende völlig bedeutungslos. Was andere Leute von ihnen denken oder was sie materiell erreicht haben, kommt ihnen zu diesem Zeitpunkt nicht einmal mehr in den Sinn.

Was am Ende wirklich wichtig ist, ist, *wie viel Glück sie den Menschen beschert haben, die sie lieben, und wie viel Zeit sie mit Dingen verbracht haben, die ihnen am Herzen lagen.* Vielen Patienten war es wichtig, dafür zu sorgen, dass andere auf dem Sterbebett nicht dieselben Versäumnisse beklagen müssen. Keinen meiner Pfleglinge hörte ich rückblickend klagen, er wünschte, er hätte mehr gekauft oder besessen, keinen einzigen. Vielmehr drehen sich die Gedanken Sterbender darum, wie sie ihr Leben gelebt haben, was sie getan haben und ob sie das Leben der Hinterbliebenen positiv beeinflusst haben, sei es nun ihre Familie oder auch die gesamte Gesellschaft.

Die Dinge, die man zu brauchen glaubt, sind manchmal gerade die, die einen an ein unerfülltes Leben fesseln.

Schlichtheit ist der Schlüssel, um so etwas zu vermeiden, und dazu die Absage an das Bedürfnis, seinen Wert durch Besitz oder die Erwartungen anderer zu definieren. Es verlangt auch Mut, etwas zu riskieren, aber man kann schließlich nicht alles in der Hand haben. Wenn man in einer scheinbar sicheren Umgebung verharrt, ist damit nicht garantiert, dass einen die Lektionen des Lebens ungeschoren lassen. Sie können einen trotzdem aus heiterem Himmel überfallen. Dasselbe gilt für die Belohnungen, die das Leben für uns bereithält, für diejenigen, die genug Mut haben, ihr Herz zu würdigen. Die Uhr tickt für jeden von uns. Es liegt ganz bei uns, wie wir unsere verbliebene Zeit verbringen.

Wie Pearl ganz richtig begriffen hatte, fließen einem die Dinge zu, wenn man sie braucht. Sie glaubte, dass es am wichtigsten ist, seinen Sinn im Leben zu suchen, seine Arbeit, egal welche, mit der richtigen Absicht zu tun, und nicht aus Angst vor Geldmangel auf einer Arbeitsstelle zu bleiben, die einen unglücklich macht. Es geht darum, zu lernen und sich zu trauen, ohne Grenzen zu denken. Man sollte nicht zu kontrollieren versuchen, wie einem die Dinge zufließen. Das Leben geht so schnell vorbei, sagte sie. Das stimmt. Manche von uns werden ein langes Leben haben, manche von uns nicht. Aber wenn man in dieser kurzen Zeit Glück und Erfüllung erleben kann, dann hat man nichts zu bereuen, wenn das Ende kommt, und das kommt unausweichlich.

Leider ist es für allzu viele Erwachsene ein Problem, ihre Gefühle auszudrücken. Auch darüber verspürten die Sterbenden Frustration und Reue, so wie Jozsef. Er wollte sich ausdrücken, aber er wusste nicht wie, weil er keine Übung darin hatte. Was er am meisten bereute, war, dass er sich selbst so viel Herzschmerz damit bereitet hatte, denn er hatte im Sterben das Gefühl, dass seine Familie ihn nie richtig gekannt hatte. Andere Patienten wurden krank von der Verbitterung, die sie mit sich herumtrugen, weil sie ebenfalls nie gelernt hatten, sich auszudrücken.

Auch in diesem Fall hilft Üben. Wenn Sie mit kleinen mutigen Schritten anfangen, Ihren Gefühlen Ausdruck zu verleihen, fällt es Ihnen leichter, sich zu öffnen. Sie können es sogar genießen, so aufrichtig mit anderen Menschen zu sein. Natürlich werden Sie die Reaktionen der anderen nie in der Hand haben. Doch egal, wie die Leute anfangs reagieren, wenn Sie plötzlich aufrichtig sprechen, am Ende wird jede Beziehung dadurch auf eine ganz neue, gesündere Ebene gehoben – oder die schädliche Beziehung verschwindet gleich ganz aus Ihrem Leben. So oder so haben Sie etwas gewonnen.

Wir können nie wissen, wie lange wir – beziehungsweise die Menschen, die wir lieben – hier sind. Statt irgendwann etwas bereuen zu müssen, eröffnen Sie den Menschen, die Ihnen etwas bedeuten, schon heute, was Sie fühlen. Wie die liebe Jude sagte: Schuldgefühle sind ein emotionales Gift, das einen für den Rest seines Lebens begleitet. Außerdem fühlt es sich gut an, die eigenen Gefühle zum Ausdruck zu bringen, wenn man sich erst einmal daran gewöhnt hat. Nur die Angst davor, wie unsere Ehrlichkeit aufgenommen werden könnte, hält uns davon zurück. Also, schicken Sie Ihre Angst in die Wüste und wagen Sie es, Ihr wundervolles Selbst anderen zu offenbaren, bevor es zu spät ist.

Wenn Sie bereits Schuldgefühle mit sich herumtragen, weil jemand gestorben ist und Dinge ungesagt geblieben sind, dann ist es jetzt an der Zeit, sich dafür zu vergeben. Sie würdigen Ihr Leben nicht, wenn Sie Schuldgefühle mit sich herumschleppen. Es wird Zeit, nachsichtig mit sich selbst zu sein. Das eine ist die Person, die Sie damals waren – aber das muss nicht mit der Person übereinstimmen, die Sie jetzt sind. Mitgefühl für den Menschen, der Sie einmal waren, gespendet von dem Menschen, der Sie jetzt sind, ist der erste Keim für Sanftmut sich selbst gegenüber und die Fähigkeit, sich zu verzeihen.

Wenn die Menschen in Ihrem Leben nicht auf Ihre aufrichtig ausgedrückten Gefühle reagieren, bedeutet das nicht, dass sie Sie nicht gehört haben oder dass Sie das alles nicht hätten aussprechen sollen. Die alzheimerkranke Nanci war das beste Beispiel dafür. Doch auch andere Beziehungen in meinem Leben haben sich durch beharrliche Freundlichkeit und Aufrichtigkeit völlig verändert. Lange kam es mir so vor, als würde man meine Worte gar nicht hören. Aber als die anderen bereit waren, ihre Gefühle auszudrücken, merkte ich, dass jedes meiner Worte gehört worden war. Aber das wäre im Grunde gar nicht mehr wichtig gewesen. Es gab mir bereits Frieden zu wissen, dass ich den Mut zum ehrlichen Ausdruck meiner Gefühle besessen hatte. Wenn einer von uns plötzlich abberufen worden wäre, hätte ich keine Schuldgefühle gehabt. Ich hatte niemand für selbstverständlich genommen, es gab niemand, der nicht wusste, dass ich ihn liebte – auch wenn die Betreffenden umgekehrt vielleicht nicht fähig waren, sich genauso ehrlich zu äußern. Sagen Sie den Menschen, was Sie fühlen. Das Leben ist kurz.

Doris' Freundin aufzuspüren verschaffte mir echte Freude und Erfüllung. Als sie sagte, dass sie es bedauerte, den Kontakt zu ihren Freunden nicht gehalten zu haben, wusste ich noch nicht, wie oft ich das noch von anderen Patienten zu hören bekommen würde. Nach allem, was ich inzwischen durchgemacht habe, weiß ich, wie wertvoll meine alten, treuen Freunde waren, die mich streckenweise durch diese Zeiten getragen haben, und ich verstehe noch besser, was meine Patienten meinten, wenn sie von diesem Versäumnis sprachen. Die meisten haben Freunde, aber wenn es hart auf hart kommt, gibt es nicht viele Freunde, die einem in den allerschlimmsten Zeiten zur Seite stehen können. Zum Beispiel, wenn man im Sterben liegt.

Freundschaften bieten gemeinsame Geschichte und Verständnis. Wenn die Patienten auf ihr Leben zurückblickten, stellten sie oft fest, dass sie gerne Freunde hätten, mit denen sie sich gemeinsam erinnern könnten. Im Leben geht es turbulent zu, manche Freundschaften verlieren sich einfach. Es wird immer Leute geben, die kommen und gehen, auch Freunde. Aber mit denen, die wirklich wichtig sind, mit denjenigen, die Sie am meisten lieben, in Kontakt zu bleiben, ist jede Anstrengung wert. Das sind die, die auch für Sie da sein werden, wenn Sie sie am meisten brauchen, genauso wie Sie für Ihre Freunde da sein werden. Manchmal ist es nicht möglich, körperlich anwesend zu sein, aber auch Telefonkontakt kann einem in schweren Zeiten viel Kraft und Trost geben.

Dadurch, dass ihre Freunde sie akzeptierten und ihr verziehen, konnte die sterbende Elizabeth nach jahrelanger Alkoholkrankheit ihren Frieden finden. Am Ende geht es nur noch um Liebe und Beziehungen. Aber nicht jeder hatte das Glück, seine Freunde am Ende aufspüren zu können, obwohl er es sich gewünscht hätte. Deswegen ist es wichtig, den Kontakt gar nicht erst abreißen zu lassen. Niemand weiß, was die Zukunft bringt oder wann man sich plötzlich nach seinen Freunden sehnt. Außerdem ist es immer ein Geschenk, Freunde in seinem Leben zu haben.

Als ich den »Dienstplan« von Harrys Besucherteam sah, wurde mir die Wichtigkeit eines aktiven Freundeskreises nur noch deutlicher vor Augen geführt. Für die anderen kann diese Zeit schrecklich traurig sein, aber der Sterbende möchte seine letzten Tage so gut wie möglich genießen. Freunde bringen Humor in trübsinnige Zeiten, und dieser Humor macht den Sterbenden glücklich. Ob man stirbt oder nicht – Freunde sind die Menschen, die einen noch in den schlimmsten Zeiten zum Lachen bringen können.

Als Rosemary, die mich kurz zuvor noch angeschrien und zum Gehen aufgefordert hatte, neben mir auf dem Bett saß und zugab, dass sie sich selbst nie auch nur ein bisschen Glück und Fröhlichkeit gegönnt hatte, war sie sehr ehrlich. Dieses Geständnis verschönerte ihr die verbleibende Zeit erheblich. Weil sie nicht so geworden war, wie ihre Familie es von ihr erwartete, hatte Rosemary nicht glauben können, dass sie Glück verdiente. Doch als sie auf dem Sterbebett erkannte, dass Glück unsere eigene Entscheidung ist, lernte sie, Glück in ihr Leben zu lassen, und konnte etwas in sich selbst entdecken, das die meiste Zeit ihres Lebens verborgen in ihr geschlummert hatte. In ihren letzten Wochen kam ihr öfter mal ein wunderbares Lächeln aus.

Einer der Schlüssel zu solchem Glück besteht darin, jeden Schritt auf dem Weg dorthin wertzuschätzen. Cath sprach in ihren letzten Wochen davon, dass sie eine Menge Glück verpasst hatte, weil sie sich zu sehr auf Ergebnisse konzentriert hatte, statt auch den Weg dorthin zu schätzen. Man redet sich allzu leicht ein, das Glück hänge davon ab, dass irgendetwas Erwünschtes in Erfüllung geht, dabei ist es genau umgekehrt. Erwünschtes passiert, wenn man das Glück gefunden hat.

Vielleicht ist es nicht möglich, jeden Tag glücklich zu sein, aber es ist sehr wohl möglich, seinen Geist in diese Richtung zu lenken. Wenn man traurig ist, kann man etwas Schönes außerhalb der Traurigkeit wahrnehmen und schätzen, eine Taktik, die mir selbst geholfen hat, wieder meinen Frieden zu finden, um nur ein Beispiel zu nennen. Unser Geist kann uns großes Leid verursachen. Aber wenn man ihn erst einmal unter Kontrolle hat und richtig einzusetzen weiß, kann er auch helfen, ein schönes Leben zu schaffen. Jeder von uns hat Gründe, warum er sich leidtun kann. Jeder von uns hat schon gelitten. Aber das Leben ist uns überhaupt nichts schuldig. Wir sind uns nur selbst etwas schuldig, nämlich das Beste aus dem Leben zu machen, das wir leben, aus der Zeit, die wir noch haben, und dafür dankbar zu sein.

Wenn wir akzeptieren, dass wir immer weiter lernen müssen und dass manches dabei Leiden und manches Glück bringt, können wir zu viel größerer Gleichmut gelangen. Aus dieser Perspektive betrachtet wird Glück eine bewusstere Entscheidung, und der Wellengang scheint einem nicht mehr ganz so stürmisch. Auf manchen Wellen, die einen früher verletzt oder zerschmettert hätten, kann man mit den Fähigkeiten, die einem Erfahrung und Weisheit verleihen, vielleicht schon bald surfen.

Es ist auch völlig in Ordnung, ab und zu mal albern und ausgelassen zu sein. Man muss es sich nur selbst erlauben. Außerdem ist es sehr wohl möglich, sich auch ohne Drogen und Alkohol zu amüsieren. Es gibt keine Regel, die vorschreiben würde, dass Erwachsene nur ernst sein müssen und nicht auch mal herumblödeln dürfen. Wenn man das Leben zu ernst nimmt oder sich Sorgen macht, wie man auf die anderen wirkt, wird man es am Ende des Lebens bereuen, denn damit verhindert man nur sein Glück im Hier und Jetzt.

Natürlich ist die Sichtweise das Entscheidende, wenn man vom Glück redet. Das zeigte schon der wunderbare Lenny. Obwohl er in seinem Leben so schlimme Verluste erlitten hatte, konzentrierte er sich auf die Geschenke, die er bekommen hatte, und betrachtete sein Leben als ein gutes Leben. Dieselbe Aussicht, die man jeden Tag sieht, dasselbe Leben, kann etwas Brandneues werden, wenn man sich statt auf die negativen Aspekte darauf konzentriert, was einem hier geschenkt wird. Die Haltung dazu sucht man sich selbst aus, und die beste Art, sie zu ändern, besteht in Dankbarkeit, Würdigung und Wertschätzung der positiven Aspekte.

Obwohl mir viele Sterbende mitteilten, was sie bitter bereuten, fand am Ende doch jeder von ihnen seinen Frieden. Manche waren erst in ihren allerletzten Tagen fähig, sich selbst zu vergeben, aber es gelang ihnen noch, bevor sie starben. Viele durchlebten eine ganze Bandbreite verschiedener Gefühle, darunter Verdrängung, Angst, Wut, Reue und – das schlimmste von allen – Verurteilung der eigenen Person. Viele durchlebten aber auch positive Gefühle wie Liebe oder große Freude über die Erinnerungen, die in den letzten Wochen ihres Lebens zu ihnen zurückkamen.

Doch bevor es zu Ende ging, konnten sie alle friedlich akzeptieren, dass ihre Zeit gekommen war, und sie konnten sich selbst verzeihen, was sie im Leben versäumt hatten, egal wie sehr die Reue sie zuvor gequält hatte. Für viele von ihnen war es jedoch enorm wichtig, dass andere Menschen aus ihren Fehlern lernen konnten.

Es handelte sich bei meinen Patienten um Menschen, die Zeit gehabt hatten, über ihr Leben nachzusinnen. Wenn jemand ganz plötzlich abberufen wird, ist ihm dieser Luxus nicht vergönnt, und viele von uns werden zu dieser Gruppe gehören. Es ist so ungeheuer wichtig, dass Sie über das Leben nachdenken, das Sie jetzt führen, denn es kann sein, dass Ihnen bei Ihrem Tod nur wenig Zeit bleibt, um Ihren Frieden zu finden oder über sich nachzudenken. Stattdessen werden Sie in dem Wissen sterben, dass Sie fast das ganze Leben damit verbracht haben, das Glück auf dem falschen Wege zu suchen – Sie haben das Gefühl, dass es Ihnen immer eine lange Nase dreht, sich Ihnen ständig entzieht, weil es so sehr davon abhing, dass Ihnen die richtigen Dinge passieren oder sich ganz bestimmte Situationen einstellen. Sie werden in dem Wissen sterben, dass Sie die Gelegenheit zum Richtungswechsel einfach verpasst haben.

Der Friede, den diese lieben Menschen vor ihrem Tod fanden, ist für Sie jetzt auch in greifbare Nähe gerückt, ohne dass Sie dafür bis zu den letzten Stunden Ihres Lebens warten müssten. Es liegt bei Ihnen, Ihr Leben zu ändern, mutig zu sein und ein Dasein ganz nach Ihrem Herzen zu führen, nach dem Sie ohne Bedauern abtreten können.

Freundlichkeit und Verzeihenkönnen sind ein großartiger Ausgangspunkt. Aber diese Gefühle sollten Sie nicht nur anderen entgegenbringen, sondern auch sich selbst. Sich selbst zu vergeben ist ein ganz wichtiger Bestandteil dieses Prozesses. Wenn Ihnen das nicht gelingt, weil Sie zu hart zu sich sind, so wie ich damals, kippen Sie immer weiter Dünger auf die bereits vorhandene schlechte Saat in Ihrem Geist. Doch sobald Sie sich vergeben können, wird die Kraft dieser Saat geschwächt. An ihre Stelle tritt eine gesündere, die immer stärker wird und nach absehbarer Zeit die alte Saat überschattet, bis irgendwann nichts mehr da ist, um sie weiter zu nähren und wachsen zu lassen.

Die Tapferkeit, die Sie brauchen, um Ihr Leben zu ändern, erlangen Sie leichter, wenn Sie freundlich zu sich sind. Gut Ding will Weile haben, also ist es auch nötig, dass Sie sich in Geduld fassen. Jeder von uns ist ein großartiger Mensch, der sein Potenzial nur durch seine eigenen Denkmuster beschneidet. Wir alle sind großartig. Wenn Sie an die zahllosen Einflüsse Ihrer Umwelt und Ihrer Gene denken, durch die Sie geformt wurden, wird Ihnen klar, dass Sie eine ganz tolle, wirklich besondere Person sind. Die gesamten Erfahrungen Ihres Lebens, gute wie schlechte, haben dazu beigetragen, dass Sie keinem anderen Menschen auf diesem Planeten ähneln. Sie sind jetzt schon besonders. Sie sind jetzt schon einzigartig.

Es wird Zeit, dass Ihnen Ihr Wert bewusst wird, ebenso wie der Wert Ihrer Mitmenschen. Urteilen Sie nicht. Seien Sie nett zu sich selbst und zu anderen. Niemand kann in einen anderen hineinschlüpfen, durch seine Augen sehen und mit seinem Herzen fühlen, deswegen weiß auch niemand, wie viel der andere gelitten hat. Ein kleines bisschen Empathie kann da sehr hilfreich sein.

Indem Sie nett zu anderen sind und Ihre Urteile über Bord werfen, tun Sie auch sich einen Gefallen, weil Sie eine bessere Saat aussäen. Verzeihen Sie sich, anderen die Schuld daran gegeben zu haben, dass Sie unglücklich sind. Lernen

Sie, mild mit sich selbst umzugehen, Ihre Menschlichkeit und Zerbrechlichkeit zu akzeptieren. Verzeihen Sie auch anderen, die Ihnen die Schuld daran gegeben haben, dass sie unglücklich sind. Wir sind alle Menschen. Wir alle haben Dinge gesagt und getan, die man auch netter hätte sagen und tun können.

Das Leben ist so schnell vorbei. Aber es ist möglich, es ohne Reue zu Ende zu bringen. Es erfordert ein bisschen Mut, es richtig zu leben, das Leben zu leben, das Ihnen bestimmt ist, aber die Entscheidung liegt bei Ihnen. Und dann werden auch die Belohnungen Ihnen gehören. Würdigen Sie die Zeit, die Ihnen noch bleibt, indem Sie *sämtliche* Geschenke Ihres Lebens wertschätzen – und dazu gehört vor allem Ihr eigenes, wundervolles Selbst.

Lächeln und wissen

Wenn ich mir mein Leben heute ansehe, gibt es Momente, die mich immer noch umwerfen. Mit jedem Tag wird das Leben ein bisschen mehr so, wie ich es mir immer ausgemalt hatte. Die Person, die ich mir immer vorgestellt hatte, *bin* ich jetzt. Das habe ich durch Mut, Widerstandskraft und Disziplin geschafft und indem ich gelernt habe, mein eigenes Herz zu lieben. Das Leben kann *wirklich* leicht und voller Freude sein. Es kann wirklich problemlos dahinfließen. Und das Beste ist: Nachdem ich weiterhin gewachsen bin und weiterhin akzeptiere, dass ich alles verdiene, was mir zufällt, fallen mir die Dinge immer leichter zu.

Ein Spruch hielt mich in meiner letzten düsteren Phase hoch: *Lächeln und wissen.* An einem ganz besonders schlimmen Tag krallten sich meine alten Denkmuster mal wieder besonders hartnäckig fest und redeten mir ein, dass ich das, wovon ich träumte, gar nicht verdient hatte. Meine neu etablierten Denkmuster hingegen versuchten permanent gegenzusteuern und mir zu versichern, dass ich das alles sehr wohl verdient hatte. Also betete ich um einen sehr einfachen und klaren Rat, etwas, womit ich diese schweren Tage überstehen und was ich trotz meines tränenreichen Zustands leicht behalten konnte. Ich brauchte etwas, was mir Kraft und Hoffnung verlieh. Da kamen mir die Worte *lächeln und wissen* in den Sinn.

Ich schrieb sie auf und stellte sie an gut sichtbaren Stellen überall im Haus auf. Wenn ich daran vorbeiging, hielt ich eine Verpflichtung mir selbst gegenüber ein, und ich konnte *lächeln und wissen,* dass diese Zeit vorübergehen würde, um einer besseren Platz zu machen. Es ist viel einfacher, fest an etwas zu glauben, wenn man lächelt. Diese drei Worte hoben automatisch meine Stimmung und versicherten mir, dass ich irgendwann wieder mehr Grund zum Lächeln haben würde. Allerdings wäre es sinnlos gewesen, die Worte zu lesen, ohne wirklich zu lächeln, denn das Lächeln machte einem das Wissen viel leichter. Also lächelte ich.

Später schrieb ich darunter *Danken und wissen,* damit ich im Voraus Dankgebete sprach, in der Zuversicht und dem festen Vertrauen, dass mir alles zufließen würde. *Lächeln und wissen, danken und wissen,* das wurde mein Mantra, und wann immer ich konnte, ging ich lächelnd und wissend durch den Tag. Und ich war so fest in meinem Glauben, dass ich ein richtiges Bedürfnis hatte, mich jetzt schon zu bedanken. Meine Gebete, Träume und Pläne waren bereits erhört worden. Ich musste nur *lächeln und wissen* und *danken und wissen.* Auf diese Art hatte ich viel mehr zu lächeln als zuvor.

Selbstverständlich gab es Momente, in denen ich nicht stark genug war, auf diese Worte zurückzugreifen, so auch jenen letzten Tag äußerster Traurigkeit und Resignation. Aber das war eben zugleich der ultimative Wendepunkt. Es stimmte, dass ich nicht mehr mit dem Schmerz meiner Vergangenheit leben konnte, und in gewisser Hinsicht hatte ich recht – es war das Ende meines Lebens, zumindest des Lebens, das ich bisher gekannt hatte. Aber dafür musste ich nicht körperlich sterben. Nur dieser alte Teil von mir starb. Die alten Denkmuster überlebten das helle Licht meiner Liebe nicht. Und das neue Leben, das sich über Jahre hinweg leise herausgebildet hatte, konnte endlich geboren werden.

Und wenn ich lächelte und wusste, fühlten sich all meine Träume ganz real an und wurden noch mehr zu einem Teil von mir. Deswegen eröffneten sich mir ganz neue Chancen, als ich endlich in der Lage war, meinen eigenen Wert zu erkennen. Meine Träume waren schon da und warteten nur noch darauf, dass ich sie endlich in mein Leben ließ. Also öffnete ich ihnen mit freudigem Herzen Tür und Tor und ließ die Dinge fließen. Und das taten sie auch in vielerlei Hinsicht, persönlich wie professionell.

Einige Zeit später saß ich positiv schockiert vor meinen lieben, wunderbaren Eltern, die mir vorschlugen, ein veganes Weihnachten zu feiern. Ich strahlte aus ganzem Herzen, weil ich gerade das beste Weihnachtsgeschenk der Welt bekommen hatte. Seit über zwei Jahrzehnten hatte ich zumindest von einem vegetarischen Weihnachten geträumt. Als mein Wunsch endlich in Erfüllung ging, geschah das mit einer so entspannten Natürlichkeit, dass wir alle fanden, es sei eines der schönsten Weihnachtsfeste, die wir jemals erlebt hatten. Während meine Mutter neben mir Gemüse schnitt und mit mir scherzte und lachte, kümmerte sich mein Vater um die Musik. Countrylieder aus den Fünfzigerjahren tönten durchs Haus, während wir lachten, plauderten und ein wunderschönes Fest vorbereiteten. Es war fröhlich und entspannt.

Meine Arbeit wächst und gedeiht weiter und schenkt mir Befriedigung und Vergnügen. Es ist zwar auch möglich, als Angestellter eine Arbeit zu finden, die man liebt, aber in den heutigen Zeiten ist für mich die Selbstständigkeit der beste Weg. Es ist das, was ich am meisten brauchte und wollte: mein Leben auf meine Art zu leben, und dazu gehörte eben auch mein Arbeitsleben. In meiner neuen Existenz erreichte ich ein hohes Maß an Motivation und außerordentlicher Klarheit, begleitet von den besten Eigenschaften aus meinem alten Leben, wie zum Beispiel Selbstdisziplin.

Ich knüpfte Kontakte in der Gegend, traf mich mit Leuten. Inspiration und Ideen sprudelten nur so. Als ich wieder in die Welt zurückkam, war ich ganz begeistert, weil sich mir so viele neue, positive Möglichkeiten eröffneten. Im Rahmen gemeinnütziger Projekte hielt ich Songwriting-Workshops für sozial Benachteiligte ab. Es war wunderbar, wieder zu unterrichten und gleichzeitig mein eigener Chef zu sein. Außerdem war es natürlich äußerst befriedigend zu beobachten, wie sich die Leute in meiner Gruppe veränderten.

Nach so viel Ernst in meiner Vergangenheit war es jetzt Zeit, mehr Freude in meine Arbeit zu lassen. Also dachte ich mir eine Show für Kinder aus und trat vor Kindern im Alter bis zu fünf Jahren auf. Es war einfach entzückend, wie diese reizenden, ungehemmten kleinen Menschen zu meinen neuen Songs tanzten und herumsprangen. Daneben kam ich viel zum Schreiben und konnte ein ganzes Album für Erwachsene mit Songs füllen. Es erstaunt mich, wozu wir geistig und körperlich fähig sind, wenn wir alles loslassen, was uns gebremst hat.

Mein Blog erfuhr weiterhin großen Zulauf und interessierte immer mehr Leute für meine Arbeit. Ich designte T-Shirts, Autoaufkleber und Stofftragetaschen, die ich mit fröhlichen, positiven Zeilen aus meinen Songs bedruckte. Nicht nur die Ideen flossen, ich wurde insgesamt aktiv.

Wenn ich mich jetzt in meinen Herbstnächten an einen wunderbaren Mann kuschle, muss ich darüber lächeln, wie sehr sich das Leben ändern kann. Er ist ein so lieber Mensch. Es gab Dinge, die wir beide loslassen mussten, bevor wir zueinanderfinden konnten, aber Timing ist schon eine tolle Sache. Ich lebe das Leben jetzt aus ganz neuer Perspektive.

Auf die beste aller möglichen Arten bin ich an den Kreislauf des Lebens erinnert worden. Den Tod haben andere mir gezeigt. Ich habe aber auch meine eigene Art von Tod erlebt, indem ich zusah, wie jener alte Teil von mir endlich aufhörte zu existieren. Es war ein spiritueller Tod, der Tod eines Teils von mir, der mich jahrzehntelang in der Hand gehabt hatte. Es war aber auch die Geburt eines neuen Geistes, den ich schon lange in mir vermutet hatte und der ich immer gern gewesen wäre. Es war ein schmerzvoller Tod, aber er befreite mich vollkommen von den Konditionierungen meiner Vergangenheit, von unnötigen Lasten, von allem, was mich aufhielt.

Jetzt, wo sich mein wahres Ich ungehindert entfalten kann, entwickle ich mich weiter zu der Person, die ich wirklich bin. Nur indem ich Altes loslasse, bin ich fähig, wirklich zu erfahren, wer diese Person ist, und ich liebe sie. Ich liebe ihr Herz. Ich liebe ihre Kreativität. Ich liebe ihren Verstand. Ich liebe ihren Körper. Ich liebe ihre Freundlichkeit. Ich liebe alles an ihr.

Das Leben bewegt sich in ganz neue Richtungen. Es ist ein Neuanfang, eine Neugeburt meiner selbst. Und auf die bestmögliche Art bin ich auch an andere Neuanfänge erinnert worden. Ein kostbares Baby wächst in mir, ich habe die Chance bekommen, Mutter zu werden. Während meine Gebärmutter sich ausdehnt und mein Körper in heiliger Weiblichkeit schwillt, erfüllt mich Freude und überwältigende Dankbarkeit, dass ich diese Erfahrung machen darf. Es ist eine Welt jenseits von dem Leben, das ich einmal gekannt habe – der Isolation, der Traurigkeit, der Hoffnungslosigkeit. Und doch werde ich wieder daran erinnert, wie viel wir in einem einzigen Leben unterbringen können. Gott sei Dank habe ich meinem Leben kein Ende gesetzt, als ich es vorhatte. Gott sei Dank.

Das Band zwischen Mutter und Kind wächst täglich. Ich bin bisher auch mit wunderbarer Gesundheit gesegnet, sehr zum Ärger der armen anderen Schwangeren, die unter Morgenübelkeit leiden. Ich finde meine Schwangerschaft absolut herrlich und werde bald eine andere Seele auf ihrer menschlichen Reise begleiten, bis sie alt genug ist, in die Richtung zu fliegen, die sie sich selbst ausgesucht hat. Das Leben mag einiges an Tod und Abschieden bringen, aber es birgt auch Geburten und Anfänge. Ich bin dankbar, dass ich beidem –

im buchstäblichen wie im übertragenen Sinne – so oft ausgesetzt war.

Jedes Mal, wenn ich mal wieder voller Zuversicht ins kalte Wasser sprang, waren die Dinge am Ende nie so, wie ich sie mir vorgestellt hatte. Aber langfristig betrachtet waren sie jedes Mal besser. Die Zuversicht ist eine große Kraft, die unglaubliche Geschenke mit sich bringt. Wenn man seine Grenzen sprengt und aufhört, die Dinge immer kontrollieren zu wollen, macht man sich selbst ein enormes Geschenk.

Seltsamerweise ist es für viele – so auch für mich – fast am schwersten, das Annehmen zu lernen, sich klarzumachen, dass man es verdient hat, und der Güte zu erlauben zu fließen. Die meisten der wundersamen Lösungen, die mir in meinem Leben zugeflogen sind, sind auch über andere gekommen. Wir alle sind viel stärker mit anderen Menschen verbunden, als uns bewusst ist, und spielen eine größere Rolle im Leben anderer Leute, als wir denken.

Das Annehmen zu lernen ist also nötig, wenn man sich wahrhaftig für die Realisierung seiner Träume öffnen will. Wie jeder weiß, dem das Geben in der Natur liegt, liegt großes Vergnügen im Geben. Aber wenn Sie geben, ohne sich gleichzeitig zu gestatten, auch etwas anzunehmen, blockieren Sie nicht nur den natürlichen Fluss der Dinge zu sich und schaffen so ein Ungleichgewicht, sondern berauben auch eine andere Person der Freude des Gebens. Gestatten Sie anderen also auch zu geben. Nur Stolz oder ein Mangel an Selbstwertgefühl machen einen Menschen unfähig, etwas von anderen anzunehmen. Dabei verdient jeder Einzelne von uns diese Güte.

Wenn Sie zu denen gehören, die nicht wissen, wie man gibt, dann üben Sie einfach. Versuchen Sie es, ohne etwas zu erwarten. Es fühlt sich gut an. Geben Sie um des Gebens willen. Wer es nur tut, weil er auf eine Gegenleistung spekuliert, gibt nicht wirklich, genauso wie derjenige, der die Leute später verärgert daran erinnert. Es ist auch kein Geben im wahrhaftigsten Sinne, wenn man erwartet, dass anschließend Gutes zu einem zurückfließt. Erst wenn man in Liebe und in Taten gibt, nur um des Gebens willen, wird einem wahres Vergnügen geschenkt. Und ja, die Menschen, die in dieser Absicht geben, werden auch belohnt, aber nicht immer sofort und nicht notwendigerweise in der Art, wie sie es erwarten. Aber man muss wissen, wie man etwas annimmt, damit es in beide Richtungen fließen kann. Natürlich gehört dazu auch, sich selbst Dinge zu schenken und zu empfangen.

Es ist möglich, die Welt und uns zu verändern. Wenn wir unser eigenes Leben verbessern und darauf hinarbeiten, dass wir später einmal nichts zu bedauern haben, verbessern wir natürlich auch das Leben der Menschen um uns herum. Es ist möglich, Spaltung und Disharmonie, die wir in der Gesellschaft haben entstehen lassen, aufzuheben. Es ist möglich, glücklich zu sein. Es ist möglich, noch zu Lebzeiten und bei bester Gesundheit darauf hinzuarbeiten, dass man irgendwann einmal sterben kann, ohne etwas bereuen zu müssen.

Wir alle sind zerbrechlich auf unsere eigene Art, wie dünne Glaskugeln. Stellen Sie sich die gute alte Glühbirne mit ihrem runden Glas vor (es ist nicht ganz dasselbe Bild, wenn Sie sich eine Energiesparlampe denken, aber mit der geht es auch). Ein Teil von uns ist wie diese zerbrechliche Glashülle. Von innen scheint ein wunderschönes Licht, ein Licht, das die Dunkelheit von überall vertreiben kann. Wenn wir geboren werden, scheinen wir hell und verbreiten viel Licht und Glück um uns herum. Die Leute bestaunen unsere Schönheit und unser Licht.

Doch im Laufe der Zeit beginnt man, uns mit Dreck zu bewerfen. Der hat im Grunde gar nichts mit uns zu tun, er gehört zu den Leuten, die uns damit bewerfen. Nach einer Weile bewerfen uns nicht mehr nur die Leute in unserer direkten Umgebung mit Dreck. Er kommt von Schulfreunden,

Arbeitskollegen, der Gesellschaft, von vielen Menschen, mit denen wir zu tun haben. Die Wirkung äußert sich verschieden – manche werden Opfer, manche werden Täter, manche schlucken alles runter und tragen es lange in ihrem Inneren mit sich herum, andere lassen es anscheinend einfach ganz natürlich heraus. Egal, wie es sich auf uns auszuwirken scheint, es hindert unser eigentliches Licht und unsere Güte daran, so hell zu strahlen, wie sie könnten.

Wenn uns so viele Leute mit Dreck bewerfen, fangen wir irgendwann an zu glauben, dass sie recht haben müssen. Also machen wir irgendwann mit und bewerfen uns selbst auch noch. Warum nicht? So viele Dreckschleudern können sich doch gar nicht irren. Und wenn ich mich selbst mit Dreck bewerfe, kann es ja nur normal und in Ordnung sein, auch andere Menschen mit Dreck zu bewerfen. Ja, genau, die bewerfe ich noch ein bisschen mehr und lasse mich weiterhin auch von anderen bewerfen. Irgendwann tragen wir dann so viel Dreck mit uns herum, dass uns nicht nur das Gewicht herunterzieht, nein, auch unser Licht ist überhaupt nicht mehr zu sehen. Am Ende ist jeder Zentimeter an uns mit Dreck bedeckt – viel kommt von den anderen, manches haben wir selbst beigetragen.

Eines Tages fällt uns wieder ein, dass wir irgendwann mal ein wundervolles Licht in uns trugen. Aber es ist schon so lange dunkel, dass wir uns an diesen Teil von uns kaum noch erinnern. Manchmal, wenn wir allein und ganz still sind, können wir es immer noch fühlen. Das warme Glühen ist die ganze Zeit noch da, obwohl es von Dunkelheit umgeben ist. Und dann wird uns klar, dass wir wieder richtig strahlen wollen. Wir wollen uns daran erinnern, wer wir waren, bevor wir den Dreck anderer Leute (und unseren) mit uns herumtrugen.

Also sagen wir uns irgendwann, dass es reicht. Wir erlauben keinem mehr, uns mit Dreck zu bewerfen. Den Leuten gefällt das natürlich nicht. Aber wir sind entschlossen und weichen den Dreckwerfern aus. Langsam rubbeln wir uns ein bisschen von dieser Dreckschicht vom Körper. Aber das muss sehr vorsichtig geschehen, denn unter dieser Schicht sind wir unglaublich zerbrechlich. Wenn wir es zu grob oder zu hastig machen, zerbrechen wir und lernen unser Licht nie kennen.

Also arbeiten wir uns langsam und geduldig durch diese Schicht. Ein winziger Lichtstrahl fällt hindurch, und wir können erstmals wieder einen Blick auf unsere Schönheit werfen. Das fühlt sich gut an. Dann fängt irgendjemand wieder an, uns mit Dreck zu bewerfen, und wir müssen ihn wieder abwischen. Also wischen wir ihn ab und putzen noch ein bisschen mehr weg. Aber dann bekommen wir plötzlich Angst vor dem, was wir sehen, und bewerfen uns selbst wieder mit Dreck. Wir verdienen es schließlich nicht, so hell zu scheinen. Hier, gleich noch ein bisschen Dreck drauf. Aber unser Licht hat wieder einen Blick nach draußen werfen können und fängt an, noch heller zu scheinen. Es will gesehen werden.

Mit jedem bisschen Licht, das nach draußen dringt, fühlen wir uns besser. Wir bekommen einen Vorgeschmack davon, wie es sich anfühlen würde, wenn man diesen ganzen Dreck nicht mit sich herumschleppen müsste. Und in dem Moment erkennen wir, wie viel alle anderen auch mit sich herumtragen, und wir haben Mitgefühl mit ihnen. Dann beschließen wir, die anderen von jetzt an nicht mehr mit Dreck zu bewerfen. Denn wie könnten wir alle strahlen, wenn wir ständig mit Dreck um uns werfen? Wir arbeiten also weiter an uns selbst und rubbeln ganz sanft noch eine Schicht ab. Es erfordert viel Geduld und Fingerspitzengefühl, Stück für Stück muss man sich durcharbeiten. Aber jedes Mal, wenn wieder ein Lichtstrahl durchbricht, sind wir ganz aufgeregt, weil wir einen weiteren Blick auf unsere eigene Schönheit und Strahlkraft werfen können.

Manchmal sind wir in Versuchung, uns selbst oder andere noch mal mit Dreck zu bewerfen, weil wir es einfach ein Leben lang so gewohnt waren. Aber jetzt sehen wir, wie ein kleines bisschen Licht, das von uns ausgeht, anderen schon so viel helfen kann und wie sie auch immer mutiger werden. Sie fangen auch an, ihren Dreck von sich abzuputzen. Auch sie müssen sehr vorsichtig vorgehen, denn jeder ist unter dieser Schicht zart und zerbrechlich und kann sehr leicht in Scherben gehen. Vielleicht würden wir den anderen gern dabei helfen, sich davon zu befreien, aber sie müssen es selbst tun, denn nur sie allein wissen, wie zerbrechlich sie darunter sind.

Eventuell hilft es den anderen, wenn wir ihnen zeigen, wie wir es gemacht haben. Aber die Arbeit müssen sie selbst tun, in ihrem eigenen Tempo und auf ihre eigene Art. Und selbstverständlich hat nicht jeder den Mut und die Kraft, es auf einmal zu machen. Also sind wir geduldig, respektvoll und voller Mitgefühl, weil wir jetzt verstehen, wie schmerzlich und beängstigend diese Erfahrung zuweilen sein kann.

Wir fühlen uns wohl in uns. Ein ganz neues Gefühl – aber es gefällt uns. Also hören wir für immer damit auf, uns mit Dreck zu bewerfen, denn wir fangen an, die Schönheit zu lieben, die wir entdeckt haben. Unser Licht scheint immer heller und heller. Von überall her strahlt jetzt Licht aus uns. Aber Reste des ältesten Drecks kleben immer noch an uns, die sind am schwierigsten zu entfernen. Schließlich haben sie es sich hier über Jahrzehnte hinweg gemütlich eingerichtet und wollen ihren Platz ganz bestimmt nicht verlassen. Je näher wir dem Glas sind, umso vorsichtiger müssen wir reiben. Leider ist der Dreck hier am hartnäckigsten.

Es war so eine Riesenarbeit, und wir sind sehr müde. Wir haben definitiv schon einen gewaltigen Schritt vorwärts gemacht in unserer Persönlichkeitsentwicklung. Vielleicht reicht es ja. Vielleicht kann ich mit dieser letzten Dreckschicht auch leben und mich mit dem Licht begnügen, das ich jetzt ausstrahle. Aber das Licht ist auch stark und entschlossen. Es möchte, dass wir so hell scheinen wie nur möglich. Also verleiht es uns noch mehr Kraft, und wir reinigen die allerletzten Stellen.

Schließlich haben wir es geschafft, und unsere Helligkeit verblüfft jeden, in erster Linie aber uns selbst. Wir hatten ja keine Ahnung, dass wir so schön aussehen und so strahlend scheinen könnten. Wenn wir jetzt mit anderen Leuchtkugeln zusammenkommen, wollen sie genauso hell scheinen, weil sie unsere Schönheit sehen können und sich erinnern, dass sie dasselbe Potenzial in sich tragen. Sie hatten es nur vergessen, weil sie so viel Dreck mit sich herumschleppen.

Manche Leuchtkugeln glauben, dass es zu schwierig ist, das eigene Licht scheinen zu lassen, also bleiben sie zusammen im Dunkeln und versuchen sich selbst und einander zu überzeugen, dass sie auch so glücklich sind. Wer hat schon Lust auf so viel harte Arbeit, wo man sich doch so schön daran gewöhnt hat, diesen Dreck mit sich herumzutragen? Ach wieso, lass doch, mir gefällt das so, sagen sie, und bei der Gelegenheit schmeiß ich auch gleich noch ein bisschen Dreck auf andere. Ich werde ein paar von diesen hellen Lichtern da draußen bewerfen, die so glücklich sind und sich so prima amüsieren. Was fällt denen eigentlich ein, dass die so einen Spaß haben?

Also nehmen die dunklen Kugeln so viel Dreck, wie sie nur tragen können, mit nach draußen und fangen an zu werfen. Im Team arbeiten sie noch viel besser, weil sie die Deckung der Gruppe haben. Sie können aber nicht mehr so gut sehen wie früher, weil nach den großen Putzkampagnen plötzlich alles so hell leuchtet. Aber sie suchen sich ein paar Leuchtkugeln aus, die jetzt hell und glücklich strahlen, weil sie fast fertig sind mit der Entfernung des Drecks. Und dann schmeißen die dunklen Kugeln massenweise Dreck auf die hellen.

Aber der bleibt gar nicht mehr kleben. Was ist da los? Der ist doch früher immer so gut kleben geblieben!

Sie wussten nicht, dass das Licht, das so viele Jahre im Verborgenen schien, sogar noch gewachsen ist. Jetzt scheint es so warm und hell, dass der Dreck nie wieder an der Kugel kleben bleiben wird. Er tropft einfach ab, ohne auch nur die geringste Spur zu hinterlassen.

Ihr eigenes Leuchten ist auch so. Sie tragen ein Licht in Ihrem Inneren, das wunderschön ist und nur darauf wartet, endlich strahlen zu dürfen. Aber Sie brauchen Geduld und Behutsamkeit, um den ganzen Dreck zu entfernen, den Sie seit Jahrzehnten mit sich herumtragen. Doch jedes Mal, wenn Sie etwas davon entfernen, wird wieder ein Stückchen mehr von Ihrem wahren Selbst durchscheinen.

Die Reue, von der mir die lieben Verstorbenen auf ihrem Sterbebett erzählten, kann man auch nur mit Mut und Liebe bewältigen. Aber es ist Ihre eigene Entscheidung. Sie haben einen inneren Führer, der Sie Schritt für Schritt anleiten wird, wie ein Licht, das hell und fröhlich leuchten will.

Seien Sie der Mensch, der Sie wirklich sind, finden Sie zu einem ausgeglichenen Leben, seien Sie aufrichtig, bringen Sie den Leuten, die Sie lieben, Ihre echte Wertschätzung entgegen und gestatten Sie sich selbst, glücklich zu sein. Wenn Sie das tun, werden Sie nicht nur sich selbst ehren, sondern all die Menschen, die in ihren letzten Lebenswochen schier verzweifelten, weil sie nicht den Mut gehabt hatten, diese Prinzipien in ihrem eigenen Leben zu verwirklichen. Die Entscheidung liegt ganz bei Ihnen. Ihr Leben gehört Ihnen.

Wenn Ihnen unterwegs Hindernisse begegnen und Sie sich fragen, wie um Himmels willen das jemals gut werden soll, wie Sie Frieden in einer ganz bestimmten Beziehung finden können, wann sich endlich die Kontakte einstellen, die Sie brauchen, oder wie Sie das Geld zusammenbekommen sollen, das Sie benötigen, um ein Projekt umzusetzen – denken Sie immer daran: Was Ihr Herz haben will, das will auch Sie haben. Manchmal müssen Sie einfach nur einen Schritt zur Seite gehen und es hereinlassen. Stehen Sie sich nicht selbst im Weg.

Und wenn Sie dann endlich in dieser Position sind, dann richten Sie sich kerzengerade auf, nehmen Sie die Schultern zurück und atmen Sie tief und voller Liebe durch. Gehen Sie weiter, stolz auf die Person, die Sie bereits sind, zuversichtlich und vertrauensvoll, dass Sie alles verdient haben, dass Ihre Gebete erhört worden sind und dass das Gute zu Ihnen unterwegs ist. Und erinnern Sie sich einfach an ein kleines Mantra. *Lächeln und wissen. Nur lächeln und wissen.*

Dank

Mein Dank gilt allen, die mir auf meinem Weg in so vieler Hinsicht geholfen haben. Für ihre Unterstützung und/oder ihren positiven Einfluss möchte ich mich insbesondere bedanken bei: Marie Burrows, Elizabeth Cham, Valda Low, Rob Conway, Reesa Ryan, Barbara Gilder, meinem Vater, Pablo Acosta, Bruce Reid, Joan Dennis, Siegfried Kunze, Jill Marr, Guy Kachel, Michael Bloeme, Ana Goncalvez, Kate und Col Baker, Ingrid Cliff, Mark Patterson, Jane Dargaville, Jo Wallace, Bernadette und allen, die mich durch ihre positiven Reaktionen beim Schreiben und Musikmachen unterstützen.

Danke auch an die vielen Leute, die mir so oft ein Dach über dem Kopf geboten haben, zum Beispiel Mark Avellino, Tante Jo, Sue Greig, Helen Atkins, Onkel Fred, Di und Greg Burns, Dusty Cuttell, Mardi McElvenny und all meine wunderbaren Housesitter-Kunden, deren Wohnungen ich geliebt habe, als wären es meine eigenen gewesen. Vielen Dank auch den vielen netten Menschen, die mir je zu essen gegeben haben.

Für die persönliche Unterstützung auf meinen verschlungenen Pfaden möchte ich all meinen alten und neuen, nahen und fernen Freunden danken. Danke, dass ihr mein Leben in so vieler Hinsicht bereichert habt. Ganz besonders bedanke ich mich bei: Mark Neven, Sharon Rochford, Julie Skerrett, Mel Giallongo, Angeline Rattansey, Kateea McFarlane, Brad Antoniou, Angie Bidwell, Theresa Clancy, Barbra Squire, allen Mitarbeitern des Meditationszentrums in den Bergen, das mich auf den Weg des Friedens geführt hat, und bei meinem Partner. Ihr alle habt mir Rückhalt gegeben, wenn ich Ruhe nötig hatte.

Und natürlich danke ich meiner Mutter Joy (= Freude), die ihren Namen weiß Gott zu Recht trägt. Was für eine großartige Lektion in Sachen Liebe du mir durch dein Beispiel gegeben hast! Unendlichen Dank, du wunderbare Frau.

An all die großartigen Leute, die mittlerweile gestorben sind und deren Geschichten nicht nur dieses Buch ausmachen, sondern die auch mein Leben stark beeinflusst haben: Dieses Buch ist eine Hommage an euch! Ich möchte mich auch bei den Familien bedanken, für die liebevollen, unvergesslichen Zeiten, die wir zusammen erlebt haben. Ich danke Ihnen allen.

Zu guter Letzt noch ein Dankeschön an die Elster, die auf dem Baum neben dem Bach sitzt und singt, während ich dies hier schreibe. Du und all deine gefiederten Freunde, ihr habt mir beim Verfassen dieser Seiten so wunderbar Gesellschaft geleistet. Danke, Gott, dass du mich immer erhalten hast und mir so viel Schönheit geschickt hast.

Manchmal merken wir erst viel später, dass ein bestimmter Moment unserem Leben eine völlig andere Wendung gegeben hat. Viele der Momente, von denen ich in diesem Buch erzähle, haben mein Leben verändert. Cec, danke, dass du die Schriftstellerin in mir wiedererweckt hast. Und Ihnen, lieber Leser, danke ich für Ihre Art zu sein und Ihre Bereitschaft, mir zu folgen.

In liebevoller Freundschaft,
Bronnie

Auf der Veranda bei Sonnenuntergang,
Dienstag Nachmittag

www.bronnieware.com